KB157880

중판

간도역사의 연구

윤병석

국학자료원

백두산 정계비. 1712년(숙종 38년) 청제의 명을 받은 목극등이 주간하여 백두산 천지 동남쪽 4㎞ 어간에 세운 것으로 조선과 청의 국경선이 '서쪽은 압록강 동쪽은 토문강(土門江)'으로 표시한 것이다. 높이 77.3㎝, 넓이 55.5m의 바둑판과 유사한 석비이나 1931년 9·18 사변 후 일제에 의하여 제거되어 현재는 행방을 알 수 없다.

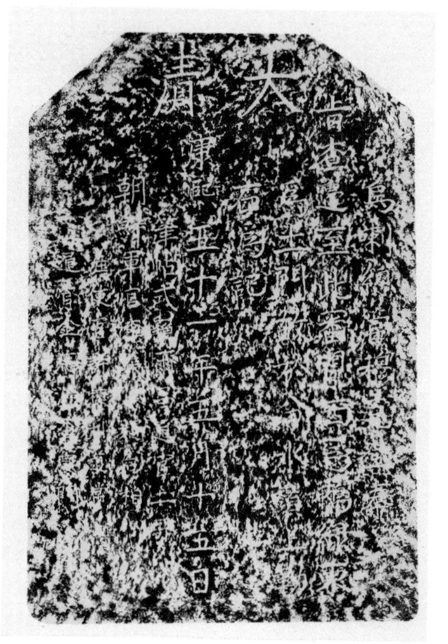

大清

烏喇總官穆克登奉
旨査邊至此審視西爲鴨綠東
爲土門故於分水嶺上勒
石爲記
康熙五十一年五月十五日
筆帖式蘇爾昌通官二哥
朝鮮軍官李義復趙台相
差使官許樑朴道常
通官金應憲金慶門

비문의 주요 내용은 한청 양국의 변경을 답사 조사하니 "서쪽은 압록강이 되고 동쪽은 토문강(土門江)이 된다. 그러므로 분수령 위에 석비를 세워 이를 기록한다."라고 한 것이다.

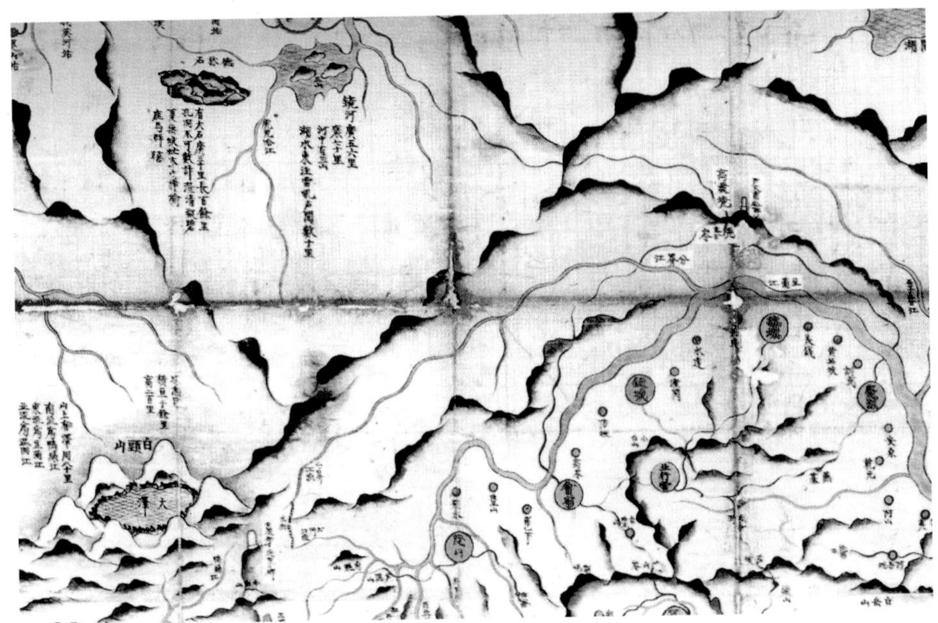

서북피아양계만리일람지전도(西北彼我兩界萬里一覽之全圖). 두만강 북쪽 700리 어간 선춘령(先春嶺)상에 고려경(高麗境)이란 윤관이 세운 비 경계가 뚜렷하다.

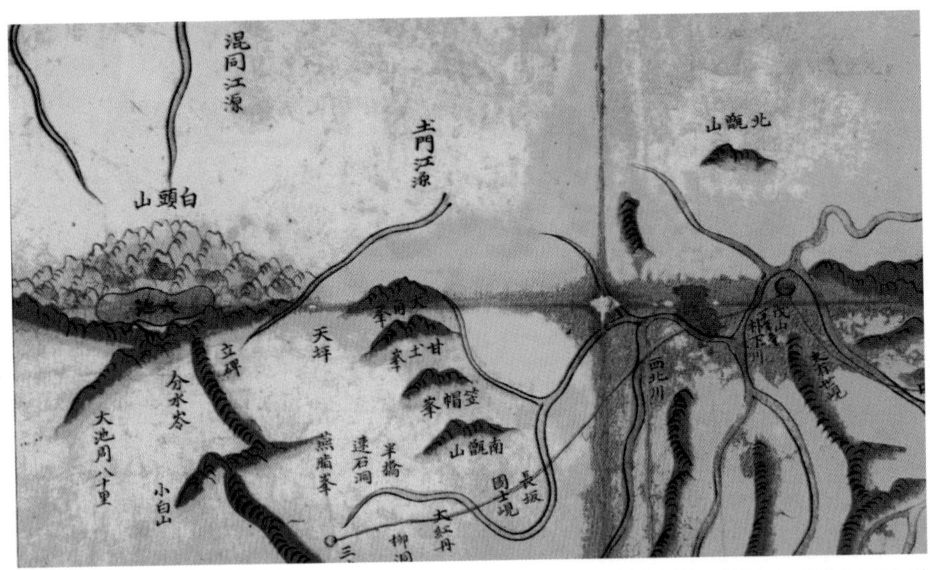

함경도도. 서울대학교 규장각 소장. 백두산정계비에서 발원하는 토문강원(土門江源)이 두만강원이 아닌 것으로 명백히 그려져 있다.

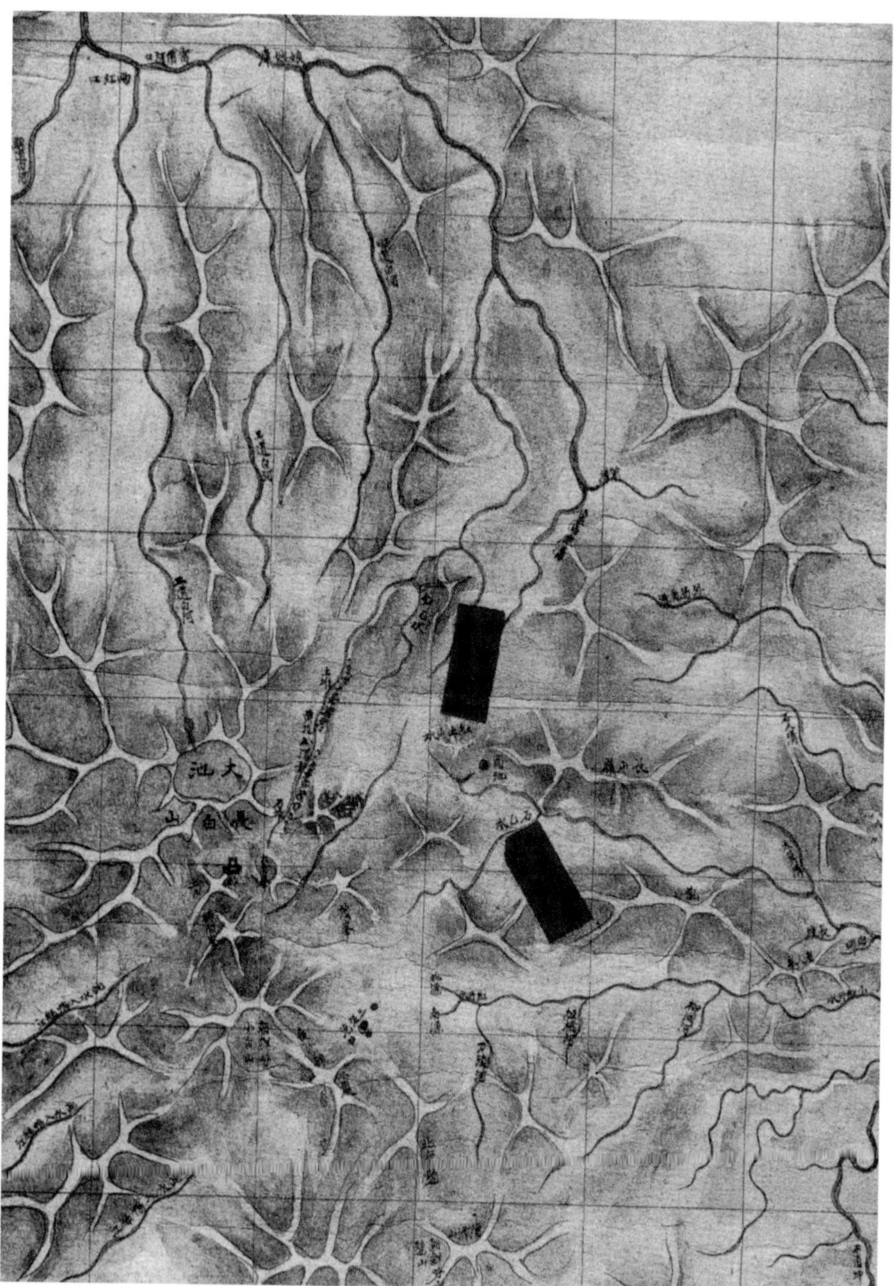

백두산정계비지도(白頭山定界碑地圖). 서울대학교 규장각 소장.

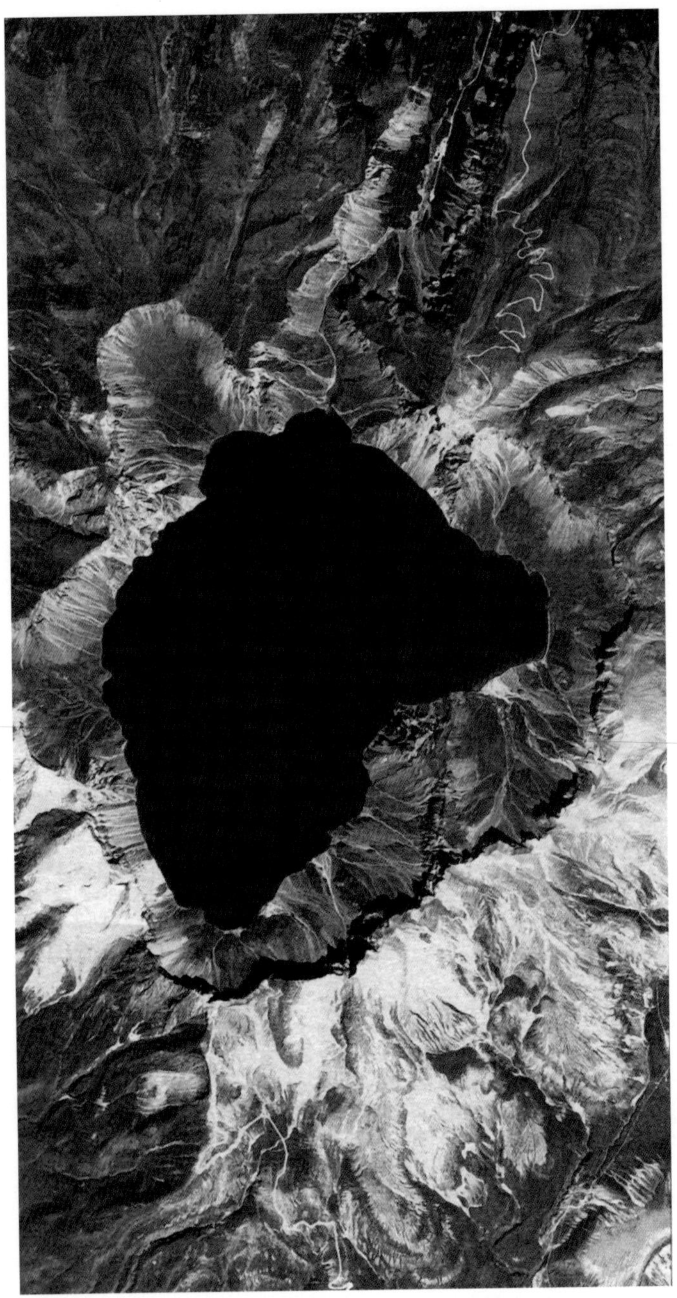

최근(2006.8.) 아리랑2호가 지구 상공 685KM 지점에서 촬영한 민족의 영산 백두산 천지.

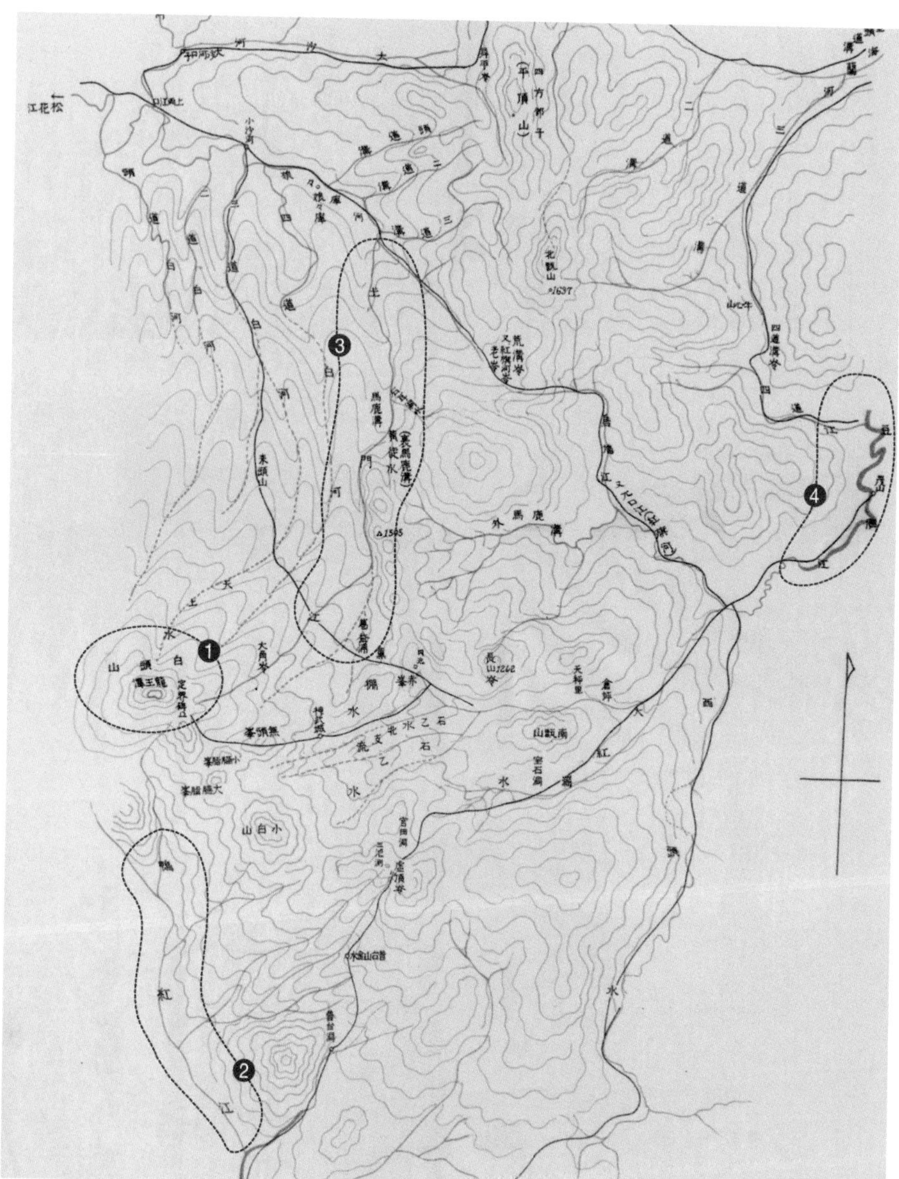

백두산 부근 수계 답사도. 이종학 소장. ①백두산정계비를 중심으로 ②압록강(鴨綠江)과 ③토문강(土門江) ④두만강(豆滿江) 수계의 흐름을 그려 놓았다. 「일청 간도협약」이 체결될 무렵인 1909년 10월, 축척 '40만분의 1'로 일본 군부가 제도한 것이다.

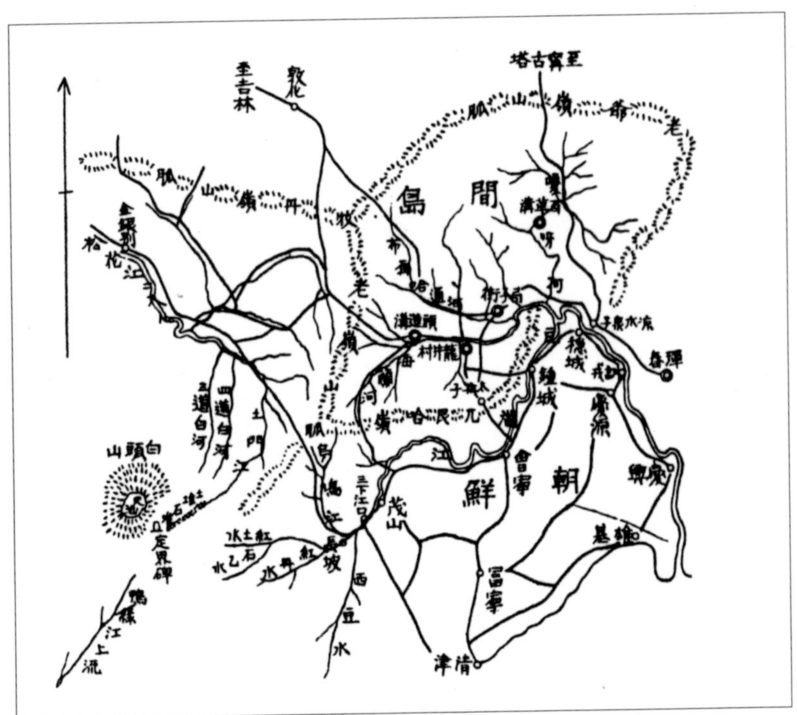

간도약도. 백두산정계비에서 두만강원이 아닌 토문강원(土門江源)까지 토퇴(土堆)와 석퇴(石堆)를 쌓아 설책한 것이 묘사되었다.

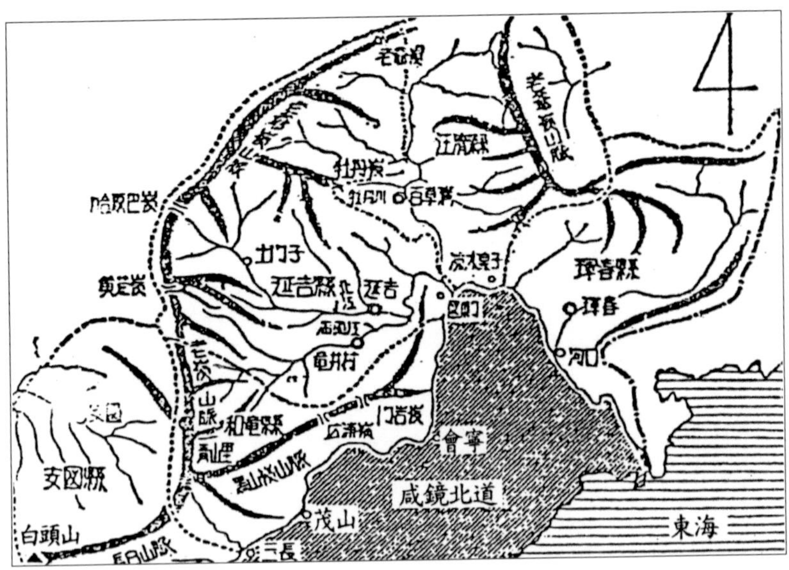

북간도 산하 약도.

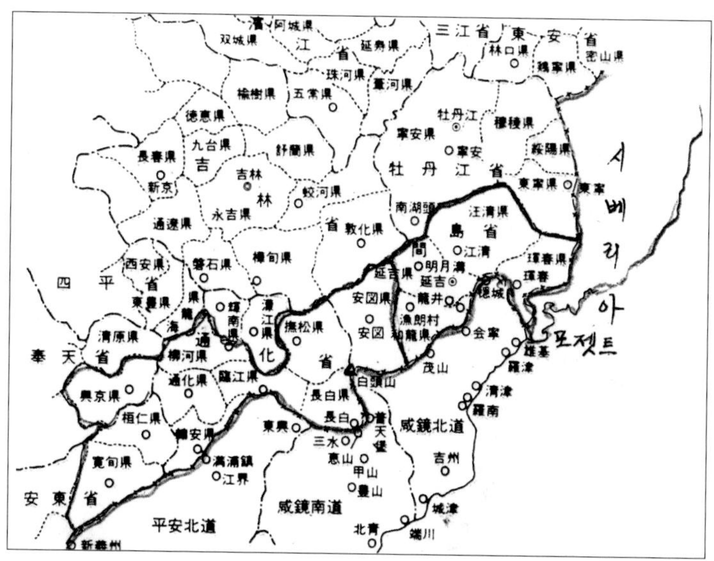

압록강과 두만강 너머의 서북간도 약도.

남북 만주 및 시베리아 지방 한인 분포도. 이 분포도는 참의 · 정의 · 신민 등의 3부가 성립된 1924년 일제가 총독부 · 외무성 · 육해군성 등의 모든 정보를 종합하여 작성한 『1924년 3월 조(調) : 조선인의 간도 · 혼춘 및 그 인근지방 이주에 관한 조사』에 수록된 통계를 근거로 작성한 것. 비고에 "조사가 빠진 곳, 또한 조사가 충분치 못한 곳이 있다"고 밝힌 바와 같이 확실할 수는 없다. 대략 한인의 수는 통계의 2배 정도로 추산할 수 있을 것 같다.

북간도의 용정촌(龍井村)과 국자가(局子街)라고 하던 연길(延吉) 인근 지도.

중국은 간도감계(間島勘界)시 '토문강(土門江)' 이 '두만강(豆滿江)' 혹은 '도문강(圖門江)' 의 다른 이름이라고 시종 억지 주장을 펴 왔다. 또한 만주국시절인 1933년 6월에는 한국의 남양(南陽) 두만강 건너편의 '애호전자(艾蒿甸子)' 또는 회막동(灰幕洞)이라 부르던 마을을 '도문(圖門;투먼)' 이라 개명하고 후에 연길현 '도문시(圖門市)' 로 승격시켰다. 이같이 두만강 하류 강변 한 지명을 '도문(圖門)' 으로 정한 것은 『일청 간도협약』의 나오는 토문강이 도문강(圖門江)임을 강조하려는 의도로 해석된다.

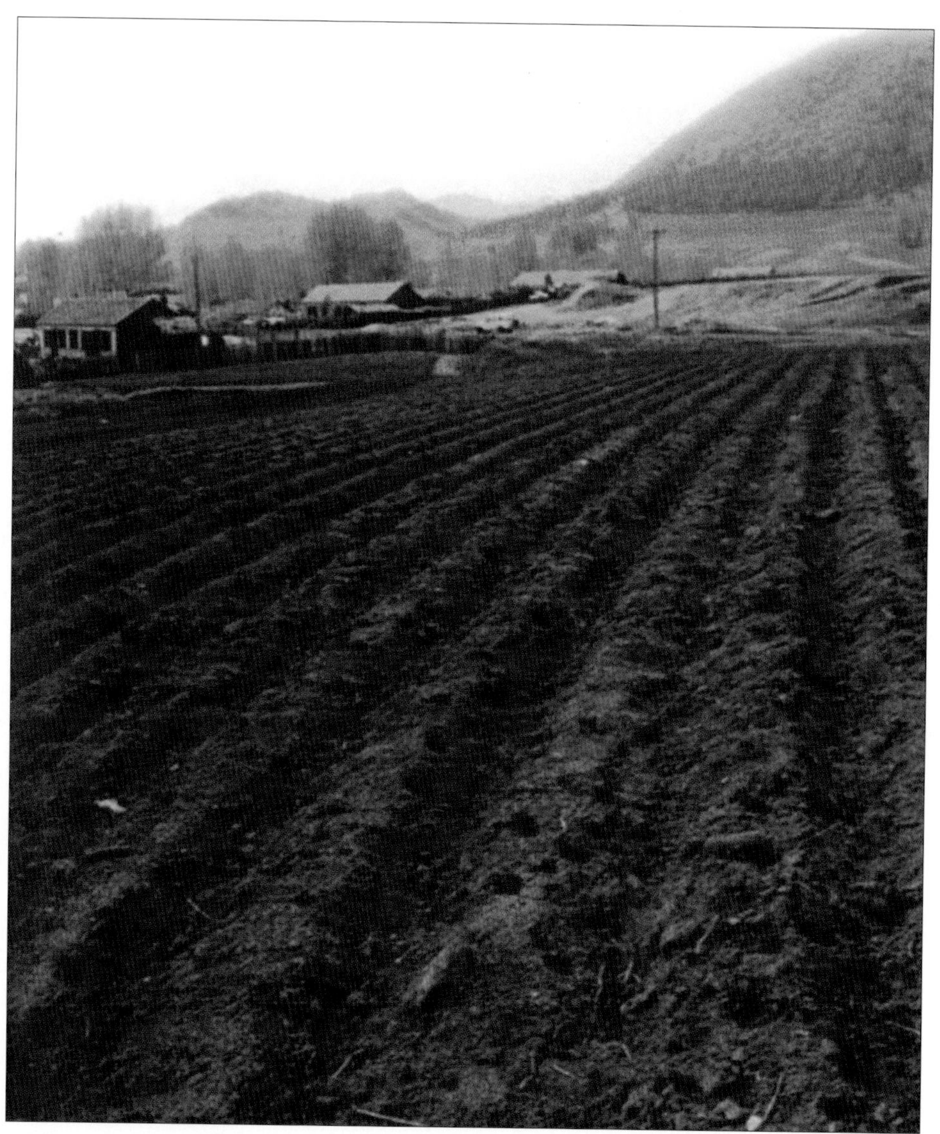

유화현 삼원포 주지갈(鄒家街). 국치후 이동녕·이회영·이시영·이상룡 등 민족운동지들은 현재 유화현 삼원포진 명성촌(明星村) 대고산(大孤山) 밑에 망명하여 경학사를 조직하고 신흥강습소를 설치하여 독립운동 기지화에 헌신하였다.

신흥학교 학생들의 영농 관경

석오 이동녕(1869-1940). 국치후 이회영 · 이시영 · 이상룡 · 김창환 등과 서간도 유화현 삼원포 주지갈(鄒家街)에 망명하여 경학사와 신흥무관학교를 세웠고 3 · 1운동 후 상해에서 임시의정원을 개원 대한민국 임시정부 건립을 주도하였다.

우당 이회영(1873-1932). 1910년 국치후 이석영 · 이시영 등 6형제와 솔가 망명하여 신흥무관학교를 건립, 구국 인재양성에 헌신하였다. 1932년 일제 대련수산 경찰에 포박되어 옥사하다.

韓總統身後訪問記

韓人推戴之臨時大統領朴殷植氏之遺像

백암 박은식(1859-1925). 국치후 서간도 회인현에 망명하여 『대동고대사론(大東古代史論)』, 『동명성왕실기(東明聖王實記)』, 『발해태조건국지(渤海太祖建國誌)』, 『몽배금태조(夢拜金太祖)』, 『명림답부전(明臨答夫傳)』, 『천개소문전(泉蓋蘇文傳)』, 『단조사고(檀祖事攷)』 등을 저술 '국혼론(國魂論)'을 실증하였다. 박은식은 3·1운동 후 상해에서 독립신문사 사장과 임시정부 대통령을 역임하며 조국독립운동에 헌신하였다.

석주 이상룡(1858-1932). 국치후 서간도에 망명, 경학사와 신흥무관학교에서 구국인재 양성에 힘쓰며 조국독립운동에 헌신하였다. 후에 대한민국 임시정부의 국무령에 선입되기도 하였다.

우강 양기탁(1871-1938). 안창호 등과 신민회를 조직하여 구국운동을 폈던 양기탁은 국치 후 105인 사건에 연루되어 옥고를 겪고 후 서간도에 망명하였다. 정의부와 고려혁명당 등에 참여 '독립전쟁론' 구현에 헌신하였다.

홍범도(1868-1943). 대한제국시기 삼수 · 갑산을 중심으로 발군의 전적을 올린 의병의 명장이고 1920년 봉오동승첩과 청산리대첩을 지휘한 독립군의 명장이다.

성재 이동휘(1873-1935). 105인 사건에 연루되어 대무의도에 유배되었다가 풀려난 후 북간도와 연해주 지방에 망명 '독립전쟁론'을 구현하고자 독립군 양성 등 조국독립운동에 헌신하였다. 볼셰비키혁명 후 한인사회당을 조직하여 공산주의 사조를 수용하였다.

근년 봉오동댐 아래 세운 봉오동승첩비. 박창욱 교수(왼쪽)와 저자

대종교의 3종사 나철 · 서일 · 김교헌의 묘역. 멀리 청산리가 바라보이는 화룡현 청호종산의 작은 언덕에 자리잡고 있다. 3종사는 청산리대첩을 이끈 북로군정서의 독립군 양성을 지도, 후원한 이들이다.

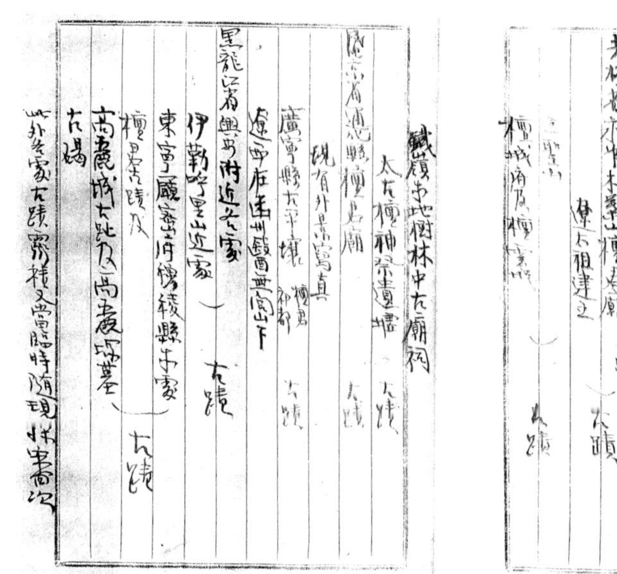

鐵嶺南地樹林中古廟祠

太古檀神祭壇墟 古蹟

[illegible]檀君廟 古蹟

現有外[illegible]寫真

廣寧縣大平壤 檀君神都 古蹟

遼東府[illegible]州鐵面無閭山下

黑龍江省興安府近各處

伊勒呼里山近處 古蹟

東寧[illegible]府穆稜縣各處

檀君遺蹟及

高麗城古址及高麗將墓 古蹟

古碣

此外各處古蹟靈蹟又當臨時隨現[illegible]

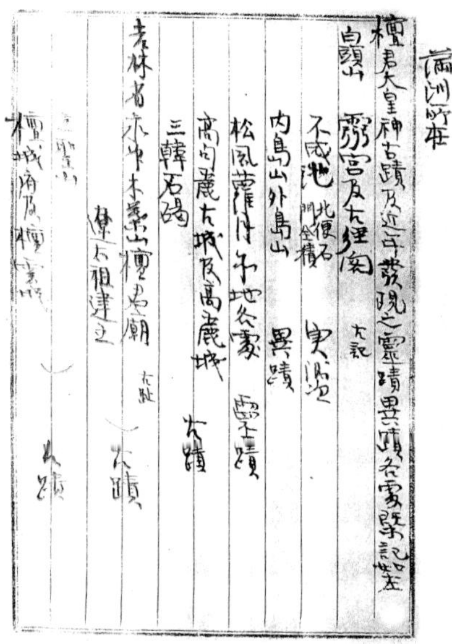

滿洲所在

檀君大皇神古蹟及近年發現之靈蹟異蹟名處彙記如左

白頭山 靈宮及古埋窟 大記

不咸池 北[illegible]石門金積 異跡

內島山外島山 異蹟

松風蘿[illegible]子地名處 靈蹟

高句麗古城及高麗城 古蹟

三韓石碣

老林古木中木葉山檀君廟 古址

傳云祖建之 古蹟

檀城府及檀宮城 古蹟

단군고적일람. 1911년 대종교에서 조사한 백두산을 중심한 만주 소재의 단군고적 및 단군관련 이적지를 기록한 것이다.

간도 용정에서의 3 · 1운동. 1919년 3월 13일 용정 서전대야에서 1만여명의 간도 각 지역 동포들이 회집하여 '조선독립축하회'를 개최하였다. 회중이 '정의인도'와 '대한독립'이라 대서한 5장기를 세운 중앙을 향하여 태극기를 들고 둥글게 모여 '간도거류조선민족일동' 명의로 된 '독립선언포고문'을 발표하고 만세 시위를 감행하였다. 이 시위중 17인이 일제의 제주를 받은 중국군경의 총격을 받고 순국하여 용정교외 허청리 '3. 13 반일 의사릉'에 묻혔다.

1920년 10월 청산리전역을 대첩으로 이끈 북로군정서의 독립군. 맨 앞에 앉은 이가 김좌진 장군이다.

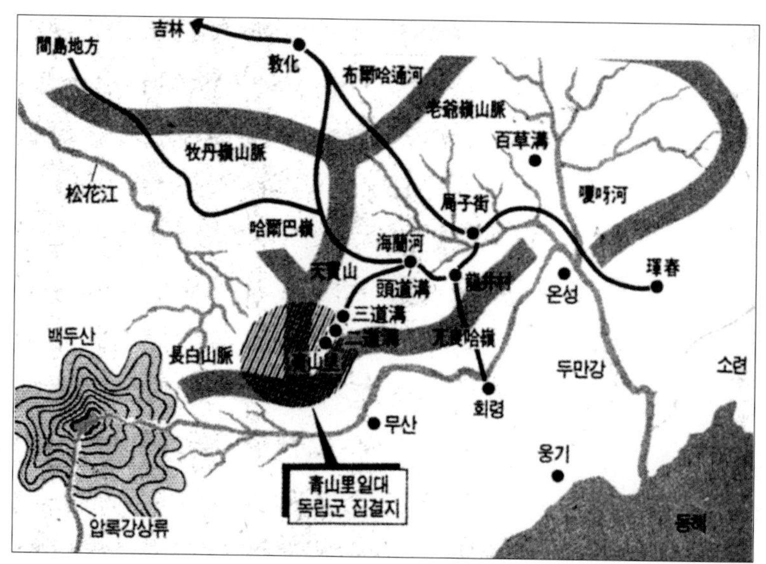

청산리대첩지역 약도.

백야 김좌진(1889–1930). 북간도에서 서일 · 현천묵 등과 북로군정서를 조직 독립군을 양성하여 1920년 10월 독립군사상 최고의 전적을 올린 청산리대첩을 이끈 명지휘관이다.

청산리대첩기념목비. 청산리대첩의 첫회전이 벌어졌던 격정장 백운평(白雲坪)에 들어가는 길목에 연변조선족이 '청산리항일전적비'라 묵서하였다.

참의부 소속의 독립군. 참의부는 임시정부 소속의 주만독립군으로서 '대한민국 임시정부 주만 참의부'라 하고, 주로 서간도 압록강 연안에서 국내진입전을 감행하였다.

동천 신팔균. 신흥무관학교 교관과 서로군정서 독립군 사령관을 역임하다 순국하였다.

조선혁명군사령관 양서봉장군 동상. 서간도 신빈현 왕청문 화흥중학(化興中學) 교정에 세웠다.

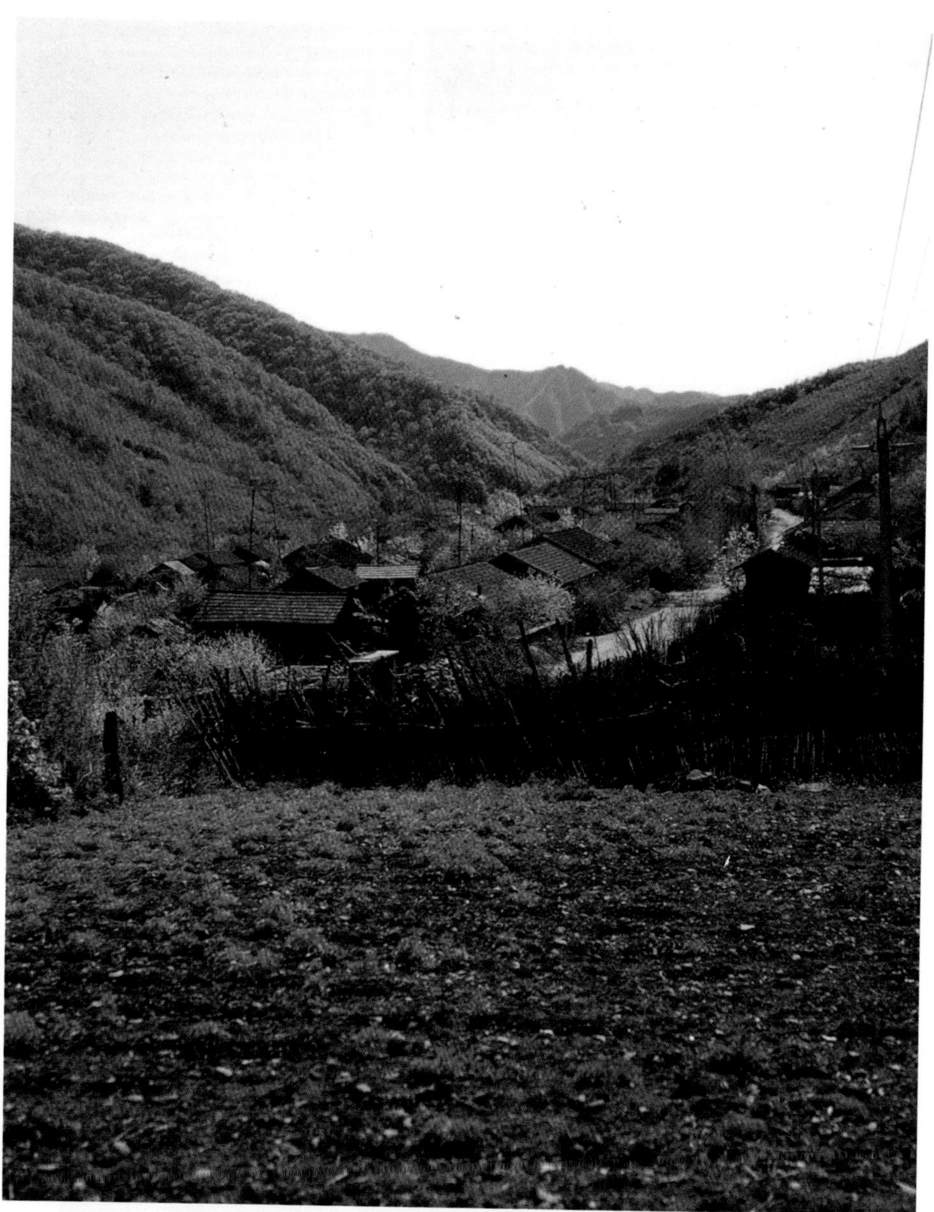

집안현 대로향 고마령(古馬嶺) 독립군 전적지. 1925년 3월 16일 참의부의 주요간부들이 작전회의를 하던 중 60여명의 일제 경찰대의 기습공격을 받아 투항외에는 살아날 길이 없음에도 불구하고 최석순(崔碩淳) 참의장 이하 전창희(田昌禧) 등 독립군간부 22인이 최후까지 혈전을 벌이다가 산화한 곳이다. 이 마을은 사방이 산으로 둘러쌓인 심산유곡으로 압록강에서 직선거리로 치면 20여 km 떨어진 곳에 위치한다.

비밀리에 훈련받는 독립군. 3 · 1운동후 서북간도 안에는 이와같은 독립군 비밀 훈련소가 각처에 산재하였다.

봉오동 승첩지. 봉오동은 삿갓을 뒤집어 놓은 듯한 지형의 천연 요새지로 하 · 중 · 상동 마을이 30-40호씩 모여있던 곳이나, 지금은 중동어귀까지 도문시(圖們市)의 상수도물 저장을 위하여 물에 잠긴 호수댐을 이루고 있다.

용정시 용정실험소학 내 「서전서숙 유적지」

보재 이상설(1870-1917). 1907년 헤이그 특사로 사행하기 전에 이동녕 · 정순만 · 여준 · 박정서 등과 북간도 용정에 망명하여 그곳에 서전서숙(瑞甸書塾)을 개숙, 민족주의 교육을 실시하였다.

신채호(1880~1936). 국치후 연해주에 망명하여 『권업신문』과 『대양보』 등의 주필을 단임, 민족언론을 주도하고, 1914년 서간도 등지를 유력하며 고구려와 발해 유적을 답사하고 상해와 북경 등지에서 『조선사』 『조선사연구초』 『조선상고문화사』 등을 저술하며 조국독립운동에 헌신중 일제에게 피체되어 여순감옥에서 옥사하였다.

명동교회. 1992년 한중국교 수립 전후까지 이와 같이 원형모습이 남아있었다.

김약연목사기념비. 중국 문화혁명때 일부 파손되어 현재 명동소학교 교정 구석에 방치되었던 것을 10여년전 후손 김재홍과 유지 최근갑 등이 명동교회 입구에 다시 세웠다.

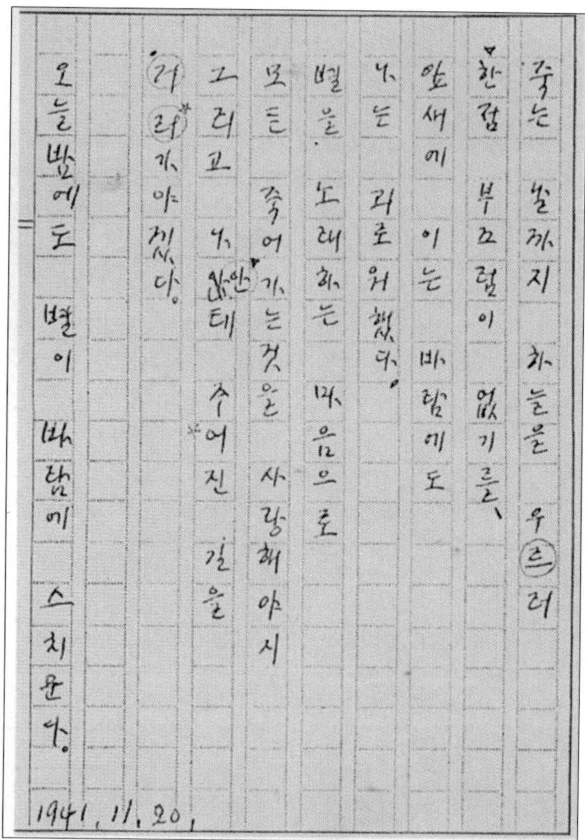
죽는 날까지 하늘을 우르러
한점 부끄럼이 없기를、
잎새에 이는 바람에도
나는 괴로워했다。
별을 노래하는 마음으로
모든 죽어가는 것을 사랑해야지
그리고 나한테 주어진 길을
거러가야겠다。

오늘밤에도 별이 바람에 스치운다。

1941. 11. 20.

민족시인으로 칭송되는 윤동주의 서시원고

북간도 명동출신의 윤동주(1917-1945)는 일제말 후꾸오가 형무소에서 받은 잔혹한 형벌로 옥사하였다.

명동촌 명동학교 유적지.

이진룡 의병장 부인 우씨의 의열비. 서간도 관전현 구대구(口袋溝) 앞을 흐르는 소아하(小雅河)를 굽어보는 청산구 능선에 쌍비로 세워졌다.

연길 와룡동 창동학교 사은기념기

용정 동남쪽 허청리의 새로 단장된 「3. 13 반일의사릉」

용정시 북편의 3 · 13운동의 개최지 「서전대야유적지」

청산리대첩 기념비. 현재 화룡시 용성면 청산촌 앞 구릉진 산 봉우리에 높이 17.6m 화강암 석비에 '청산리 항일대첩 기념비(靑山里抗日大捷紀念碑)' 라고 국한문으로 병서하고 그 아래 소총과 기관총을 쏘며 일제 침략군을 격퇴하는 한국 독립군의 용감한 모습을 담은 가로 4.8m, 세로 2.5m의 흰색 화강암 부조물이 대첩당시의 혈전(血戰)을 상징하고 있다. 이 비는 한국 광복회가 청산리대첩 80주년을 기념하여 2억원의 재정을 지원하여 연변조선족 자치주 국제공공관계협회에서 중국정부의 승인을 받아 1년 2개월의 공역 끝에 건립한 것이다. 그러나 후에 부착한 동판 기념문에는 '청산리대첩 80주년을 즈음하여 연변 각민족 인민은 이 기념비를 세워 선열들의 충혼을 기리고 이 위업을 천추만재에 전하노라' 라고 기록하며 연변 각 민족의 주견만을 강조하였다.

백서농장(白西農庄)이 있던 유하현 소배차(小北岔). 백서농장은 신흥무관학교 출신 교관과 졸업생으로 1914년 편성된 독립군 군영이다. 위의 두 사진은 유하현내 동일지명의 두 지역으로 어느 곳이 정확한지 확정하기 어렵다. 장주는 김동삼이다.

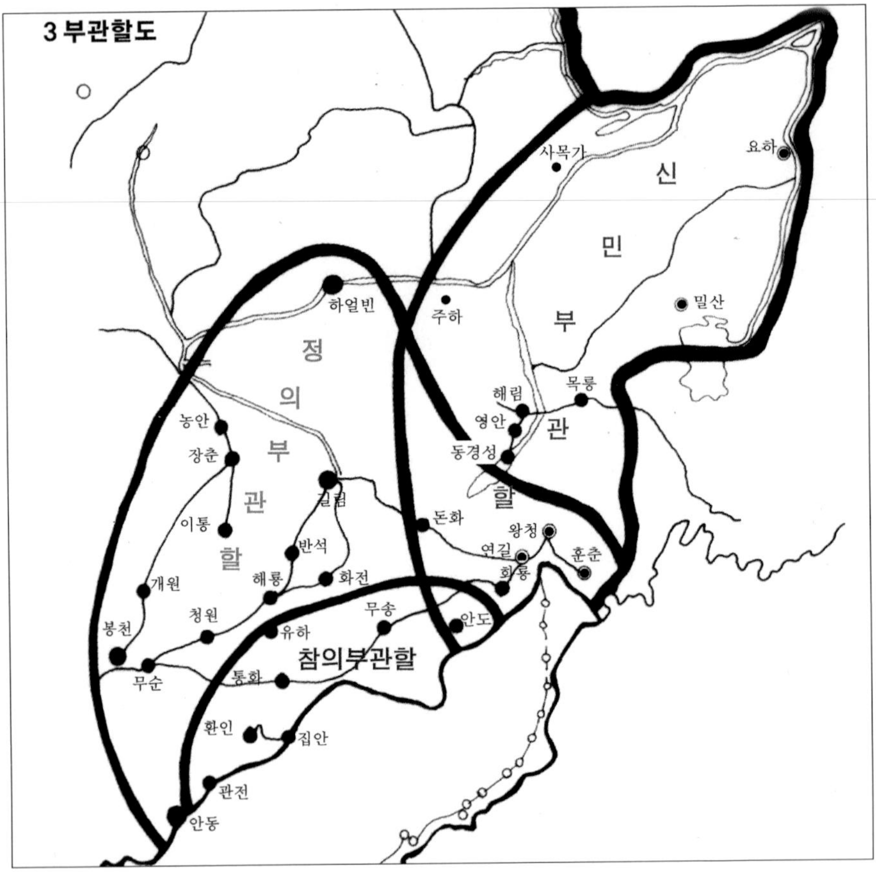

3부관할도

정의부 · 참의부 · 신민부의 활동지역 약도

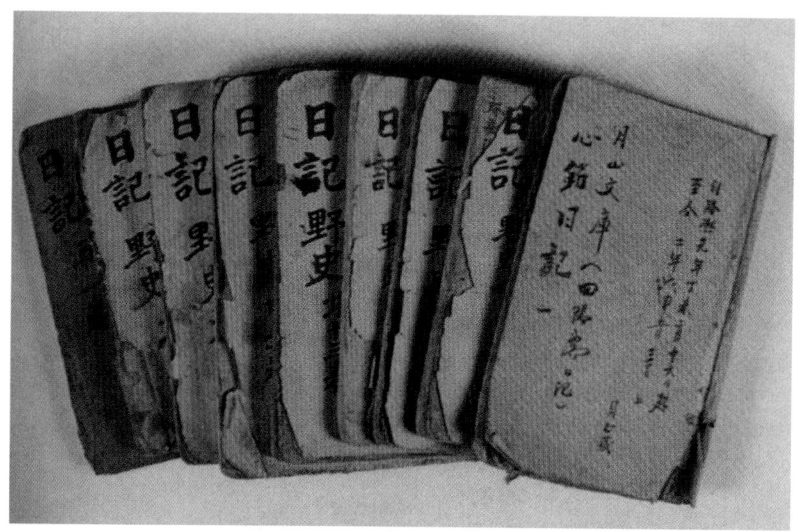

용연 김정규의 『야사(野史)』. 함경도 경성 출신의 유학자 김정규는 1907년 군대해산 후 의병에 투신하여 1921년 북간도에서 대한의금부 소속의 독립군에서의 활동때까지 전후 15년간의 활동과 견문을 일기체로 기술한 17권 18책의 야사를 남겼다.

유인석 의병장의 '의암기비(毅菴記碑)'. 의암 유인석이 말년에 자정처(自靖處)로 삼았던 관전현 보달원의 고려구(高麗溝)에 수년전 관전현 당국이 세웠다. 이곳에서 유인석이 을미 호좌의병 219명을 애통하게 해산하였던 파저강변 사첨자(沙尖子)을 굽어볼 수 있다.(왼쪽에서 저자와 박민영 · 김상기 교수)

大韓北輿要選序　四

大韓北輿要選

序

我韓疆域東西南三面限於海而北連大陸以高句麗渤
海舊疆內今雖不
能盡提故定界碑
在分水門以南者
不惟違背公法亦非恪守舊章之義也在我韓則白頭山
爲一國諸山之祖而惟我
聖祖肇基鴻業詩所謂太王荒之文王康之者實在于是
則岐豊之地其可委之耶我民之聚居北墾島者其尊君
親上之心發於自然日夜南望曰吾

大韓北輿要選

『대한북여요선(大韓北輿要選)』. 학음 김로규가 『북여요선(北輿要選)』이란 제명으로 광무년간 편찬 간행한 것을 우성 박용만이 1927년 북경에서 중간한 것이다. 내용은 간도가 '한국인의 활동무대이며 한국의 영토'라는 역사적 문헌을 집대성한 것이다.

이상룡이 초한「경학사취지서」

大韓獨立宣言書

길림에서 작성된「대한독립선언서」. 김교헌을 서두로 김규식 · 이동휘 · 이승만 · 박용만 등 국외에서 활동하던 39인의 저명한 독립운동자가 연명되고, 연기도 4242년 2월 일로 기록되었으나 선언절차없이 국내외에 유포된 것이다.

독립선언포고문. 1919년 3월 13일 용정 서전대야에서 개최된 '조선독립축하회'(용정 3. 13운동) 때 반포된 것이다.

朝鮮獨立宣言書布告文

조선독립선언서포고문. 1919년 3월 13일 용정 서전대야에서 개최된 '조선독립축하회' 때 남북만주에 거주하는 민족대표 김약연 · 구춘선 등 17인의 명의로 반포한 것이다. 중화민국 외교당안에 수록되어 있다.

大東(諸韓統稱)古代史論

白庵 朴箕貞 著
檀崖 尹世復 閱

有民族而后有歷史然無歷史則亦無民族矣何則歷史者民族之精神有祖國之歷史然後有愛國之精神有同族之歷史然後有愛族之精神有獨立之歷史然後有獨立之精神有自尊之歷史然後有自尊之精神故神聖之民族必有神聖之歷史者也若其民族無歷史之精神者無愛國愛族之精神無獨立自尊之精神不能自存於各族競爭之地幸而得存不歸於奴隸賤種則必同化於他族故曰無歷史則無民族其爲關係何如耶然古代人羣之思想程度不出乎家族主義故其歷史程度亦帝王之

『대동고대사론(大東古代史論)』. 우성 박용만이 북경에서 1927년 학음 김로규의 『대한북여요선(大韓北輿要選)』과 합본하여 중간한 것이다.

의암 유인석의 유묵

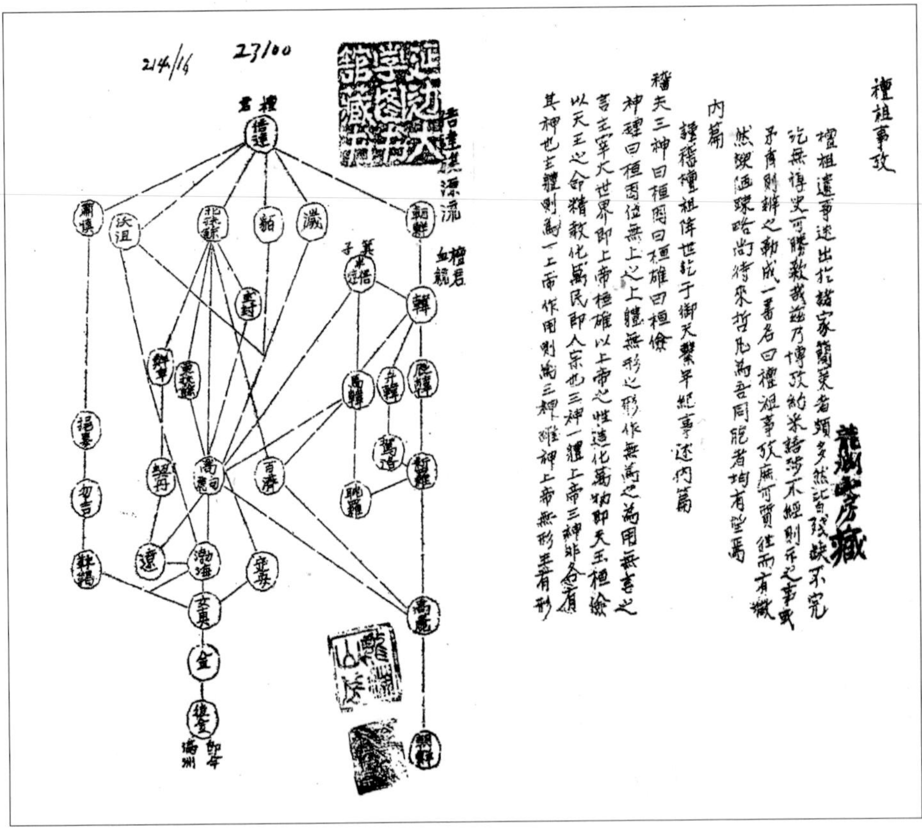

檀祖事攷

檀祖遺事述出於諸家叢集者頗多然記多殘缺不完
況無傳史可勝歎哉茲乃博攷約采語涉不經則斥之事或
矛盾則辨之勒成一書名曰檀祖事攷庶可貫往而有徵
然謏陋踈略尚待來哲凡爲吾同胞者均有望焉

內篇

謹稽檀祖降世於御天繫年紀事述內篇

稽夫三神曰桓因曰桓雄曰桓儉
神理曰桓因位無上之上體無形之形作無爲之爲用無言之
言主宰大世界即上帝桓雄以上帝之性造化萬物即天王桓儉
以天王之命精敎化萬民即人宗也三神一體上帝三神非各有
其神也主體則爲一上帝作用則爲三神雖神上帝無形並有形

『단조사고(檀祖事巧)』

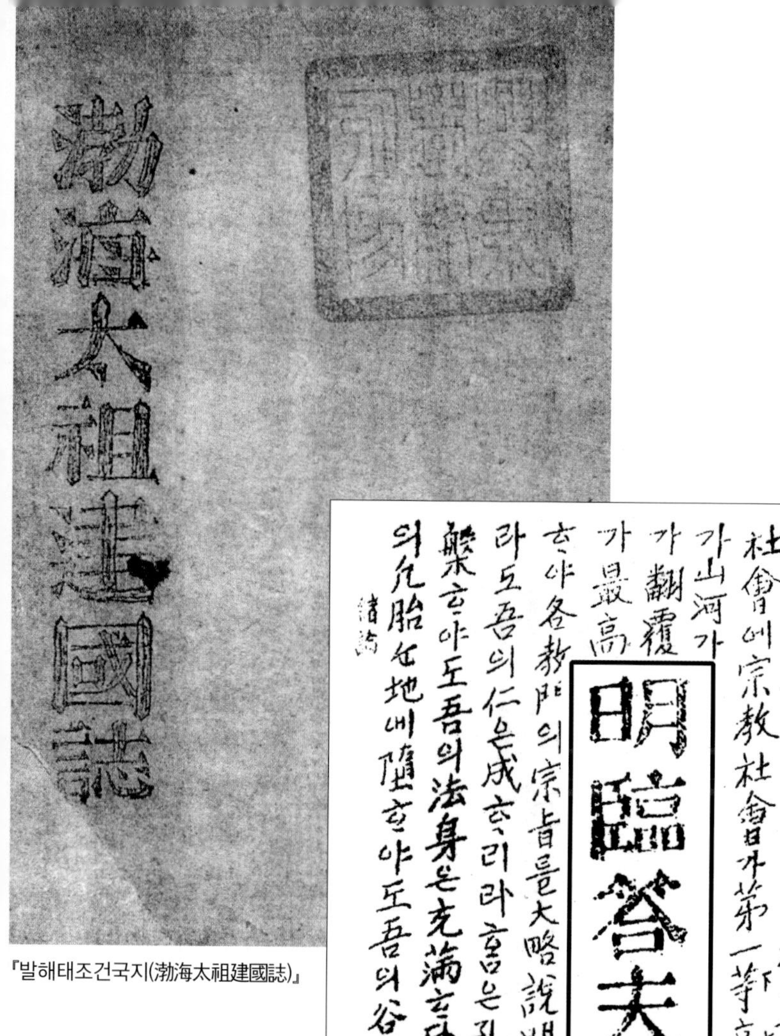

『발해태조건국지(渤海太祖建國誌)』

明臨答夫傳

緒論

嗚呼라우리　檀君大皇祖의子孫된者여公等이世界上人類

社會에宗教社會가第一等高地位에居ᄒᆞᆫ所以를知ᄒᆞᄂᆞ

가山河가 … 지안코天地

가翻覆 … 故로世界

가最高 … 叛兄弟ᄂᆞᆫ

ᄒᆞ야各教所의宗旨를大略說明ᄒᆞ오니盖吾의身은殺ᄒᆞᄂᆞ니

라도吾의仁은成ᄒᆞ리라ᄒᆞᆷ은孔教의宗旨오吾의四大ᄂᆞᆫ歿

槃ᄒᆞ야도吾의法身은充滿ᄒᆞ다ᄒᆞᆷ은佛教의宗旨오吾

의凡胎ᄂᆞᆫ地에墮ᄒᆞ야도吾의谷神은天에昇ᄒᆞᆫ다ᄒᆞᆷ은仙教

緒論　一

明臨答夫傳　全

『명림답부전(明臨答夫傳)』

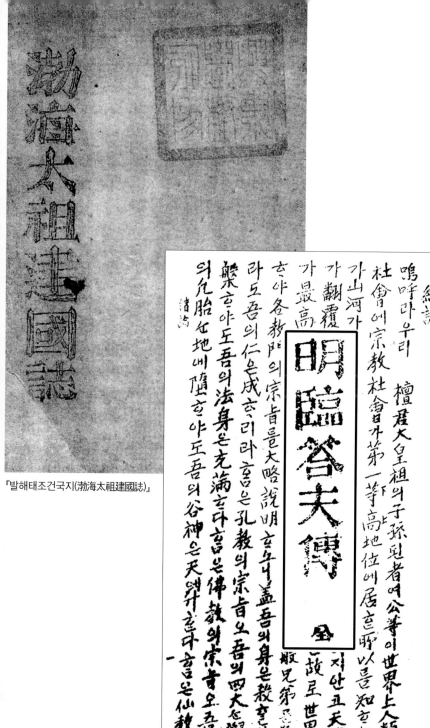

歷史歌

어화우리青年덜아
北扶餘의檀君子孫
神祖遺澤無窮ᄒᆞ야
渾江一帶滔滔ᄒᆞ니
高句麗를建設ᄒᆞ니
丸都古城차자보니
南征北伐所向處에
蓋世英雄盖蘇文은
龍泉府를도라보니
四十萬衆一號令에
우리同族金太祖는
二千五百精兵으로
우리오날것너본일
아모조록精神차려

故國山川이셔이라
二千餘年享國일세
萬世万世億萬世다
東明聖王北來ᄒᆞ야
虎視天下宏壯ᄒᆞ다
廣開土王碑文이라
東洋大陸震動ᄒᆞᆫ네
山海關의古墓로다
渤海太祖事業일세
海東盛國일어낫네
白頭山에터를닥가
橫行天下足足ᄒᆞᆫ네
上帝命令아니신가
祖上歷史繼述ᄒᆞ세

「역사가」. 『발해태조건국지(渤海太祖建國誌)』와 『몽배금태조(夢拜金太祖)』 말미에 수록되었다.

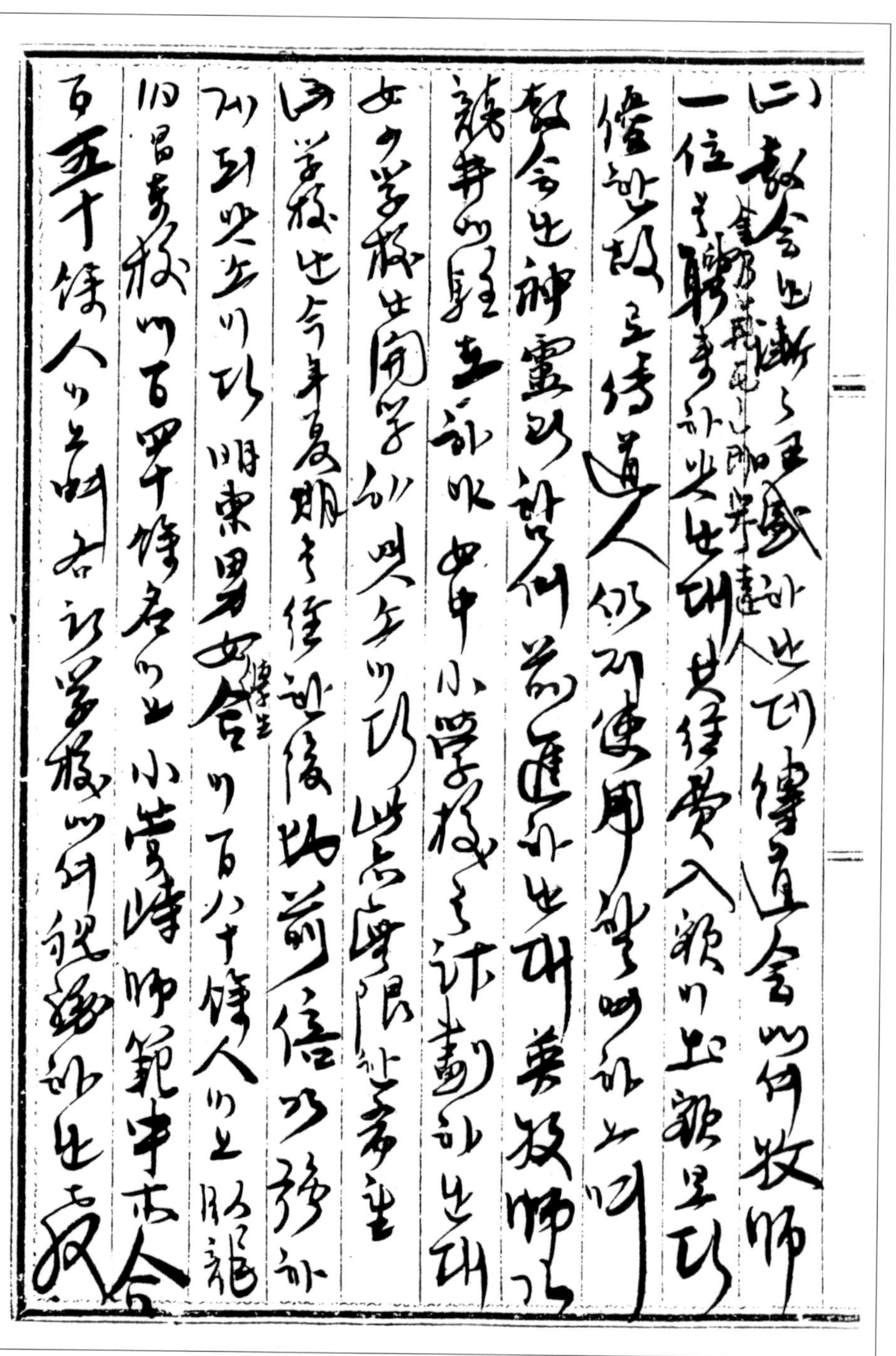

정재면의 편지. 1911년 11월 25일 안창호에게 북간도 민족운동 상황을 기술한 간찰이다.

國恥後第四年六月十九日誠齋同志弟血淚歛
涕問安于最敬最愛的島山先生閣下하오니
主大恩中霜風滲雨에平康多福至아弟と 聖神保祐
하심으로僅脫虎羅之網하야暗推越鴨綠之上
流에幸到長白島하야次前進牧丹嶺에到北墾島延吉
縣局子街弟之家族亦同時來到從此以後로弔
故鳴鼓之前에祖國江山已別矣라血淚掩面에
脈脈無語叫過經事는甘辛間에無足更道언이와現在
及將來何以進行乎脫網以後에更復精神에熱心實
行中이오나方針을未定同查已耳伏望 先生은前後進行之
方針速速回示焉東西南北之同志統合之方針不外乎吾
神聖之新團其外에更無道矣新團之歷史와規則을速速編
送伏望在國之同志中에金根瑩韓弼浩已爲警察力으로別
世하고其外大同志現今未決中其困苦極全人氣難이라
爲之熱血沸騰不知所由외다 甲君之病患何忍道哉爲之血
淚掩面已耳海港一帶로言之則漸次進行凡百事業이將
有可望이나隱伏之分爭尚未氷解而問問有然實을破
裂之危慮耳北墾之情形言之民會之組立과教育之
發展과宗教之旺盛에大有將來之望이오나民國之
尚未鞏固不無可慮이오나天祐神助에有何大慮乎其亦何
慮焉西墾以處으로李東寧金炳姿全秉鎬以同志熱心
中이오니其滋味多多이외다米洲消息은全然不知하와
查查이외다前後情況速速詳示伏望內地情形何忍言哉
將日死矣一寸木一掬土一行步一言動不得自由胸塞心
塞脈脈無語而止餘在續後不宣 敬白

이동휘의 편지. 1913년 6월 19일자 안창호에게 보낸 것으로 망명후 북간도와 연해주에서의 민족운동 상황을 기술하고 있다.

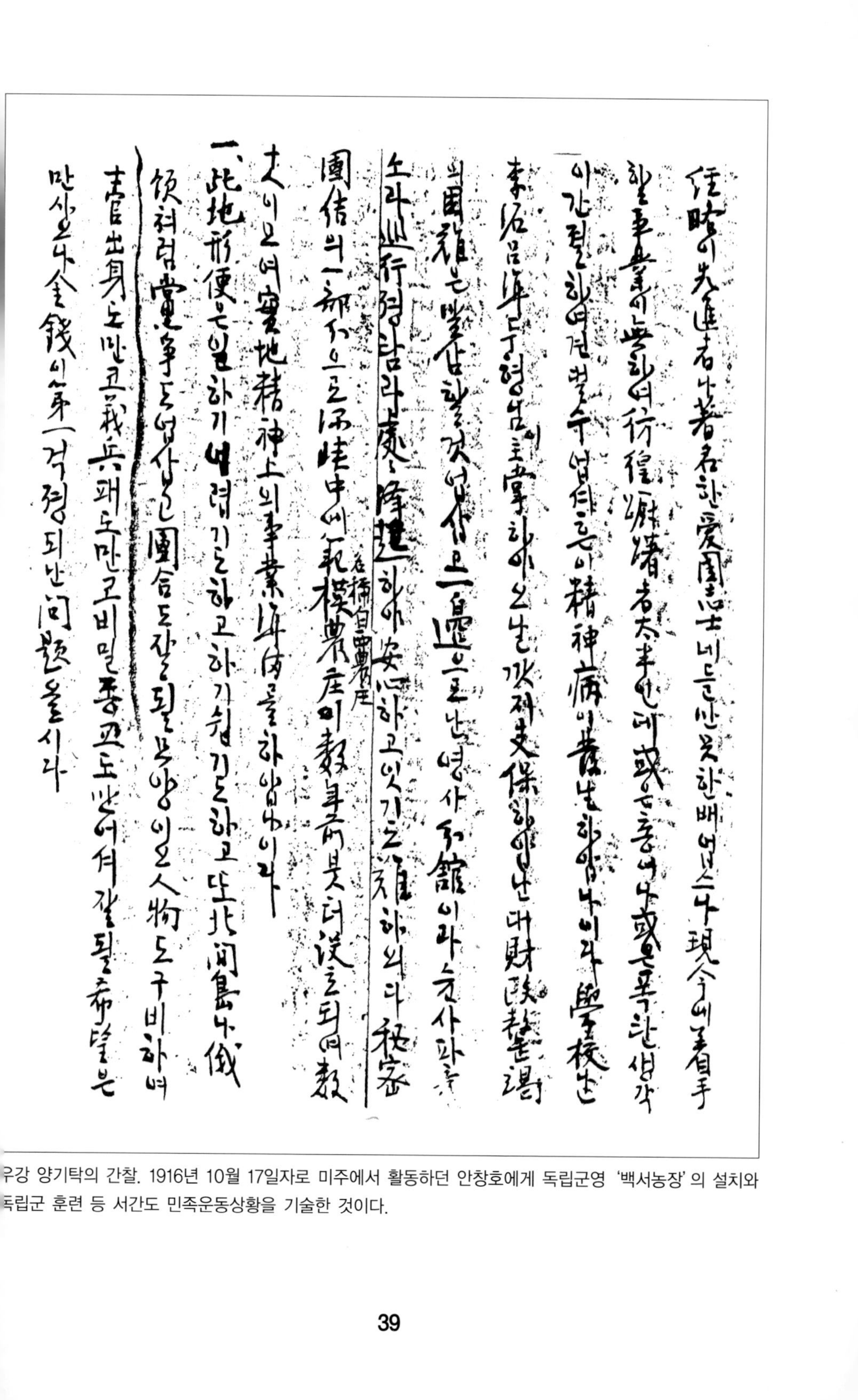

우강 양기탁의 간찰. 1916년 10월 17일자로 미주에서 활동하던 안창호에게 독립군영 '백서농장'의 설치와 독립군 훈련 등 서간도 민족운동상황을 기술한 것이다.

대종교의 교직자이며 독립군의 지도자인 백순의 편지. 청산리 대첩 후 독립군의 청산리 대첩 이래의 항전 상황을 임시정부 대통령 이승만에게 보고한 간찰이다.

간도역사의 연구

윤병석

국학자료원

서 문

한국근대사에서 지칭하는 間島, 즉 北間島는 백두산 동북쪽, 두만강 너머의 延吉·和龍·汪淸의 3縣과 흔히 琿春縣을 아울러 가리키나, 넓게는 額穆·敦化·東寧·寧安 등의 縣을 합칭하기도 한다. 현재 중국속에 韓人(朝鮮族)집단거주지역인 연변조선족 자치주는 위의 연길·화룡·왕청·혼춘의 4현에다 백두산 북쪽의 安圖와 敦化의 두 현을 합하여 이루어진 것이다. 여기에 間島의 연장개념으로서 西間島란 호칭은 백두산 서남, 압록강 대안의 南滿洲지방 한인의 이주·정착지역을 지칭하게 된 것이고, 이 서간도와 대칭으로 原 間島에 대한 호칭을 서간도와 구별하기 위하여 '北'자를 첨가하여 北間島 혹은 北墾島라 호칭한 것이다. 서간도 중에서 현재 한인 집단거주지역은 백두산록의 長白縣만이 조선족 자치현으로 남아있고 그밖에는 각 현 산하의 韓人의 自治鄕이 여러 곳에 산재한다.

이 서북간도의 한인(조선족)사회는 1860년대 이래로 가난한 농민을 중심으로한 窮民의 이주·개척에 의해 형성되기 시작하여 1910년 국치전후에 이르면 십여만에 달하였고 북간도의 경우 인구면에서 한인의 비율이 80%를 차지하였을 뿐 아니라 농경토지도 절반이상을 점유하여 개간·정착하고 있었다. 이처럼 한인들은 황무지를 개간하여 間島를 한인의 '新天地'로 삼아 생활의 토대를 마련하고 간도한인사회를 형성하였다. 이 간도한인사회는 국외한인사회중에서도 가장 규모가 크고, 또한 국치전후로부터 조국독립운동의 중요기지로 발전되었던 것이다.

역사적으로도 서북간도는 상고 古朝鮮이래 고구려・발해로 내려오면서 한민족의 활동영역으로 고대문화를 형성하던 民族故地였을 뿐더러, 지리적으로도 압록・두만강의 一衣帶水만 건너면 국내로 다시 진입할 수 있는 군사적 요충지이기도 하다. 이와 같이 두만・압록강 너머의 서북간도를 비롯한 중국 동북지방과 러시아 연해주지방에서의 독립운동의 기지화 노력은 항일독립운동의 국외 확대인 동시에 운동이념은 물론 그 논리와 전략이 크게 발전한 것으로 이는 그동안 이들 지역에 이주개척한 수십만에 달하던 한인이 이룩한 한인사회를 기반으로 한 것이었다.

이와 같이 국외한인사회 중에서도 가장 오랜 역사와 전통을 가진 중국 동북지방의 간도한인 역사와 민족운동 내지 조국독립운동은 한국근대사의 중요한 면을 차지하고 있다. 그럼에도 불구하고 해방후까지도 이념의 대립과 냉전체제의 지속으로 말미암아 서로 왕래는 고사하고 자료교환마저 어려운 鐵竹으로 가려진 곳이었다. 하지만 최근 10년래 국제정세의 변화와 국력의 신장으로 국교가 트이고 인적교류는 물론, 아직 제한적이기는 하지만 학술교류가 가능하게 된 것이다. 필자는 이와 같은 배경에서 간도사의 제문제를 탐구하고자 본 『간도역사의 연구』 즉, 間島史硏究를 집필하게 된 것이다. 모두 8편의 논고로 이루어진 본서는 가능한 한 간도사의 제문제 중에서도 기본적이면서도 간도사 체계화에 절실한 과제를 우선하여 구명하고자 하였다.

그러므로 본서는 서북간도 한인의 이주개척과 한인사회의 성립, 그리고 그들의 민족운동을 규명하면서 첫째, 간도한인사회의 민족의식의 원류가 된 민족주의 교육을 瑞甸書塾과 明東學校, 大甸學校 등 구체적 사례연구를 통하여 해명하려 하였다. 그러나 간도 민족주의 교육의 요람이 된 서전서숙은 필자가 이미 별도의 저술에서 밝힌 바 있으므로 여기서는 요지만 기술하였다. 둘째 서북간도 한인사회의 조국독립운동의 새로운 전기가 된 3·1운동의 특성과 의의를 규명하고자 하였다. 특히 龍井 3·13운동은 국내외 각지에서 전개된 3·1운동 중에서도 가장 규모가 큰 시위를 벌였고 현장에서 가장 많은 살상·희생자가 난 시위운동이었다. 뿐만아니라 그 운동을 계기로 海島間이라고도 칭하는 북간도와 연해주지역 한인사회는 獨立軍에 의한 무장항일운동으로 큰 전환을 이룩하는 계기가 되었다. 셋째 獨立軍史에서 가장 빛나는 전적을 이룩한 鳳梧洞勝捷과 靑山里大捷을 한·중·일 관계자료를 종합, 실증하면서 그 의의를 부각시키고자 하였다. 또한 이 양승첩 전후에 독립군의 구체적 주체를 밝히고자 『북간도지역 독립군의 명부』를 해제하였다. 그것은 3·1운동후 1932년 '만주국'의 성립을 거쳐 1937년 중일전쟁 발발에 이르는 시기에 서북간도를 중심으로 한 남북만주에서의 한인의 조국독립운동은 독립군에 의한 抗日戰史로 상징될 수 있기 때문이다. 넷째 간도를 중심으로 한 해도간에 걸친 한인사회의 민족운동과 조국독립운동을 주도한 중요인물인 李東輝와 桂奉瑀, 그리고 金鼎奎의 행적과 학문사상 등의 새로운 자료를 발굴, 해명하고자 하였다. 그 중 이동휘는 국치전후로부터 1935년 그의 말년까지 '獨立戰爭論'을 바탕으로한 조국독립운동의 지도자로, 그리고 유학자 김정규는 국망이전 關北義兵에 참여한 이래 1910년 망명후 북간도에서의 의병과 독립군항전에 중요인물로 활동한 위상 등을 실증하려한 것이다. 한편 계봉우와 김정규의 경우는 그들의 遺著인 『朝鮮歷史』와 『吾讎不忘』, 『龍淵金鼎奎日記』등의 여러 역사물을 중심으로 海島間의 역사와 문화이해의 자료를 확대하려 한 것이다.

본서 말미에는 서북간도 항일독립운동 유적지의 답사기록과 독립군 명부를 부록으로 첨부하였다. 현재 이들 여러 유적은 오랫동안 방치되어 원형을 잃은 것이 대부분이지만 일제에 의한 민족수난기 '苦心血痛'의 조국독립운동을 실증할 유적들이고 생동하는 간도사의 현장이기도 하기 때문이다. 또한 2,328명에 달하는 독립군 명부는 물론 그것이 봉오동 승첩과 청산리 대첩 전후의 완벽한 독립군 명부는 못되더라도 지금 우리가 알 수 있는 '독립전쟁론'을 구현하려던 북간도지역 주역 17개군단의 중요 독립군 명부를 망라하고 있는 것이다. 본서는 필자 나름대로 간도역사의 제문제를 탐구하고 그것을 한국근대사의 일환으로 재구성, 올바른 위상을 밝히고자 적지않은 노력을 기울였으나 워낙 어려운 과제가 중첩하여 앞으로 간도역사 이해의 첫 시도라 하여도 좋을 것 같다. 독자 諸賢의 叱正을 바라마지 않는다.

본서의 작성을 위한 자료조사와 현지답사 또한 집필 간행에는 역사의 현장인 중국동북지방의 여러 인사와 국내 동학들의 협조와 성원이 컸음을 밝히며 고마운 분들에게 敬意와 謝意를 드린다. 특히 현지의 朴文一, 黃龍國, 朴昌昱, 金成鎬, 金春善 교수와 국내의 朴敏泳, 蔡永國, 李賢周 박사의 여러 모의 도움에 대하여 거듭 감사를 표하고 본서간행의 조역을 맡아준 金賢塡 조교의 노고에도 고마운 정을 표한다.

1999년 12월

尹 炳 奭

차 례

1. 조선인의 간도 개척과 조선인 사회

1. 민족 故土로서의 간도

러시아 연해주와 더불어 한민족의 고대 활동무대였던 간도는 조선말기에는 새로운 삶을 개척하기 위한 영세민들의 '신천지'였으며, 나아가 일제 침략 · 지배시기에는 국권 회복과 조국광복을 위한 민족해방투쟁의 중심무대가 된 지역이다. 독립운동사에서 큰 줄기를 이루는 만주 한민족해방투쟁사는 이 일대에 형성된 대규모 한인사회를 바탕으로 전개될 수 있었다.[1] 오늘날 중국 안의 한민족인 '조선족'의 原型이 바로 19세기말에서 20세기초에 이주한 한인들이다. 간도와 한민족 역사의 상관성은 바로 이와 같은 점에 불가분의 관계를 설정하고 있는 것이다.

간도는 백두산의 동북방, 두만강 대안의 북간도와 백두산의 서남방, 압록강 대안의 서간도로 이루어져 있다. 그 가운데 가장 큰 규모로 한인사회가 형성되었던 북간도는 延吉 · 和龍 · 汪淸 · 琿春 등 4개 현이 중심이 되었으

1) 현재 중국에서는 우리나라 국호를 딴 '한인(韓人)' 또는 '한인사회(韓人社會)'라는 용어보다 조선족(朝鮮族) · 조선인(朝鮮人) 또는 조선인사회(朝鮮人社會)라고 쓰고 있다. 따라서 이글에서는 '조선족' '조선인' '조선족사회'를 혼용하였다. 그것은 同音인 '韓人'과 '漢人'을 구별하는데도 도움을 줄 것이다.

나, 그 주위의 額穆·敦化·東寧·寧安 등 4개 현도 아울러 지칭하는 수가 많았다. 북간도에는 主脈인 老爺嶺산맥과 黑山嶺산맥에서 뻗어나간 지맥들로 형성된 무수한 구릉·분지가 펼쳐 있고, 부루하통하[布爾哈通河]·해란강·가야하[嘎呀河]·두만강 등 4대 하천을 큰 젖줄로 하여 골짜기마다 한인의 개간 농경지가 펼쳐졌다. 북간도 하천 중에서도 부루하통하와 해란강이 큰 편이다. 해란강은 백두산에서 동북으로 뻗은 장백산맥이 흑산령으로 갈라지는 지점에 위치한 靑山里에서 발원한 후 동쪽으로 흘러가 頭道溝와 龍井村을 지난다. 부루하통하는 西노야령산맥의 가운데 위치한 哈爾巴嶺에서 발원해 明月溝와 土門子, 그리고 銅佛寺를 거쳐 북간도 제일의 도시인 延吉의 磨盤山에서 해란강과 합류한 뒤 圖們에서 다시 두만강과 합류하게 된다.

한편 북간도와 대칭을 이루는 서간도는 백두산 서남쪽, 압록강 너머의 琿江 일대를 중심으로 松花江 중상류지역까지 아울러 가리키는 경우가 많았다. 서간도에는 輯安·通化·柳河·懷仁·寬甸·臨江·長白·撫松·安圖·興京·海龍 등의 여러 현이 자리잡고 있다. 이곳은 고조선의 역사가 깃들여 있을 뿐만 아니라 고구려의 발흥지로 한민족의 기원과 관련이 깊은 지역이다. 그 중에 고구려 수도였던 회인과 집안을 비롯한 인근 지역에는 국내성과 환도산성 오녀산성을 비롯하여 광개토대왕비·장수왕릉 등 고구려의 위업을 상징하는 유적·유물들이 널려 있다. 서간도지역은 압록강을 경계로 하는 국경지대를 중심으로 산악지대가 형성되어 있다. 백두산 서쪽으로 장백산맥이 가로놓여 있으며, 요동반도에는 반도의 주맥인 千山山脈이 이어지는 등 큰 산과 깊은 골짜기가 많기는 하나, 압록강과 그 지류인 禿魯江·慈城江·渾江 유역에는 충적지대가 곳곳에 형성되어 있으며, 백두산을 중심으로 한 일대를 제외하고는 표고 1,000m 내외의 기복이 완만한 노년기의 지형을 이루고 있다. 국경지대를 넘으면 산지와 구릉에 둘러싸인 표고 200m 미만의 평원이 펼쳐진다. 이 지역의 기후는 만주지역 중에서는

온난한 편으로 강수량도 풍부하여 사람이 살기에 비교적 적합한 조건을 구비하고 있다.2)

이와 같은 서북간도 도처에 평야와 분지, 그리고 구릉지를 따라 한인마을이 형성되어 있었으며, 개간농경지에는 다양한 농작물이 재배되고 있었다. 조·옥수수·고량·기장·콩 등의 밭농사도 성행했지만, 이주 한인사회에서 가장 큰 비중을 차지하던 농업은 역시 하천 유역의 저지와 습지에서 일으킨 벼농사였다. 이주한인이 시작한 벼농사는 만주 농업경제에서 수위를 차지하는 주곡으로 등장하였을 정도였으며, 그 전토의 대부분은 한인의 피땀어린 노력으로 개간되었던 것이다.

한민족은 고대로부터 간도를 비롯한 만주지방과 역사적, 문화적으로 긴밀한 관계를 맺어 왔다. 단군조선 이래로 고구려와 발해에 이르는 10세기 초까지 만주와 러시아 연해주 일대는 한민족의 활동영역에 들어 있던 민족 故土로서, 민족문화 발전의 중요한 터전이 되었던 곳이다. 그 뒤 고려조에 들어와 예종이 都元帥 尹瓘을 파견하여 이 지역에 웅거하고 있던 여진족을 정벌하고 북방 拓境을 단행하였다. 이때 윤관은 두만강 이북 70여 리를 개척하고 9성을 쌓았다. 9개의 성 가운데 하나인 公嶮嶺城은 先春嶺 동남, 백두산 동북의 蘇河 강변에 위치하였고, 선춘령에다 '高麗之境'이라 새긴 척경비를 세웠다고 한다. 그 이래로 명조 말엽까지 국경문제로 중국과 분쟁을 일으킨 일은 거의 없었다.

하지만 명이 망한 뒤 중원을 차지한 여진족의 청은 1658년 간도를 封禁地帶로 선포하여 중국인과 조선인의 이주를 엄금하는 조치를 내렸다. 봉금지대는 조선의 변경 주민들이 인삼 등을 채취하고 수렵과 벌목에 종사하던 생활무대였다. 그러므로 이들은 생계를 영위하기 위해 위험을 무릅쓰고 도강을 계속할 수밖에 없었다. 결국 봉금지대 설정 이후 발생하게 된 월경죄인

---

2) 吉林省 文物志編纂會, 『集安縣文物志』, 長春, 1983, p.50.

처벌문제가 조선과 청국간의 외교에 상당한 비중을 차지하게 되었던 것이다.[3)]

이에 청의 강희제는 1712년 烏喇[吉林]總管 穆克登으로 하여금 백두산 일대를 탐사하고 양국간의 국경선에 대하여 조선과 약정하게 하였다. 강희제는 백두산에서 발원하는 土門江 서남은 청국령, 동북은 조선땅이라고 국경을 자의적으로 획정하고는 목극등에게 토문강과 압록강 사이의 영역을 사정토록 한 것이다. 이 때 목극등은 백두산 정상에서 동남으로 10여 리 떨어진 압록강과 토문강의 발원지점에 "변경을 조사하여 여기에 이르러 살펴보니 서쪽으로는 압록강이고 동쪽으로는 土門江이다. 그러므로 강이 나뉘는 고개 위에다 돌을 새겨 기록한다"라고 새긴 定界碑를 세웠던 것이다.

그 뒤 러시아의 남침 위협에 대항해 봉금정책을 폐지한 청나라는 1880년대에 들어와 적극적인 간도 개간정책을 실시하였다. 한편 이 무렵 관북 변경 주민들은 목극등이 백두산 정계비에 기록한 토문강은 분수령 정계비가 있는 곳에서 발원하여 송화강으로 흘러들어가고, 두만강은 정계비에서 원거리에 있는 지점에서 발원하여 동해로 유입된다는 사실을 확인하였다. 곧 현재의 북간도 일대가 청국령이 아니라 조선의 영토임을 확인하게 되었다. 이로써 한청 양국간에 간도 일대의 국경 勘界문제가 부상되기에 이르렀다.

이에 간도 감계문제를 해결코자 1885년 조선측의 감계사인 안변부사 李重夏와 중국측 琿春副統 德玉 등 양국의 대표간에는 정계비를 현지 답사하고 수차의 회담을 가졌다. 하지만 양측의 주장이 확연히 달라 합의점을 도출할 수가 없었다. 그 뒤 양국간의 감계문제는 미결과제로 남아 있던 중에 러일전쟁이 발발하게 되었다.[4)]

그 동안 조선정부에서는 간도지방에 거주하는 한인의 생명과 재산을 보

---

3) 高承濟, 『韓國移民史硏究』, 章文閣, 1973, pp.16~17.

4) 大韓民國國會圖書館, 『間島領有權關係拔萃文書』, 1975, pp.274~278 참조.

호하기 위하여 1902년 李範允을 間島視察使로 파견한 뒤 이듬해에는 다시 間島管理使로 임명하여 간도 거주 한인의 호구와 인구를 조사하여 조세제도와 지방행정제도를 갖추도록 조처하였다. 간도관리사로 부임한 이범윤은 이주 한인을 압박하는 청의 관리와 군인을 구축하고자 무장단체인 忠義隊가라고도 부르는 私砲隊를 조직하기까지 하였다.

한편, 러일전쟁에서 승리한 일제는 1907년 용정에 통감부 간도파출소를 세우고 간도 전문가인 齋藤季治郎을 소장에 임명함으로써 간도 침략정책을 추진해 나갔다. 일제는 위선대륙침략정책의 일환으로 간도지역이 한국의 영토임을 주장하고 나왔던 것이다.

이와 같은 배경에서 청일간에 1909년 9월 4일 소위 간도협약이 체결됨으로써 한민족의 의지와는 무관하게 간도 영유권을 일방적으로 상실하고 말았다. 간도협약에서 일제는 대륙침략에 필수조건이 되는 新民屯과 法庫門 사이를 비롯한 수 개의 만주 철도부설권과 撫順·煙臺 등지의 채탄권 획득을 위한 교환조건으로 간도지방을 완전히 청에게 양도하기에 이르렀던 것이다. 이로써 한국은 이주 한인에 의하여 개척되어 대규모의 한인사회가 형성되어 있던 두만강 이북 약 18만 2,000여 리의 땅을 상실하게 되었다. 서쪽으로는 백두산을 기점으로 하여 서북으로 老爺嶺山脈을 거쳐 太平嶺·石頭嶺·黃口嶺에 연결되는 혼춘지방을 포함하는 광활한 지역이었다. 일제에게 국권을 침탈당한 한국은 토문강과 도문강이 두만강을 지칭하는 같은 강이라는 청의 주장이 문헌자료와 객관적인 방법에 의하여 확실하게 입증되지도 못한 상황에서 이주 한인이 피와 땀으로 개간한 옥토를 일본제국주의의 대륙팽창정책과 중국의 대국주의의 희생시키고 말았던 것이다.[5)]

---

5) 『한민족독립운동사』2, 국사편찬위원회, pp.573~582 참조.

2. 북간도 한인사회의 형성

1) 한인의 북간도 이주

19세기 중엽에 들어와 한인들이 압록강, 두만강을 건너 간도와 연해주 등지로 본격적으로 이주하게 된 직접적인 동기는 기아와 빈곤 등 열악한 경제상황을 타개하는 데 있었다. 그 이전에도 변경지대의 한인들은 두만강과 압록강을 건너 간도 땅에 농사를 짓고 가을이면 타작한 곡식을 가지고 돌아오는 '季節出家移民'이 있기는 하였으나 그 수는 많지 않았다.

조선후기 정치기강의 해이와 탐관오리의 발호, 그리고 빈발하는 민란 등도 도강 이주를 촉발시킨 한 원인으로 작용하였다. 영, 정조 이후 노론이 득세하면서 순조・헌종・철종 3조에 걸쳐 세도정치가 자행되고 있었다. 외척 권신들이 왕명출납에서부터 인사행정에 이르기까지 전권을 장악하였기 때문에 자연히 매관매직이 성행하고 파행적인 인사행정이 자행될 수밖에 없었다. 그리하여 왕실의 권위는 실추되고 국가기강은 날로 해이해져 이른바 삼정의 문란으로 상징되는 탐관오리들의 대민수탈이 누적되면서 민중의 생활고는 극에 달하게 되었다. 그 결과 삼남을 비롯한 전국 각처에서 민란이 빈발하였다. 이러한 민란으로 사회불안이 가중되고 생활고에 시달리게 된 민중은 새로운 삶의 터전을 찾아 북상하는 사례가 빈번해졌던 것이다.

한편, 그 무엇보다 한인의 간도 이주를 촉발할 수 있었던 요인 가운데 하나는 간도가 한국과 지리적으로 연접해 있다는 점이었다. 함경도, 평안도 일대의 변경지대에서 압록강과 두만강만 건너면 바로 간도로 들어갈 수가 있었기 때문에 이주 여정이 용이하고 산천지형이 낯설지 않아 서북지방의 빈민이 쉽게 간도로 이주할 수 있는 조건이 되었던 것이다.

한인의 간도 이주를 급격히 촉발시킨 계기는 서북지방을 휩쓸었던 소위 기사년(1869년) 대재해였다. 1869~1870년간에 함경도와 평안도지방을 비롯한 서북지역에 사상 유례없는 대흉년이 들었다. 이 기간에 겨우 초근목피로 연명하였던 서북지방의 주민들은 영양부족으로 얼굴이 누렇게 되었고 몸은 퉁퉁 붓거나 풀독에 죽기도 하였다. 그러나 조정에서는 아무런 구휼책도 강구하지 못하는 형편이었다. 이에 빈민들은 정치적, 사회적 처지와 입장을 고려할 여지도 없이 다만 연명을 위한 방책으로 國禁을 무릅쓰고 도강이주를 단행하지 않을 수 없었던 것이다.6)

이 무렵 회령부사로 부임한 洪南周는 기아에 허덕이는 주민들을 구제하기 위해 두만강 대안 간도 개간의 필요성을 절감하고 있었다. 이에 그는 鄕豪인 李寅會를 불러 그로 하여금 주민들을 권유하여 越江願書를 제출토록 요구하였다. 그리고 引水開墾을 월강 명목으로 설정토록 하고 두만강 대안을 '間島'[사잇섬]로 명기하도록 지시하였던 것이다. 간도라는 지명은 여기에서 유래한 것이다. 이인회는 부사 홍남주의 부탁에 따라 越墾事業에 적극 협력하였다. 그는 주민 다수를 동원하여 인수개간원서를 부사에게 제출하였고, 부사는 즉시 이를 수락하는 허가를 내림으로써 개간을 위한 도강 이주가 합법적으로 공인되기에 이르렀다.7)

그 동안 국법으로 도강을 금지하던 간도지역에 대한 개간 허가 소식이 전해지자 빈민들은 앞을 다투어 월강 이주하게 되었다. 이주민의 수가 격증하게 됨에 따라 황무지 개간도 매우 활발하게 진행되어 갔다. 그리하여 불과 수일 만에 100여 정보의 황무지가 개간되었을 정도로 급격하게 농경지가 늘어났다. 이를 일러 1880년의 庚辰開拓이라 불렀다.

홍남주의 간도 개간 승인 이후 중앙정부 차원에서 한인의 간도 이주를 행정상 강력하게 뒷받침해 준 인물이 1883년 西北經略使에 임명된 魚允中이었다. 그는 회령 등지의 변경지대를 순회하면서 간도 개간문제를 직시하

---

6) 『조선족백년사화』 1, 요녕인민출판사, 1981, pp.2~3.

7) 尹正熙, 「間島開拓史」, 『한국학연구』 3, 별집, 인하대학교 한국학연구소, p.15.

고 조정에 올린 보고서에 '越江罪人不可殺'이라 하여 종래의 변방정책을 수정해 줄 것을 공식적으로 요청하였다. 그리고 그는 간도의 개간지에 대하여 토지 소유권을 정부 차원에서 인정해 주는 문서인 '地券'을 교부하여 한인의 간도 이주를 실질적으로 승인해 주었던 것이다.

한편, 1880년대에 들어와서는 청 정부측에서도 간도 개척을 위해 한인 이주를 적극적으로 초치하는 정책을 취하게 되었다. 1883년 조선과 길림성 당국간에 체결된 '朝吉通商章程'에 근거하여 청 정부는 1885년 和龍峪(현 용정시 智新鄉)에 通商局을 설립하고 光霽峪(현 용정시 光開鄉 光昭村)과 西步江(현 혼춘시 三家子鄉 古城村)에 通商分所를 설립하였다. 통상국을 설립한 목적은 경제적인 수익보다도 이주 한인을 정치적으로 통제하는 데 있었다. 그 당시 간도에는 성・현의 지방 관리가 없었기 때문에 통상국이 이 곳에 거주하는 주민까지 행정적으로 통제하는 역할을 맡고 있었다. 이어 세 곳의 통상국(분소)을 越墾局으로 고치고 두만강 이북으로 길이 700리, 너비 50리 되는 광범위한 지역을 한인 이주민을 위한 특별개간구로 확정하였다. 이 결과 한인 이주민의 수는 더욱 급증하였다.[8)]

북간도 이주 초기 단계에서는 한인들이 두만강변의 무산・종성・회령 등지에서 도강한 뒤 강기슭의 산골짜기를 따라 해란강 이남 일대, 곧 두만강변에서 멀지 않은 분지와 산기슭에 한인촌락을 형성하였다. 그 뒤 이주민의 수가 급증하면서 한인들은 더욱 멀리 북상하여 해란강을 건너 부르하통하와 가야하 이북과 이서 지방으로 깊숙히 이주 정착하게 되었고, 이에 따라 북간도 도처에 한인마을이 자리잡게 되었다.[9)]

한인들이 북간도에 이주 정착하게 되자 각지에서 벼농사가 행해졌다. 북간도 한인들이 처음으로 水田農을 실시하였던 것은 1900년 전후로 알려져

---

8) 천수산, 「길림성에로의 조선족의 이주」, 『길림조선족』, 연변인민출판사, 1995, p.15.

9) 『중국조선족교육사』, 동북조선민족교육출판사, 1991, pp.2~3.

있다. 두만강 대안의 용정시 開山屯鎭 천평일대와 용정 부근 해란강변의 瑞甸大野 일대가 한인들이 최초로 벼농사를 시작한 곳이다.10)

1860년대 이후부터 일제의 대한침략이 심화되는 1905년 을사오조약 이전까지는 한인들이 대체로 이와 같은 이유와 배경하에서 서북간도 이주를 단행하였던 것이다. 이 시기 이주민 가운데서는 북간도의 경우에는 함경북도, 서간도의 경우에는 평안북도 출신이 특히 절대다수를 차지하고 있었다. 1894년에 실시한 재만 한인동포의 출신지 조사에서도 조사대상 인원 65,000명 가운데 함북 출신이 32,000명, 평북 출신이 14,400명이었고, 1904년에는 78,000명 가운데 함북 출신이 32,000명, 평북 출신이 23,500명이었다. 통계숫자로 보더라도 간도에 이주한 한인 가운데 압록강과 두만강 대안의 함북과 평북 출신이 70% 이상에 달하였음을 알 수 있는 것이다.11)

현재 중국 내의 조선족은 1987년을 기준으로 총 170만 명에 달하고 있다. 그 가운데 요녕성 거주 조선족이 19만 8천여 명, 흑룡강성 거주 조선족이 43만 1천여 명인 데 비하여 길림성에는 110만 4천여 명이 거주하고 있는 것으로 집계되었다.12)

2) 민족운동자의 북간도 망명

1905년 을사오조약 늑결을 전후한 시기부터는 한인의 간도 이주가 경제적인 면에서뿐만 아니라 정치, 사회적인 면에서도 상당한 변화를 가져왔다. 일제에 의한 국권침탈과 경제수탈이 가중되는 상황에서 국권회복을 도모하고 일제의 탄압을 피하기 위한 정치적 망명자, 곧 항일독립운동자의 이주가

---

10) 『연변조선족자치주개황』, 연변인민출판사, 1984, p.54.

11) 『한민족독립운동사 2』, 국사편찬위원회, p.589.

12) 천수산, 앞의 글, p.17.

급격히 늘어났기 때문이다. 즉 일제의 한국 식민지화 정책이 가시화되는 1905년 을사오조약 늑결에서 1910년 국치에 이르기까지 국내에서 활동하던 항일운동자들은 일제의 탄압을 피해 간도와 연해주 등지로 망명하여 새로운 활동 방향과 근거지를 모색하지 않을 수 없었다. 이와 같은 정치적 동기에서 망명 이주한 한인들은 확고한 민족의식을 가지고 있었을 뿐만 아니라 국내에서 정치・경제・사회적으로도 비중있는 지위를 가지고 있던 인물 상당수가 포함되어 있었다.

그 가운데서도 국내에서 항일전을 수행하던 항일의병의 북상 망명은 항일무장투쟁의 국외확대인 동시에 무장투쟁의 새로운 국면 전환이었다. 의병의 북상 망명은 일제의 탄압이 가중되는 1908년 하반기 이후 더욱 증가하는 추세를 보였다. 국내에서 활동하던 의병은 일제군경의 탄압을 피하고 새로운 항전 근거지를 구축하기 위해 북상하지 않을 수 없었으며, 결국 압록강과 두만강 너머 서북간도로 건너가 장기지속적인 투쟁방략을 모색하게 되었던 것이다. 이와 같이 북상 망명한 항일의병은 이미 1910년 전후부터 서북간도와 러시아 연해주 일대에서 활발한 활동을 전개하였다.

특히 1907~8년간에 활동한 관북지역 의병이 그와 같은 북상 망명 추세를 뚜렷이 보여 주는 대표적 사례로 파악된다. 함북 鏡城의병의 핵심인물들인 李南基와 崔瓊黙를 비롯해 金鼎奎・池章會 등이 1908~1909년 무렵 북간도와 연해주 등지로 집단 망명하였다.[13] 또 함남의 북청・삼수・갑산 일대에서 영웅적인 항일전을 수행하던 洪範圖와 車道善 등이 서북간도와 연해주 일대로 넘어와 각지를 전전하며 항일활동을 지속하며 재기항전의 기회를 노리고 있었다. 혼춘 일대에서는 趙尙甲이 거느리는 다수의 의병이 항일전을 벌여나갔다. 또한 朴萬興・金昌奎・盧禹善 등은 百草溝에서 항일단체인 砲手營을 조직하고 러시아제 연발총 240여 정으로 무장한 채 북간도

13) 朴敏泳, 『大韓帝國期 義兵硏究』, 한울, 1998, pp.277~282.

의병의 핵심인 조상갑과 연락을 취하고 있었다. 이 밖에도 연해주의병의 일원으로 李範允의 휘하에 있던 方炳起를 비롯하여 黃某, 張先達 등이 각지에 분산되어 있었고 수십 명 규모의 의병부대가 국내의 일제 침략기관 공격을 준비하고 있었다.[14)]

이와 같이 간도로 망명한 항일의병은 1919년 3・1운동 이후 무장항일전에 의한 독립전쟁론 구현 분위기가 급속하게 확산되자 각처에서 새로운 형태의 독립군단을 편성하였다. 大韓獨立軍과 大韓義軍府 등이 그와 같은 범주에 들어가는 대표적인 독립군단이었다.

한편, 국내에서 애국계몽운동을 벌이던 민족운동자들도 을사오조약 늑결 이후 대거 망명 이주하였다. 국외 독립운동기지 건설구상은 이들의 망명과 밀접한 연관을 가지고 있었다. 북간도의 경우, 국망을 예견한 李相卨・李東寧・鄭淳萬・呂準 등이 이미 1906년부터 용정촌을 독립운동기지로 건설하기 시작하였다. 이들은 연해주의 블라디보스토크를 경유한 뒤 1906년 8월경 용정촌에 정착하여 민족주의교육의 요람인 瑞甸書塾을 개숙하였다. 다음으로 독립운동기지 건설이 착수된 곳이 북만주의 密山府이다. 밀산부의 독립운동기지는 헤이그특사로 使行한 후 블라디보스토크로 간 이상설과 블라디보스토크 新韓村의 한민회장 金學萬을 비롯하여 정순만・李承熙 등이 중심이 되어 1909년 여름부터 추진되었다. 그리하여 중・러 접경지대에 위치한 항카호[興凱湖] 북쪽의 중국령 밀산부 蜂密山 일대에 한인들을 집단 이주시켜 韓興洞을 건설하고 한인자세 교육을 위한 韓民學校를 설립하면서 독립운동기지를 건설해 나갔다.

독립운동기지 건설을 위한 이상설 등의 선발대가 북간도로 망명한 이후 1910년을 전후한 시기에 용정촌은 물론 북간도 각처로 민족지사들의 망명

14) 吳世昌, 「滿洲 韓國獨立軍의 編成과 活動」, 『獨立運動史의 諸問題』, 범우사, 1992, pp.134~135.

이주가 계속 이어졌을 뿐만 아니라, 빈민들의 이주도 더욱 증가하는 추세를 보였다. 조선총독부의 한 통계에 의하면 1910년 9월부터 1911년 12월까지 1년 3개월 동안 북간도로 이주한 한인수는 17,753명으로 집계되었다.

이 무렵 大倧敎 계열의 민족지사들도 대거 북간도로 망명하여 무장항일전의 기반을 구축하는 데 전력을 기울였다. 곧 대종교의 창시자인 羅喆을 비롯하여 중요 임원인 徐一・桂和・朴贊翊・白純・朴尙煥・金元時・南世極・玄天默 등도 북간도 연길・화룡・왕청 일대로 망명하여 도처에 한인학교를 세우고 청년자제의 민족주의교육에 진력하였던 것이다. 대종교 인물들은 화룡현 삼도구 青波湖에 대종교 北道本司와 河洞에 南道本司를 세워 선교하면서 왕청 德源里를 비롯해 風樂洞・青波湖 등지에 학교를 설립하여 민족주의 교육에 심혈을 쏟았다.

이상과 같이 북간도에서는 1860년대 이래 영세 궁민들의 이주로 형성된 대규모 한인사회를 바탕으로 1905년 을사오조약 늑결 이후 다양한 계열의 민족운동자들의 망명이 증가하고 있었다. 민족운동자들의 망명은 결국 이 지역의 대규모 한인사회를 규합, 항일민족운동상 전력의 극대화를 구상한 결과였다. 이 시기 망명지사들은 일제와 독립전쟁을 결행하여 조국광복과 민족해방을 달성하는 것을 지상최고의 과제로 삼고 있었다. 이를 위해 민족운동자들은 항일민족운동의 기반이 되는 교육・종교・실업 등 각 방면에 걸쳐 열성적인 노력을 경주하였다. 이러한 현상은 더욱 조직적이고도 효과적인 항일민족운동을 추진하기 위한 자치단체의 설립을 필요로 하였고, 그 결과 1913년 1월 북간도지역의 한인자치를 도모하기 위한 결사인 墾民會의 결성을 보게 되었다.

북간도에서 활동하던 민족운동자들은 다양한 형태의 민족운동을 전개하였지만, 가장 심혈을 기울였던 사업은 한인자제들의 항일민족의식을 고취하고 이를 바탕으로 독립운동의 지도자를 양성해내는 민족주의교육이었다. 그러므로 1910년대에 북간도 각처에 한인마을이 형성된 곳이면 어느 곳에

나 규모와 정도의 차이는 있으나 한인학교가 들어섰다. 한 통계에 의하면, 북간도의 연길·화룡·왕청·훈춘·안도 등 5개 현에서만 1916년까지 존치된 여러 형태의 한인학교는 총 158개교에 달하였으며 재적 학생수도 모두 3,879명에 이르렀던 것으로 알려져 있다.15) 북간도 민족주의교육의 요람인 서전서숙과 일제하 북간도 민족주의교육기관의 본산인 明東學校를 비롯해 昌東學校(명동), 光成學校(연길), 正東學校(두만강변 子洞), 大甸學校(왕청 羅子溝), 北一學校(혼춘 大荒溝) 등이 북간도지역 민족주의 교육기관 가운데 두드러진 사례이다.

3. 서간도 한인사회의 형성

1) 한인의 서간도 이주

북간도의 경우와 마찬가지로 서간도에 한인이 대규모로 이주하기 시작한 것은 19세기 중엽부터였다. 청이 봉금령을 선포한 후에도 서북지방 변경주민들은 월경죄를 무릅쓰고 압록강을 건너 서간도로 이주를 단행하는 경우가 있었다. 그 중에서 1831년경 臨江縣의 冒兒山 북방으로 한인 두 가구가 이주한 것이 시초였던 것으로 보인다.

1845년 이후 봉금령이 약화되자 평안도 변경 주민들은 압록강 대안 임강현 일대의 황무지를 개척하기 시작하였다. 1849년에는 충청도 출신 수명이 후창군의 대안 二道洞으로 이주하였고, 이듬해에도 7도동에 십수 명의 이주가 있었다. 또 1852년에는 함경도 단천 주민 10여 명이 老嶺下로 이주한 것이 그 사례에 해당된다.

---

15) 『조선족략사』, 연변인민출판사, 1986, p.280.

이와 같은 추세에서 1869년의 기사년 대재해는 북간도의 경우와 마찬가지로, 서간도 이주의 일대 계기로 작용하였다. 기사년 이후 3년 동안에 평안도 출신의 한인 이주민이 6만 명이나 되었다고 하는데, 그 대부분이 서간도로 이주한 것이다.[16] 이로써 서간도에도 대규모의 한인사회가 형성되기 시작하였다. 참고로 1872년에 기록된 『江北日記』에 의하면 1869년에 한인들이 대거 이 지방으로 이주하였으며, 이주민의 본적지를 무산·후창·초산·강계·영변·선천 등지로 밝혀 이주민의 대부분이 평안도 출신임을 알려 준다. 이에 강계군수는 정부의 명도 받지 않고 한인의 월경을 인정하고 서간도 일대를 28개 면으로 분할하여 평안도의 행정구역으로 연장하여 그 중 7개 면을 강계군에, 8개 면을 초산군에, 9개 면을 자성군에, 나머지 4개 면을 후창군에 배속하기까지 하였다.

그 뒤에 청은 1875년 서간도의 봉천성에 대한 봉금령을 정식으로 폐지한 뒤 적극적인 이민실변정책을 실시하였다. 이를 계기로 한인의 서간도 이주는 합법적으로 대규모로 단행될 수 있었다. 1897년에 통화·환인·관전·신빈 등지로 이주한 한인이 이미 8,722호에 3만 7천 명이나 되었다.[17] 이에 조선정부는 서간도 이주 한인을 보호할 목적으로 1897년 徐相懋를 西邊界管理使로 임명하여 서간도로 파견하기도 하였다. 그리고 평북관찰사 李道宰는 1900년에 변경지방을 순시하고 이주민을 보호하기 위하여 다시 서간도 지역을 적절히 배분하여 후창·자성·강계·초산·벽동 등 각 군의 관내에 배속시키는 한편 이주민에게 戶稅로 30전을 상납케 하였다. 이도재는 또 압록강 연안의 각 군에 忠義社를 조직하여 비도의 작폐를 막게 하였다. 충의사는 李澤奎가 社長으로 있으면서 서간도지역에서 이주민의 안전을 유지하는 임무를 맡고 지방관과 긴밀한 관계를 유지하였다.[18]

---

16) 『조선족간사』, 조선족간사편찬조, 1986, p.20.

17) 『조선족약사』, p.7.

18) 玄圭煥, 『韓國流移民史』 上, 語文閣, 1967, pp. 139～140.

그 뒤 1902년에도 정부는 서간도지역에 의정부 참찬 李容泰를 보내 향약을 실시하였고, 1903년 5월에는 楊技達 등을 파견해 서간도 일대를 시찰케 하였다. 이때 한인 이주민의 수는 장백 · 임강 · 집안 · 통화 · 환인 · 관전 · 단동 등지에 속하는 32개 면에서 총 9,754호, 45,593명에 달하였다.

서간도지역으로의 한인 이주 추세는 북간도에서처럼 1905년 이후 더욱 급증했을 뿐만 아니라 정치적 망명이 동기가 된 민족운동자들의 이주 경향도 뚜렷하였다. 의병전쟁이 탄압을 받게 되면서 의병계열의 인물들이 북상 망명하게 되고, 신민회 계열의 민족지사들이 독립운동기지 건설을 당면 목표로 서간도로 집단 이주하였던 것이다. 이때 압록강 하류지역에서 서간도로 이주한 경로는 安東(현 단동)에서 육로로 관전 · 환인 · 통화 · 유하현을 거친 뒤 계속하여 吉林 또는 長春까지 점차 내륙으로 들어간 것으로 보인다. 이상룡의 『石洲遺稿』에 의하면 1913년에 서간도를 포함한 봉천성 관내에만 286,000여 명의 이주 한인이 거주하고 있었다.[19)]

한편, 초기에 이주한 한인들은 대개의 경우 청의 심한 압제를 받으며 삶의 터전을 개척해 나갔다. 청은 서간도 각지에 군대를 주둔시키며 지방관을 파견하여 제반 행정기구를 증설함으로써 이 지역에 거주하는 한인들에 대한 통제력을 강화해 나갔다. 청 정부는 이주 한인의 황무지 개척을 장려하는 한편, 토지대 납부를 통하여 소유권을 인정해 줌으로써 한인의 이주 정착을 수용하는 입장은 견지하였다.

그러나 한인들에게 세금을 부과하며 변발호복을 강요하고 청국 입적을 종용하였다. 이에 대다수의 한인은 치욕을 참으며 머리를 땋아 올리고 중국 옷을 입는 '변장운동'을 벌여 청의 압제를 피하였지만, 그 고통은 극심할 지경이었다.[20)] 또 한인들에게는 각종 세금이 과중하게 부과되었다. 총 30여

---

19) 李相龍, 『石洲遺稿』, 高麗大出版部, 1973, pp.175～176.

20) 趙東杰, 「白下 金大洛의 망명일기」, 한국근현대사학회 월례발표회 발표요지문, 2000.10, 안동대, p.14.

종에 이르는 잡세 가운데는 민족차별의 성격을 띤 것이 적지 않았다. 한인들이 논농사를 하고 소를 사육한다고 하여 '수리세'와 '소사양세'를 부과하였으며, 또 관청에 드나드는 '문턱세', 남에게 고용된 이들에게 부과되는 '고용세', 그리고 '인두세', '굴뚝세', '소금세', '입적료' 등을 바쳐야만 하였다. 중국 지주들의 착취도 극심해 소작료가 3~4할 또는 5할 정도에 이르렀다. 이러한 가혹한 착취 하에서는 생계를 유지하기도 힘들었으며 살림은 비참하였다.[21]

2) 각지 한인사회의 형성

서간도지역에서 한인사회는 혼강유역을 중심으로 최초로 형성되었다. 이와 같은 현상은 水田農을 위한 경작지 확보와 밀접히 연관되어 있었다. 이주 한인들에 의한 벼농사는 1840년대부터 혼강유역에서 시작된 것으로 보인다. 1861년에는 단동의 삼두랑두에서도 벼를 심었으며, 1875년에 통화현 하전자 한인들은 소택지와 늪지를 개간하여 벼를 시험적으로 재배해 상당한 수확을 거두는 데 성공하였다. 그리고 1880년에는 단동의 당산성과 봉성현 소만구 지역의 한인들이 유하지역으로 이주하여 벼농사에 성공하였다. 이와 같이 통화의 상전자·하전자·소만구, 유하의 삼원포, 신빈의 왕청문, 단동의 당산성·삼도랑구, 봉성의 사리채 등지는 한인들이 비교적 일찍 수전을 경작한 지역으로 알려져 있다. 그 뒤 1900년 무렵 유하현에 거주하던 일부 한인은 해룡·동풍·서풍·개원 등지로 다시 이주하여 수전을 개간하였다. 1908년경 이들은 다시 영길현으로 이주하여 수전을 개간하였으며, 이후에도 송화강과 휘발하를 따라 점차 휘남·반석·교하 등지로까지 이주

21) 『조선족략사』, p.21.

하였다.[22] 1910년까지 서간도 수전의 대부분은 이주 한인들이 개간한 것이다. 밭농사를 위주로 하던 서간도에 한인들이 들어가 수전농을 개간함으로써 이 지역의 경제력 증진에 크게 기여하였다.

신의주 대안의 단동현과 봉성현, 그리고 관전현은 양국의 교통로에 해당되어 일찍부터 한인의 내왕이 잦았던 지역으로 한인 이주가 초기부터 집중된 지역이다. 1904년의 이주 한인수를 보면 단동·봉성현이 420호에 1,420명, 관전현이 770호에 3,720명으로 조사되었다. 1905년 이후에는 이주민이 더욱 증가하여 단동현의 시가지에 모여 사는 경우도 있었다. 1911년 압록강 철교가 준공되어 安奉線이 개축되자 한인들의 서간도 이주는 더욱 증가하였다. 1921년 현재 단동·관전 지역의 한인구는 1911년에 비해 4배 반이나 증가하였다.[23]

통화현의 한인 이주는 1894년부터 시작되었으며, 이후 혼강의 우안 동강촌에도 이주 한인에 의해 수전이 개간되었고, 혼강의 좌안 동강 지류 二密河 연안지방과 興京街道 지방에도 한인 이주민이 자리잡고 있었다. 1912년 현재 통화현의 한인수는 2,055호에 10,275명에 달하였다.

환인현의 한인 이주는 18세기 말부터 시작된 것으로 나타나지만, 토지가 척박하고 비적이 횡행하였기 때문에 이주민의 수가 여타 지역에 비해 많지 않았다. 1910년을 전후한 시기부터 한인이 거주하기 시작한 一面城·橫道川·上漏河 등지가 대표적인 한인 거주지였다. 1907년 현재 한인의 수는 514호에 2,005명 정도였다.[24]

1910년대 독립운동의 근거지로 유명한 유하현 일대에도 1880년대에 들어와 본격적으로 한인 이주민이 정착하였다. 三源浦와 大肚子·馬鹿溝 등지가 그 중심지였으며, 1905년경에는 유하현 시내에도 들어와 거주하였다.

---

22) 위의 책, pp.15～16.

23) 玄圭煥, 『韓國流移民史』 上, 語文閣, 1967. p.183.

24) 桓仁縣民族事務委員會朝鮮族志編纂小組, 『桓仁縣朝鮮族志』, 1988, pp.7～8.

유하현 일대는 벼농사에 특히 유리한 지역으로 알려져 독립운동가들을 포함한 많은 한인이 집단적으로 이주하여 왔다. 이들은 大沙灘과 三通河의 원류지방인 藍山과 상류지방인 孤山子・大牛溝 등지에 거주하여 수전을 일구었다. 1912년 현재 한인구는 1,062호에 5,356명 정도였다.

신빈현의 경우에도 1900년경 新賓堡 부근의 각지에서 한인들은 수전을 일구며 정착하였다. 그후 안봉선의 개통 후에는 경상도 출신의 한인들이 撫順을 거쳐 旺淸門・頭道溝 등지에 이주하는 자가 많았다.[25)]

3) 민족운동자의 서간도 망명

서간도는 항일의병 등의 민족운동자들에 의해 북간도에 앞서 독립운동기지로 구상된 지역이다. 서간도지역 가운데 한인 독립운동의 중심지가 된 관전현과 유하현 일대에 민족운동자들이 최초로 관심을 가지게 된 것은 북상한 항일의병들에 의해서였다.

서간도 독립운동의 발상지인 삼원포 일대를 가장 먼저 답사한 것은 백범 김구이다. 그는 1895년 동지 金亨振과 함께 삼원포를 두 차례나 답사하였다.[26)] 그 뒤 을미의병 실패 후 1896년 柳麟錫의 제천의병 계열의 인물들 다수가 양서지역을 경유해 통화현 五道溝로 들어와 정착하면서 이 지역이 한민족의 부흥기지로 구상되기에 이르렀다. 이 무렵 유인석을 따라 서간도로 이주한 동지들이 7, 80명에 이르렀을 정도로 집단적 망명이 이루어졌다. 유인석은 서간도가 독립운동기지의 적지인 점을 다음과 같이 설파하였다.

---

25) 玄圭煥, 앞의 책, pp.187~188.

26) 金亨振, 「路程略記」, 『白凡金九全集』 3, 1999, pp.135~169.

> 이 땅을 보건대 (중략) 근래에 큰 가뭄으로 인해 (한인으로) 이주해 오는 자가 만여 명 이상이고 나머지 땅에도 수만 호를 수용할 수 있다. 토지는 매우 비옥하여 한 사람이 경작하면 열 사람이 먹을 수 있고, 1년을 경작하면 3-4년을 먹을 수 있다. 菽粟이 水火와 같고 인심은 크게 후하다. 그 중에 가끔 의기 있는 자가 있어 더불어 일을 도모할 만하다.27)

또한 평북 의병장 趙秉準과 全德元을 비롯하여 황해도 平山義陣의 李鎭龍과 趙孟善·禹炳烈·白三圭, 그리고 강원도의 朴長浩 등도 서간도로 망명한 대표적인 의병 세력으로서, 후일 서간도 독립운동에서 중요한 인물들로 부상하게 된다. 특히 3·1운동 이후 서간도지역의 대표적인 독립군단 가운데 하나로 편성된 大韓獨立團은 이들 세력을 근간으로 조직된 단체였다.

한편, 의병 계열의 망명 가운데는 국망 직후인 1912년에 이미 순국한 旺山 許蔿의 일가족이 서간도로 망명한 점도 특기할 만하다. 왕산의 형 性山 許蒹이 왕산의 처와 자식 등 유족들을 거느리고 통화현으로 망명을 단행했던 것이다.

항일의병 다음으로 서간도지역으로 망명한 민족운동자 가운데 중요한 계열이 신민회 계통의 애국계몽운동자들이다. 이들의 서간도 망명은 곧 신민회가 추진한 독립군기지 건설사업과 긴밀히 연관되어 있었다. 신민회의 원대한 계획에 따라 李會榮과 李始榮의 6형제를 비롯해 李東寧·李相龍·金昌煥·朱鎭洙·金大洛 등의 선발망명대가 1911년초까지 환인현 橫道川과 유하현 삼원포 일대에 도착해 독립운동기지 건설을 위한 기초를 닦았다. 그러나 이러한 이주는 망명자금을 마련한 뒤 대가족을 거느리고 일제의 감시를 피해 압록강을 건너야 했기 때문에 몹시 어려운 일이었다. 이회영

27) 柳麟錫, 「與同門士友書」, 『昭義新編』, 國史編纂委員會, 1975, p.26.

일가의 경우에 11남매 50여 명의 대가족이 선대로부터 물려받은 토지를 일시에 처분하고 1910년 말을 기해 압록강을 건넜으며, 안동 川前의 김대락의 경우에도 66세의 고령임에도 불구하고 전토를 방매한 뒤 50여명의 대가족을 이끌고, 심지어는 만삭의 임부였던 손부와 손녀까지 대동하고 압록강을 건넜던 것이다. 명문대가의 김대락은 일제의 압제를 떠나는 망명 동기를 그의 「분통가」에서 다음과 같이 분명하게 천명하고 있다.

> 貰金주고 그 술 가지고 조상 제향한단 말가
> 屋貰주고 基貰주고 그 터전에 산단 말가
> 비상같은 은사금을 재물이라 받단 말가
> 실같해도 國服이라 그 국복을 입단 말가
> 독사같은 그 모양을 아침 저녁 對탄 말가
> 鬼蜮같은 그 인물을 이웃같이 산단 말가
> 길 닦아라 길짐 저라 雷霆같은 호령소리
> 金玉같은 우리 민족 저의 노예 된단 말가
> 龍鳳같은 堂堂大夫 적의 압제 받단 말가
> 哀殘하고 분통하다 거 거동을 어찌 보리[28)]

위의 김대락의 경우에서 보듯이 지사들의 망명은 강렬한 항일의식을 바탕으로 하여 국권회복을 위한 뚜렷한 목적의식을 실천하는 행동이었다. 이와 같은 선발망명대에 뒤이어 일제의 삼엄한 감시 속에서도 국내의 각 도와 군에서 민족지사들의 망명이 계속되었다. 경북의 경우 그 사례는 두드러진다. 안동의 이상룡과 울진의 주진수가 망명한 뒤, 이들의 영향으로 영양·봉화·안동·안동 등지로부터 1911년 중에 87명이 이주를 떠났고, 1912년 9개월 동안에만 경북 각지에서 1,092명이 서간도 이주를 결행한 것으로 나타났다.[29)]

---

28) 趙東杰, 앞의 논문, p.10.

이상에서 보았듯이 1910년 국망 전후 서간도지역으로 이주한 한인은 황해도·평안도의 변경 주민들이 절대 다수를 차지하고 있었으며, 이러한 토대 위에서 항일의병과 신민회 간부 등의 민족운동자들이 정치적인 동기에서 집단적으로 망명 이주하는 경향을 보이고 있었다. 서간도로 망명한 이들 민족지사들은 북간도의 경우에서와 같이 항일독립운동의 구체적 실천방안을 모색하는 동시에 이주 한인사회의 경제력 향상 등의 해결에 고심하였다. 이를 위해서는 한인사회를 하나의 단체로 규합, 세력을 극대화할 필요성이 제기되었고, 그 결과 1911~12년간에 한인 자치단체인 耕學社와 이를 계승 발전시킨 扶民團이 탄생하게 된 것이다. 뿐만 아니라 한인 청년들에게 군사교육을 실시하기 위해 신흥학교를 설립한 것을 비롯해, 三光學校·東華學校·倍達學校 등을 비롯한 수많은 민족주의교육기관을 각지에 세워 한인 자제들의 교육사업에 진력해 갔다.

4. 북만주 한인사회의 형성

북만주는 오늘날 중국의 동삼성 중 흑룡강성 일대를 지칭한다. 북만주는 북쪽으로 흑룡강, 동쪽으로는 우수리강을 사이에 두고 러시아와 국경을 접하고 있다. 서쪽으로는 내몽고 自治區와 연결되고, 서남쪽은 長春·吉林 등지와 접하며, 동남쪽으로는 돈화·연길로 북간도와 연접해 있다. 흑룡강성의 중심은 하얼빈이며 하얼빈을 거점으로 동지철도 연선과 송화강 유역이 펼쳐진다.

서북간도의 연장 지역으로서의 성격을 띤 북만주는 한인사회의 형성 시기가 서북간도에 비해 비교적 늦을 뿐만 아니라 인구 또한 분산되어 한인사

29) 尹炳奭, 『國外韓人社會와 民族運動』, 一潮閣, 1990, p.26.

회가 여러 곳에 산재된 형태로 형성되었다.[30] 북만주에서 이주 한인사회와 가장 관련이 깊은 지역은 동지철도 동부선 일대와 송화강 유역의 여러 곳들이다. 특히 송화강 하류 일대의 요하·밀산·호림·의란·방정 등지는 한인들이 개척하기 전에는 인구가 희박하고 농경보다는 수렵이 주가 되었던 곳들이다.

북만주 최초의 한인촌으로 알려진 곳은 기사년(1869) 대재해 무렵부터 이주가 시작된 동녕현 三岔口, 곧 高安村이다. 그후 이곳으로 한인들이 대거 이주하면서 1913년부터는 고려인이 편안하게 거주한다는 뜻으로 高安村으로 불리게 되었다. 혼춘이나 노령에서 大綏芬河나 大肚川河를 거치는 경로는 동녕을 경유하여 寧安에 도달하게 된다. 寧古塔이라고도 불리우는 영안은 북만에서 가장 역사가 오래된 도시이며, 그 주위에 동경성·신안진·황기툰 등 이주 한인촌이 산재한다.[31]

북만주지역에는 중국정부의 행정력이 큰 힘을 발휘하지 못했고, 만주국 성립 이전까지는 일본 영사관의 경찰력도 영향력을 미치지 못한 지역이었다. 1910년대에 본격적으로 형성되기 시작된 한인사회가 1920년대에도 지속적으로 발전할 수 있었던 것은 이런 배경하에서이다. 그러나 북만지역은 광대하여 이주 한인사회도 널리 분산되어 있었다. 또한 북만주 이주민들은 이미 연해주와 서북간도 등지에서의 이주 경험이 있는 사람들이 다수를 차지하였는데, 첫번째 이주지에서 사회적, 경제적으로 어려움을 겪고 그 타개책으로 다시 이주를 결행한 경우가 많아 경제적으로는 대부분 열악한 상태였다.

1920년대 북만지역의 대표적 독립운동단체인 신민부와 한족총연합회, 그리고 한국독립당 등은 대체로 中東線 철도 연변의 이주 한인사회를 근거

---

30) 尹炳奭 외 5인, 『中國東北지역 韓國獨立運動史』, 집문당, 1997, pp.359~367 참조.

31) 李東源, 「北滿 최초의 韓人마을 高安村의 개척자들」, 『월간중앙』 1993년 10월호, pp.482~505.

지로 활동하였다. 또 이주 한인사회가 형성된 곳은 반드시 교육기관이 설립되어 민족주의교육을 실시하였으며, 대종교·기독교 등의 종교운동과 청년회·부녀회 등 사회단체 활동이 비교적 활발하였다.

북만주 가운데 한인사회가 형성된 지역을 살펴보면, 1천여명의 한인사회가 형성된 하얼빈을 중심으로 그 외곽 聚源昶 일대, 중동선 연변의 阿城, 五常, 舒蘭, 珠河 일대, 高安村을 중심으로 한 동녕지방 등지가 1910~20년대에 개척 형성된 북만주의 대표적인 한인거주 지역으로 들 수 있다. 1924년 현재 북만주 한인구는 대략 3만명 전후에 불과하며, 이들 한인이 북만주 전역에 비교적 고루 분포되어 있었다. 그 가운데서도 길림·액목·영안·목릉·동녕현 등지에 2~5천명의 한인 이주민이 비교적 밀집해 거주하고 있었던 것으로 나타난다.

(2001년 개고)

2. 북간도의 민족주의 교육[1)]

1. 北間島

한국近代史에서 지칭하는 원래의 間島, 즉 北間島는 백두산 동북쪽, 두만강 너머의 延吉·和龍·汪淸의 3縣과 때로는 琿春縣을 아울러 지칭하나 넓게는 額穆·敦化·東寧·寧安 등지를 합칭하기도 한다.[2)] 현재 중국 속의 韓人의 집단거주지역인 延邊朝鮮族自治州는 위의 연길·화룡·왕청·훈춘의 4縣에다 백두산 북편의 安圖와 敦化의 두 현을 합하여 이루어졌다.[3)]

이 間島의 연장 개념으로서 白頭山 西南 압록강 대안의 남만주지방 한인의 이주 정착 지역을 西間島란 호칭으로 부르게 되었다. 그리고 이 서간도와 대칭으로 원래 間島에 대한 호칭을 서간도와 구별하기 위하여 '北' 字를

---

1) 이 글은 「韓人(朝鮮族)의 間島開拓과 民族運動」이란 주제로 1991년 8월 12~15일 중국 연변대학에서 개최된 '제 2차 조선학국제학술토론회'에 참가, 발표한 내용을 보완한 것이다.

2) 四方子(桂奉瑀), 「北間島 그 過去와 現在」 『獨立新聞』, 1920년 1월 1일자.
「明治 45年(1912) 3月調 圖們江對岸移住鮮人ノ狀況」 (日本外務省史料館 소장),
1. 移住鮮人沿革 참조.

3) 韓武吉 역, 「中國延邊朝鮮族自治州成立」(『延邊歷史硏究』 1, 延邊歷史硏究所, 1986), pp.242~244.

첨가하여 北間島 혹은 北墾島라 호칭한 것이다. 서간도는 백두산 서남쪽, 압록강 너머의 琿江유역을 중심으로 송화강 중 · 상류 지역인 輯安 · 通化 · 柳河 · 懷仁 · 寬甸 · 臨江 · 長白 · 撫松 · 安圖 · 興京 · 海龍 등지를 일컫는다.[4)]

白頭山 東北 豆滿江 대안 지방을 間島 혹은 墾島라 칭하기 시작한 연대가 언제인지 확단하기는 어려우나 한말 이래로 간도라 호칭되었던 것은 분명하다.[5)] 특히 주목되는 것은 尹政熙의 『間島開拓史』에 庚辰(1880년) 개척시 會寧府使 洪南周가 기근에 굶주린 궁민들로 하여금 회령부 서쪽 25리 어간의 지점인 江北의 馬羅洞의 평야 100정보 가량을 개간하게 하며 灌水路를 豆滿江에서 引水하여 마치 그곳이 豆滿江과의 사이에 있는 섬과 같이 여겨 '間島'라고 명명한 데 연유하였다고 상론하였다.[6)] 따라서 간도는 '墾民의 間島'를 뜻하는 것으로 해석해 볼 수 있다.[7)]

이 서 · 북간도의 한인사회는 1860년대 이래로 가난한 농민의 이주 개척에 의해 형성되기 시작하여 특히 1910년 전후에는 북간도의 경우 인구에 있어서 한인의 비율이 80퍼센트를 차지하였고, 토지도 절반 이상을 실질적으로 점유하고 있었다. 이들 개간 농경지에서는 조 · 옥수수 · 고량 · 기장 · 콩 등의 밭농사도 행해졌지만 보다 중요한 농사는 하천유역의 저지와 습지에서 일으킨 벼농사였다. 서 · 북간도를 중심으로 한 벼농사의 개척은 만주의 농업경제에서 매우 중요한 의미를 갖고 있다. 즉 한인이 벼농사를 시작한 지 얼마 안 되어 벼농사가 남 · 북만주의 농업에서 수위를 차지하는 주곡으로 등장하였으니, 그 농경지의 대부분이 한인의 피땀 어린 노력으로 개간되

---

4) 「大正 元年(1912) 12月調 鴨綠江對岸在住鮮人ノ情況」(日本外務省史料館 소장) 4, 在住者의 槪數 및 分布狀況 참조.

5) 沈茹秋, 「延邊調査研究」『延邊歷史研究』 2, pp.71~72 참조.

6) 尹政熙, 「庚辰開拓과 間島命名」, 『間島開拓史』(筆寫本) 참조.

7) 柳光烈, 『間島小史』, 太華書館, 1938, p.18.

었던 것이다.

이처럼 한인들은 황무지를 개척하여 이곳을 韓族의 '新天地'로 삼고 생활의 토대를 마련하고 나아가 조국독립운동의 기지로 삼게 하였다. 이는 역사적으로도 이 지역이 상고 이래 高句麗·渤海로 내려오면서 한민족의 생활무대로 古代文化를 형성하던 民族 故地였을 뿐더러 지리적으로도 一衣帶水만 건너면 국내에 다시 진입할 수 있는 지리·군사적 요충지였기 때문이다.

이와 같은 두만·압록강 너머의 서·북간도를 비롯한 중국 동북지방과 러시아 연해주지방에서 독립운동의 기지화 노력은 국내 항일운동의 국외 확대인 동시에 운동이념은 물론 그 논리와 전략이 크게 발전된 것으로 그동안 이들 지역에 이주, 개척한 수십 만에 달했던 한인들이 이룩한 한인사회를 기반으로 한 것이었다.

2. 民族運動

국외 독립운동기지로 가장 먼저 시도된 곳은 북간도 지역이었다. 그 지역은 韓民族의 故地로서 본래 韓民族의 문화 터전에 속했던 땅이다. 그러나 조선 후기 이래 女眞族의 淸이 그들의 發祥之地로 간주, 白頭山定界碑를 세우고 그 일대를 엄중한 封禁令으로 묶어 한인들은 일체 두만·압록강을 넘지 못했다. 그러다가 1869～1870년의 己巳·庚午의 연이은 대흉년 때, 체포되면 극형을 가하는 '越江罪'의 공포를 무릅쓰고 도강하는 유민이 쏟아짐으로써, 만주일대에 새로운 한인의 이주가 시작되었다. 이때부터 청의 만주 봉금령의 실질적인 폐지, 백두산정계비로 인한 勘界문제의 등장, 또 '한일합방' 등 상황의 변화에 따른 대대적인 한인의 이주가 계속되었고 도처에 한인사회가 형성되었다.

이와 같은 역사적 상황을 배경으로 이미 1905년 을사오조약의 체결로

國亡을 예견한 李相卨·李東寧·李會榮·鄭淳萬·呂準·黃達永·金禹鏞·洪昌燮·朴禎瑞 등의 민족운동자들은 1906년 4월경부터 북간도의 요지인 龍井村을 독립운동기지의 한 예정지로 삼고 그 경영에 착수하였다.[8)]

즉 그들은 그해 초봄, 연해주 블라디보스토크를 경유, 같은 해 8월경 용정촌에 정착한 후 먼저 그 곳 瑞甸의 큰들에 민족주의 교육의 요람인 瑞甸書塾을 開塾하였다. 瑞甸書塾의 창설 시기는 기록에 따라 약간씩 달라서 확정하기는 어려우나 尹政熙의 『間島開拓史』에 '丙午秋'라는 기록과 그 밖의 정황에 비추어 1906년 10월경으로 추측된다. 서전서숙은 학생들의 연령과 수학능력에 따라 고등반인 甲반과 초등반인 乙반으로, 후에는 甲·乙·丙 반으로 나누었는데 『間島開拓史』 저자인 尹政熙는 바로 甲반에서 수학하였다. 이 서숙에서 중점을 둔 교육 내용은 신학문과 함께 실시한 철두철미한 항일민족주의교육이었다. 따라서 이름이 서숙이였지 실상은 독립군양성소와 다를 바가 없었다는 말도 전한다. 그러나 그 후 1907년 4월 이상설이 헤이그使行으로 이동녕, 정순만과 함께 블라디보스토크로 떠난 후 그 지역에 일제의 통감부 間島派出所가 설치되어[9)] 그들의 감시와 방해, 그리고 재정난까지 겹쳐 그해 10월경 문을 닫게 되었다.[10)]

그렇지만 서전서숙의 폐숙 후에도 용정촌은 물론 북간도 각 지방에는 국내에서 활동하던 애국계몽운동자와 처절한 항쟁을 벌이던 義兵의 망명이 계속되었고 가난한 農民의 이주도 더욱 증가하는 추세가 되었다. 그러므로 서전서숙은 폐숙되었지만 후술할 바와같이 용청촌 부근인 明東村에 金躍淵·朴禎瑞 등이 瑞甸書塾의 이념을 계승한 明東書塾을 건립하고 이를 明東學校로 발전시켜 북간도 민족주의 교육의 본산으로 삼았다.[11)] 또한 이와 전후

---

8) 尹炳奭, 『李相卨傳』, 一潮閣, 1984, pp.49~56 참조.

9) 1907년 8월 23일 일본 陸軍中佐 齋藤季治郎은 軍兵을 거느리고 龍井村에 주둔, '韓國統監府間島派出所'를 개설, 滿洲侵略에 앞장섰다.

10) 尹炳奭, 앞의 책, p.54

하여 延吉 부근인 小營子에 光成학교[12]를 비롯, 臥龍洞에 昌東학교,[13] 和龍縣 자동에 正東학교,[14] 용정 新村에 永新학교[15] 등도 세워져 간도 전역에 민족주의 교육의 새 기운이 넘치게 되었다. 한편 李東輝・鄭載冕 등의 기독교와 徐一, 桂和 등의 大倧教 등 여러 종교계 인물들이 망명, 선교활동을 통한 항일독립운동이 활발하게 전개되었다.[16]

이와 같은 북간도에서는 국내외 민족운동자들이 계속 몰려들어 민족주의 교육을 비롯, 종교・실업 등 각 방면에 걸쳐 민족운동이 활발히 추진되었다. 이 결과 보다 조직적이고 효과적인 활동을 추진할 항일민족운동 단체의 성립이 요구되어 墾民教育會의 결성을 보게 되었다. 이 墾民教育會의 활동 내용은 일반 교육뿐만 아니라 항일 자치활동을 신장시키며 조국독립운동을 추진하는 것이었다.[17] 또한 간민교육회는 명동학교와 같은 성격의 민족주의 교육기관을 각지에 설립, 운영하였다. 그 결과 북간도 한인사회에는 국내의 여러 지역보다 더 많은 수의 학교가 설립되었을 뿐만 아니라 시베리아의 勸業會와 연계, 서구의 신문화를 국내보다 높은 수준으로 수용할 수 있었다.

북간도 지방의 한인사회는 이와 같이 1906년 서전서숙의 개숙으로 국외 독립운동 기지화가 추진된 이래로 일제의 間島派出所라는 침략세력의 방해와 탄압에도 불구하고 '獨立戰爭論'을 구현시킬 독립운동기지의 터전을 굳

---

11) 延邊博物館 편, 「明東學校建築記」, 『延邊文物簡編』, 延邊人民出版社, 1988, p.139.

12) 吳在植 편, 『抗日殉國義士傳』, 애국정신선양회, 1958, p.127.
김희수, 「리동휘」, 『연변문사자료』 5, 연변정협문사자료위원회, 1988, p.251 참조.

13) 김광희, 「창동학교의 지난날의 그리며」, 앞의 책, pp.44~81. 「師恩紀念碑」, 연변박물관 편, 앞의 책, pp.138~139 참조.

14) 남병권, 「두만강 기슭에 첫 학교」, 연변문사자료위원회 편, 앞의 책, pp.32~43 참조.

15) 尹政熙, 「永新學校沿革」(『間島開拓史』의 부록).

16) 吳在植 편, 앞의 책, p.125.
柳光烈, 앞의 책, p.68 참조.

17) 尹炳奭, 『國外韓人社會와 民族運動』, 一潮閣, 1990, pp.26~33 참조.

혀갔던 것이며 이와 같은 터전을 통해 3·1운동 이후 1920~1930년대의 강인한 무장독립투쟁을 전개해 갈 수 있었던 것이다.

3.『間島開拓史』

尹政熙의『間島開拓史』는 표지를 포함하여 총 33면(200자 원고지로 환산, 60매 분량)이며 手筆傳來本이다.[18]『間島開拓史』는 이와 같이 비교적 분량이 많다고는 할 수 없는 미간행의 수필본이고, 또한 서술이 古體를 크게 벗어나지 못했다는 평을 할 수 있을지는 모르지만, 韓人에 의한 間島 이주·개척과 이를 이어 抗日獨立運動의 '基地'가 형성되고 이를 토대로 抗日武裝獨立運動이 전개되는 과정과 1931년 일제의 만주사변과 그에 이은 1932년 '滿洲國'의 성립에 이르기까지의 시기를 포함하는 민족운동을 다루고 있다. 논급 범위도 광범위하여 韓人 이주 배경과 궁민의 월강 이주에 이어 그들의 개척·정착, 그리고 경제적 토대를 마련하기 위한 중요성을 당사자였던 처지에서 생생하게 기록하고 있다.

특히 다음과 같은 몇 가지 점에서 보다 주목할 내용으로 기술하고 있어 앞으로 한인의 간도 개척과 그들의 민족운동 연구에 귀중한 자료를 제시하고 있다.

첫째, 위에서도 논급된 바와 같이 間島 명칭의 유래를 구체적으로 豆滿江 북쪽 馬羅洞의 引水 開墾과 그 命名에서부터라고 사실성이 높은 기술을 하고 있다.

둘째, 間島 勘界의 제 문제를 요점을 들어 間島가 韓國의 영토임을 주장하

18) 尹政熙의 필사본을 필자가『한국학연구』별집 3, 인하대학교 한국학연구소, 1991에 교주, 수록하였다.

고 있다.[19] 그 근거로 현재 天池라고 통칭하는 白頭山 大澤[20]에서 발원하는 松花江 源流가 바로 백두산정계비의 '東爲土門'에 부합되고, 그 토문은 중국측에서 주장하는 豆滿이 곧 土門의 音寫가 아니라 松花江 상류로 잠류하는 길목에 마치 門과 같이 솟아 있는 土門에서 유래하였다고 하였다.

셋째, 間島 감계문제와 관련, 그 전제인 韓·中 국경선 문제를 논급하였다. 특히 『大韓北輿要選』을 찬술, 적어도 역사적인 우리의 韓·中 국경이 두만강 넘어 700리에 있다는 尹瓘의 先春嶺上에 立碑한 이래 白頭山과 그 白頭山의 한 줄기가 동으로 뻗어나가 松花江 北濱에 미치는 산기슭을 境界의 標柱를 삼았다고 주장하는 慶源 출신 鶴陰 金魯奎의 주장까지 소개하여 間島가 우리의 영역임을 강조하고 있다.[21]

넷째, 간도 한인의 이주·개척의 고난사를 중요한 역사적 사실을 들어 개관, 그 참담한 사실의 이해를 높여주고 있다. 특히 韓·淸간에 間島勘界是非파동으로 야기된 끝인 1890년의 薙髮變服의 수난과 그 뒤 10년 만인 1900년의 義和團의 난을 계기로 일어난 庚子亂, 그리고 1920년의 庚申慘變 등을

19) 필자가 본고를 「韓人(朝鮮族)의 間島開拓과 民族運動」이라 제하고 연변대학 제 2차 국제학술토론회에서 발표할 때 間島 勘界와 관련된 白頭山과 間島의 역사적 영유권문제는 토론회의 진행담당인 김동화 교수의 권유에 따라 언급하지 않았다. 김 교수의 권유가 그의 개인 專斷인지 혹은 국제학술토론회 당국자의 견해인지는 알 수 없으나 현재 그 곳 학풍의 일단으로 판단, 언급을 유보하고 이 곳에서 보완하는 것이다.

20) 현재 백두산의 '天池'라고 통칭되는 호수를 방불케 하는 백두산 천지는 한국의 『輿地圖書』 등 역사적 여러 문헌에는 '大澤' 또는 '龍王潭'이라 지칭되어 왔다. 그러므로 현재 天池라고 널리 통칭되는 어원은 고찰할 과제라고 생각된다.

21) 함북 慶源 출신의 鶴陰 金魯奎는 間島管理使 李範允의 권유로 두만강 너머의 북간도를 비롯한 북쪽 강역을 역사적으로 고찰한 『大韓北輿要選』을 찬술, 백두산과 그 연맥의 하나로 솟은 先春嶺으로 朝·淸간의 국경을 비정하여 그 회복을 주장하였다. 이 귀중한 『北輿要選』은 1904년 그 편술을 도왔던 제자 吳在英 등에 의하여 100부 한정판으로 서울에서 간행되어 현재 희귀본이 되었다. 김노규는 이 『북여요선』 외에도 풍수지리설과 깊은 관련을 가졌다고 생각되는 「念聖表」, 「念土表」, 「龍堂表」 등을 포함한 『鶴陰遺稿』를 저술, 주목된다.

열거하고 있다. 치발의 난은 경우 간도에 이주, 개척의 터전을 잡기 시작하는 한인 개척민을 淸軍이 무자비하게 축출하는 바람에 결사 저항하다가 부득이 청의 범속을 따르는 치발변복을 하고 귀화입적한 기막힌 사실을 증언하고 있다. 또한 경자난은 의화단의 난을 구실로 琿春을 거쳐 만주로 침입한 러시아군과 패잔 청군이 얽혀 간도 한인을 유린하는 참상을 기술하고 있다.

다섯째 1902년 이래 間島管理使 李範允이 이끄는 일명 '私砲隊'라고도 칭하는 忠義隊의 내력을 색다르게 논급하고 있다. 즉 정부에서 間島韓人의 보호와 나아가 間島 領有를 주장하기 위하여 창설한 忠義隊가 光武皇帝도 묵계된 親露一派의 고구려, 발해의 舊彊 회복을 도모하는 국토 확장을 위한 北遷之計의 일환이라고까지 설명하고 있다.[22] 어찌보면 황당한 내용같기도 하나 당시의 국내정세와 한인의 間島開拓과 그 領有意識의 일단을 설명한 귀중한 자료라고 할 것이다. 이 忠義隊는 결국 間島勘界와 관련된 韓·淸간의 분쟁의 한 불씨가 되어 1903년 봄에 兩兵간에 5, 6일간에 걸친 戰鬪로 번져 忠義隊가 중과부적으로 국내로 패퇴하는 비운을 겪었다고 하였다. 그러나 이 忠義隊는 러일개전과 함께 沿海州로 넘어가 러시아군과 합세하여 활동하다가 海島間를 근거로 하는 韓末 國外義兵으로 발전, 그 후 1910년 國亡 전후까지 두만강을 넘나들며 항일항쟁을 지속하였다.[23]

4. 瑞甸書塾

瑞甸書塾은 1906년 이상설의 선도로 북간도 용정을 독립운동기지로 개척

---

22) 尹政熙, 「間島開拓史」, 『한국학연구』 별집 3, 인하대학교 한국학연구소, pp.19~20.

23) 「元間島管理使 李範允ノ行動ニ關スル件」·「韓人 李範允ノ行動ニ關シテ」, 『倭政文書 甲九 在露韓人關係』, 日本公使館 紀錄(국사편찬위원회 소장) 참조.

하는 과정에서 설립된 북간도 민족주의 교육의 요람이었다. 서전서숙의 설립을 주관한 李相卨을 비롯하여 李東寧・鄭淳萬・呂準・朴禎瑞 등의 민족운동자들의 일치된 노력의 결실로 1906년 10월경 개숙되었다.

이상설은 서전서숙에서 민족주의교육을 실시한 후 헤이그에서 개최된 제2회 만국평화회의에 특사로 파견되었으며 그후 블라디보스토크로 돌아와 密山 독립운동기지 건설에 앞장선 인물이다. 이동녕은 이상설과 함께 활동하다가 3・1운동 이후 上海에서 국내외 민족운동자로 구성된 의정원의 의장직을 맡아 대한민국임시정부를 세운 독립운동계의 원로이다. 정순만은 서전서숙에서 활동한 후 연해주로 가 『海朝新聞』주간으로 활동하면서 국내외 민족의식 고취에 앞장섰던 인물이다. 여준도 서전서숙에서 활동한 뒤 계속 서북간도 각지에서 민족주의 교육에 이바지하고 3・1운동 이후에 西路軍政署에서 독립군을 양성하였던 인물이다. 그리고 박정서는 서전서숙 폐숙 후 곧 金躍淵과 같이 明東村에 明東書塾을 세워 그 숙장이 되어 서전서숙을 정신적으로 계승하는데 이바지한 인물이다. 이와 같이 서전서숙의 창시자들은 일제하 항일독립운동에 중요한 활동을 수행하였던 인물들이 포함되어 있었다.

서전서숙은 처음에 학생들은 갑을반으로 나누었다. 갑반은 고등반, 을반은 초등반이며, 갑반에는 20세 전후의 청년들도 등록되어 있었다. 현재 서전서숙 학생으로 성명이 전하는 사람은 갑반에 윤정희・이병징・윤규한・김정문・남세극・채우석・이한용・구자승・구정서, 을반에 김학연・박일병・오병묵・이정징・박효언・구자익・박세호이다. 그밖에 반을 알 수 없는 남위언 등도 있다.

이상설은 『算術新書』상하권을 저술하여 갑반의 산술을 가르쳤다. 황달영은 역사와 지리, 김우용은 산술, 여준은 한문・정치학・법률 등을 가르쳤다. 그러나 서전서숙에서 더 중점을 둔 교육내용은 신학문 과목과 함께 실시하는 철두철미한 항일민족주의교육이었다. 따라서 서숙만 이름으로 내걸었을 따름이며 실상은 독립군 양성소의 성격을 지니고 있었다고 해도 과언이 아니다.[24] 그러나 서전서숙은 불행히도 개숙 이듬해인 1907년 9~10월경 문을 닫고 말았다. 이상설이 그해 4월 초순경 헤이그사행으로 이동녕·정순만과 함께 블라디보스토크로 떠났기 때문이다. 비밀사명을 띠고 있었기 때문에 그는 혼춘에 학교를 하나 더 세우기 위해 간다고 이야기 한 후 떠났다고 한다. 그 뒤로 서숙은 재정난도 닥치고 더욱이 그 지역에 일제의 통감부 간도파출소가 설치되어 그들의 감시와 방해로 견딜 수 없게 되자 스스로 문을 닫고 말았던 것이다.

5. 明東學校

서전서숙 폐숙 후 金躍淵을 비롯한 鄭載冕·朴禎瑞 등은 북간도 민족주의 교육의 본산으로 자리잡게 되는 明東書塾을 건립하였다. 圭巖 金躍淵은 종성 출신으로 원래 덕망있던 한학자였으나 1899년경 문치정, 金河奎, 문정호, 김정규, 南韋彦 등과 함께 마을 이주민을 거느리고 용정촌에서 40리 남쪽 화룡현 용정시 지산향 長財村에 자리잡고 황무지를 개간하면서 한인촌을 만들었다. 그리고 이곳에다 그는 圭巖齋란 서당을 열고 자제들에게 한문을 가르쳤다. 그런 가운데 인근에 있는 용정촌의 서전서숙이 신교육을 바탕으로 하는 민족주의 교육을 실시하다가 중단되는 것을 보고 곧 그를 계승할 교육기관으로 명동서숙을 세웠다. 1908년 4월 신식교육기관으로 개숙한 명동서숙의 숙장은 金躍淵이 맡았으며, 朴禎瑞(朴茂林)가 명예숙장, 문치정이 재무에 임명되었다. 그리고 교원으로는 김약연의 사촌 동생인 金學淵과 서전서숙 출신의 南韋彦을 비롯하여 金河奎·呂準 등의 애국지사들이 부임하여 42명의 학생들을 가르치기 시작하였다.[25)]

---

24) 李智澤, 「北間島」, 『中央日報』, 1972년 10월 18일자.

25) 『연변문사자료』 제 5집, 교육사료전집, p.83.

1909년 명동서숙은 국내의 신민회에서 파견된 鄭載冕을 단장으로 하는 북간도교육단을 맞아 그들과 합심하여 명실상부한 민족주의 교육기관으로 성장해 갔다. 정재면은 북간도에 오기 전에 신민회 회원으로 서울에서 애국계몽운동도 전개했지만 평양 숭실학교를 졸업한 후로는 원산 보광학교 교사로 구국교육운동에 종사하고 있었다. 그가 신민회 간부인 이동녕과 이동휘의 권유로 교육단을 조직, 북간도에 갔던 것이다 그 교육단의 중요임원은 종교에 기독교 전도사 배상희, 의무에 평양 제중병원 의사 한봉의, 재무에 유기연, 고문에 이동녕과 이동휘로 구성되었다. 이들은 원산항에서 배로 출발, 용정을 거쳐 명동촌으로 가서 그곳의 명동서숙을 발전시키는데 힘썼던 것이다. 즉 정재면은 교무주임으로 취임하여 규암재 당시의 구식교육 체제를 완전히 쇄신하면서 교육의 이념을 독립정신에 두는 신교육을 철저하게 시행하였다. 그를 구현하기 위해서 역사에 黃義敦, 윤리에 朴兌恒, 한글에 張志暎, 체육에 金弘一 등이 차례로 국내외에서 초빙되었다.[26)]

한편 정재면 등 교육단은 근대 민족주의를 신장시키는 데는 재래의 유교보다는 참신한 기독교가 우월하고 또한 북간도의 특수사정으로 보아 중국과 일제의 압제를 더 적게 받으려면 기독교에 귀의하는 것이 옳을 것이라 설득하여 명동학교를 기독교 학교로 개편하게 했다.[27)] 그리하여 학교에서 성경을 가르치고 명동촌에 다시 명동교회를 설립하여 선교활동을 활발히 전개하였다.

이 무렵 김약연도 기독교로 개종하여 후에 목사가 되었다. 명동학교가 이와 같이 발전함에 따라 그 명성이 국내외 알려져 입학생이 북간도 일대뿐만 아니라 연해주와 국내 회령 등지에서도 몰려와 크게 융성하였다. 학생들의 나이는 특별한 제한이 없이 15~16세의 소년부터 30~40세의 장년까지 함께 섞여 文武雙全의 철저한 민족주의 교육을 받았다.[28)]

---

26) 玄圭煥,『韓國流移民史』上, 語文閣, 1967, pp.466~467.

27) 徐紘一,「北間島 基督教 民族運動家 鄭載冕」,『韓民族獨立運動史論叢』, 박영석교수화갑기념, 1992, p.788 참조.

명동서숙은 1909년 4월 다시 명동학교로 교명을 변경하였으며 1910년에는 중학부까지 증설되었다. 이에따라 소학부에서는 국어・동국역사・성경・교육학・창가・체조 등의 과목을 이수토록 하였다.[29] 궁극적으로 명동학교의 교육이념은 민족의식 고양을 통한 구국인재 양성에 있었던 것이다. 그리고 1911년에는 여성 교육의 필요성을 절감하고 북간도에서는 처음으로 명동학교내에 여학부를 신설하였다. 이 무렵 교원으로는 박태항・최기학・송창희・황의돈・박무림・박태식・장지영・김철・박경철・김성환・김승근 등이 근무하고 있었다. 또한 정신태・이의순(이동휘의 딸)・이봉윤 등이 명동학교에 재직하였던 대표적인 여성 교원이었다. 이와 같은 명동학교는 날이 갈수록 명성이 높아져서 북간도 각지에서는 물론 국내와 러시아 연주로부터도 학생들이 모여들었을 정도였다. 이 무렵의 학생수를 보면 중학부에 160명이 있었으며, 소학부의 보통과에 121명, 고등과에 159명, 그리고 여학부에는 65명이 등록되어 있었다.[30]

명동학교 교육내용에 항일교육의 일단을 입증하는 한 사실을 지적하면 입학시험이나 평시의 각종 시험에도 작문을 매우 중요시했는데 작문의 제목은 어떤 것이든 글 가운데 애국과 독립의 내용을 담지 않으면 낙제점을 받거나 불량성적으로 평가되었다. 또한 매주 토요일마다 독립사상을 고취하는 토론회를 개최하였다. 따라서 일제는 그후 1920년 10월 혼춘사건을 조작, 만주파병을 감행하여 그곳의 독립군과 민족운동자를 탄압, 학살하면서 명동학교를 불지르고 그 상황을 설명하는 보고서에서

> (명동)학교 교수용 지도 및 기타 서적중의 다른 것도 모두 조선을
> 일본 본토와 다른 색깔로 표시하였고 장식용 만국기 중 구한국기는

---

28) 尹炳奭,『國外韓人社會와 民族運動』, 一潮閣, 1990, p.20.

29)『연변문사자료』 제5집, 교육사료전집, pp.83~84.

30)『연변문사자료』 제5집, 교육사료전집, p.84.

있어도 일장기는 하나도 없었다.[31)]

라고 명동학교의 항일교육을 摘記하고 있다.

명동학교의 이와 같은 항일교육은 1920년 교사가 소각당할 때까지 꾸준히 계속되어 수많은 애국인재가 배출되었다. 그 후 그들은 도처에 세워진 여러 민족주의교육기관의 교사로, 1920년대의 만주 독립군으로, 또는 항일민족운동을 주도하는 항일투사로 활약하게 되었다.

6. 昌東學院

1905년 을사오조약 전후 북간도로 건너와 연길 臥龍洞에 정착하게 된 南性祐·李炳徽·吳祥根 등의 민족운동자들은 이주 한인들의 민족의식을 고취시키는 한편 민족주의 구국운동을 구현할 신교육을 주장하였다. 그 결과 1907년에 창동소학교가 설립되어 민족주의 교육을 실시하게 되었던 것이다. 용정의 서전서숙 개숙의 이듬해이며 명동서숙과 전후한 시기였다. 그 뒤 3년만인 1910년에는 중학부를 신설하고 학교 이름을 昌東學院으로 고쳐 불렀다.[32)] '昌東'이란 東國의 昌盛을 의미하여 지은 것이다.

개교 초기 창동학원의 정, 부원장은 吳祥根·李炳徽·南性祐가 맡았으며 辛鴻南·金鍾萬·洪祐晩·李鎭鎬·金履澤·宋昌禧·徐成權·文勁 등 8명의 교원이 재임하고 있었다.[33)] 중학생은 모두 80여명 정도였으며, 그 가운

---

31) 姜德相, 『現代史資料』 朝鮮 4, 1972, pp.453~455.

32) 『연변문사사료』 제5집, p.25에서는 창동학교 개교시기를 1908년으로, 중학부 설치시기는 1912년으로 기술하고 있다. 그러나 「師恩紀念碑」에서는 1907년에 소학으로 개교하였고 그로부터 '3년 뒤'에 중학을 신설한 것으로 되어 있다. 여기서는 후자의 기록을 따랐다.

33) 臥龍洞 소재 昌東學院 『師恩紀念碑』 참조.

데는 북간도 각처에서뿐만 아니라 남북만 혹은 연해주로부터 오는 학생도 있었다. 이 학교의 학생들은 모두 기숙사에 들어갔으며 그 경비는 학교후원회에서 부담하였다. 창동학원 개교 초기에 불리워지던 다음과 같은 교가를 통하여 그 교육목표가 민족해방과 조국독립을 위한 인재양성에 있었음을 짐작할 수 있다.

> 한줄기 뻗친 맥줄 흰 뫼 아래
> 한배검이 처음 닦은 굳고 굳은 터
> 그 위에 우뚝 솟은 우리 창동은
> 인류문화 발전하려 떨쳐 나섰다.(1절)
> 여기저기 배달나라 남녀제씨들
> 애를 쓰고 힘들여 거둬 기를제
> 피어린 역사로써 거름을 주어
> 사랑스런 강토에 다시 보내자(2절)
> 참스럽다 착하다 아름다워라
> 정신은 自由요 이상은 獨立(후렴)

창동학원의 임원들과 교원들은 학교를 활동기지로 삼아 민족문화를 전수하는 한편 학생들과 주민들에게 항일독립의식을 고취시키는 활동을 벌였다. 중학부에는 항일무장투쟁을 준비하기 위하여 군사훈련과를 두어 군사인재를 양성해 내고 있었다. 1925년까지 창동학원 중학부 졸업생만도 200여명이 훨씬 넘었다. 그들 가운데 상당수가 졸업 후 왕청현 羅子溝의 大甸學校로 들어가 전문적인 군사훈련을 받은 뒤 독립군 간부로 성장하였다.[34)]

창동학교의 스승과 제자들은 이와 같은 민족주의 교육을 기반으로 와룡동을 중심으로 원근의 한인을 조직, 항일운동을 펼쳐 나갔다. 그 구체적 사례를 몇 가지 들면, 첫째, 1910년 3월 13일 용정의 瑞甸大野에서 열린

---

34) 『연변문사자료』제 5집, 교육사료전집, pp.26~27.

'조선독립축하회'와 그들 이은 '피의 항일시위'에 창동학교 전 師生은 물론 와룡동 주민의 대부분이 함께 참가, 항쟁하였다. 둘째, 이 운동 이후 서둘러 무장 독립군 항쟁에 가담하였다. 4월 25일에는 와룡동에서 '대한국민회'를 조직, 북간도 전역한인의 민정과 군정을 아울러 수행하는 군정부로 발전시켜며 강력한 大韓國民軍을 편성하였다. 창동학교와 그를 이은 대전학교에서 수학한 林國楨과 교사인 崔鳳卨, 그밖에 윤준희 · 한상호 · 박웅세 · 김준 등이 鐵血光復團을 조직하고 군자금 마련에 헌신하였다. 이들은 북로군정서군의 특파대가 되어 일제가 회령에서 용정으로 보내는 조선은행권 15만원을 1920년 1월 4일 용정 도착 20리 못 미친 東良里 어구에서 기민한 특무작전을 펴 그를 탈취, 와룡동 본부로 가져오는데 성공하였다.[35]

창동학원 출신의 인물들은 이와 같은 창동학원과 스승들의 학덕을 기리기 위해 1935년 9월 臥龍洞에 師恩紀念碑를 세웠다.

7. 光成學校

연길시 소영자에 있던 광성학교는 1912년 3월에 개교한 吉東基督學堂이 확대 개편된 학교였다. 현재 연길시로 편입된 小營崎에 세운 길동기독학당은 이동휘의 주창에 의해 이동휘의 경제적 후원자이며 민족운동의 동지였던 이종호의 재정지원으로 金立이 주관 운영하던 학교였다. 그러나 교장은 간민교육회장을 역임한 李同春이고, 재무는 정현설, 간사는 구춘선 · 이봉우 · 이남원 · 황원호, 식당주임은 박춘서 등이 맡았다. 교사는 桂奉瑀를 비롯하여 보성전문 출신의 尹海와 김립, 그밖에 정기영 · 오영선 · 김하석 · 문경 · 지건 등 10여명이었다. 계봉우는 역사와 지리를 담당하였고, 文勁은

35) 윤병석, 『한국독립운동의 해외사적 탐방기』, 지식산업사, 1994, pp.85~86.

군사교육도 겸하는 체육을, 윤해와 김립은 법률과 정치를 담당하여 가르쳤다. 학교 건물은 처음에는 그 마을에서 크게 지은 姜과부집을 개조 사용하였으나 3년 뒤에는 기숙사만도 15칸으로 건축하고 100여명의 교비학생들이 일시에 식사를 할 수 있을 정도의 공동식당도 마련하게 되었다.

길동기독학당에는 중학과 법률정치과를 두었고, 또한 부속으로 여자야학과 소학과를 두었으며, 얼마 후에 속성사범과를 두어 시급한 교사 양성에도 힘썼다. 특히 중학과는 얼마후 광성중학교로 발전시켜 북간도에서 명동촌의 명동중학교와 와룡동의 창동중학교와 더불어 명문학교로 부상하였다. 무렵 학생수는 150여명에 달하였다. 이들 학생은 간도 안에서는 물론 국내와 연해주에서도 몰려든 청소년으로, 연령으로는 15~25세가 표준이었고 북간도 각지에 모자라는 교사를 급히 수급하기 위하여 둔 사범학교의 경우는 17~40세까지 청장년들이었다. 원지에서 온 학생들은 기숙사에서 생활하였고, 학비 없는 학생은 무상으로 교육을 시켰다. 그러나 이 학당의 운영경비까지 전담하다시피 한 연해주의 이종호로부터 지원금이 제때에 충족히 공급되지 못하여 만 일년이 못되어 광성중학의 모체가 되었던 중학과는 일시 폐지되고, 대신 광성중학안에 사범속성과를 두어 6개월 단기의 교사양성 교육을 시켜 큰 성과를 거두었다. 길동사범과를 졸업한 학생 가운데는 북경·미국·일본·서울 등지에 유학한 후 간도로 돌아와 민족주의 교육, 사회운동 등에 투신하는 경우도 있었다.

길동기독학원의 교사였던 계봉우는 낮에는 중학과 사범과에서, 밤에는 여자야학에서 주로 역사와 지리를 매일 7~8시간씩 교육하였다. 그리고도 그는 밤낮으로 틈을 내어 교재를 만들고 그것을 등사하는 등 매일 10시간 이상의 고된 작업을 헌신적으로 수행하였다고 한다.[36] 이 무렵 길동기독학당여자과, 즉 길동여학교에는 이동휘의 장녀 李仁橓도 교사로 근무하였다.

36) 계봉우, 『꿈 속의 꿈』上, p.153.

한편, 이동휘의 2녀 李義橓도 명동여학교 교사로 근무하였다.

8. 大甸學校

대전학교가 소재한 羅子溝(나재거우)는 연해주로부터 길림성 동녕현 산채거우를 거쳐 남까울령이라는 험산을 넘고 노호산 무인지경을 지나 궁벽한 오지에 위치한 곳이다. 그러나 1910년 초 이곳 나자구에는 한인의 개척마을이 여러 곳에 산재하여 그 호구가 모두 1천을 넘었다. 나자구 거주 한인은 국내로부터 직접 이주하여 오는 경우도 있었지만 대개는 연해주에서 살다가 轉住한 것으로 보인다. 권업회 등의 한인단체에서 계획적으로 이 지역을 한인의 집단 개척 촌락으로 조성한 것으로도 해석되는 곳이다. 특히 현지 주민 가운데 250여명 가량은 러시아식 연발총으로 무장하고 유사시 일거에 출동할 수 있던 잠재병력이었다.[37] 또한 나자구 삼도하자에는 1913년 3월경부터 이종호의 지원으로 泰興書塾에 중학부를 두어 학교 이름을 태흥학교라 하고 金光使・文學俊・吳基一 등 7, 8명의 교사를 두고 한인 인재 양성을 위한 민족주의 교육을 실시하고 있었다.[38] 처음 80명으로 시작한 이 학교는 곧 200여명으로 번창하고 체조교육을 강화하고 군사훈련을 병수시켜 장차 일제와 싸울 수 있는 인재교육에 전념하고 있었다.

1914년 8월 연해주로부터 나자구로 옮겨온 이동휘는 현지의 유지들인 최정구・염재권・권의준 등과 합의하고 蘇洞大甸子(楡芬甸子)에 무관학교를 세웠다. 학교 건물과 학생 기숙사는 주민들의 추렴과 노력을 동원하여 세웠고, 학교 운영비는 이종호가 담당하였다. 교장은 이동휘였고, 김립・김

---

37) 『圖們江對岸移住鮮人의 狀況』(일본 외무성 사료관 문서) ; 『연변문사자료』5, 연변정협문사자료위원회, 1988, pp.252~253.

38) 한웅, 「민국초기 왕청현 조선인 교육개황」, 『연변문사자료』5, 1988, pp.164~165.

규면 · 장기영 · 오영선 · 김영학 · 김광은 · 강성남 · 한홍 · 김하정 등이 교관이었다. 사관 학생은 태흥학교에서 수학하던 학생들을 비롯하여 혼춘을 포함하는 간도와 연해주 지방에서 열혈청년을 모집, 80여명에 이상 100여명에 달하였다. 어떤 기록에는 사관 학생수가 많을 때는 300여명에 달하였다고도 하였다.39)

대전학교와 같은 무관학교 건립은 이동휘가 주동이 된 연해주의 大韓光復軍政府의 당면 중요사업으로 추진한 것이지만, 그 준비는 이동휘가 연해주로 가 권업회에 참여하면서 시작된 것으로 볼 수 있다. 중국 관헌의 탄압을 받은 태흥중학교 학생들이 무관학교 설립 직후 대거 이 학교로 입학하였던 것이다.40)

외형상 대전학교라 부르던 이 무관학교의 교육내용은 군사학 교과서와 실습용 무기의 부족으로 군사기술의 연마는 미흡한 점이 없지 않지만, 조국을 광복하려던 독립군 사관으로서의 정신교육은 철저하였다. 그 모습을 이영일의 『이동휘 성재선생』에서는

> 애국 열정이 끓어넘치는 사관학생들은 배고픔과 추위를 무릅쓰고 달마다 보여주는 보병 조련학습과 산병연습은 역발산 기개세하고 협태상 이초북해하는 용력을 보였다.41)

라고 기술하고 있다. 또한 학생들이 부르던 군가의 가사는 다음과 같이 그들의 드높은 기개를 표현하고 있다.

> 1. 백두산하 넓고 넓은 만주뜰들은 / 건국영웅 우리들의 운동장이요

39) 리영일, 『리동휘 성재선생』, p.201 ; 『연변문사자료』 5, pp.252~253.

40) 『연변문사자료』 5, p.169.

41) 『연변문사자료』 5, p.165.

/ 거름 거름 대를 지어 앞을 향하여/ 활발히 나아감이 엄숙하도다.
2. 대포소리 앞뒤산을 둥둥 울리고/ 총과 칼이 상설같이 맹렬하여도
/ 두렴없이 악악하는 돌격소리에/ 적의 군사 공겁하여 정신잃는다.
3. 높이 솟은 백두산아 내말 들어라/ 저 건너 부사산 부러말어라/
우리의 청년들이 지진이 되어/ 부사산 번칠 날이 멀지 않도다.[42]

어떻게 보면 군사정치학교라고 볼 수 있는 이 무관학교는 교사교련과 민족주의 교육을 기본적 교양 내용으로 삼았고, 광복군의 군사 골간인 무관 양성을 교육의 지표로 삼았다. 대한광복정부 건립의 필수적 사업이기도 한 이와 같은 무관학교의 건립은 이동휘의 신념과 경륜의 결정이며 망명 후 최대 과제인 '독립전쟁론' 구현을 위하여 처음부터 가장 중요한 사업으로 추진하였던 것이라 할 수 있다.

그러나 대전학교의 존속기간은 1년을 넘지 못하고 만 것 같다. 1915년 말경 일본영사관의 강박에 의하여 중국 당국이 패쇄조치를 내린 것이다. 이때 무관학교 학생들은 면학의 뜻을 이루지 못하고 해산하게 되었으나, 그 가운데 40여명은 고학을 하더라도 면학을 계속할 결심으로 집단적으로 새 방도를 찾아나서기로 하였다. 세계대전 발발 후 노동자를 대거 모집하던 우랄지방의 벨림이 대공장으로 가 노임을 벌어서 수학을 계속할 결심으로 그 공장을 찾아가 일하게 된 것이다. 그밖에도 상당수 학생들은 1917년 1월 혼춘 大荒溝의 北一中學校에 입학, 공부를 계속할 수 있었다.

9. 北一學校

애국지사 梁河龜와 서울 출신의 金哲洙가 1911년 혼춘 서북방 90여리

42) 리영일, 『리동휘 성재선생』, p.202.

떨어진 大荒溝에다 신학문 교육기관으로 東昌小學校를 세운 것이 북일학교의 연원이었다. 이 무렵 대황구로 들어온 의병장 柳百草 역시 학교 창설사업에 적극적으로 동참하였다.[43]

그후 1917년 1월에 나자구 대전학교 폐교 이후 일부 사관생도들을 거느리고 이동휘가 김립 등과 함께 大荒溝로 오게 되었다. 이동휘는 이곳에서 현지 유지들인 梁河龜 · 김도연 · 金南極 · 梁炳煥 · 梁炳七 · 金夏鼎 등과 협력하여 무장투쟁에 입각한 강렬한 항일민족 노선을 표방하는 북일중학교를 건립하게 되었던 것이다. 그러므로 북일중학교는 건립주체나 교학이념으로 볼 때 대전학교 후신의 성격을 가지고 있었던 것이다.

북일중학교의 교사는 주민들의 자진 협력하에 건축한 8칸 가옥에 교실 3개의 규모였다. 학교에서는 학생들의 입학순서와 연령을 고려하여 3개반으로 나누어 수업을 지행시켰다. 학제는 일정한 연한이 없었지만 대개의 경우 반년, 혹은 일년만에 수업을 마쳤다. 북일중학교의 교과내용은 교육취지에 따라 철저하게 민족주의 사상을 주입하고 전문사관 양성을 위한 군사훈련과 교육에 치중되어 있었다.[44] 이러한 취지에 따라 조선어와 역사 · 지리를 비롯하여 중국어 · 영어 · 러시아어 · 수학 · 물리 · 화학 등은 물론 체육과 군사 등 12개 과목이 부가되었다.

북일중학교는 창설 초기에 20여명의 생도로 출발하였지만 뒤에는 40여명으로 늘어났다. 학생 가운데는 북간도 인근지역뿐만 아니라 국내와 연해주로부터 내도하는 경우도 있었다. 입 · 퇴교가 자유로웠기 때문에 2년 남짓한 기간에 200여명의 졸업생을 배출하는 성황을 이룰 수 있었다.

북일중학교의 임직원은 교장 양하구, 부교장 김남극이었다. 이동휘는 명예교장으로 추대되었다. 교원으로는 군사 교육과 훈련을 高京在 · 金立 등

43) 『연변문사자료』 제 5집, 교육사료전집, 1988, p.202.

44) 『연변문사자료』 제 5집, pp.204~205, 254~255.

이 담당하였고, 역사에는 南公善・金夏鼎이, 영어에 서울 출신의 李英 등이 재임하고 있었다.[45)]

10. 正東學校

정동학교는 두만강변의 화룡현 開運社 子洞屯 厚底洞(현 용정현 光開鄕 子洞村)에 설립된 민족주의 교육기관이었다. 두만강변의 자동은 한인 이주민들이 간도에 첫발을 들여놓은 곳으로 연변지구에서 가장 먼저 개척된 한인 촌락 가운데 하나였다. 지역유지들인 姜伯奎, 姜義軒, 兪漢風 등은 이주한인 자제들의 민족교육을 위하여 자동의 농가 한 채를 구입하여 1908년 10월 正東書塾을 개숙한 것이 이 학교의 시작이었다. 개교 당시 학생은 20여명이었으며, 숙장에는 강백규, 숙감에 강희언, 학감에 유한풍이 선임되었으며, 교원으로는 崔鳳哲이 부임함으로써 모두 4명의 교직원이 근무하였다.[46)]

이와 같이 시작된 정동서숙은 1912년 金成來・金允升・朴熙天・崔秉國 등의 지원하에 교실 6칸, 교무실 3칸의 교사를 신축한 뒤 이듬해 3월에는 교명을 정동학교로 바꿈과 동시에 신학 5년제를 실시함으로써 면목을 일신시켰다. 이때 교장으로 부임한 김윤승은 1920년까지 재임하면서 정동학교 발전에 핵심적 역할을 수행하게 되었다. 1913년 정동학교의 교직원은 김윤승 교장 이하 5명이었고, 80여명의 학생이 등록되어 있었다. 수업내용은 민족의식 고취를 위한 국어와 역사를 비롯하여 산수・지리・이과・체육・음악 등 신학문 전반에 걸쳐 있었다. 정동학교는 이어 1914년 8월 처음으로

---

45) 『간도사신론』 上, p.216.

46) 『연변문사자료』 제 5집, 교육사료전집, 1988, pp.33～34.

여학부를 증설하고 25명의 여학생을 모집한 뒤 박에스컬(朴SKL)을 여교사로 초빙하였다.[47]

그 뒤 정동학교는 1917년에 이르러 중학부를 증설하고 이듬해에는 중학부 교사를 신축하였으며, 교사 7명을 새로 초빙함으로써 교육의 질을 높여 갔다. 그리하여 중학부에서는 국어·역사·지리·대수·기하·영어·물리·화학·생물·체육·음악 등 다양한 과목을 가르쳐 경신참변으로 폐교될 때까지 북간도 일대에서 내실 있는 민족교육기관으로 명성을 드날리기도 하였다.[48]

47) 위의 책, pp.34~35.

48) 위의 책, p.35.

3. 서북간도에서의 3·1 운동

1

일제에 의한 韓民族 수난기에 민족운동자들은 韓人의 국외 집단거주지역인 두만강 너머 北間島와 압록강 너머의 西間島, 그리고 두만강 하류 대안 오소리강 동편의 沿海州 지방을 합쳐 '海島間'[49]이라고도 불렀다. 또한 멀리 하와이와 미주 본토 및 멕시코 등지에서 활동하던 민족운동자들은 이 지역을 '遠東'[50]이라고 불렀다. 나라를 잃은 한민족이 이 지역을 祖國復興의 국외기지로 삼으려는 염원이 담긴 호칭이기도 하다.

이들 지역은 역사적으로 오랜 民族故地일 뿐만 아니라 지리적으로도 서북간도와 연해주간에는 중국과 러시아의 국경이 있다해도 그곳 거주 한인은 비교적 왕래와 교류가 용이하고, 더욱이 두만·압록의 양 강만 건너면 언제든지 국내에 진입할 수 있는 요충지이기도 하다. 게다가 이들 지역은 중국과 러시아의 영토이므로 일제의 직접지배를 벗어난 국외 한인사회 중에서도 가장 규모가 큰 한인의 집단 거주지역이었던 것이다.

---

49) 뒤바보 桂奉瑀, '俄領實記' 緖言, 『獨立新聞』 제 48호, 1920년 2월 26일자.

50) '원동 우리 동포에게 경고 홈' 『新韓民報』 제 339호, 1914년 9월 17일자.

1914~1918년간의 제 1차 세계대전 중 일제와 제휴한 러·일의 탄압속에서도 내면적으로 조국독립운동을 계속 추진하였던 海島間를 비롯한 남북만주의 민족운동자들은 물론, 국내외의 모든 민족운동자들이 대전 종말을 전후하여 보다 적극적으로 활동하기 시작하였다.[51] 그것은 세계대전의 종결과 관련하여 국제질서의 큰 개편을 전제한 변화속에서 한국독립운동을 보다 적극적이며 효과적으로 추진하기 위해서였다. 그와 같은 활동 중에서 3·1운동과 연계된 중요한 것만 들더라도 우선 西北間島를 중심으로 국외 각지의 한인사회를 바탕으로 활동하던 민족운동자들은 1919년 2월까지에는 그중 金敎獻을 비롯한 국내외 민족운동자 39인의 민족운동자의 명의로 「大韓獨立宣言書」[52]를 발표하고 3월까지는 해외 각지에 배포하였다. 「戊午獨立宣言書」라고도 부르는 이 선언서는 일본 유학생의 「2·8獨立宣言書」나 국내의 33인이 서명한 「朝鮮獨立宣言書」보다도 먼저 발표된 民族獨立宣言이라는 설도 있다.[53] 이 선언서의 연명자는 首書된 김교헌을 비롯한 金奎

---

51) 세계 제 1차대전 중 그러한 중요한 사례를 들면 1915년 북경을 중심으로 국내외각지의 민족운동자와 연계, 조직된 '新韓革命團'의 활동과 1917년 '大同團結의 宣言'등이라 할 수 있다. (拙著, 『李相卨傳』, 일조각, 1984, pp.163~168 ; 趙東杰, 「臨時政府樹立을 위한 1917년의 大同團結宣言」, 『韓國民族主義의 成立과 獨立運動史研究』, 지식산업사, 1989, pp.315~338 참조.

52) 필자는 1971년 7월 13일 미국 Honolulu시 Looke Ave. 2700 국민회관에서 국민회 관련 독립운동자료를 조사중 처음으로 이 「大韓獨立宣言書」를 보았다. 이것은 아마 滿洲에서 작성 직후 당시 대한인국민회 하와이 지방총회로 보냈던 원명을 '大韓獨立宣言書'라 하고 말미 연기를 '檀君紀元 4252年 2月 日'로 기록하고 金敎獻을 비롯 39인의 서명자가 가나다 순으로 연명되었다. 근년에 독립기념관에 아마도 연변에서 수집된 석판인쇄로 작성된 「大韓獨立宣言書」가 소장, 소개되었다.

53) 이 선언서는 일본에서의 2·8선언서나 국내에서의 33인이 서명한 선언서 선포경위와 같은 뚜렷한 선언절차가 없이 국내외에 송부된 것이다. 그러므로 선언시기의 전후문제는 보다 명백한 확증자료가 나올 때 재론되어도 무방할 것이다. 그보다도 이 선언서가 갖는 의미를 부각시키는 것이 선결과제로 생각된다. 특히 이 선언서는 3·1운동의 준비가 국내나 일본의 2·8선언에서만 추진된 것이 아니라 국외 한인

植·金東三·趙素昻·李東寧·金學萬·文昌範 등과 같이 서북간도를 비롯한 남북만주와 블라디보스톡 新韓村을 비롯한 연해주에서 활동하던 민족운동자들 뿐 아니라 申圭植 등과 같이 상해 등 중국본토에서 활동하던 인물, 그리고 李承晩·朴容萬·安昌浩 등과 같이 美洲본토와 하와이에서 활동하던 인물들이 포함되어, 요컨대 해외 각지의 저명한 민족운동자가 거의 망라된 것이다. 그러나 이들이 다 한자리에 회합하여 서명하였다기 보다는 정신적으로는 서로 깊은 유대를 갖고 있던 민족운동자들이므로 時代思潮에 순응한 민족독립선언의 굳은 의지를 공동명의로 표명한 것이라고 할 수 있다. 이 선언서에 서명한 한 사람인 趙素昻(趙鏞殷)의 『素昻文集』과 이 무렵 만주에서 독립운동을 전개하던 鄭元澤의 『志山日記』에 의하면 1918년(음력)말 呂準·金佐鎭·黃尙奎·朴贊翊·趙素昻·朴觀海·鄭雲海·孫一民·宋在日·成樂信·金文三·鄭元澤 등이 吉林에서 회합하여 軍政署의 전신이 되는 '大韓獨立義軍府'를 조직하면서 국외 민족운동자들과 공동으로 이 선언서를 작성하여 印布한 것으로 설명되었다.[54] 大韓獨立義軍府는 총재에 呂準을 추대하고 부총재에 趙素昻, 총무 겸 외무에 朴贊翊, 재무에 黃尙奎, 군무에 金佐鎭, 서무에 鄭元澤, 선전 겸 연락에 鄭雲海 등을 선임하고, ①국내외 각지와 구미에까지 이 宣言書를 배포하고 ②상해·연해주 등지에 대표를 파견하여 항일독립운동의 공동전선을 구축하며 ③軍資金을 국내외에서 모아 독립군을 양성하기로 한 독립운동단체였다. 그리하여 金佐鎭은 군자금을 갖고 중국인 친지를 대동, 무기와 軍馬를 구입하고자 연해주로 가기로 하고, 趙素昻은 義軍府 대표로 임시정부 결성에 참여하고자 상해에 파견

사회의 규모가 큰 西北間島와 沿海州 등지에서도, 중국본토, 멀리는 하와이와 미주본토의 한인사회를 포함하는 국외 한인사회도 국내에서 3·1운동 준비를 전후하여 준비되었음을 실증할 수 있는 것이다.

54) 鄭元澤, 「志山日記」 『독립운동사자료집』 8, 독립운동사편찬위원회, 1969, p.33. 趙素昻, 三均學會편 『素昻文集』, 횃불사, 1979, pp.229~232.

되었던 것이다.

후일 三均主義 제창자로 부상하는 趙素昻이 기초한 大韓獨立宣言書는 서두에,

> 我大韓同族男妹와 我遍球友邦同胞여, 我大韓은 完全한 自主獨立과 我等의 평등복리를 我 자손 黎民에 세세 상전키 위하야 자에 異族專制의 虐壓을 해탈하고 大韓民主의 自立을 선포하노라

고 천명하여 한민족의 나라인 '大韓'의 완전자주독립과 主權在民의 '民主' 共和制의 국민국가를 선포한 것이다. 이것은 이미 세계대전 중인 1917년 민족운동자들이 천명한 「大同團結의 宣言」[55]의 '韓人主權國家'의 개념과 그 국가의 주체인 '國民國家' 개념을 계승한 논리로,

> 我大韓은 無始 이래로 我大韓이 韓이요, 異族의 韓이 아니라 半萬年史의 내치·외교는 韓王韓帝의 固有權이요 百萬萬里의 高山麗水는 韓男韓女의 共有產이요 氣骨文言이 歐亞에 拔粹한 我民族은 능히 자국을 옹호하며 만방을 和協하야 세계에 共進할 天民이라, 韓一部의 權이라도 異族에 讓한 我가 無하고 韓一尺의 土라도 異族이 占할 權이 無하며 韓 일개의 民이라도 異族이 간섭할 조건이 無하며 我韓은 완전한 韓人의 韓이다.

라고 주장한 것이다. 이와 같은 대한독립선언의 큰 의의는 국내외 각지에서 진행상 약간의 시일차는 있지만 거의 동시에 추진된 3·1운동의 기본이념으로서 선구적 의미를 갖는 것이라고 하겠다.

---

55) 독립기념관 소장 『島山安昌浩文集』중 「大同團結의 宣言」.

2

서북간도와 그밖의 남북만주에서 활동하던 민족운동자들은 블라디보스톡과 上海, 東京, 그리고 국내 등지로부터 종전의 소식과 세계개편의 신기운, 그보다도 국외 각지의 조국독립운동을 위한 각지 민족운동자들의 활동내용을 서로 연락, 국내외를 통합한 거족운동을 준비하였다.

북간도에서의 이와 같은 운동준비는 1919년을 맞이하면서 블라디보스톡과 니콜리스크 등을 중심으로 한 연해주와 연계하여 공동으로 추진하였다. 첫째, 延吉에서 신년초의 基督教大傳導會의 총회를 개최하는 기회에 운동계획을 마련하고 내외 상응하여 추진코자 연해주에 金躍淵과 鄭載冕을, 국내에 姜鳳羽를 각기 대표로 파견하였다.[56] 연해주에 파견된 金躍淵 등의 대표는 그곳에서 大韓國民會議를 성립시키면서 국내외 각지에서 모인 민족운동자와 회합, 한민족의 독립선언서의 작성과 그의 선포 등에 관한 협의를 하였다. 또한 파리강화회의에 파견할 대표단 人選 및 자금의 염출방법 등을 논의, 결정하고 간도로 돌아왔다. 그날이 마침 국내에서 3·1운동이 발발하던 날이 되었다. 국내로 파견된 姜鳳羽는 咸興에 가 永生學校를 중심으로 독립선언 후의 운동방법 등을 협의하였다. 한편 孔教會 등 다른 종교인과 일반에서도 2월에 접어들어서는 光武皇帝의 훙거에 대한 遙拜式 거행 등의 명의를 빌어 은밀히 독립운동방향을 논의 추진하였다.

둘째, 2월 18일과 같은 달 20일에는 延吉 下場里의 朴東轅 집에 간도의 중요 민족운동자 具春先, 金永學, 高平(연해주에서 옴), 朴東轅, 李弘俊, 李聖根, 朴敬喆, 金舜文, 姜龍憲, 李盛浩, 白瑜晶, 崔鳳烈, 朴貞勳, 李東植, 高東煥 등 33인이 비밀회합하여 다음과 같은 간도지방 운동방략을 결의하였다.[57]

56) 四方子, 『北墾島 그 過去와 現在』 2, 「獨立新聞」 제 36호, 1920년 1월 10일자.

57) 「朝特報」 제 2호 『現代史資料』 26, p.84~85.

'①북간도내 각 교회와 모든 단체는 단결·협력하여 조국독립에 힘을 다 바칠 것. ②모든 간도내의 단체는 멀지 않아 연해주에서 협의 반포할 한민족의 독립선언서의 공포와 동시에 시위운동을 개시할 것. ③한민족의 독립선언서가 발표되면 간도안의 각 단체의 有力者는 龍井에 會集하여 독립선언을 하여 기세를 올릴 것.' 제 1의 각 단체의 연합방법은 기독교·천주교·大倧教·孔教會의 각 유력자와 연락을 밀접히 하고 그 교도와 그들 친지를 다함께 참여토록 하는 것이고, 제 2의 시위운동은 각 단체가 수백명 회집하여 '한민족독립'을 公然히 선언하고, 世界大勢의 추세와 미국 윌슨대통령의 自決主義, 民族主義를 고창하면서 일제히 한민족의 독립만세를 절규하는 내용인 것이다. 제 3의 각처 각 단체의 유력자가 龍井에 집결하여 운동을 추진하는 이유는 龍井村이 간도의 중심지 일뿐만 아니라 또한 일제의 만주 침략세력의 거점인 까닭으로 한민족의 독립선언의 適地로 생각하였던 것이다.

한편 2월 18일의 비밀회의에서는 운동추진 중에 일제 군경과 충돌하여 피체 또는 그밖에 희생되는 경우를 대비하여 光復團을 조직하였다.[58] 이 光復團에는 延吉에서 李弘俊, 李聖根, 朴東轅, 金永學이 龍井村에서 金精이, 鍾城間島子洞에서 白瑜晶, 八道溝에서 劉禮均이, 平南에서 高東煥 등이 일제와 결사투쟁을 맹서하는 의미에서 血書로써 自書를 기명하였다. 또한 간도 내의 각 학교 학생들도 이와 같은 운동준비에 가담하여 활동하였다. 그 중 明東學校의 劉益賀, 局子街道立中學校의 崔雄烈·金弼守, 光成學校의 金豪, 正東中學校의 宋昌文 등의 5명은 학생대표로서 회합하여 운동실행에 관한 협의를 하고 각각 자기학교 학생들에게 조국독립에 관한 연설회를 개최하기로 하였다.

북간도에서는 이와 같이 延吉과 龍井을 중심으로 조직적인 운동준비를

---

58) 위와 같음.

전개하던 중 3월 7일에 국내에서의 독립선언과 그를 이은 시위운동의 소식과 함께 33인의 朝鮮獨立宣言書가 전달되어 운동추진은 보다 활기를 띠었다.[59] 일단 국내외 각지에서 동시에 결행하기로 한 계획은 차질을 가져 왔으나 국내에서 궐기한 이상 그동안 延吉 龍井村을 중심으로 독립선언과 운동을 준비하던 민족운동자들을 다시 협의를 거듭하여 3월 13일에 龍井村 북쪽편의 瑞甸大野에서 '朝鮮獨立祝賀會'란 명목으로 거행하도록 결정하고 大會長에 金永學, 副會長에 裵亨湜 등을 비롯한 임원을 선출하고 준비를 서둘렀다.[60] 독립선언서와 대회개최 통지서 등은 민족주의 교육을 실시하던 恩眞中學校 지하실에서 등사되어 북간도 전역과 敦化縣까지 비밀리에 잘 조직된 운동자간에 릴레이식으로 전달되었다. 그리하여 당일 모든 참가자는 각 학교 선생과 그밖의 책임자를 중심으로 太極旗를 만들어 지참하도록 하는 등 수일동안에 모든 준비를 완료하였다.

드디어 1919년 3월 13일은 왔다. 龍井의 날씨는 급변하여 荒塵과 굵은 모래까지 휘몰아치는 狂亂의 궂은 날씨였다. 그럼에도 불구하고 瑞甸大野에는 수많은 한인이 회집하여 12시 교회 종소리를 기다렸다. 나라를 잃고 북간도 전역에 사는 한인은 멀리는 200리도 넘는 벽촌에서부터 하루전에 출발하였고 7, 80리 밖의 中·小學校 학생들도 도보로 하루전에 출발하였다. 龍井市內의 한인들은 물론, 극렬한 親日分子를 제외하고는 모든 사람에게 통지되어 태극기를 들고 회집하였다. 30리 밖의 明東學校 학생들도 악대를 앞세우고 모였다. 두만강가 滋洞의 正東中學校와 龍井의 恩眞中學校를 비롯한 東興, 大成 등의 학생들도 瑞甸식장에 모였다. 그날 식전에 이렇게 모인 會衆이 정확히 얼마인지 알 수 없다. 북간도의 3·1운동을 비교적 상세히 기술한 桂鳳瑀의 「北墾島 그 過去와 現在」에서는

59) 「朝特報」 제 3호 『現代史資料』 26, p.87.

60) 洪相杓, 『間島獨立運動小史』, 韓光中學校, 1966, pp.31~37 및 주 56)와 같음.

> 일시라도 急促히 폭발치 않고는 休息할 수 없는 墾土(북간도)人心은 突地 분화구와 같이 그 熱이 최고점에 달하였다. 漢城 및 그의 각처에서 獨立을 이미 선언하였으며 墾北에서는 獨立祝賀會를 龍井市의 북편인 瑞甸大野에서 開하기로 하였다. 이때는 3월 13일이다. 會集人員은 3萬 이상이 되었다. 男女學校는 물론이요 궁벽 山村에 樵童牧兒까지 來會한 듯하다.[61]

라고 하여 3만 이상의 한인이 모인 것으로 기술하였다. 모든 것을 깎아 말하는 일제군경의 한 비밀보고서에도 "群衆 약 6천에 달하여 예정의 총영사관 外側 광장에 輪形으로 회집하여 獨立宣言 발표를 위하여 首謀者 4명은 其中央에 있어서 교대 연설하였다"[62] 라고 하여 6천 이상으로 추계하고 있었다.

獨立宣言祝賀式은 정오 용정시내 각 교회당에서 일제히 울리는 종소리를 신호로 日本領事館과 담 하나를 격하여 있는 瑞甸大野에 모인 會衆이 '正義人道'와 '大韓獨立'이라 대서특필한 五丈旗를 세운 중앙을 향하여 둥글게 모여 대회부회장 裵亨湜 목사의 개회선언에 이어 대회장 金永學의 다음과 같은 '墾島居留朝鮮民族一同'으로 된 「獨立宣言布告文」의 낭독으로 진행되었다.[63]

> 我朝鮮民族은 民族의 독립을 선언하노라. 민족의 자유를 선언하노라. 민족의 正義를 선언하노라. 민족의 人道를 선언하노라.
>
> 우리는 4천년 역사의 邦國이요. 우리는 2천만 神聖한 민족이었노라. 그런데 我역사를 澌滅하고 我 민족을 타파하야 羈絆下에 신음케 하며 籠絡中에 고통케 함이 어언 十個星霜을 開歷하엿도다.
>
> 玆에 我의 首府되는 경성에서 독립기를 先擧함에 사방이 파동하야

---

61) 주 56)과 같음.

62) 「朝特報」 제 4호 『現代史資料』 26, p.88.

63) 주 56)과 같음.

> 반도 강산은 초목금수가 皆항응굉鳴함일세, 우리 墾島거류 80만 민족도 血脈을 遠續하며 聲氣를 상통하야 皇天의 明召에 感悅 하야 人類의 계급에 同等하는 바이다.[64]

이 포고문의 낭독이 끝나자 '조선독립만세' 소리가 천지를 진동하였다. 이를 이어 劉禮均, 裵亨湜과 黃志英 3인의 격렬한 독립연설이 참집운동자들로 하여금 '喜而泣하고 泣而蹈하면서 太極旗를 上下'케 하였다. 이무렵 龍井市內 800호의 한인가옥 문전마다 태극기가 게양되어 모래를 날리는 狂風에 펄럭였다. 이날의 감격을 金鼎奎의 『野史』에서는 다음과 같이 기술하였다.

> 甲子일이라 飄風이 불어닫치고 陣雲이 취산한다. 이날은 즉 間島의 韓民族이 龍井에 모여 獨立을 부르는 날이다. (雙浦洞) 마을에서도 가는 사람이 십여명이 되었다. 나는 服中(父親喪)이므로 감히 갈 수 없어 아들 奇鳳에게 태극기 하나를 들려보냈다.
>
> 이날, 이날, 이날, 과연 옛것이 光復되는 날이냐. 사람마다 이렇게도 和色이 짙은가. 저녁 때 들으니 四方에서 人士들이 소식을 듣고 모여 人山人海를 이루었다. 正午 종소리에 맞추어 龍井부근(瑞甸大野)에 큰 朝鮮獨立旗를 세우고 사람마다 태극기를 들고 먼저 조선독립만세를 부르고 이어 獨立을 선언하였다. 깃발은 해를 가리고 함성이 진뢰와 같았다. 이를 본 倭人의 얼굴색이 잿빛으로 변했다.[65]

이 같은 獨立祝賀會를 마치고 '大韓獨立'旗를 앞세우고 예정된 시위에 돌입하였다. 明東學生隊가 선두에 洋鼓와 나팔을 불면서 有進無退의 결의로 용정시가를 향하여 행진하였다. 그러나 일제는 한민족의 이같은 운동을 사전에 알고 줄기차게 중국관헌에게 교섭하여 孟富德이 거느리는 중국군대 50명을 延吉로부터 불러와 전 시가를 삼엄하게 경계하고 있던 중이었다.

---

64) 독립기념관 소장 「獨立宣言布告文」.

65) 金鼎奎, 『野史』 권 15, 1919년 2월 12일(양 3월 13일)자(독립기념관 소장).

急潮와 같이 밀리는 한인의 독립시위대를 어찌할 수 없던 孟團長은 일제의 계략에 말려들어갔다. 최선두의 大韓獨立旗를 빼앗고 시위대를 저지시키고자 발포명령을 내렸다. 계봉우의 「北墾島, 그 過去와 現在」에 그 처절한 모습을 다음과 같이 기술하였다.

> 會의 폐식을 고하자 선봉으로 진행하는 男女學生隊는 洋鼓 나팔의 群으로 示威運動을 개시하야 大韓獨立이라고 大書特筆한 五丈旗는 벌써 龍井市街를 향하여 向한다. 그 나머지 다수한 人群은 만세성裏에서 手舞足蹈하면서 그 後를 隨하야 들어갔다.……孟團長은 防禦隊를 街上 배치하고 우리 獨立軍의 전진을 금한다. 그러나 우리 독립군은 有進無退의 대결심으로써 만세를 더욱 고창하면서 시위행진할 뿐이다. 孟團長은 急潮와 같은 獨立軍 세력하에 驚惶失色하야 그 군대를 명하야 放銃하기를 시작하였다. 獨立軍의 심리에 그네들이 시위적으로 空彈을 쏘는가 하였다. 그네는 우리와 讐怨이 없는 고로 그리 생각하였다. 최선두에 나악던 大韓獨立旗는 孟軍에게 피탈되었다. 旗軍 孔德洽氏는 抵死코 수차 拳血 淋漓하야 먼저 路上에서 臥하였다. 그러자 雨雷와 같이 쏟아지는 탄환소리에 우리 獨立軍의 死傷은 얼마나 되는지 기히 忍言치 못할 참경을 이루었다. 어니 한 勇士의 '일제히 누엇'하는 구령소리가 난다. 3만 독립군은 일제히 街路上에서 臥하얏다. 그러자 총성은 漸息하고 야소교의 기관으로 설립한 濟昌病院으로써 우리의 男女赤十字隊는 벌써 擔輿를 가져와 死傷軍을 운반한다. 憤極通極한 심사로 논하면 3萬의 독립군이 육박전이라도 개하야 一死를 決하려 함은 讓치 아니하나 孟軍은 우리의 목적하던 바 仇敵이 아니오 또 中領을 근거하야 장래를 기도하기 위하는 까닭은 각기 飮恨自制하였다.[66]

즉 孟富德단장의 발포명령으로 순식간에 示威韓人이 무수히 쓰러졌다. 卽死者가 13명이요, 중경상자가 30이 넘는 무차별 일제사격이었던 것이다.

66) 四方子, '北墾島, 그 過去와 現在' 3, 『獨立新聞』 제 37호, 1920년 1월 13일자.

이와 같이 참혹한 死傷을 당한 희생자들은 시위군중과 사전에 편성된 男女赤十字隊에 의하여 곧 항일독립운동을 후원하던 영국 선교사 閔山海(DR. Stanley Martin)가 경영하던 濟昌病院으로 옮겨져 응급치료를 받았다. 그러나 원래 치명상을 입었던 4명은 치료중 사망해 결국 이날의 시위운동으로 五丈旗를 들었던 孔德洽을 비롯하여 玄鳳律, 金承祿, 金奉均, 張學觀, 金鍾默, 李堯燮, 金炳榮, 朴尙鎭, 蔡昌憲, 朴文浩, 崔益善, 鄭時益, 玄相魯, 金興植, 李裕周, 車正龍의 17명이 순국하였다.[67] 이들의 유해는 닷새 후인 3월 17일에 濟昌病院에서부터 5천여 한인의 哀悼會衆에 싸여 龍井남쪽 10리되는 현재 용정시 合成里라 부르는 盧清里의 언덕받이에 매장되었다.[68] 그곳은 會寧에서 두만강을 건너 龍井村에 들어가려면 누구나 望拜할 수 있던 순국열사의 墓域이 되었다.

3

龍井을 이어 두만강 너머의 큰 도시 琿春에서의 독립선언과 시위는 용정에서의 운동 후 곧 준비되어 1주일만인 3월 20일에 단행되었다.[69] 이날 아침부터 琿春시가의 한인 家戶에는 태극기가 게양되었고 상가도 韓・中人을 막론하고 아침부터 철시되었다. 오전 8시경에 琿春市의 동쪽 車大人溝에서 會同한 東溝와 荒溝, 煙筒磊子 지방의 수백명의 한인이 2열종대한 學生隊를 선두로 東門 안으로 들어왔다. '大韓獨立萬歲'의 五丈旗를 앞세우고

67) 「龍井村埠局呈朝鮮人開會宣布獨立情形及死傷者朝鮮人名單淸聚該通卷呈中華民國 9年 3月 17日」(中國 龍井市 崔根甲 제공) ; 「國民會通達文 제 175호 大韓民國 2年 7月 14日」『現代史資料』27, p. 88; 金鼎奎, 『野史』 권 15, 1919년 2월 14일자.

68) 春夢, '義塚' 1~4 『獨立新聞』 제 27~29, 32호, 1919년 11월 11일~12월 25일자.

69) 「國外 第23報」『現代史資料』26, pp.109~111.

나팔과 북을 치는 악대의 奏樂에 맞추어 행진하여 온 것이다. 학생들의 뒤를 따른 일반 會衆은 손에 손에 태극기를 흔들면서 대한독립만세를 連唱하면서 들어온 것이다. 여기서 시내에 집결한 한인운동자와 합류하며 다시 시가를 행진하면서 국한문과 漢文으로 인쇄된 독립선언서를 시가에 살포하기로 하였다. 龍井에서와는 달리 중국군경의 강제제지는 받지 않았다. 그들은 시가를 삼엄하게 경계는 하고 있었으나 시위대에게 가해하지는 않았다.

東門에서 西門밖 광장까지 행진하여온 시위대는 다시 그곳에서 며칠 전부터 이 식전에 참석하기 위하여 몰려온 사방의 한인군중과 합세하였다. 일제측 기록에 의하여도 3천명 이상이라고 기록된 이 시위대는 원형으로 作陣하여 독립축하회를 개최하였다. 특히 圓陣 중앙에 등단한 이날 이 식전의 주최자의 한 사람인 黃丙吉이 다음과 같은 요지의 獨立연설을 하여 참집자를 더욱 감동시켰다.

> 우리 大韓國은 10년전에 획폭극한 일본에게 '合併'된 이래 위로는 大皇帝로부터 밑으로는 同胞萬民이 慘膽悲悽한 세월을 지나왔다. 그러나 아직 하늘은 우리를 버리지 않았다. 今回의 강화회의는 단서도 없이 한국독립의 기회를 주었다. 그러므로 우리는 차제에 일치단결하여 가령 앞길에 山이나 江이 막히더라도 아니 强敵의 銃火의 앞에 空拳으로 세게 되어도 身命을 아끼지 않고 多年의 素志를 관철하지 않으면 안될 것이다. 지금 나의 말하는 大義를 위하여 능히 身命을 바칠 사람은 거수하라.[70)]

이 연설을 마치자 會衆 일동은 탈모하고 손을 높이 들며 만세를 불러 이에 찬의를 표하였다. 이어서 盧宗煥, 崔秉文, 金貞奎 등의 독립연설이 있는 후 式典은 폐회되었다. 이 식전에 있어서의 韓人 會衆의 感想을 한 日帝측 기록에서도 다음과 같이 표현한 것을 볼 수 있다.

---

70) 위와 같음.

> 군중 중의 鮮人(한인)으로서 감격이 극하여 落淚하는 자, 혹은 타인에게 악수를 청하여 감상을 말하는 자, 동감이라 대답한 자, 어려움이 많았다고 사례하는 자도 있었다. 일반적으로 깊은 감동을 받은 것같이 관찰된다. 듣는 바에 의하면 이날 가정에 남은 사람들도 老弱男女를 가릴 것 없이 天命이라고 칭하고 함께 만세를 불렀다 한다. 또한 이날 경계근무를 하던 중국 순경들도 그들의 행동을 憐憫이 여겨 낙루하는 자 있었다.[71]

이같은 감격적 독립축하회를 갖고는 會衆 일동은 다시 東門으로 향하여 시위행진하였다. 市街 끝에서 얼마 떨어진 琿春江邊에 이르러 圓陣을 다시 만들고 학생들은 주악을 울리고 일반군중은 만세를 부르며 몇 차례 돌다가 오후 1시경 조용히 해산하였다.

일제측의 한 자료에 의하면 이날 시위운동자 중에는 500명 가량이 長銃으로 무장하고 또한 그밖의 200명도 권총을 소지하였다 하며 그들은 일본영사관에 이르러 日本旗를 내려 가져갔다고 하였다.[72] 또한 琿春의 이와 같은 운동은 그후 며칠 더 계속되어 적어도 3월 22일까지 있었던 것으로 기술되었다. 그리고 琿春運動의 주동인물은 독립연설을 한 黃丙吉과 盧宗煥을 비롯하여 李明順, 羅正和, 梁河龜, 吳鍾煥, 朴根永, 崔能完, 文秉浩 등이고 이밖에 光東學校 등의 교장 이하 교사들이 많이 참가하여 적극 활동하였다.

한편 압록강 너머 서간도에서는 북간도에서보다도 하루 먼저 운동을 시작하였다. 즉 3월 12일에 이 지방 독립운동의 중심지인 柳河縣 三源浦와 그 부근인 通化縣 金斗伏洛에서 독립축하회를 개최하고 시위운동을 전개한 것이다.[73] 특히 三源浦는 1910년 국치 이후 新民會를 중심한 애국계몽운동자들이 최초로 국외 독립운동기지로 경영을 착수하던 곳으로 그후 扶民團

71) 위와 같음.

72) 「國外 第 6報」『現代史資料』 26, p.93.

73) 국사편찬위원회, 『韓國獨立運動史』 3 資料編, 1967, pp.584~585.

을 중심으로 한인의 自治와 나아가 조국독립운동이 추진되던 곳이다.[74] 그러므로 이곳에서의 운동은 扶民團이 앞장섰던 듯하나 아직 명확한 자료가 발견되지 못하였다. 여하튼 三源浦운동 이후 이곳에서 운동을 주도하였던 인물들은 서간도 각지에 파견되어 운동을 촉진하였다.

두만강 넘어 연해주의 新韓村과 北間島의 龍井, 琿春 그리고 압록강 넘어 西間島의 三源浦 등에서의 운동은 말하자면 1919년 3월 1일 국내의 서울과 平壤・元山・宣川 등지에서의 3・1운동 발발과 같이 沿海州와 西北間島를 중심한 중국 東三省 전역에서의 한인의 3・1만세시위운동의 시작이라 할 수 있다. 그후 그해 3월과 4월에 걸쳐서 한인이 사는 곳이면 거의 예외없이 독립선언서가 낭독되는 독립선언식을 가졌다. 그리고는 태극기를 들고 만세시위가 전개되어 한민족의 정당한 국권을 되찾고자 굳은 결의를 보였다.

74) 拙著, 『國外韓人社會와 民族運動』, 일조각, 1990, pp.33～36.

4. 봉오동 승첩

1

1919년 3·1운동 이후 러시아령 연해주와 서북간도를 비롯한 중국 동북지방에서 재정비, 또는 새로 편성된 韓國獨立團은 그 해 여름부터 압록강과 두만강을 넘어 국내 진입작전을 감행하기 시작했다. 그들의 기개는 洪範圖의 「大韓獨立軍論告文」에서 "당당한 독립군으로 몸을 砲煙彈雨中에 던져 반만년 역사를 광영되게 하며 국토을 회복하여 자손 만대에 행복을 줌이 우리 독립군의 목적이요, 또한 민족을 위하는 본의다"[75]라고 한 바와 같이 드높았다.

그러나 이 한국독립군이 일제 침략군과 '獨立戰爭論'[76]의 구현을 위한 독립전쟁을 수행하기 위해서는 이와 같은 항전의식과 민족의식만으로 되는 것은 아니었다. 그러므로 각 독립군부대는 한편으로 10년 이래의 숙원이었던 국내 진입작전을 되풀이하면서, 다른 한편으로는 그 전력을 향상시킬 모든 노력을 경주했다. 그 가운데 중요한 것을 들면 첫째, 더 많은 무기와

75) 「諭告文」, 『獨立新聞』 제 37호, 1920년 1월 13일.

76) 尹炳奭, 『韓國史와 歷史意識』, 仁荷大學校 韓國學硏究所, 1989, pp.171～174.

그밖에 병참을 조달하는 일이었다. 독립군의 무기는 대부분 제1차 세계대전 중에 연해주에 출병했던 체코군이 철수하면서 알게 모르게 매각하던 것을 독립군으로서는 高價를 지불하고 확보한 것이었다. 그리고 그 자금은 연해주와 남북만주의 한인사회와 국내의 동포가 군자금으로 헌납한 민족의 血稅였던 것이다.

무기의 종류로는 일반 군총으로 러시아제 5연발 군총과 단발총이 대부분이었고, 그밖에도 미국제나 독일제, 혹은 일본제 등의 30·38년식 소총도 섞여있었다.[77] 또한 권총류로는 루가식 권총이 제일 흔했으며 그밖에 7연발 권총, 南部式 권총 등이었고, 중무기로는 기관총과 속사포를 확보하였다. 그밖에도 폭탄이라 칭하던 수류탄을 구입하는 경우도 많았다.

이와 같은 무기의 가격은 군총의 경우, 일제가 탐지한 독립군의 한 문서에는 1정당 銃帶와 탄환 1백 발 포함하여 35원이라 했으며,[78] 임시정부의 『獨立新聞』의 한 기록에서는 1백원 내외라고도 했다. 이러한 무기를 독립군이 얼마나 확보하고 있었는지는 독립군의 정확한 규모와 마찬가지로 알 수 없지만, 1920년 8월경 일제측의 한 정보보고에 다음의 내용과 같은 기록이 보인다.

> 현재에 있어서 각 불정선인단(독립군)이 소유하는 주된 무기는(중략) 군총 약 3천 3백 정, 탄약 약 19만 5천 3백 발, 권총 약 7백 30정, 수류탄 약 1천 5백 50개, 기관총 9정을 셀 수 있다.[79]

또한 이러한 무기를 구입하고자 간도의 각 독립군단이 거둔 군자금은

---

77) 「間島地方不逞鮮人團ノ武器移入狀況ノ件」, 『現代史資料』 27, 東京みすず書房, 1970, pp.375~376.

78) 「國民會第一中部支會報告書」, 『現代史資料』 27, p.89.

79) 주 77)와 같음.

1920년 5월경까지 간도국민회가 17만엔을 비롯하여 大韓軍政署가 13만엔, 大韓軍務都督府가 13만엔(都督府 6만엔과 義軍團 7만엔), 大韓新民團 3만엔, 大韓光復團 4만엔으로 도합 50만엔으로 조사 기록되었다.[80]

그러나 독립군은 이 정도의 무기로는 만족치 않고 그 무렵 상해임시정부의 후원을 받아 4천 정의 무기를 더 구입하려고 약 3백 명의 무기 운반대를 中・蘇 국경지대 부근인 三岔口 방면에 파견했다는 기록도 보인다.[81]

더욱이 독립군의 이와 같은 무기 확보는 자금만 조달되면 해결되는 문제가 아니라, 또한 시베리아의 구입처에서 서북간도 등지의 독립군영까지 무기를 운반하는 데에도 어려움이 뒤따랐다. 그것은 중・소 관헌의 엄중한 감시를 피하면서 비밀리에 무기를 거래, 운반해야 했기 때문에 독립군측으로서는 무기 운송이 중요한 작전일 수밖에 없었다. 특히 소련측의 감시와 취체가 심하여 중・소 국경을 통과할 때에는 뇌물에 의한 관헌의 매수가 안될 경우에는 죽음을 무릅쓴 운반작전이 전개되었다.

무기 운반 때에는 구입 무기의 종류와 수량에 따라 몇십 명에서 때로는, 3~4백 명의 체력이 강건한 독립군을 선발하여 유능한 수송지휘관이 이들을 인솔하고, 보통 1명이 2, 3정도의 무기와 그에 따른 탄약을 분담하여 삼삼오오 先後가 연락이 끊기지 않도록 거리를 두면서 행진했다.[82] 그리고 중국 관헌과 중・소 국경을 통과할 때에는 "도중 支那관헌이 소재한 지방에 있어서는 힘써 우회하고, 또한 상황에 따라 금전을 제공하여 매수책을 써서 통과하고 있으나 그들(독립군)이 가장 고심하는 것은 露中 국경의 통과이며, 金力 혹은 비상한 노력을 지불하고 있다"[83]라고 하는 상황이었다.

1919년 여름, 가장 먼저 국내 진입작전을 감행한 홍범도의 대한독립군은

---

80) 「不逞鮮人ノ銃器搬入」, 『現代史資料』 27, pp.288~289.

81) 주 77)와 같음.

82) 위와 같음.

83) 위와 같음.

그 무렵 병력 약 3백 명에 군총 약 2백 정, 권총 약 40정, 탄약은 총 1정에 2백 발의 武備를 갖추고[84] 있었으며, 그 후 꾸준히 軍力을 증가시켜 갔다. 특히 1920년 3월에는 기관총 7정, 군총 2백 20정, 탄약 1만 8천 발, 권총 22정을 블라디보스톡에서 구입하여 간도의 본영까지 운반해 왔다.[85] 또한 봉오동전투를 전개할 무렵에는 국민회의 지원을 받아 1만 5천원의 군자금으로 군총 3백 정과 총 1정당 탄약 1천 2백 발을 구입하였다.

둘째, 독립군의 전투력을 향상한 강인한 훈련의 결과이다. 그러한 훈련을 실시하던 대표적인 기관이 汪淸縣 西大坡의 대한군정서 士官練成所와 왕청현 明月溝의 대한국민회 사관학교 등이었다. 이곳에서의 훈련내용은 매일 5시간 이상 실시한 執銃訓練과 배낭에 6관의 土沙를 메고 군총으로 완전무장하여, 산야 어느 곳에서나 구보 혹은 도보행진하며 전술을 익히는 고된 군사교련이었다.[86] 또한 매일 주야로 2회 실시된 정신교육에서는 독립사상의 함양과 排日興韓의 민족의식교육이 주된 것이었다. 특히 홍범도는 전투가 없는 평시에도 예하 독립군에게 매일같이 강훈련을 시켜 군력을 기르고 있었다. 그리하여 일제의 한 정보 기록은 홍범도 부대가 있던 依蘭溝 지방의 민심과 홍범도의 동향을 다음과 같이 조사, 보고하고 있다.

> 의란구 지방 민심은 대체로 전시기분을 띠고 정신이 홍분상태이며 일반적으로 홍범도를 심히 숭배하며 그(홍범도)는 학문에 있어서는 다른 사람보다 빼어나지 못하나 조선 및 간도 방면의 지리에 밝기는 신과 같다. 그는 간도와 백두산 사이를 몇 번이고 내왕하며 지리의 연구에 힘쓴 것이 사실이다. 지난번 鳳儀洞에서 일본군과 회전할 즈음 홍은 부관 및 병졸 1명을 대동하고 어떤 산정에 올라 멀리 조선 내지를 바라보며 "噫라, 내가 몇 년 만에 고국산천을 보는 것이냐"고 장탄

---

84) 「不逞鮮人ノ根據地移動ニ關スル件」, 『現代史資料』 27, pp.355~356.

85) 「不逞鮮人銃器彈藥運搬ノ件」, 『現代史資料』 27, p.345.

86) 「間島不逞團」 『現代史資料』 27, p.347.

식하며 눈물을 흘렸다고 들었다. 홍의 애국심은 깊어 우리들이 敬服할 수밖에 없다라고 稱歎하는 바가 많다. 또한 동 방면의 주민은 독립군의 제반준비 상황으로 鑑하여 일본군과의 교전이 급박하다고 관찰하고 또한 韓族 독립의 가능성을 믿는 자가 지금 아주 많은 상태이다.[87)]

셋째, 독립군의 효과적인 항일전 수행을 위하여 여러 곳에서 각기 편대를 조직, 정비된 여러 독립군부대의 군사통일을 추진했다. 특히 국내 진입전이 시작된 이후에는 '無敵의 皇軍'을 자칭하던 막강한 일제 침략군과 독립전쟁을 수행하기 위해서는 각 독립군의 연합작전 내지는 완전한 통합 항전이 절실한 과제였다.

이와 같은 독립군단의 연합과 통합을 솔선하여 국내 진입작전을 선도하고, 이어 1920년 6월에 봉오동전투를 승리로 이끈 홍범도의 대한독립군을 중심으로 개관하면, 우선 홍범도의 대한독립군은 대한국민회를 매개로 하여 적극적인 통합을 추진하여 전력을 신장시켜 갔다는 것이다.

2

墾民會의 한인 자치와 독립전쟁론 구현의 전통을 계승하여 결성된 대한국민회는 3·1운동 이후 간도지방에서 가장 세력이 큰 항일단체로 부상하면서 군무위원 安武를 지휘관으로 하는 국민군이 편성되었다.[88)]

이를 홍범도의 주장에 따라 대한독립군과 일단 통합했다. 그리고 행정과 재정은 국민회가 관장했으며, 군무는 대한독립군을 홍범도가, 국민군을 안

---

87) 「間島地方武力不逞鮮人ノ動靜ニ關スル件」, 『現代史資料』 27, pp.359~360.

88) 宋友惠, 「北間島大韓國民會의 조직형태에 관한 연구」, 『한국민족운동사연구』 1, 한국독립운동사연구회, 1986, pp.131~139.

무가 담임하여 지휘토록 하고 군사작전의 총지휘 때는 홍범도가 '征日第一軍司令官'이란 이름으로 통수케 했다.89) 이와 같이 성립된 정일제1군은 곧 이어 崔振東의 軍務都督府와의 군사통일도 추진하였다. 일제의 한 기록은 그 사정을 다음과 같이 조사, 기술하고 있다.

> 간도지방 不逞鮮人(항일운동자)의 수괴 홍범도가 일찍이 韓族獨立運動 機關의 통일을 도모하고 있다는 것은 이미 보고한 바와 같으나 (중략) 최근에 홍범도를 수령으로 하는 義軍團 및 崔明錄(崔振東)을 수령으로 하는 都督府는 서로 合體하기로 하고 그 명칭은 군무도독부로 부르기도 하였다고 한다.90)

결국 이와 같은 홍범도를 중심한 군사통일의 추진에 의하여 봉오동 전투가 개시되기 직전인 1920년 5월 28일에는, 대한독립군과 국민회의 국민군 및 군무도독부가 연합하여 하나의 독립군단인 '大韓軍北路督軍府'91)를 조직하고 군무도독부의 병영인 화룡현 봉오동에 병력을 집결시키면서 강력한 국내 진입전을 계획했다. 이 무렵 대한독립군의 병력은 최진동의 군무도독부계가 약 670명, 홍범도와 안무의 국민회계가 약 550명으로 총 1천2백여 명으로 일제측에 탐지되었으며, 무기는 ①기관총 2문 ②군총 약 9백 정 ③권총 약 2백 정 ④폭탄(수류탄) 약 1백 개 ⑤망원경 7개 ⑥탄환 군총 1정당 150발로 집계되고 있다.92) 또한 이 대한군북로독군부의 중요간부와

---

89) 「北路督軍府ノ內容」, 『現代史資料』27, pp.368~369 ; 「國民會軍制令」, 같은 책, pp. 80~81.

90) 「義軍團及都督府ノ內容ニ關スル件」, 『現代史資料』 27, p.346.

91) 일제에게 탐지된 독립군의 한 문서인 「國民 제 73호 軍務機關組織ノ件」(金正明, 『朝鮮獨立運動』Ⅲ, 東京 原書房, 1967, p.323)에는 '大韓北路督軍府'라고 하였으나 일제측의 鳳梧洞戰鬪 報告書인 「安川追擊隊ノ鳳梧洞附近戰鬪詳報」(독립기념관 소장문서, 이하 「鳳梧洞戰鬪詳報」라고 약칭)에는 '大韓軍務都督府'를 '大韓軍北路督軍府'라고 개편하였다고 기술하였다.

각급 지휘관은 다음과 같다.

> 北路督軍府 府長 崔振東・副長 安武, 北路第一軍司令部 部長 洪範圖・副長 朱建・참모 李秉埰・餉官 安危同・軍務局長 李園・군무과장 具滋益・회계과장 崔鍾夏・검사과장 朴施源・통신과장 朴英・輜重課長 李尙浩・餉務課長 崔瑞日・피복과장 林炳極・제1중대장 李千五・제2중대장 姜尙模・제3중대장 姜時範・제4중대장 曹權植・제2중대 제3분대장 李化(花)日.[93]

이와 같은 대한군북로독군부의 군비는 군영이 있던 봉오동에 큰 토지와 재산을 가진 최진동의 가산 헌납이 중요한 몫을 하였다. 또한 대한군북로독군부는 조직을 정치・행정과 군사・지휘로 分權하여, 정치・행정의 총책임자이며 북로도군부의 대표와 그 부장은 군무도독부의 최진동과 국민군의 군무위원이었던 안무가 담임하고, 통합된 북로독군부의 군사 지휘는 의병이래 명장이었던 홍범도가 맡아 통수토록 하였다. 이와 같은 대한군북로독군부의 성립으로 穩城에서 두만강 건너 북방에 위치한 봉오동 골짜기와, 그 부근에 있던 7~8백 명 이상의 북로독군부의 병력과 그밖에 李興秀가 거느리는 약 60명 가량의 신민단독립군이 집결하여 '봉오동전투'를 준비하게 되었다.

1920년 6월 7일의 봉오동 회전은 그 戰端이 전날에 있은 和龍縣 月新江 三屯子전투에서 비롯되었다.[94] 또한 삼둔자 전투는 독립군이 그동안 통상적으로 수행하던 한 소규모의 국내 진입작전이 도화선이 됐다. 즉 30명

---

92) 「不逞鮮人根據地並ニ各組織ニ關スル件」, 『現代史資料』 27, pp.367~374.

93) 「北墾島에 在한 我獨立軍의 戰鬪情報」, 『獨立新聞』 제 88호, 1920년 12월 25일 ; 「軍民會軍制令」, 『現代史資料』 27, pp.80~81.

94) 앞의 『獨立新聞』 제 88호 자료 ; 「越境追擊地方面ノ踏査復命書追達ノ件」, 『現代史資料』 27, pp.630~642.

가량으로 구성된 독립군의 한 소부대는 흔히 전개하던 국내 진입작전으로 그해 6월 4일 새벽에 삼둔자를 출발하여 두만강을 건너, 鍾城 북방 5리 지점에 있는 江陽洞으로 진격, 그곳에서 福江이 인솔하는 일제 헌병 순찰소대를 격파한 후, 날이 저물어 두만강을 다시 건너 귀환하여 작전을 종료했다.

그러나 일제는 이 전투에서의 패배를 복수하겠다고 新美 중위가 인솔하는 南陽守備隊 병력의 1개 중대와 헌병경찰중대로 하여금 두만강을 건너 추격케 했다. 이들 부대는 삼둔자에 이르러 독립군을 발견하지 못하자 분풀이로 무고한 양민만 살육했는데, 독립군은 삼둔자 서남방 요지에 잠복하였다가 이들을 공격하여 섬멸시켜 버렸다. 이것이 바로 삼둔자전투로서 일군이 처음으로 두만강을 건너 중국 영토로 불법출병해 독립군과 전투를 벌이다 참패를 당한 것이다.

임시정부 軍務部는 이 삼둔자전투를 다음과 같이 발표하고 있다.

> (1920년) 6월 4일 오전 5시에 아군 1소대는 和龍縣 月新江 삼둔자에서 출발하여 鍾城郡 북방 약 5리 되는 同郡 江陽洞 상류로 渡涉하여 該地 왜적의 步哨長 헌병 軍曹 후쿠에(福江三太郎)가 인솔한 적병(헌병 巡查兵丁)약 1소대를 격파했고, 其後 日暮하므로 강을 渡還하여 적정을 경계하던 중 왜적 남양수비대장 新美二郎 보병 중위는 和龍縣 戰敗의 報를 聞하고 즉시 그 부하 1중대병과 헌병순사 10여 명을 인솔하고 복수전주의로 도강하여 아군을 향하고 전진할새 我의 수색병은 이를 발견하고 즉시 본대에 경보하니 아군 사령관 崔振東은 그 부하 1소대를 삼둔자 서남방 蔭蔽地에 은폐케 한 후 약간의 兵員을 出하여 佯擊하다가 佯退하매 왜적은 추격 행동을 취하여 隱伏한 我의 부대 전방에 도착할 새(6일 오후 10시)에 急射擊으로 적의 부대를 破滅하니 其殘兵은 삼둔자 북방으로 패주하고 왜적의 제 39사단장은 戰敗의 급보를 聞하고 야스카와(安川) 小佐에게 출동 명령을 下하다.[95)]

한편 일제측의 軍事戰鬪報告書는 그들이 참패한 삼둔자전투의 경과와 양민 학살의 사실을 기술하고는 있으나, 그들이 독립군과의 전투에서 참패당한 사실과 피해는 은폐했다.[96] 일제측 보고서는 이밖에도 당시 여러 전투에서의 자기들의 피해 상황을 대부분 은폐하고 있다.

그리하여 함경남도 羅南에 사령부를 두고 두만강을 수비하던 일군 19사단은 이와 같은 간도 삼둔자에서의 패배를 설욕하고 독립군을 '토벌'하겠다고 安川 소좌가 인솔하는 '越江追擊大隊'를 편성하여 두만강을 건너 중국령 북간도에 진입하여 독립군을 공격하게 했다.

이 월강추격부대의 편성과 병력은 다음과 같다.

> 추격대 주력
> 보병 제73연대 제 10중대(神谷 대위가 지휘하는 70명의 混成中隊)
> 동연대 기관총 1소대(紫山 준위 이하 27명)
> 보병 제75연대 제2중대(森 대위 이하 123명)
> 헌병대(小原 대위 이하 11명)
> 경찰대(葛城 警視 이하 11명)[97]

여기에다 삼둔자전투에 참가했던 新美 중대가 합류한 일군은 安川소좌 인솔하에 6월 6일 下灘洞에 집결하여 오후 9시부터 두만강을 건너기 시작, 7일 새벽 3시 30분에 독립군의 본거지인 봉오동을 일거에 공격하고자 상부로부터 받은 다음과 같은 무모한 '작전명령'을 내렸다.

> 1. 적(독립군)은 북방으로 퇴각한 것 같다.
> 2. 추격대는 봉오동 방면의 적을 추격하여 일거에 적 근거지를 소

95) 앞의 『獨立新聞』 제 88호 자료.
96) 앞의 「鳳梧洞戰鬪詳報」의 '二. 三屯子附近戰鬪ノ經過'.
97) 「鳳梧洞戰鬪詳報」의 '三. 彼我兵力'.

탕할 것.

3. 보병 제75연대 제2중대 제1소대는 첨병이 되어 본대 전방 약 1백m, 高麗嶺 서방 2천m, 표고 2백 42m의 丁字路로 향하여 전진할 것(헌병 2명을 붙임).
4. 그밖에는 本隊를 구성하여 추격대 본부 · 헌병 · 경찰관 · 보병 제75연대 제2중대 중대원 이하 68명, 기관총소대, 보병 제 73연대 제 10중대의 순으로 전진할 것.[98]

일제 추격대는 이 작전명령대로 安山 방면을 거쳐 高麗嶺을 향해 곧 바로 봉오동 입구로 진입하여 갔다.

일제가 이같이 진입해 간 '봉오골'이라고도 불리던 봉오동은 사면이 야산으로 둘러싸여 마치 삿갓을 뒤집어놓은 것과 같은 지형으로 된 천연 요새지이고, 입구로부터의 거리는 25리로서 그 골짜기 입구로부터 하 · 중 · 상동의 마을이 30~60호씩 모여 있던 곳이었다.[99]

홍범도 사령관은 진입해 오는 일군을 맞이해서 먼저 주민을 전부 산중으로 대피케 해서 空洞化시킨 후 전 독립군에게 다음과 같은 작전계획을 시달했다.

제 1연대를 봉오동 上村 부근에 在한 연병장에 집합하고 작전명령을 下하여 각 부대의 戰鬪區域及其任務를 정할새 제 1중대장 李千五는 부하중대를 인솔하고 봉오동 상촌 서북단에, 제 2중대장 姜尙模는 東山에, 제 3중대장 姜時範은 北山에, 제 4중대장 曺權植은 西山 남단에, 연대장 홍범도는 2개 중대를 인솔하고 西山 중북단에 占位하고 각기 엄밀한 戰備를 하였다가 적이 내도할 때에 其前衛를 洞口에 통과케 한 후에 적의 본대가 아군이 잠복한 포위중에 入할 際에 호령에 의하여 사격케 하고 聯隊 부장교 이원은 본부급 잔여 중대를 영솔하고

---

98) 위의 자료, '追擊隊命令'.

99) 洪相杓, 『間島獨立運動小史』, 평택, 韓光中高等學校, 1966, p.49.

> 서북 산간에 점위하여 병원 증원과 탄약 보충, 糧餉給養에 任케 하고 특히 제 2중대 3소대 제1분대장 李化日로 其部下 1분대를 인솔하고 고려령 북편 약 1천 2백m 되는 고지와 其 동북편 촌락 前端에 약간 병원을 分하여 잠복했다가 적이 내도하거든 前進을 遲滯케 하다가 봉오동 방면으로 佯敗退却케 하고 사령관 崔振東, 부관 安武는 東北山西間 最高峰 獨立樹下에 在하여 지휘케 하다.100)

3

1920년 6월 7일의 봉오동 전투에서 독립군은 공전의 승첩을 거두어 '獨立戰爭의 開戰' 또는 '獨立戰爭의 제 1회 會戰'이란 이름까지 남겼다.101)

일제의 '월강추격대'는 그날 새벽 3시 30분 海蘭江이 두만강과 합류하는 隱城 下灘洞 부근에서 두만강을 건너 대오를 정비한 뒤 무모하게도 "일거에 적도(독립군) 근거지(本營)를 추격하여 화근을 끊기로 결심"하고,102) 봉오동을 향하여 고려령 서편을 거쳐 진군하여 왔다.

그러나 홍범도가 지휘하는 독립군은 이를 예측하고 상술한 바와 같은 완벽한 요격, 격멸계획을 세워 포위망을 쳐놓고 이들을 기다리고 있었다. 즉 봉오동의 주민을 모두 대피시키고 험준한 사방 고지에 독립군 각 중대를 매복 배치하여 추격대를 유인, 포위하여 일망타진하려는 작전이었다. 그리하여 적을 유인코자 李化日이 인솔하는 제 2중대 제3소대 1분대는 미리 봉오동 밖의 고려령 북편 1천 2백m 되는 고지와 그 부근 일대에 출동하여

---

100) 『獨立新聞』 제 88호 자료.

101) 金正明, 「國民會南部地方會通告文」, 앞의 책, p.224 ; 「國民會中部地方會通告文」, 『現代史資料』 27, pp.82~83 ; 「大正 9년 6월 15일 堺 總領事代理 제 166호 電報」, 같은 자료, p.608.

102) 「鳳梧洞戰鬪詳報」의 '前文'.

작전을 수행하고 있었다. 이와 같은 이화일분대의 유인작전은 새벽 3시 50분부터 시작되어 새벽 어둠이 밝아지기 시작한 5시경까지 전개되었다. 유인작전에 걸려든 적의 첨병과 주력부대는 지세가 불리한 데다가 急功을 당하여 제대로 응전치도 못하고 전열만 흐트러지는 등 큰 고전을 겪었다.

드디어 날이 밝자 그들 추격대는 흐트러진 부대를 겨우 재정비하였고, 부상병을 柔遠鎭으로 후송시키는 한편, 부근 촌락을 수색하면서 봉오동 입구로 행군하여 왔다. 상오 8시 30분경에 그들 첨병이 봉오동 입구에 도달할 때까지 인적을 거의 발견하지 못한 추격대는 입구 고지에서 봉오동 하동을 정찰한 결과 독립군은 이미 겁을 먹고 북으로 패주한 것으로 간주하고, 봉오동을 분탕하고자 前衛部隊를 선두로 봉오동 하동으로 진군하였다. 그리하여 그들은 崔明錄家를 비롯한 온 마을을 마음대로 토색하면서 미처 피난하지 못한 노약자를 살육하였다.

이와 같이 '월강추격대'는 봉오동 하동을 유린한 뒤 상호 11시 30분에 다시 대오를 정돈하여 중동, 상동을 향하여 진입하지 시작하였다. 하오 1시경에는 그들 첨병이 사방 고지로 둘러싸여 있는 상동 남쪽 3백m 지점의 琵琶洞 방면으로 가는 갈림길까지 진출하여 완전히 독립군 포위망 속으로 들어왔으나 독립군이 매복하여 있는 것을 알지 못하고 있었다. 얼마 후 이들을 따라 그들 주력부대도 기관총대를 앞세우고 역시 독립군의 포위망 속으로 깊숙히 들어오게 되었다.

이 때 홍범도 사령관은 공격의 신호탄을 발사하였다. 그동안 은인자중하며 매복하고 있던 독립군은 삼면 고지에서 일제히 집중사격을 개시하였다.

불의의 기습공격을 받은 추격대는 神谷 중대와 中西 중대를 전방에 내세워 결사 돌격을 시도하는 한편 기관총대로 하여금 필사적으로 응전케 했으나, 독립군의 일제 공격을 당해낼 길이 없어 사상자만 속출할 뿐이었다.

이와 같은 전투상황을 임시정부 군무부는 다음과 같이 요약, 발표하였다.

> 동일(6월 7일) 하오 1시경에 적의 첨병은 봉오동 상촌에 도착됨에 아군은 더욱 은폐하여 潛伏不動하니 적의 전위가 통과하고 그 후에 적의 본대가 아군 잠복한 삼면 포위중에 입하는지라 차제에 사령관의 지휘 호령에 의하여 맹렬한 급사격을 하니 적은 罔知所措하며 死者·부상자 倒하며 生者혼란하여 四散奔走할새 제 2중대장 姜尙模는 그 부하를 인솔하고 맹렬 추격하여 적군 1백여 명을 사살하고 其 지점에 부하 중대를 잠복하였다가 적의 응원대가 내도할 제에 若干發의 사격을 하다가 교묘히 潛退하나 兩路로 進하던 적은 서로 난사하여 敵火로 적을 사살케 하다. 대패한 적군 약간은 隱城 柔遠鎭 대안을 향하여 퇴각하다.[103]

일제 추격대는 이와 같은 독립군 포위망 속에서 동·서·북방 삼면고지로부터의 집중사격에 대항해 3시간 여에 걸쳐 응전하였으나, 이미 허를 찔린 작전이 되어 사상자만 늘어날 뿐이어서 더 견디지 못하고 후퇴하기 시작하였다. 이에 독립군의 제 2중대장 강상모는 그 부하들을 독려하여 패퇴하는 일군을 맹추격하여 1백여 명을 사살하였다. 또한 패전 퇴각하는 일군으로 하여금 위에 임정 군무부가 그 전투상황을 "적은 서로 난사하여 賊火로 적을 사살케 하다"라고 한 바와 같이, 自軍自鬪式의 自殺戰을 전개하게 하였다.

이와 같은 격전의 상황에 대해서 일반적으로 자신들의 패배를 쉽게 인정치 않는 일군의 전투 기록에서조차도 다음과 같이 기술하여 불리했던 전황과 彼我軍을 식별치 못했던 사실을 자인하고 있다.

> 上鳳梧洞 남쪽 약 3천 5백m 표고 503고지, 북쪽 약 1천m의 능선, 동쪽 약 1천m 고지 능선, 상봉오동에서 표고 4백 55 鞍部에 통하는 點線路 북쪽 고지, 상봉오동 북쪽 약 2천m 표고 504 남쪽 고지 능선

---

103) 『獨立新聞』 제 88호 자료.

> 및 그 서쪽 고지 능선, 상봉오동 서쪽의 고지 등의 지점에서(日軍은 독립군으로부터)사격을 받았으나 적(독립군)은 교묘하게 지형을 이용, 그 위치가 명확치 않고 탄환은 사면에서 날아와 전황 불리의 상태에 빠졌다. (중략) 하오 4시 20분 천둥이 진동하고 엄지손가락만한 우박이 폭풍과 함께 밀어닥쳐 피부가 찢어지고 絨衣가 다 젖어 寒冷이 살을 깍는 감이 있다. 그러나 장교 이하 모두가 용기를 내고 더욱 전진, 표고 735 고지에 달하였지만, 왼쪽 방면에서 나온 나카니시(中西)·소도야마(外山) 兩小隊와 연락이 불충분하여 피아(獨立軍과 日軍)의 식별이 곤란하였으나 나팔을 불어 왼쪽고지 및 골짜기를 전진중인 양소대와 연락을 취하고, 양쪽 고지에 적후를 내어 주력은 비파동(敗退路 방면)을 향하여 전진하였다.[104]

4

봉오동의 독립군 본영을 일거에 분탕하려던 일제 추격대는 이와 같이 4시간에 걸쳐 고전을 치른 다음 동남쪽의 비파동을 거쳐 유원진으로 패퇴하였다. 이것이 유명한 봉오동전투의 승첩 경과이다. 상해 임시정부 군무부 발표에 의하면,

> 적군(日軍)의 사자 1백 57명, 중상자 2백여 명, 경상자 1백여 명이오, 아군(獨立軍)의 사자 장교 1인, 병원 3인, 중상자 2인이며, 적의 유기물은 多有하나 아군의 輜重豫備馱馬가 無하고 且 전투를 목격한 計劃戰이 아니오 不虞戰이 되므로 此를 獲取키 위하여 力을 費할 여지가 무하므로 步兵銃若干挺만 收取하다.[105]

라고 하여 일군 사살 157명, 중상 2백여명, 경상 1백여 명에 달하는 큰

104) 「鳳梧洞戰鬪詳報」의 '三. 戰鬪의 經過'.

105) 『獨立新聞』 제 88호 자료.

전과를 올렸다고 밝히고 있다. 이에 비해 독립군측의 피해는 극히 적어 전사 4명, 중상 2명이라 하였다. 이와 같은 독립군의 전과를 일제측의 전투보고서는 '皇軍'의 체면 때문인지 은폐하였을 뿐 아니라, '피아의 손해'란 이름으로 그 전과를 다음과 같이 기술하여 그 사실을 왜곡하고 있음을 다시 한번 입증하고 있다.

> 아군(日軍)의 손해, 전사 : 병졸 1명, 부상 : 병졸 1・순사 1, 적군(독립군)의 손해, 安山 북방 부근의 전투에서 전사 3, 남부 봉오동 부근의 전투에서 전사 6, 상봉오동 부근의 전투에서 전사 24, 기타 사상 다수라고 볼 수 있다.106)

봉오동전투에서의 일군의 피해가 전사 1명에 지나지 않았다는 그들의 기록은 전투의 상황과 경과로 보아 거짓임이 명백한 것이다.

혹 앞에서 서술한 임시정부의 발표인 전과가 과장된 것이라 하더라도 사실과 거의 부합되고 있다는 반증을 몇 가지 열거하면, 첫째 중국신문인 『上海時報』가 독립군이 일본군을 150명이나 사살하여 대패시켰다고 보도하였던 점으로 보아 잘 알 수 있다.

> 6월 6일 밤에 일본군 수명이 강을 건넜다가 독립군에 체포되어 그 중 5명이 죽었다. 對岸의(일본군)대대는 이 전투의 소식을 듣고 모두 강을 건너 사격을 개시했으나 뜻밖에 독립군이 산길을 모두 잘 알고 西路에 잠복하여 기습공격을 했으므로 일본군은 대패하였으며 당시 전사자가 150명, 부상자가 수십명이었고 나머지는 모두 강을 건너 도주하였다.107)

---

106) 「梧洞戰鬪詳報」의 '八. 彼我ノ損害'.

107) 「日韓軍隊之激戰」, 『現代史資料』 27, p.617. 이밖에도 『上海時報』 1920년 6월 23일. 「鳳梧洞之戰」, 『近代中韓關係史資料彙編』 제 5책, 台北, 國史館, 1967, pp.433~434에

둘째, 봉오동전투의 작전 지역과 그 부근의 국민회 지회와 분회가 각기 公輸과 號外를 발행하여 봉오동 회전의 큰 승첩 전황을 알리고 독립군에 대한 병참·간호 등의 보급지원을 호소하고 있었다는 점을 들 수 있다.

그 가운데 한 예는, 봉오동전투 후 불과 3일 만인 6월 10일에 대한국민회의 第一南地方會長 馬龍河가 관할 각 지회장 앞으로 다음과 같이 '독립전쟁의 開始'와 그 승첩 전과를 속보로 알리고, 아울러 군사 통신의 신속한 수행과 간호대의 파견 및 병참 보급을 시달한 것이다.

> 獨立戰 개시의 件
>
> 본부 통신에 의하면 6월 7일 8시경 아군의 주둔지 봉오동에서 독립전투가 개시되어 적(日軍)전진 부대 150명을 死沒시켰고 아군의 사자는 겨우 3명임. 목하전투 계속 중. 我 참전부대는 北路督軍府(崔明錄·洪範圖)·신민단 30명으로서 아군의 대승으로 돌아감.[108)]

또한 같은 달 13일에 국민회 第二北地方會長 김정도가 第二支會長 앞으로 다음과 같이 봉오동 전첩의 구체적 내용을 알리고 군량과 그밖에 군수물자의 신속한 조달을 요망하고 있다.

> 아군(獨立軍)대첩에 관한 件
>
> 본월 10일 오후 10시에 발송한 지령을 본일 오전 1시에 접수한 바, 봉오동에서의 전쟁은 7일 오전 10시부터 개시되어 잠시 계속되었으나 적(日軍)은 드디어 패주함. 그 전말은 좌(아래)와 같다.
>
> 가. 적의 대대장·중대장·준사관 각 1명, 병졸 49명이 즉사함.
> 나. 중경상자는 그 수를 알 수 없음.
> 다. 아군측에는 군의 黃河白·군인 朱澤烈 양씨가 殉義하고 경상 2명을 내었으며, 부녀·童幼 16명, 소 6마리, 개 2마리 등이

도 비슷한 전과를 소개하고 있다.

108) 주 108)의 「國民會南部地方會通告文」.

피해를 입었다.
라. 전리품은 무기 20점, 기타 잡품 약간.
단, 군량 기타 물품이 급속히 필요하니 지금 모아둘 것.[109]

셋째, 봉오동전투 직후인 6월 22일 상해의 『獨立新聞』에 실린 다음과 같은 독립군 전승 기사이다.

> 6월 7일 상오 7시에 북간도에 주둔한 아군 7백이 北路司令部 소재인 汪淸縣 봉오동을 향하여 행군할 새 불의에 동 지점을 향하는 적군 3백을 발견한지라 同軍을 지휘하는 洪範圖·崔明錄 양장군은 즉시 적을 공격하여 급사격으로 적에게 120여의 사상자를 出케 하고 적의 패주함을 乘하여 즉시 추격전에 移하여 목하 전투중에 在하다.[110]

독립군의 봉오동 전첩은 독립군과 일군에게 다같이 충격을 주었고, 각기 다른 성격의 영향을 미쳤다. 먼저 일체측은 봉오동전투의 패전을 겪고 독립군의 능력과 전력을 새롭게 평가하기 시작하여, 그에 대한 철저한 '討伐'을 계획하게 되었다. 봉오동전투를 치른 안천추격대는 그들 보고서에서,

> 적(獨立軍)은 전부 러시아식 소총을 갖고 탄약도 또한 상당히 휴대하여 背負을 배낭과 같이 지고 이에다 모포를 붙여 그 내부에는 탄약·일용품·서류 등을 넣었으나 양식을 넣은 것은 보지 못했다. 그리고 사격을 상당히 훈련하고 있다. (중략) 지병에 據하여 방어할 때는 상당한 전투력을 가지고 또 용감하게 싸운다.[111]

라고 하여 독립군이 무기와 장비를 갖추었을 뿐만이 아니라 상당히 잘 훈련

109) 「國民會中部地方會通告文」, 『現代史資料』 27.
110) 「獨立軍勝捷」, 『獨立新聞』 제 85호, 1920년 6월 22일.
111) 「鳳梧洞戰鬪詳報」의 '九. 所見'.

되었고, 용감한 군대로서의 전투력을 지니고 있었다고 인정하였다.

그리하여 일제의 朝鮮軍司令官은 봉오동에서 패전한 직후 독립군이 정식의 군비를 착용하고 辭令에도 일정한 예식이 있는 등, 통일된 군대조직을 갖고 있다고 다음과 같이 그들 陸軍大臣에게 보고하여 그 대책을 강구케 하였다.

> 今回 다음의 사실을 확인하였다. 대안 불령선인단은 정식의 군복을 사용하고, 그 임명 등에 辭令을 쓰며 예식을 제정하고 있는 등 전적으로 통일된 군대조직을 이루고 있다. 그러나 支那측은 이를 묵인하고 있는 상황이므로 이제 경고를 줄 필요가 있다.[112]

그러므로 일제측은 봉오동전투 후 독립군을 근본적으로 '토벌·섬멸'하기 위해 '間島地方不逞鮮人剿討計劃'[113]이란 것을 서둘러 만들게 되었다.

한편 독립군측에서도 봉오동전투에서의 승첩을 위에 언급한 바와 같이 10년 이래의 숙원인 '독립전쟁의 제 1회 회전'에서의 대승으로 간주, 독립군의 사기를 크게 진작시키는 한편, 계속적인 독립전쟁의 수행을 위해서 각 독립군단의 군사통일과 아울러 병력의 보강과 군비확충에 총력을 쏟게 되었다. 이와 같은 사실을 일제측의 비밀보고는 다음과 같이 기록하고 있다.

> 我 越江追擊隊에 반항하여 교전한 不逞團(獨立軍團)은 該戰鬪(봉오동전투)에서 비상한 대승리를 얻고 아군(日軍)을 조선측에서 격퇴한 것같이 고취하고 있다. 또한 이를 독립전쟁의 제 1회전이라 칭하며, 금후 계속될 전투에 대비해서 양식의 준비, 간호대의 조직, 병원의 모집 등에 더욱 힘쓰고 있다. 봉오동 방면에는 다수의 불령단이 집합하고 있는 모양이다. 또한 이를 기회로 하여 각 단체 간의 결속을 굳게 하고 있다. 금회의 추격은 도리어 惡結果를 후에 잉태한 것이라

---

112) 「大正 9년 6월 15·16일 朝鮮軍司令官 제 102호 電報」『現代史資料』 27, pp.584~585.
113) 「間島地方不逞鮮人剿討計劃 大正 9년 8월 調表」, 『現代史資料』 28, pp.116~122.

고 관찰된다.[114]

따라서 일제의 조선군사령관도 그들 육군대신에게 간도 파견원의 보고를 인증하면서 봉오동전투 후에 독립군이 크게 증강되었을 뿐만 아니라, 또 다른 대규모의 전투 준비를 신속히 추진하고 있다고 다음과 같이 보고하면서 그에 대한 정찰과 대비를 서두르고 있다고 하였다.

> 我追擊隊의 철수 후 독립군의 各團은 매우 敏速하게 我兵과의 교전을 선전하고 있다. 도독부는『軍情報新報』號外를 발행하고, 국민회도 인쇄물로서 독립군이 일병과의 교전 결과 적 150명을 죽이고 적을 鮮地로 격퇴하여 대승을 얻었다고 고취하며 독립 기세의 興振을 策謨하고 있다. 독립군 각 단체는 계속적인 교전을 예상하고 군사 행동에 대한 각단 연락의 방법 및 식량·장정 모집 등의 재전투 준비를 신속히 행하고 있는 것 같고, 장정들이 속속 독립군에 들어가고 있다. 日·支 합의에 따라 교전지 피해 조사를 위하여 支那 군대 보호하에 我 경관 수명을 2~3일내에 피해지를 시찰시키려 하고 있다. 정보에 의하면, 앞서 교전한 적은 두만강 대안 독립군의 전부인 것 같으며, 我兵의 철퇴 후에 독립군은 江岸 지대의 要點에 정찰대를 파견하여 대안 정황을 정찰중이다.[115]

결국 독립군과 일군에게 이와 같은 충격을 준 봉오동전투는 '독립전쟁'을 감행하여 일제 수난을 극복하려는 한국독립군에게 큰 광명을 던져 주었다. 그리고 지휘관인 홍범도는 '한일합병' 전후에 三水·甲山·長白府 등지에서의 '名義兵將'의 면목에서 이번에는 독립군의 '명장'으로 추앙받게 되었다.

(1989년)

---

114)「大正 9년 6월 15·16일 堺 總領事代理 제 166호 電報」,『現代史資料』28, p.608.

115)「大正 9년 6월 15·16일 朝鮮軍司令官 제 45호 電報」,『現代史資料』28, p.584.

청산리 대첩

1. 머리말

한국독립군사에서 가장 빛나는 대첩을 기록한 青山里會戰은 1920년 10월 새로운 抗戰基地를 찾아 長征중이던 김좌진이 지휘한 북로군정서군과 홍범도가 지휘한 대한독립군 및 안무가 지휘한 국민회의 국민군 등의 연합독립군이 두만강 상류의 무산에서 북쪽으로 40~50㎞되는 곳에 위치한 和龍縣 三道溝와 二道溝 서북편의 청산리 白雲坪을 비롯하여 完樓溝 漁郎村·蜂密溝 古洞河 등지에서 간도를 침입한 일제의 독립군 '토벌군'과 대회전, 大捷을 이룩한 사실을 지칭하고 있다.

이 청산리 대첩의 올바른 평가는 용이하지 않다. 그 이유는 여러가지가 있겠으나 그 가운데 몇 가지만 들면 첫째, 현존하는 관계기록이 韓·日간에 어느 것이든, 고도의 사료비판을 요하는 전투 및 정보 기록들이 대부분이고 그것도 불완전하게 공개되고 있다는 점이다. 특히 일본측 기록들은 그들 '討伐軍'의 명백한 패전을 인정치 않고 간도 침략과 독립군 '초멸'의 의미를 억지로 합리화시키는 것들이기 때문에 전과 등에는 더욱 신빙성 없는 내용을 기술하고 있다. 그러므로 청산리 대첩의 구체적 전투상황, 특히 전과 등을 한·일간의 자료를 함께 들어서 정확히 입증하기는 어려운 실정이다.

둘째, 그동안 봉오동 승첩과 청산리 대첩에 관계되는 학계의 연구업적이 나오고는 있으나, 아직도 이들이 한국독립군사상 차지할 위치를 확실히 정립하기 위해서는 더 과학적인 연구가 절실한 형편이다. 특히 청산리 대첩의 실증적 연구와 아울러 그 의의와 성격을 설명할 사론적 천착이 필요하다. 다행히 최근에 愼鏞廈(「獨立軍의 青山里獨立戰爭의 硏究」),[116] 朴永錫(「한 獨立軍兵士의 抗日戰鬪-北路軍政署兵士 李雨錫의 事例」),[117] 宋友惠(「青山里戰鬪와 洪範圖將軍」),[118] 金靜美(「朝鮮獨立運動史上에 있어서의 1920년 10월-青山里戰鬪의 역사적 의미를 求하여」),[119] 姜德相(「海外에서의 朝鮮獨立運動의 發展」)[120] 등의 연구자들에 의하여 주목할 만한 업적이 나오고 있어 그들에 대한 기대가 크다.

셋째, 현재의 상황으로 아직 청산리 회전 지대의 현지답사가 자유스럽지 못한 점이다. 역사의 해석에서 현지답사가 필수적 요건이 아니더라도 문면에 나타나지 않은 사실의 반증과 올바른 평가의 신념은 현지 답사에서 얻어지는 경우가 많은 것이다. 더욱이 독립군전투사와 같이 한·일간에 현존하는 기록이 상이한 경우에는 현지답사에서 얻어지는 시사가 더욱 절실한 것이다.

필자는 다행히 1989년 10월 延邊大學의 초청을 받아서 삼둔자·봉오동 전투지와 청산리의 백운평을 비롯한 泉水坪 漁浪村 鳳密溝 등 二·三道溝 서쪽 방면 삼림지대의 독립군 유적지를 답사할 수 있었다.[121] 또한 독립군

---

116) 愼鏞廈, 「獨立軍의 青山里 獨立戰爭의 연구」, 『韓國民族獨立運動史硏究』, 을유문화사, 1985, pp.390~514.

117) 朴永錫, 「한 獨立軍兵士의 抗日戰鬪-北路軍政署兵士 李雨錫의 事例」, 『日帝下獨立運動史硏究』, 일조각, 1984, pp.111~208.

118) 宋友惠, 「青山里戰鬪와 洪範圖將軍」, 『신동아』 1984년 8월호, pp.446~464.

119) 金靜美, 「朝鮮獨立運動史에 있어서의 1920年 10月 青山里戰鬪의 역사적 意味를 求하여」, 『朝鮮民族運動史硏究』 3, 青丘文庫, 1986, pp.105~200.

120) 姜德相, 「海外에서의 朝鮮獨立運動의 發展」, 『朝鮮民族運動史硏究』, 1985, pp.7~62.

의 주력이 이들 지역에서의 대첩 후 다시 밀산 방면으로 장정을 계속하면서 넘은 英額嶺의 老嶺(黃口嶺)을 넘고 松江(安圖)을 거쳐 백두산에 이르는 안도현내 백두산록 동북지대를 두루 답사하여 크게 유익하였다. 그러므로 이 글은 그동안 獨立軍史연구의 일환으로 작성하여 왔던 청산리회전 小考를 다시 보완하고 각주를 제시, 비견을 밝히는 것이다.

2. 日帝의 獨立軍 '討伐作戰'

일제는 1919년 3·1운동 이후 압록·두만 양강의 국경선 대안을 중심으로 하여 노령 연해주와 중국 東三省 일대에서 대한독립군을 비롯한 여러 독립군단의 활동이 활발해지자 이를 저지, 나아가 '토벌'시키기 위해서 온갖 수단을 강구했다. 그 가운데에서 중요한 것을 들면 첫째, 일제는 남북만주 각지의 그들 영사관 소속으로 본국 및 조선 총독부 경무국으로부터 급히 전투경찰을 대폭 투입하여 남의 나라 주권을 무시하고 독립군과 항일단체의 임원들을 검색, 사살하기 시작했다.[122] 또한 각 영사들로 하여금 해당지방의 중국 관헌을 회유 혹은 강박하여 중국 관헌에 의한 탄압을 시도했다.[123]

---

121) 필자는 중국 延邊大學 초청으로 1989년 10월 13일~10월 30일간 연변지방을 방문, 연변대학 歷史系 黃龍國 교수의 안내로 三屯子·鳳梧洞과 靑山里大會戰의 여러 抗日遺跡地를 답사하였다. 특히 靑山里 諸 유적지 답사는 마침 靑山里 大捷 69주년에 해당되는 해로, 청산리대회전의 白雲坪전투가 벌어진 10월 21일부터 25일 古洞河전투로 대첩을 마무리하고 密山으로 長征하는 時日에 이루어져 더욱 뜻깊게 생각되었다.

122) 「政務總監 3月 21日 電報」『現代史資料』27, 東京, みすず書房, 1970, p.592 ;「朝鮮總督 男爵 齋藤實 3月 23日 電報」, 같은 책, pp.592~593 ;「朝鮮總督 5月 3日 電報」, 같은 책, p.597 참조.

둘째, 1920년 5월부터 조선총독부 赤 경무국장이 몇 차례나 奉天을 왕래하며 동삼성의 巡閱使 張作霖을 만나 '中日合同搜索'이란 명목하에 일제 군경에 의한 독립군 '剿滅'을 시도하였다. 1920년 5월 상순에서 8월까지 3회에 걸친 봉천회담은 그같은 계략하에서 개최됐던 것이다.[124] 그 결과 장작림은 이에 굴복하여 '중일합동수색'이란 명목으로 일본군이 주체가 되어 독립군을 토벌할 수 있게 약속했다.[125] 이에 따라 서간도를 중심으로 하는 봉천성내에서 일제의 奉天督軍 고문 上田과 坂本의 양경찰고문을 장으로 하는 上田隊와 坂本隊로 호칭된 중일합동수색대가 편성되어, 전후 4개월에 걸쳐 독립군 및 항일단체에 대한 일대 수색작전이 전개됐다. 이는 결국 각지의 친일단체인 保民會를 앞세운 일제 군경의 독립군과 그밖의 항일민족운동자를 제거하기 위한 학살작전이 되고 말았다.[126]

그리하여 上田隊는 1920년 5월 13일부터 7월 3일 사이에 興京·柳河·河龍·通化 등의 여러 현을, 坂本隊는 5월 15일부터 8월 18일 사이에 安東·寬甸·桓仁·通化·輯安·臨江·長白 등의 여러 현을 종횡하면서 한족회와 대한독립단 등에 소속된 많은 민족운동자와 독립군을 사살 혹은 체포하였다. 가능한 한 그들의 잔인성을 은폐한 일제측 수색대의 보고 기록에서도 이때의 그 탄압 숫자를 다음과 같이 남기고 있을 정도이다.

坂本班의 체포자 277명 중 사살 8명, 영사관 支那側에 인도 57명,

---

123) 「京城會議」, 『間島出兵史』 上 (金正柱, 『朝鮮統治史料』 제 2권 수록), 韓國史料研究所, 1970, p.10.

124) 「間島地方不逞鮮人取締ニ關スル日支交涉ノ經過」, 『現代史資料』 28, 東京, みすず書房, 1972, pp. 64~67.

125) 「日支協同搜查及兵力ヲ以テスル不逞鮮人掃蕩ニ關スル件通牒」, 위의 책, pp.67~68 참조.

126) 「保民會의 經過」, 『在滿洲朝鮮關係領事官打合會議關係書 1254號』(국사편찬위원회편, 『韓國獨立運動史』 3, pp.663~666 수록).

> 朝鮮側(일제총독부)에 인도 5명, 說諭放還 207명, 上田班의 체포자 88명 중 사살 1명, 說諭放還 87명.[127)]

그러나 중국 관헌의 간부 중에는 독립군을 동정 내지 지지하는 자도 상당수 있었다. 특히 吉林省長 徐鼎霖을 비롯하여 延吉道尹 張世銓, 보병 제1단장 孟富德 등은 중일합동수색에 반대하고 일제측의 작전을 독립군측에 통지하여 주었다.[128)] 그러므로 북간도 지방에서도 서간도 지방과는 달리 처음에는 독립군에 대한 중일합동수색작전이 행해질 수가 없었다.

즉 서정림 길림성장은 일본측 강요에 대하여 "불령선인(독립군)이라 하는 자는 모두 정치범이므로 중국으로서는 이를 토벌할 이유가 없다. (중략) 특히 여기에 대한 취체는 이미 규정을 만들어 道尹 이하의 관헌들도 실시하게 하고 있다"[129)]고 명백하게 거부하였던 것이다.

그러나 봉오동전투 직후인 7월 16일 조선군 참모장 大野와 관동군 참모장대리 貴志 등 일군 고위 간부들이 제 3차 봉천회담에 참석하고는 재차 ① 江岸 일대 접경지방에서 중일합동수사를 수시 실시할 것, ② 필요한 시기에는 일정한 기간에 중국군대와 합동이라는 이름으로 일본군대가 한국독립군을 소탕하는 것을 승낙할 것 등의 요구를 강박하기 시작했다.[130)]

이에 대해 중국측은 일제의 齋籐 대좌 등이 고문으로서 감시하는 형식으로 맹부덕의 중국군이 독립군을 토벌하기로 약속했다. 그러나 그 밀약은 일제측의 강박과 일본의 토벌을 방해하려는 의도에서 나온 것이기 때문에 내적으로는 그러한 사실이 독립군측에 역시 은밀히 통지됐다. 그 결과 독립

---

127) 위와 같음.

128) 주 126)과 같음 ;「支那官憲ノ不逞鮮人取締密令ニ關スル件」,『現代史資料』28, p.79.

129)「第一回奉天會談竝南滿洲地方搜查班ノ派遣」,『間島出兵史』上, p.8.

130)「第三回奉天會談及其後ノ經過」, 위의 책, pp.8~9 ;「國民會通達文」,『現代史資料』27, p.98.

군은 연길도윤 張世銓, 중국군단장 맹부덕 등과 교섭을 벌여 대략 다음과 같은 내용의 타협을 보았다.[131]

1. 중국군은 일본군의 간도 침입의 구실을 막기 위하여 부득이 독립군 토벌을 위한 출동을 하지 않을 수 없으므로, 독립군은 이와 같은 중국측의 입장을 고려하여 그 대책을 세워 상호 타협, 행동한다.
2. 그리하여 독립군은 시가지나 국도상에서 군인의 복장이나 무기를 휴대하고 대오을 지어 행동함으로써 중국측을 난처하게 만들지 않는다.
3. 중국군은 토벌을 위한 출동 전에 독립군에게 그 내용을 사전에 통보하여 독립군의 근거지 이동에 필요한 준비와 시간을 갖게 한다.
4. 중국인과 독립군은 서로 避戰을 약정하고, 중국군은 출동해도 독립군은 공격하지 않고 독립군의 이동과 산림지대 등지에서의 새 기지 건설 등을 방해하지 않는다.

이와 같은 타협이 양측 사이에 성립된 배경은, 중국측으로서는 일제측의 독립군에 대한 공동수색의 압력도 큰 것이지만, 독립군측의 전력이 중국군의 실력으로서는 압도할 수 없을 만큼 강화되어 사실상 중국군 단독으로서는 독립군 '토벌'이 불가능했기 때문이다.[132]

한편 독립군측으로서도 중국 영토내에 본영을 두고 독립전쟁을 수행해야 하는 만큼 한·중 우호와 협력이 무엇보다 절실하게 요구되었으므로 웬만한 희생을 무릅쓰더라도 중국측의 입장을 세워 주어야만 했던 것이다.

---

131) 愼鏞廈, 앞의 글, pp.403~404 참조.

132) 예컨대 「支那討伐隊不振ノ件」, 『現代史資料』 28, p.78에 "日下 不逞鮮人討伐ニ從事ツツツアル支那軍隊ハ不逞鮮人ヨリ脅迫狀ヲ送ラル心中穩カナラサリツセノノ如ツ"라고 할 정도이다.

대한국민회 회장이 지방회장에게 보낸 다음과 같은 공한은 그같은 사실을 입증하는 한 사례라 할 수 있다.

> 중국 관헌이 아군을 진압하려고 하는 것은 사실이다. 어제 맹단장의 대표자가 본회를 내방하여 何千 군인을 출동시켜서 深山에 잠복시켜 달라고 애걸했다. 중국 관헌의 진압책은 倭의 강경한 교섭에 견디지 못하여 부득이 나온 것이므로 우리편에서도 중국 관헌의 간청을 용납하지 않을 수 없다. 그리하여 우리 국민군이 귀지방을 부득이 통과하기에 이른 것은 크게 유감스러운 바이다. 귀회는 그리 알고 미리 각처에 非常警察을 행하여 아군과 중국 관헌 또는 외적과 충돌하지 않도록 주의할 것을 요망한다.[133]

대한국민회와 북로군정서 등을 비롯한 북간도내의 여러 독립군부대들은 이와 같은 중국측과의 불가피한 타협을 실천하기 위하여, 또한 그보다도 아래에 설명하는 바와 같은 일제 토벌군의 간도침입을 예견하고 그를 미연에 방지할 겸, 그동안 구축한 독립군 본영 등을 버리고 새로운 항전기지를 마련하기 위하여 장정을 단행했다.

셋째, 일제가 직접 대규모의 독립군 토벌군을 편성하여 간도에 침입, 독립군과 항일단체를 근원적으로 토벌, 제거하려는 것이었다. 즉 일제가 바라는 것은 만주 전역의 독립군과 항일단체의 근원을 제거하는 것이었으므로 일거에 이를 실천할 수 있는 대병력의 출동을 처음부터 획책하고 있었던 것이다. 그리고 일제의 이 계획은 독립군에 대한 것뿐 아니라 그 기회에 만주 침략의 地步도 보다 군힐 수 있는 일거양득의 결과를 기대하였다. 그리하여 일제는 봉오동전투에서 패배한 뒤 더욱 서둘러서 이러한 토벌 침략군의 출병계획을 추진시켰다.

출병 계획은 1920년 8월까지 '間島地方 不逞鮮人(독립군 등) 剿討計

133) 「國民會通達文」, 『現代史資料』 27, p.94.

劃'[134]이라는 명칭으로 그들의 제 19사단을 중심으로 한 대병력이 출동할 수 있도록 모든 준비가 갖추어졌다.[135]

다만 처음부터 출동하지 못한 이유는 그곳이 다른 나라 주권하의 영토이므로 출병의 적당한 구실을 쉽게 만들지 못한 것 뿐이었다. 그러던 중 10월 초에 琿春事變이 발생했다. 이 훈춘사변은 일군이 사전에 공작한 것이다. 즉 일군은 長江好[136]라는 중국의 馬賊 두목과 通交하여 금전을 보내 매수한 후 무기를 대여하고 그들로 하여금 훈춘성을 습격시켜 사단을 만들었던 것이다.[137]

약 4백명으로 추산되는 장강호의 마적단은 1920년 9월 25일 훈춘북방의 藩子溝子에 출현하여 10월 2일 상오 5시 야포 3문을 성 밖에다 차려놓고 훈춘성을 공격했다. 이때 훈춘의 일본 영사관 분관에는 영사관 경찰과 총독부 파견 경찰대 및 총독부 咸北경찰대 등에 소속된 50여 명의 병력이 있었다. 그들은 중국측의 요청에 의해 한 성문을 수비했으나 마적들은 일제측과 사전 약속한 대로 무난히 성문을 통과하여 상오 9시까지 4시간 동안 약탈과 살육을 자행했다. 결국 이들에게 중국병사 70여 명과 한인 7명이 살해당하고 미리 피난하여 빈집이 된 일본 영사관 분관은 분탕되었다. 또한 조선총독부 함북 파견 경찰부의 澁谷 이가와 일인 부녀자 9명도 아울러 살해되었다고 한다.[138]

---

134) 「間島地方不逞鮮人剿討計劃」, 『間島出兵史』 下 (『朝鮮統治史料』 제 2권, pp.161~172 수록).

135) 「間島地方不逞鮮人剿討計劃」, 『間島出兵史』 上, p.11

136) 「馬賊首領長江好ノ行動」, 『現代史資料』 28, pp.141~142 참조, 1,500여 명의 馬賊을 거느린 長江好는 琿春事變 이전부터 日帝에 매수되어 西北間島에서 獨立運動者 탄압에 앞잡이 역할을 하여 왔었다.

137) 「琿春事件」, 『韓國獨立運動史』, 애국동지원호회, 1956, pp.311~312 참조.

138) 「琿春事件經過ノ概要」, 『現代史資料』 28, pp.146~148 ; 「琿春事件ニ就テ」, 같은 책, pp.163~169 참조.

이같은 훈춘사건을 구실로 하여 일제는 그들이 준비한 토벌대 병력을 그날부터 만주에 투입했다.[139] 중국 당국과는 사전 교섭이나 연락도 없었다. 10월 2일부터 며칠 사이에 북간도 일대에 집중적으로 출병한 이 군대는 일제 조선군 소속의 제 19사단이 주력이었다.

그러나 내용을 분석하면 당시 일제의 제국주의 침략정책을 수행하던 基幹 各軍이 공동으로 참가한 혼성군단이었다. 시베리아로 출동했던 浦潮軍과 요동에 출동중이던 關東軍에서도 각기 그 일부가 이에 편입됐다. 즉 한국의 식민지 경영을 수행하는 조선군을 비롯하여 만주를 경략하던 관동군, 그리고 볼셰비키혁명의 와중을 이용, 연해주와 만주 방면의 일제세력 확충을 도모하던 浦潮軍 등이 합동한 것이다. 이 같은 諸軍은 만주를 동서남북의 사방에서 포위 점령하는 듯한 연합전선을 펴면서, 서간도를 중심으로 한 남만주에 진주한 관동군을 제외하고는 독립군의 중심지인 북간도에 집결, 독립군 '토벌작전'을 전개했다.[140]

이같이 동원된 여러 군병력 가운데 후방 경계병력을 뺀 그 일선 활동병력이 얼마인지 명확하지 않았으나, 한 논문에 제시된 통계는 줄잡아도 주력인 '조선군' 제 19사단의 약 9천 명을 비롯하여 같은 제 20사단에서 7백 명, 浦潮軍의 제 14사단에서 4천 명과 같은 제 11사단에서 1천 명·제 19사단에서 1천 명·북만주 파견대에서 1천명, 관동군에서 1천 2백 명 등으로 총 약 1만 9천 내지 2만 명에 달하는 것으로 추정하고 있다.[141] 또한 다른 논문 통계에는 實兵力이 2만 5천 명에 달한다고도 했다.[142] 그리고 이같은 대병력은 기관총과 대포 등의 정예무기와 장비를 갖추고 다음과 같이 편제되어 북간도 전역을 동서남북 사방에서 동시에 완전 포위하고 독립군에

---

139) 「琿春及間島へ緊急出兵」, 『間島出兵史』 上, pp.17～20.

140) 「剿討方針」, 『間島出兵史』 上, p.40.

141) 金靜美, 앞의 글, p.136.

142) 愼鏞夏, 앞의 글, p.419.

대한 토벌작전을 벌였다.[143)]

1. 慶源으로부터 두만강을 건너 琿春河방면에 진출하여 그 일원 '토벌'의 주력이 된다. 독립군을 羅子溝 방면으로 추격, 포위하여 三岔溝 방면에서 남진하는 포조군 一隊와 공동작전한다. 磯林支隊長 육군소장 磯林直明, 보병 제 38여단 사령부, 보병 제 75연대, 보병 제 78연대, 기병 제27연대 야포병 제 25연대.
2. 隱城으로부터 越江하여 汪清 방면으로 진출해서 그 일원을 담당하는 주력부대가 대한국민회・대한북로군정서 등의 본영을 중심으로 토벌전을 수행한다. 특히 西大坡・十里浦・ 大坎子・百草溝・哈蟆塘 등지를 반복 토벌한다. 木村支隊長 육군 보병 대좌 木村益三, 보병 제 76연대, 기병 제 27연대, 山砲兵 제 1중대, 공병 제 19대대.
3. 會寧 등지에서 월강, 龍井 방면에 진출하여 그 일원을 소탕하는 주력부대가 된다. 茂山에서 북상하는 제 20사단의 일부대와 합동작전으로 독립군이 安圖・敦化 방면으로 이동하는 것을 저지, 초멸한다. 東支隊長 육군소장 東正彦, 보병 제 37여단 사령부, 보병 제 73연대, 보병 제 74연대, 기병 제 27연대, 야포병 제25연대, 공병 제 19대대.
4. 일군의 사령부는 羅南에서 회령으로 북상하여 전신과 비행대, 그리고 병참을 보급한다. 사단직할부대장 子爵 高島友武, 보병 제 74연대, 비행기반, 무선전신반, 鳩通信班.

이밖에도 포조군에서 동원된 제 28여단은 土門子支隊・羽入지대・安西지대 등으로 편제, 中・蘇 국경을 동북 각 방면에서 넘어 토문자・삼차구・나자구 등지와 훈춘・涼水泉子・국자가 등지로 진출하면서 작전 상황에 따라 상기 각 지대를 분산 혹은 집단 증원토록 했다.[144)]

---

143) 「第二作戰行動」, 『間島出兵史』 上, pp.28~89.

144) 「步兵 第28旅團ノ行動」, 『間島出兵史』上, pp.80~82 ; 「第19師團ニ策應スル浦潮派遣

그리고 서간도를 중심한 남만주에 출동한 관동군에서 동원된 병력을 두산 대좌가 지휘하는 제 19연대 소속의 부대와 제 20연대 소속의 부대 등 2개 편제로 나누어 전자는 撫順·興京·通化·桓仁·大平哨·寬甸 등지에, 후자는 公主嶺·山源浦·通化·興京·英額城·商家臺·開原 등지에 출병토록 하였다.[145] 또한 조선군의 제 20사단과 조선헌병대 및 총독부 경찰대도 각기 그 일부 병력이 압록강과 두만강의 河岸을 중심으로 출동하였다.

이같이 출병한 일군의 목적은 논의의 여지없이 그들의 작전 훈령에도 "鮮外로부터 무력진입을 기도하는 불령선인단(독립군)에 대하여는 이를 섬멸시킬 타격을 가한다"[146] 라고 명시한 바와 같이 독립군의 완전 제거에 있었다.

그러나 출병 후 그들의 행동은 독립군 초멸에는 실패하고 '庚申慘變'이라고 호칭되는, 독립군 활동의 기반이라고 간주한 무고한 한인 학살에 더 역점을 두어 일제 침략군의 잔인성을 뚜렷이 하였다.

3. 獨立軍의 白頭山麓 移動

중국측과 타협이 성립되어 새로운 기지를 찾아 장정을 계획한 여러 독립군부대는, 일제 토벌군의 간도침략을 사전에 막기 위하여 1920년 8월 하순부터 원래의 근거지를 버리고 서둘러 이동하였다.

이 가운데 가장 먼저 장정에 오른 독립군부대는 홍범도가 인솔하는 대한독립군이었다. 대한독립군은 그해 6월 봉오동에서 큰 전첩을 올린 후 7월

軍一部ノ行動概要」, 같은 책, pp.83~85.

145) 「不逞鮮人ニ對スル陸軍ノ西間島示威行動隨行復命書」, 『現代史資料』 28, pp.471~481.

146) 「對不逞鮮人作戰ニ關スル訓令」, 『間島出兵史』 上, pp.4~5.

11일에는 다시 老頭溝 巖山里에서 局子街 일제 영사관 경찰대와 遭遇戰을 벌여 이들을 격멸시켜 또 한차례 명성을 날렸다.[147]

明月溝에 개선한 대한독립군은 8월 하순, 사관학교까지 건립된 본영을 떠나 백두산을 향하여 서남쪽의 安圖縣 방면으로 이동하기 시작했다.[148] 그리하여 이들은 한달만인 9월 20일경 안도현과 접경인 和龍縣 二道溝 漁郎村 부근에 도착했다.[149]

대한독립군에 이어 봉오동전투 때 합동했던 안무가 인솔하는 대한국민회의 국민군도 8월 31일 依蘭溝의 근거지를 떠나 안도현 방면을 향하여 장정을 시작, 9월말경에 역시 이도구 지방에 도착했다.[150]

한편 봉오동에 본영을 두고 홍범도의 대한독립군 등과 활동으로 단일군단인 征日軍을 편성, 봉오동 전첩을 올렸던 崔振東의 軍務都督府軍은 군사통일과 새로운 기지건설 등의 문제로 홍범도·안무 등과 의견이 갈리어 이 무렵 장정을 개시하여 草帽頂子와 托般溝를 거쳐 동북으로 향하여 9월말경에는 나자구에 도착했다.[151] 그밖에 義軍府·新民團·光復團·義民團 등도 같은 무렵 대한독립군이 향한 안도현 방면으로 이동하거나 혹은 나자구 방면으로 이동했다.[152]

---

147) 洪相杓, 「洪範圖將軍의 戰捷」, 『間島獨立運動小史』, 평택, 韓光中高等學校, 1966, pp.50～51 ; 「銅佛寺附近ニ於ケル我警察隊ト不逞鮮人トノ衝突ニ關スル件」, 『現代史資料』 27, pp.642～647 ; 「我警察官ト交戰セツ不逞鮮人團ニ關スル件」, 같은 책, p.630.

148) 「間島地方不逞鮮人團ノ現況及日本軍隊ノ出動ニ對スル影響等ニ關スル件」, 『現代史資料』 28, pp.350～351.

149) 「馬賊不逞鮮人團ノ行動ニ關スル件」, 위의 책, p.351 ; 「不逞鮮人ノ狀況」, 같은 책, p.385.

150) 위와 같음.

151) 「10月中ノ情報ニ據ル間島地方不逞鮮人ノ行動概況」, 『現代史資料』 28, pp.391～408 ; 「北路督軍府ノ內容」, 『現代史資料』 27, p.368 ; 「羅子溝方面ノ賊情」, 『現代史資料』 28, p.384.

152) 위와 같음.

가장 늦게 장정길에 오른 독립군부대는 汪淸縣 西大坡에 본영을 두었던 김좌진의 북로군정서군이었다. 북로군정서군은 그동안 많은 군자금을 쏟아 十里坪에 건설한 士官鍊成所에서 훈련중이던 298명의 사관연성생이 6개월간의 마지막 수련을 끝마치고 1920년 9월 9일에 성대한 필업식을 가졌다.[153] 북로군정서군은 같은 해 6월 블라디보스톡에 파견했던 2백 명 가량의 무기구입 운반대가 8월말경 기다리던 무기와 탄약을 갖고 무사히 도착하여 전력이 한층 강화되어 있었다.

이와 같은 사정으로 장정길이 늦어진 북로군정서군에 대해 孟富德의 중국군 2백 명은 9월 6일 서대파 본영으로 출동하여 일제측에게는 '토벌'을 내세우면서 내면적으로는 북로군정서의 근거지를 조속히 이동시킬 것을 간청하였다.[154] 북로군정서 사령관 김좌진 등이 이들을 맞아서 소와 돼지를 잡아 犒饋하면서 협상한 결과 원만한 타협이 이루어져 중국군은 다음날 퇴각했다.

그 후 북로군정서군은 9월 12일까지는 필업사관을 중심으로 하는 旅行團(教成隊)과 150명 가량의 사관으로, 사령부 경비대와 그밖에 북로군정서군의 본대를 편성하고 장정 준비를 마무리하였다. 드디어 9월 17일과 18일에 이 장정군이 무기와 탄약 등을 우마에 적재하고 서대파의 본영을 떠나 서남쪽의 화룡현 삼도구 청산리로 진군하였다.[155] 그러나 이 장정군은 중국군과의 약속에 따라 편리한 국도 대로를 통과할 수 없었고 더욱이 평야의 농로마저 이용하기 어려웠다. 이러한 악조건하에서 주로 야음을 틈타 大荒溝를 거쳐 왕청현 이북으로 수십리 떨어진 험산준령을 지나 연길현 의란구의 깊은 산길을 따라 행군, 老頭溝嶺을 넘은 후 西溝 앞으로 내려가 長仁崗·二

---

153) 「大韓軍政署報告」, 『獨立新聞』 제 95호, 1921년 2월 25일자 ; 「10月中ノ情報ニ據ル間島地方鮮人ノ行動概況」, 『現代史資料』 28, p.392.

154) 「大韓軍政署司令部日誌」 9월 6·7일자, 『現代史資料』 27, p.387.

155) 「軍政署ノ根據地ヲ移動ツタル理由」, 『現代史資料』 27, p.239.

道溝를 돌아서 청산리에 이르기까지 약 450리 험로를 행군했다.[156] 그리하여 한달만인 10월 12일과 13일 어간에 이들은 삼도구의 會戰場 부근에 도착하였던 것이다.

청산리 대첩의 주력인 김좌진 사령관이 인솔한 북로군정서군과 홍범도 장군이 인솔한 대한독립군, 대한국민회의 국민군 등의 연합부대는 1920년 9월 하순부터 10월 상순까지 새 항일기지를 건설하고자 각기 그들 본영을 떠나 4~5백 리의 장정 후, 청산리 대회전장이 된 화룡현 이도구와 삼도구 서북지방의 밀림지대로 진군했다.[157]

이와 같이 대부분의 독립군부대가 서남쪽에, 백두산록이 자리잡은 安圖縣과 접경인 이도구와 삼도구 방면의 험준한 밀림지대로 집중 장정한 것은, 사전에 일제와의 강력한 항전을 위하여 한편으로 군사통일 추진하면서 다른 한편으로 다음과 같은 점을 중시했던 까닭이라 해석할 수 있다.

첫째, 독립군의 최고 목표는 일제 침략군을 구축하려는 국내 진입작전을 통한 독립전쟁의 수행이었으므로, 이를 구현하고자 두만・압록강을 넘나들기에 편리한 백두산록에 새로운 항전기지를 건설하려는 의도였다.[158] 둘째, 안도현의 백두산록 지방은 험준한 지세에다 산림이 울창하여 독립군이 일군과 항전하기에 유리했고, 또한 독립군 본영으로 삼기에 좋은 요새지가 많았기 때문이었다. 셋째, 이 지역은 만주의 三省 중 奉天省과 吉林省의 접경지역이 되어, 일제측의 강박에 못이겨 중국 길림성군이 공격하여 올

156) 洪相杓, 앞의 책, pp.64~65.

157) 「10月中ノ情報ニ據ル間島地方ノ不逞鮮人ノ行動概況」, 『現代史資料』 28, pp.391~408.

158) 예컨대 洪範圖는 백두산 방면으로 長征을 시작하면서 "지금부터 1,2개월 이내에 반드시 日本軍隊의 出動을 보게 될 것이고 우리들은 日本軍隊와 교전하는 것을 싫어하지는 않지만 當地方에서 戰死한다면 개죽음과 같아서 일시 白頭山 지방에 回避, 結氷 때를 기다려 한발자국이라도 조선 땅에 驀進하여 의의있는 희생을 하지 않을 수 없다"라고 밝히고 있다.(「間島地方不逞鮮人團ノ現況及日本軍隊ノ出動ニ對スル影響等ニ關スル件」, 『現代史資料』 28, pp.350~351)

경우, 그 군의 관할 밖인 봉천성으로 避軍할 수 있고, 반대로 봉천성군이 공격해 올 경우에는 길림성 지역으로 용이하게 이동할 수 있는 지리적 요충지로 간주한 까닭이었다.[159)]

이와 같은 요건을 갖춘 이도구와 삼도구 서편의 밀림지대 중에서도 김좌진의 북로군정서군이 첫 회전에서부터 대승을 거둔 청산리는 함북 茂山 북쪽에 자리잡은 忠信場으로 시작되는 장장 60리의 長谷으로, 그 안에는 大進昌·松里坪·平壤村·싸리밭골 등의 여러 촌락이 점재해 있었다. 그리고 청산리 북쪽에 위치한 이도구 방면의 밀림지대는, 북간도 한인 이주지역의 요지인 龍井村에서 서쪽으로 頭道溝와 이도구를 거쳐 백 리 지점에 위치한 漁郎村을 위시하여, 甲山村·泉水坪·蜂蜜溝(鳳尾溝) 등의 여러 촌락이 점재한 장곡 심산지대이다.[160)]

이와 같은 청산리와 이도구의 밀림지대는 서남쪽으로는 안도현의 험준한 지대를 지나 백두산을, 북쪽으로 天寶山을 각각 배경으로 하고 있으며 또한 서쪽으로는 長白山脈에 둘러싸여, 오직 한 면만 열려 있는 동남쪽의 두도구와 용정 방면의 방어만 충실하면 족한 요험지가 될 수 있었다.

4. 金佐鎭의 大韓軍政署軍과 洪範圖의 獨立軍聯合部隊

이와 같은 요험지에 대회전 직전까지 집결한 여러 독립군부대의 병력·무기·병참 등의 전력과 군 편제·임원 등 조직의 실상은 자료상 확실히 밝힐 수 없지만, 임시정부 군무부의 발표 기록을 포함하는 徐一의 「大韓軍政署報告」 등의 독립군측 기록과, 간도를 침입한 일제 '토벌군'의 『間島出兵

---

159) 「朝鮮軍司令官 10月 26日 電報 朝特 114」, 위의 책, p.222.

160) 金勳, 「北路我軍實戰記 二」, 『獨立新聞』 제 98호, 1921년 3월 12일자.

史』를 비롯한 일제측 전투 및 정보 기록 등을 중심으로 개관하면 첫째, 북로군정서군의 경우 약 6백 명의 정예 병력과 1백 명 가량의 보충대 병력이 대회전 개시 1주일쯤 전인 10월 12일과 13일 청산리 부근에 도착, 포진하고 있었다.161) 이들은 무기로 기관총 4정, 신식군총 5백 정, 수류탄 1천개, 그리고 우마차 약 20량 분량의 탄환을 갖추고 있던 것으로 일군측이 탐지하고 있다.162) 그리고 이 부대의 병력은 旅行隊長 羅仲昭와 중대장 李範奭이 인솔한 사관 필업생 중심의 약 3백 명의 여행단과 김좌진이 직접 인솔하는 본대로 나뉘어져 있었으나 회전 직전에 다음과 같이 그 편제가 개편되어 격전을 치르게 되었다.

司令部 사령관 金佐鎭

參謀副長 羅仲昭, 부관 朴寧熙, 鍊成隊長 李範奭, 從軍將校 李敏華·金勳·白鍾烈·韓建源.

대대장서리(제 2중대장) 洪忠憙, 제 1중대장서리 姜華麟, 제 2중대장 홍충희, 제 3중대장 金燦洙, 제 4중대장 吳詳世, 대대부관 金玉玄, 소대장 申熙慶·姜承慶·蔡春·金明河·李詡求·鄭冕洙·金東燮, 소대장서리 李雲岡 기관총대 소대장서리 金德善·崔麟杰, 제 1중대 特務正士 羅尙元, 제 3중대장 특무정사 權重行.163)

즉 김좌진이 사령관으로 참모부와 연성대를 거느리는 사령부를 두고 그 밑에 홍충희를 대대장서리로 하는 1개 대대로 개편했다. 그리고 이 대대는 4개 중대와 1개 기관총소대로 편성되었다.164)

161) 「十月中情報ニ據ル間島地方不逞鮮人ノ行動槪況」, 『現代史資料』 28, p.396 ; 「不逞鮮人部隊ノ行動」, 같은 책, p.361.

162) 「不逞鮮人ノ行動」, 『現代史資料』 28, p.358.

163) 「大韓軍政署報告」, 『獨立新聞』 제 95호.

164) 보통 大韓北路軍政署軍은 1개 소대가 50명이며 1개 중대는 2개 소대로 이루어졌으므로 1개 대대는 400명 가량으로 편성되었다고 볼 수 있다.

둘째, 홍범도가 직접 지휘하는 대한독립군은 그 병력이 3, 4백 명으로, 그동안에 崔振東의 軍務都督府軍 및 安武의 국민군과 합동하여 봉오동전투 때 大韓軍北路督軍府를 편성, 6월에 승첩을 거두었다.[165] 이어 7월 북간도 여러 독립군단의 군사통일의 진전으로 東道軍政署가 편성되자 그 별동부대인 東道督軍府로 편성되었다. 그리하여 홍범도는 이 동도독군부의 사령관으로서 延吉縣 依蘭溝 九丹溝 오지에 본영을 두고 다음과 같이 4개 대대 1천 6백 명의 큰 군단을 편성하여 요충지에 주둔시키면서 군사훈련을 통해 전력을 강화해 가고 있었다.[166]

제1대대 : 독립군 및 義軍團 혼성
대장 - 許根, 주둔지 - 연길현 志仁鄉 의란구 구단구
제2대대 : 독립군 및 의군단 혼성
대장- 方渭龍(方雨龍), 주둔지 - 연길현 崇禮鄉 廟溝(明月溝)
제3대대 : 都督府隊員
대장 - 崔振東, 주둔지 - 汪淸縣 春華鄉 草帽頂子(鳳梧洞 草坪洞)
제4대대 : 新民團員 2중대 편성
대장 - 金星, 주둔지 - 왕청현 춘화향 石峴

이외에도 홍범도 사령관은 자신이 직접 지휘하는 砲手隊라고도 칭하던 독립군 2개 중대를 연길현 숭례향 노두구에서 매일 조석으로 훈련시키고 있었다.[167]

이와 같이 연합 독립군단이 성립되었을 무렵에는 국민회와 상해 임시정

165) 尹炳奭, 「韓國獨立軍의 鳳梧洞勝捷 小考」, 『韓國民族運動史硏究』 4, 지식산업사,1989, p.121 참조.

166) 「間島地方不逞鮮人團東道軍政署同督軍部及東道派遣部等ノ行動ニ關スル件」, 『現代史資料』 27, pp.361~362.

167) 위와 같음.

부의 지원을 받아 명월구에 무관학교를 설립, 본격적인 간부훈련도 시작하였다.[168]

그러나 일군의 간도 침입이 임박해져 중국군과의 타협으로 독립군의 기지 이동이 불가피하게 되자 앞에서 논급한 바와 같이 홍범도는 가장 먼저 자기의 직속부대인 2, 3백 명 가량의 대한독립군을 인솔하고 백두산록을 향하여 長征을 개시했다.

이어서 안무가 인솔하는 국민회의 국민군을 비롯하여 한민회 · 의군부 · 신민단 등 그동안 군사통일에 가담하여 연합군단을 이루었던 독립군부대들도 대한독립군에 뒤이어 이도구 방면으로 장정, 9월말경에는 이도구 부근에 도착했다. 일제측에 탐지된 내용에 의하면, 10월 10일경 이 연합부대는 이도구 부근의 間島 柳洞으로 이동하고 있고 그 병력은 홍범도부대와 합하면 1천 9백 50명에 달한다고 하였다.[169]

> 홍범도부대 약 300명, 안무가 거느리는 국민회 250명 가량, 한민회 200명 가량, 義軍團 100명 가량, 신민단 1,100명 가량, 합계 약 1,950명

이어 며칠 뒤인 10월 16일경에 연합부대는 다시 북상하여 이도구 어랑촌으로 행군, 그곳에서 일군과의 회전을 준비하면서 매일 군사훈련을 강화하고 있었다. 일제의 정보 기록은 이와 같은 사실을 다음과 같이 기술하고 있다.

> 홍범도의 휘하 주력 약 8백 명은 목하 삼도구 黑瞎子溝 부근에 머물면서 매일 교련을 행하고 있다. 홍의 최근의 의향은 "일본 군대의

---

168) 「武官學校設置ニ關スル報告書」, 『現代史資料』 27, p.91 ; 「中國軍ノ國民會彈壓狀況報告書」, 같은 책, p.99 ; 「明月溝士官練成所放火ニ關スル件」, 같은 책, p.98 참조.

169) 「10月中ノ情報ニ據ル間島地方不逞鮮人ノ行動概況」, 『現代史資料』28, p.393.

> 출동에 의하여 독립군은 이제 日·支 양국 兵警 때문에 압박을 받음이 심하여 행동을 견제당하고 있으므로 차제에 일거에 鮮地를 侵襲하거나 또는 간도내에서 일본군과 교전을 하거나의 하나를 하지 않으면 안된다"고 하여 각 지방에 군수품 징발의 명령을 발하고 있다. 최근 藥水洞 이도구 방면에서 률·엽연초·짚세기 등의 징발을 하고 있다.[170]

이 무렵 홍범도 지휘하의 연합부대의 병력을 일제측은 위에서 서술한 바와 같이 大韓獨立軍 300명을 비롯하여 총 1천 9백 50명으로 파악하고 있는 데 대하여, 상해임시정부의 파견원 安定根과 王三德의 보고는 大韓獨立軍의 병력 500명을 중심으로 하여 安武의 國民軍 400명, 韓民會軍 500명, 光復團軍 200명 등, 총 1,700명으로 추산하고 있다.[171]

이와 같이 홍범도의 대한독립군과 연합한 독립군부대 중, 안무의 국민군은 북간도 안에서 한인의 자치행정과 독립전쟁을 위한 독립군 양성 등의 양면에서 가장 큰 기반을 가진 대한국민회의 직속군으로 그동안 국내 진입작전과 봉오동전투에도 참전했던 부대로, 군자금이 비교적 풍부하고 정기적으로 훈련도 받아왔던 정예군이었다.[172] 봉오동전투 이후 국민회군의 병력은 약 5백 명이었으며 군총 4백정, 권총 150정, 그리고 폭탄이라 부르던 수류탄과 탄약을 많이 보유하고 있었던 것으로 일제측 정보에 탐지되어

---

170) 「日本軍隊ノ出動ニ對スル支那人ノ感想及影響」, 『現代史資料』 28, pp.353～354.

171) 金正明, 「間北ノ狀況」, 『朝鮮獨立運動』 II, 原書房, 1967, p.126.

172) 墾民會의 韓人社會의 自治와 獨立戰爭 구현의 전통을 계승하여 결성된 大韓國民會는 3·1운동 이후 간도지방내에 가장 큰 항일단체로 부상하면서 軍務委員 安武를 지휘관으로 하는 大韓國民軍을 편성하였다. 이를 홍범도의 주장에 따라 大韓獨立軍과 일단 통합하였다. 그리고 行政과 財政은 國民會가 관장하였으며 軍務는 大韓獨立軍을 홍범도가, 국민군을 安武가 담임하여 지휘토록 하고 軍事作戰지휘 때는 홍범도가 征日第一軍司令官이란 자격으로 통수케 하였다. (「北路督軍府ノ內容」, 『現代史資料』 27, pp.368～369 ; 「國民會軍制令」, 같은 책, pp.80～81).

있다. 국민회군은 위에서 서술한 바와 같이 8월말 대한국민회의 지시에 따라 대한독립군의 뒤를 이어 의란구의 본영을 떠나 9월 하순 이도구 부근에 도착했다. 일제측의 한 정보 기록은,

> 안무가 인솔한 무장부대 약 2백 명은 陰 8월 상순 北曰流溝에 왔으나 동 8월 17일경 救世洞에 이동했다.[173)]

라고 하여 안무의 국민회군이 음력 8월 상순에 이도구 남쪽 산너머 삼도구 어귀에 있는 한인 개척마을인 구세동[174)]에 진군했고, 10월 16일경에는 다시 이도구 어랑촌 得美洞으로 진군, 3백 명의 홍범도군 및 그밖의 한민회 등에 속한 350명과 합동하여 약 850명의 병력을 이루고 있다고 하였다.[175)] 이와 같이 국민군은 이도구 방면으로 移軍한 후에는 다른 독립군부대들과 같이 홍범도 휘하의 연합부대를 형성, 일군과의 격전 준비를 하고 있었다.

또한 義軍府軍은 처음 李範允을 총재로 추대한 義軍山砲隊라고도 칭하던 의병군단으로 汪淸縣 春華鄉 草帽頂子에 그 본영을 두고 활동하다가 봉오동 전투 이래 許根을 단장, 姜昌大를 부단장으로 하는 부대로 개편, 대한독립군과 연합하여 군사행동을 취해 왔었다.[176)] 그리하여 이도구 방면으로 진군한 후에는 홍범도 휘하에 들어가 청산리 회전에 참전하였다. 이때의 병력이 150명 내외로 조사된 기록도 보인다.

다음, 韓民會軍은 훈춘 지방에 본영을 둔 부대로서 이도구로 이동한 후 홍범도 휘하에서 청산리 회전에 참가했던 당시의 병력이 5백 명이 있다는

---

173) 「不逞鮮人ノ狀況」, 『現代史資料』 28, p.385.

174) 救世洞은 기독교인 촌락으로 二道溝 口水子 南村을 말한다. 1912년 이도구 방면에서는 최초로 개척된 韓人村이다.

175) 「10月中ノ情報ニ據ル間島地方不逞鮮人ノ行動概況」, 『現代史資料』 28, p.398.

176) 「義軍團」, 『現代史資料』 27, p.369.

기록도 있으나, 정보 자료상 약 2백 명 내외가 참전하였던 것으로 나타난다.[177]

그리고 光復團은 원래 대한제국의 復辟을 주장하는 독립군단으로 단원은 450명이었으며, 그중에서 3백 명이 군총 150정, 권총 2백 정으로 무장되어 있었고, 항일운동의 원로라 할 이범윤을 그 단장으로 추대했으나 그것은 명의상에 지나지 않았고, 실제 단의 운영은 김성극 · 홍두식 · 황운서 등이 담임하고 있었다. 일제측 정보 기록은 대회전 직전인 10월 15일경에, 이 광복단 소속의 독립군이 안도현으로부터 이도구와 삼도구 방면으로 東進하고 있다고 다음과 같이 보고하고 있다.

> 10월 15일 광복단 약 1백여 명은 안도현 興道峙를 통과하여 안도현이 삼도구 방면으로 향하고 있다고 한다. 동대는 450명으로 구성된 일단의 선발대로서 다갈색 군복 및 장총을 갖고 있으며 탄약은 駄馬數頭에 적재하여 운반하고 있다고 한다.[178]

상해임시정부의 파견원인 安定根의 보고에도 청산리 회전의 하나인 어랑촌전투에 홍범도부대가 광복단군 2백명과 함께 참가하여 승첩하고 있다고 했다.[179] 그리고 이 광복단은 일제의 한 정보 기록에, "이범윤의 配下에 속하는 부대 약 3백 명은 10월 21일경 細麟河 부근을 통과하여 10월 22일 아침에 이도구 오지에 출현, 홍범도부대와 합류하게 되었다"[180]고 한 데에서도 비치고 있는 바와 같이, 안도현에서 동진하여 이도구 방면으로 서진한 홍범도부대를 비롯한 다른 독립군부대와 합류했던 것이다.

---

177) 「10月中ノ情報ニ據ル間島不逞鮮人ノ行動概況」, 『現代史資料』 28, p.393.

178) 위의 자료, p.405.

179) 「墾北ノ狀況」, 『朝鮮獨立運動』 II, p.126.

180) 「不逞鮮人ノ行動ノ件」 『現代史資料』 28, pp. 376~377.

또한 홍범도부대와 연합한 義民團은 3·1운동 직후 의병을 중심으로 조직된 독립군단으로 상해 임시정부의 파견원 王三德의 보고에는, 단원 2백 명에 무기도 군총 2백 정으로서,[181] 간부는 方渭龍과 金演君 등이며, 그동안 국민회의 국민군과 연합작전을 수행했다고 되어 있다.[182] 그리고 독립군의 장정 때 왕청현 춘화향 알아하의 본영을 떠나 홍범도 부대에 이어 이도구 방면에 진군한 의민단의 독립군은 '冒險隊'로 알려졌고 홍범도부대와 합류, 청산리 회전에 참가하였다. 그밖에 신민단은 3·1운동 직후 블라디보스톡에서 기독교도를 중심으로 조직된 독립군 부대이다. 임시정부 파견원의 보고에 의하면, 한때 이 신민단은 병력이 5백 명에 달하였고, 지부를 왕청현과 훈춘현에 두어 간도 지방에도 그 세력이 컸었다고 한다.[183]

그 후 신민단은 근거지를 왕청현 上石硯·明月溝 등지로 옮기면서 활동했고, 간부는 단장 金準根을 비롯하여 부단장 朴承吉, 사령장관 梁正夏 등이었다.[184] 홍범도의 연합부대에 편성될 무렵의 신민단의 병력은 2백 명이었으며, 무기로는 군총 160정, 권총 50정, 수류탄 3상자 등을 구비하고 있었다. 이와 같이 신민단은 큰 규모의 독립부대라고는 할 수 없지만, 6월 7일에 봉오동전투에도 李興秀가 60명을 이끌고 홍범도가 이끄는 대한군북로독군부의 연합 독립군에 가담, 승첩을 올렸던 것이다.[185]

이와 같은 신민단군 가운데 독립군의 장정 때 일부가 최진동이 인솔한 군무도독부군을 따라 나자구 방면으로 북상하기도 했지만, 약 2백명의 신민단군은 홍범도부대에 이어 이도구 방면으로 서남진, 연합부대를 형성했다. 일제측의 정보 기록은 그같은 사실을 다음과 같이 탐지, 보고하고 있다.

---

181) 「義民團」, 『朝鮮民族運動年鑑』, 在上海日本領事館, 1932, p.157.

182) 국사편찬위원회, 「北間島地方의 抗日團體의 狀況」, 『韓國獨立運動史』 2, p.631.

183) 「新民會」, 『朝鮮民族運動年鑑』, p.156.

184) 「新民團」, 『現代史資料』 27, p.369.

185) 「越境追擊地方面ノ踏查復命書追達ノ件」, 『現代史資料』 27, p.633.

> 茂山間島 방면에 집합한 불령선인(독립군)의 주력은 홍범도부대로서, 安武가 인솔한 국민회대원과 共同動作하고 병력 6백 내지 8백이 되는 외에 義軍團 3백 명, 신민단 약 2백 명 등이라고 한다.[186]

또한 일제측의 다른 한 정보 기록은 청산리 회전 개시 직후인 10월 22일에 신민단군 250명이 이도구 방면으로 移軍하고 있음을 다음과 같이 확인하고 있다.

> 10월 22일 신민단부대 250명은 北哈蟆塘 북방 4리 流水溝를 출발, 이도구 방면으로 향한다.[187]

청산리 회전에 참가한 김좌진의 북로군정서군과 홍범도의 대한독립군 등 독립군 연합부대 병력은 자료에 따라 어느 정도 차이가 있으므로 확실한 규모를 밝힐 수 없다. 그러나 이상과 같이 독립군의 병력을 종합하면 북로군정서 약 6백 명, 대한독립군 약 3백 명, 대한국민회의 국민군 약 250명, 의군부 약 150명, 한민회 약 2백 명, 광복단 약 2백명, 의민단 약 1백 명, 신민단 약 2백 명으로 집계할 수 있으므로 약 2천 명에 달하였다고 할 수 있다.

10월 초순까지 김좌진의 북로군정서군과 홍범도의 연합부대 등 약 2천 명의 병력은, 삼도구 청산리 일대와 이도구 어랑촌 일대에 포진하여 간도를 침입한 2만 명 가운데 청산리 회전 지역으로 침입한 약 5천 명으로 추계되는 일제의 독립군 토벌군 東支隊와의 회전을 위한 연합작전을 모색했다. 그리하여 10월 13일에는 이도구 북합마당에서 연합부대를 편성하기 위해 대한독립군과 통합된 국민회 · 신민단 · 의민단 · 한민회 등의 대표자가 회

---

186) 「10月中ノ情報ニ據ル間島地方不逞鮮人行動概況」, 『現代史資料』28, p.392.
187) 위의 책, p.404.

의를 개최하고 홍범도의 지휘하에 군사통일과 작전을 다음과 같이 결의했다.[188)]

1. 4단(국민회의 이미 대한독립군과 국민군이 합동된 것을 전제로 하였음)의 무력으로써 군사행동의 통일을 도모할 것.
2. 국민회 軍籍者(독립전쟁을 위하여 국민 개병의 원칙을 적용, 모든 장정을 군적에 등록토록 임시정부로부터 시달됨)의 총동원을 행하여 예정의 부서에 취임케 할 것.
3. 군량·군수품의 긴급 징집에 착수할 것.
4. 경찰대를 조직하여 각 방면에 밀행시키어 일본군대의 동정을 탐사할 것.
5. 일본군대와의 對戰에는 그 虛를 찌르거나 혹은 산간에 유인하여 필승을 기할 경우 외에는 전투를 개시하지 않을 것.

이와 같은 결의에 따라 대한국민회는 「광복사업의 成敗와 秋」라는 布告를 내면서 한인 各戶는 10원의 군자금과 또한 모든 동산·부동산의 10분의 1을 군자금으로 모집하기 시작했다.

한편 이와 같이 이도구 부근에서 일군과의 회전을 준비하던 홍범도 연합부대는 삼도구 청산리 일대에 진군한 김좌진의 북로군정서군과도 연합작전에 합의했다. 그리하여 일제 '토벌군'이 삼도구 忠信場 上村에 도착하기 전날인 10월 19일 廟嶺에서 북로군정서군과 홍범도 연합부대의 수뇌들이 연합작전회의를 개최, 간도에 침입한 일제 토벌군과의 회전 등을 논의했다.

이 회의에서 군정서의 부총재 玄天默 등은 독립군이 일군과 회전하면 그 승패를 알 수 없으나, 독립군의 전투는 한편으로 중국측의 감정을 해치고 다른 한편으로는 일군의 증파를 초래할지도 모를 것이므로, '奮戰의 호기'가 못된다고 회전에 자중을 주장하는 避戰策을 제시하여 격론 끝에 일단

188) 「10月中ノ情報ニ據ル間島地方不逞鮮人ノ行動槪況」, 위의 책, pp.402~403.

이를 채택했다.

군정서의 간부로 위장침투하여 활동하던 한 일군의 첩자는 그같은 사실을 다음과 같이 탐지, 상부에 보고하고 있다.

> 제 2차 일본군대의 삼도구 忠信場上村에 도착하기 전일 廟嶺에서 玄天默・桂和・李範奭・安武・李學根・洪範圖・朴寧熙 등 군정서측 및 洪範圖側의 수뇌가 회합하여 일본군 대응책에 대하여 토의하였다. 전투할 것인가, 회피할 것인가의 양파의 의논이 백출하였으나 결국 玄天默 등이 주장하는 다음의 논지에 기초하여 당분간 일본군의 공세를 회피할 것을 결의하였다. 琿春사변에 의해서 드디어 일본군대가 출동하여 我作戰에 장애를 가져온 것이 심대하다. 이제 간도에서 일본군대와 교전하면 그 승패는 미지수에 속할지라도 그 때문에 支那側의 감정을 해하고 일본측은 다대의 병원을 증파하기에 이를 것이다. 我團體는 실로 內外獨立의 瓜牙로서 역시 光復의 萌芽이다. 奮戰의 好機는 멀지 않았다. 時下 隱忍自重을 요한다.[189]

그러나 이와 같은 피전책은 단지 내외 정세를 감안하여 작전상 당분간 일군과의 회전을 자중하려 한 것이지 독립전쟁을 조금도 늦추거나 포기하려는 것이 아니었음은 물론이다.[190] 도리어 일군과의 회전이 닥치면 필승을 기약하는 뜻에서의 신중한 피전책이었다고 해석된다.

---

189) 「不逞鮮人ノ行動」, 『現代史資料』 27, p.381.

190) 青山里大捷 후 발표된 軍政署의 「軍政署檄文」(『獨立新聞』제 95호, 1921년 2월 25 일자)의 다음과 같은 구절은 그러한 獨立戰爭의 굳은 의지를 입증하는 것이라 하겠다. "本署는 자못 一旅의 弱力으로 絶地에 孤立하야 將校는 復生의 心이 無하고 士卒은 敢死의 氣를 有하야 血戰 四五日에 敵의 연대장 이하 수십장교와 1,200여 명의 兵卒을 殺死하였도다. 그러나 중과가 異勢하고 行藏이 有時하여 부득이 險路를 退保하야 再擧를 꾀할 뿐이므로 左聞檄布하야(중략) 대개 見義勇爲는 我獨立軍의 정신이고 臨戰無退는 아 독립군의 기백이니(중략) 현시의 大勢를 만회하여 胥弱의 민족을 拯濟하야 大韓光復의 元勳大業을 克期 완성하시압".

5. 靑山里 會戰

청산리 대첩을 좁은 개념으로 풀이하면 1920년 10월 21일 김좌진이 지휘한 북로군정서군이 새 항전 기지를 찾아 和龍縣 三道溝 청산리 진군중, 독립군을 '초멸'하겠다고 그곳까지 침입한 일제 '토벌군' 소속의 東支隊와 白雲坪 계곡에서 혈전을 벌여 대승한 전투만을 지칭할 수도 있다. 그러나 일반적으로 청산리 대첩은 바로 그 청산리 백운평전투를 시작으로, 그 후 김좌진의 북로군전서군은 물론, 이도구 어랑촌 부근의 산림지대에 집결한 홍범도 휘하의 대한독립군을 비롯하여 국민회·한민회·의민단·신민단 등의 연합부대가 10월 26일 中·蘇 국경에 위치한 밀산 방면으로 다시 장정을 시작할 때까지, 完樓溝·어랑촌·泉水坪·蜂蜜溝·古洞河 등, 二·三道溝 서북편의 밀림 산곡에서 전개한 10여 회의 대소 회전과 그 승첩을[191] 통칭하고 있다.

간도에 침입한 일제 토벌군 가운데 용정과 무산 방면에 진출하여 천보산에 주력을 둔 동지대는, 이·삼도구 서북편의 독립군이 백두산록이 자리잡은 "安圖縣이나 북쪽의 敦化縣으로 이동하는 것을 저지"[192]하면서 이들을 초토화하기 위해 10월 17일부터 다음과 같은 작전을 수행하려 했다.

> 1. 局子街 天寶山에는 각 대대장이 지휘하는 2개 중대와 기관총 1개 소대를 두어 이후의 행동을 준비시킬 것.
> 2. 기병연대의 주력은 천보산 방면으로부터 서진하여 五道溝를 거

---

191) 「我軍隊의 活動」, 『獨立新聞』 제 91호, 1921년 1월 21일자에 "金佐鎭氏 부하 600명과 洪範圖氏 부하 300명은 大小戰鬪 10여 회에 倭兵을 擊殺한 자 1,200명중 敵이 自相射 殺한 자 400명이며 安武軍 200명은 服裝과 武器가 가장 정비된 바 경내에 거류하는 同胞는 군수 공급에 多大히 노력하는 중"이라고 하여 청산리 대첩을 '大小 10여 회전'으로 기술하고 있다.

192) 「第一九師團訓令」, 『間島出兵史』 上, p.44.

쳐서 昇平嶺 부근에 진출해서 (독립군) 퇴로를 차단할 것.

3. 보병 제 73연대 제 3대대의 주력은 삼도구 방면으로부터 그 서남방 8리(한국 80리)의 老嶺을 향하여 전진해서 퇴로를 차단할 것.
4. 山田 大佐는 보병 3개 중대, 기관총 1개 소대, 포병 1개 중대로써 逐次 전진해서 20일을 기하여 토벌을 실시할 것.
5. 이 토벌에 策應하기 위하여 茂山수비대로부터 일부를 차출하여 石人溝를 거쳐 老嶺을 향하여 전진시킬 것.[193]

그리하여 첫째 東支隊의 山田 토벌연대 가운데 한 부대는 삼도구로부터, 다른 한 부대는 이도구 봉밀구 방면으로부터, 그리고 茂山수비대는 石人溝를 거쳐 노령 방면으로 각각 진출, 다같이 김좌진의 북로군정서군을 포위공격케 하였다.[194]

둘째로 지대장 東正彦 소장이 직접 인솔하는 동지대의 주력부대는 이도구 서북 지방에 있던 홍범도의 연합부대를 공격하기 위하여 한 부대를 천보산 쪽에 출동시켜 그곳으로부터 포위, 남하케 하고 나머지는 이도구로부터 서진케 하였다.[195] 이와 같은 일제 토벌군은 보병뿐만 아니라 중무기를 갖춘 정예기병과 포병을 포함하는 5천 명 내외로 추산되는 병력[196]으로 김좌진과 홍범도의 독립군 연합부대를 사면에서 포위, 10월 20일을 기해 '초멸' 하겠다는 작전을 구상했던 것이다.

독립군 고위 간부들의 작전회의에서는 처음 앞에서 논급한 바와 같이 일제 토벌군에 대하여 내외 여건을 감안, 자중을 뜻하는 피전책을 결정했으나 일군의 이와 같은 초멸작전에 대하여 회전을 회피하는 것이 도리어 독립

193) 「朝鮮軍司令官 10月 19日 電文 朝特 102」, 『現代史資料』 28, pp.216~217.

194) 「東支隊」, 『間島出兵史』 上, pp.55~60 참조.

195) 위와 같음.

196) 金靜美, 앞의 논문, p158 참조.

군측에 크게 불리할 수도 있다고 판단하였다. 그러므로 독립군측은 적극적으로 그들을 유리한 회전장으로 유인, 결전을 감행한 것이고, 그 첫전투가 바로 청산리 백운평전투였던 것이다.

이윽고 山田연대의 주력이 20일 삼도구로부터 청산리 골짜기로 침입해오기 시작하자,[197] 김좌진 사령관은 그들을 일거에 섬멸하기에 가장 유리한 지형을 갖춘 백운평 일대의 고지마다 독립군을 전투편제로 이중 매복시키고, 그들을 그곳으로 유인했다.[198] 그 지대는 청산리계곡중에서도 폭이 가장 좁고, 좌우 양편으로 깍아지른 듯한 절벽이 솟아 있으며 그 사이에는 백운평이라 부르는 공지가 있어 청산리계곡을 통과하는 단 하나의 오솔길로, 그 공지를 통과하게 되어 있었다.

安川 소좌가 인솔하는 山田연대의 전위부대는 독립군부대가 그곳 고지에 매복하고 있는 줄은 전혀 짐작도 못하고 다음날인 21일 아침 8시경 백운평을 침입하기 시작, 1시간만인 상오 9시경에는 그곳을 점령하다시피 했다. 그러나 최전선의 독립군 매복지점으로부터 불과 10여 보앞에까지 도달하였을 때 김좌진 부대는 사방에서 이들을 포위 공격하였다. 6백여 명의 독립군의 일제 사격에 직면한 安川 전위부대는 응사를 시작했으나 독립군의 사격장소를 제대로 알 수 없어 반격의 효과가 없었다. 결국 독립군은 30여분간의 공격으로 약 2백 명으로 추산되는 전위부대를 섬멸하는 전과를 올렸다.[199]

이와 같이 섬멸된 전위부대에 뒤이어 백운평 방면으로 뒤따르는 산전연대의 주력부대는 전위부대의 참패를 만회하려고 기관총·山砲 등의 중무기를 앞세워 결사적으로 돌격해 들어왔으나, 지형적 우세를 점한 독립군의 공격에는 당해낼 길이 없어 사상자만 속출하였다. 이에 산전 토벌군은 보·

---

197) 「朝鮮軍司令官 10月 19日 電報 朝特 102」, 『現代史資料』 28, p.217.

198) 金勳, 「北路我軍實戰記」, 『獨立新聞』 제 96호, 1921년 3월 1일자 참조.

199) 軍務部, 「北間島에 在한 我獨立軍의 戰鬪情報」, 『獨立新聞』 제 88호, 1920년 12월 25일자.

기병으로 편성된 몇 개 중대를 뽑아 독립군을 협공하고자 고지를 따라 돌격하면서 우회했으나 절벽 위에서 사격하는 독립군의 兵火를 당해내지 못해 실패했다. 山田 토벌군은 최후로 부대를 약간 후퇴시켜 재정돈, 산포와 기관총대의 엄호를 받으면서 정면과 측면에서 독립군을 공격했다. 그러나 독립군은 고지 위에서 그것도 완전히 은폐된 지점에서 반격하였으므로, 그들은 돌진하여 오는 대로 사살되어 전사자의 시체만 쌓일 뿐이었다. 결국 산전토벌대는 2, 3백 명의 전사자만 낸 채 宿營地로 패퇴하고 말았고, 김좌진의 독립군은 첫전투에서 대승을 거두었다. 후에 상해임시정부 군무부는 이같은 청산리 백운평 대첩의 개요를 다음과 같이 발표했다.

> 적(일군)의 전위보병중대가 我의 後兵潛伏 10미터 되는 근거리에 至하도록 적은 안심하였다가 아의 후병은 此에 至하기까지 自若不動하다가 충분한 好機를 際하여 맹렬한 급사격을 행한 지 약 20여 분만에 1명의 잔여 없이 적의 전위중대를 전멸하니 그 수는 약 2백여 명이더라. 그 후방에 追進하던 적의 본대는 蒼黃罔措하여 미처 展開援戰치 못하고 혼란상태에 陷하여 遑汲的 행동으로 산포・기관총을 난사하나 조준과 방향 목표가 不適한 중 천연적 地物이 유리하여 아군의 해는 少無하고 反히 아군의 사기는 왕성케 되다. 是時에 적은 보병 2개 중대, 기병 약간을 附한 1부대가 長白山 東北支脈으로 우회하여, 同地에 在한 삼림을 점령하여 아군의 翼側을 포위하다. 적의 본대는 지형이 불리할뿐더러 아군의 사격 軍紀가 自若緻密하므로 直前開進치 못하고 4~5백 미터를 퇴각하여 隊를 정돈하여 가지고 아군의 정면 및 익측을 포위하고 산포・기관총으로 난사하는지라 아군이 점령한 지점은 고지이며 은폐 안전할뿐더러 적은 아군의 瞰制射擊을 受하게 되매 적의 사격은 毫도 효과가 無하므로 아군의 사기는 더욱 왕성하고 적은 日暮됨을 고려하여 숙영지로 退還하는 행동을 취하다.[200)]

200) 위와 같음.

그러나 일제측의 전투 기록은 이와 같은 참패를 가능한 한 은폐한 채 전투 사실만을 기술하고 있다.[201] 그러므로 그들 기록을 자세히 검토하면 앞뒤가 모순되는 내용이 산견되어 그들이 발표한 전과가 거짓임이 입증된다.[202]

김좌진의 북로군정서군은 이와 같이 참패, 퇴각하는 山田 토벌군을 더 이상 추격하지 않고 이도구 방면으로 이동작전을 전개, 밤을 새워 甲山村으로 행군했다. 그 이유는 이도구 북쪽 천보산 방면으로 안도현으로 돌아 청산리로 침입해 오는 산전의 별동기병연대가 이곳으로 향하고 있었으므로 그들에게 행로를 차단당하지 않기 위해서였다.[203]

---

201) 일제측 '토벌군'의 전투상황을 정리 간행한 『間島出兵史』 상, pp.55~56에는 백운평 전투를 다음과 같이 기술하고 있다.

"山田討伐隊ハ十月十八日 龍井村發 頭道溝南方八家子 三道溝ヲ經テ 十月二十日 靑山里ニ達シ同日未明 約六百ノ賊徒ハ同地ヲ發シ奥地ニ 遁入シタルヲ知リ之カ搜索ニ 努メ同地ニ宿營ス翌日二十一日 討伐隊ハ 主力ヲ以テ密林中ニ遁入シタル賊徒ヲ索メ且附近諸部 落ヲ 剿討シ安川少佐ノ指揮スル 選拔步兵一中隊ヲ 以テ老嶺ニ向ヒ追擊セシム 追擊隊ハ 宿營地出發約一里ニシテ賊ノ前夜ノ露營地ヲ發見ス 該露營地ハ二個ノ集團トナリ六十ケ 所ニ 點在シ殘火尙存シ 約六百名ノ露營セル 跡ナルヲ 知ル 卽警戒ヲ嚴ニシ 進ムコト 約七, 八百米ニシテ忽チ 賊ノ射擊ヲ受ク 追擊隊ハ之ニ應シ攻擊ニ移リ交戰約三十分ニシテ賊ハ 遂次退却ヲ始ム 追擊隊ハ 討伐隊主力ヨリ增援セル部隊ヲ併セ 老嶺ニ向セ 追擊シタルモ賊ハ其大部ヲ 以テ老嶺東南谷地密林中ニ 一部ヲ 以テ安圖縣方面ニ 退却シ 全ク 觸接ヲ絶ツニ至リタルヲ 以テ一先ツ 隊伍ヲ 整頓シ 主力ノ位置ニ撤退ス 此戰鬪ニ 於テ我カ 戰死兵卒四, 負傷下士一, 兵卒二 賊ハ 死體十六ヲ遺棄ス 討伐隊ハ 爾後該地附 近ヲ剿討シ 主力ヲ以テ 三道溝附近ニ集結ス"

202) 「朝鮮軍司令官 10月 26日 電報 朝特 115」, 『現代史資料』 28, p.223에 "山田토벌대는 21일 靑山里 부근에서 賊과 충돌, 이를 서쪽 및 서남쪽으로 격퇴하였다. 적은 密林 속으로 퇴각함으로써 오후 2시 30분 추격을 중지하였다. 이 전투에서 아측 손해 보병 73(연대)전사병졸 3, 부상하사 1, 병졸 3, 적의 손해 발견된 시체 16, 노획품 소총 1, 片劍 1, 탄약 약간, 旗 3"라는 전투보고는 그러한 사례의 하나이다.

203) 「堺總領事大理 10月 22日 電文 第 365號」, 『現代史資料』 28, p.291에 "天寶山方面ヨリ安圖縣ニ出テ三道溝靑山里西方ニ迂回行動中ノ騎兵聯隊ヨリ"라고 보고하고 있다.

청산리 대첩 가운데 백운평전투에 이은 큰 전투는, 다음날인 22일 이도구 完樓溝에서 김좌진의 북로군정서부대와 홍범도가 지휘하는 대한독립군 등의 연합부대가 東支隊의 주력부대를 맞이하여 대승한 것이다. 북로군정서군이 백운평전투를 치르고 갑산촌으로 이동하는 시기에 동지대의 주력은 2대로 나뉘어 홍범도의 연합부대를 초멸하겠다고 이도구에서 부근의 남완루구와 북완루구의 두 길을 따라 포위망을 좁히면서 공격해 왔다.[204] 이에 홍범도는 예정된 저지선에서 그들을 맞아 전투를 개시하는 한편, 예비대로 하여금 중간 사잇길로 돌아서 공격해오는 東지대 一隊의 측면을 공격케 하였다.[205]

북완루구로 진격하던 동지대의 일대는 홍범도부대의 이러한 전략을 감지하지 못하고 홍범도부대의 예비대가 빠져나간 후, 그 중간 사잇길 고지에 들어간 東지대의 다른 일대를 홍범도군으로 오인하여 자기 부대를 공격하였다. 그리하여 중앙고지에 들어선 東지대의 일대는 한쪽에서는 홍범도군으로부터 공격을 받고, 다른 쪽으로는 그들 동지대의 다른 일대로부터 공격을 받아 거의 전멸되고 말았다.[206]

즉 홍범도의 연합군을 포위 공격하던 東지대의 남・북 두 부대는 홍범도가 지휘하는 한 부대에 의하여 전면에서 공격을 받은 한편, 홍범도군의 예비

204) 軍務部, 「北墾島에 在한 我獨立軍의 戰鬪情報」 참조, 일제측의 기록인 『間島出兵史』 上, p.57.에는 다음과 같이 기술하고 있다. "支隊長ハ 十月十八日夕迄ニ得タル情報ニ依リ洪範圖ノ 率牛ル約五百ノ賊徒ハ 頭道溝西方約六里ノ山中ニ占據シアルヲ知リ之ヲ攻擊スル爲メ十九日支隊豫備隊ニ主力ヲ以ラ先ツ二道溝口子ニ前進セシムルト共ニ天寶山ニアル飯野大隊ニ其一中隊ヲ現在地ニ止メ其他ヲ以テ十九日中ニ二道溝口子ニ到ルヘキヲ命セリ支隊豫備隊ハ爾後二道溝口子, 蜂蜜溝附近ヲ搜索シタルモ賊團ヲ發見セス二十一日漁郎村東北約一里ノ臥龍洞ニ宿營セリ飯野大隊ハ二十日支隊豫備隊ニ合シ二十一日以鷄嶺其東南地區ヲ剿討シ南部漁郎村ニ到リ宿營スヘキ命ヲ受ケシモ林中ニ道ヲ失シ南陽村(臥龍洞西方約九吉米) ニ到リ宿營セリ"

205) 軍務部, 「北墾島에 在한 我獨立軍의 戰鬪情報」.

206) 위와 같음.

대의 교묘한 '自軍自傷'으로 유인하는 작전에 말려들어 자군끼리 '自鬪自滅'의 전투까지 전개했다. 이와 같은 홍범도의 연합부대의 완루구 승첩을 임시정부 군무부는 다음과 같이 요약 발표했다.

> 적의 지대(東지대 보병 1대대, 기관총 2중대)는 양로로 岐하여 一은 남완루구, 一은 북완루구 서편으로 향하여 아군 제 1연대를 포위 공격하려 하는 중, 아군의 동 연대는 정찰, 척후의 경보를 聞하고 이미 배치하였던 저항선에서 戰을 始하는 동시에 我의 예비대는 森林中 우회하여 적의 翼側을 돌연히 사격하는 중에 북완루구로 進하던 적의 1대는 오히려 아군이 중앙고지에 在하여 자기의 우군과 相戰하는 줄로 오인하고 적이 적군을 猛射하니 아군과 적군에게 포위 공격을 受한 적의 1대는 전멸에 陷하였는데, 그 수는 약 4백여 명이더라.[207]

이와 같이 임시정부 군무부는 완루구전투의 전과가 동지대의 한 대를 거의 섬멸시켜 그 수가 4백여 명에 달하고 있다고 확인했던 것이다. 당시의 전투에서 자기들의 패배를 항상 은폐하였던 일제측의 전투 기록에서도 완루구의 전투가 격렬하였던 점만은,

> 東 여단장의 주력은 22일 早朝 日樓訴(完樓溝) 深林지대에 遁竄하고 있는 홍범도의 부대와 충돌하여 목하 맹렬히 공격중[208]

이라고 간접적이나마 인정하여 그들 정부에 急電하고 있다.[209]

---

207) 위와 같음.

208) 「諏訪分館主任 10月 23日 電文 第62號」, 『現代史資料』 28, p.319.

209) 「諏訪分館主任 10月 23日 電報 第 64號」, 위의 책, p.319. 그러나 그들은 이 보고에서 戰鬪 결과를 "今朝의 戰鬪에서 我軍(日軍)의 손해는 卽死 기병 2, 부상 6, 즉사 말 1, 부상 말 8이다. 賊(독립군)의 손해는 상당히 있으나 목하 조사중"이라고 패전을 위장하기 위하여 戰死者 보고를 왜곡하고 있다.

박은식의 『한국독립운동지혈사』에서는 이와 같은 홍범도 연합부대의 완루구 승첩을 다음에 논할 어랑촌 승첩과 합하여 다음과 같이 기술했다.

> 韓軍 司令 홍범도는 和龍縣 이도구 부근의 삼림지대에 주둔하고 있었는데 일병이 이곳을 포위하고 불을 지른 후, 각 요로에 기관총부대를 매복시키고 홍이 포위하고 불을 지른 후, 각 요로에 기관총부대를 매복시키고 홍이 포위에서 탈출하기를 기다려 습격하려 했다. 그러나 홍범도는 저들의 속임수를 미리 알아차리고 교묘한 방법으로 삼림에서 탈출하였다. 숲이 전부 불타버리고 황폐된 뒤에는 아무런 종적도 없었고 그래서 일병의 1대(그중에서 중국의 장군 陸光觀이 인솔한 60명도 있었다)는 불타버린 삼림의 중심지대에 진입하여 보고 비로소 탈출한 사실을 깨닫고 방향을 바꾸어 다른 길로 향했다. 이때 매복해 있던 기관총부대가 그들을 홍범도의 한군으로 오인하고 사격을 개시하여 쌍방은 서로 응전해서 죽은 일병이 무수하고 중국병도 전멸했다.[210]

청산리 대첩 중에서 피아간에 가장 큰 규모의 접전을 벌였고, 또한 가장 오랜 시간 격렬한 혈전을 치른 것은 이도구 어랑촌 부근의 승첩이라 할 수 있다.

어랑촌은 '한일합방' 후 함경북도 경성군 어랑면의 농민이 이주하여 이도구에서 서쪽으로 10리 가량 떨어진 골짜기 안에 개척한 마을이다. 이 마을을 중심으로 하여 10월 22일 아침부터 종일 청산리 백운평에서 승첩을 거둔 6백명 가량의 김좌진의 북로군정서군과, 완루구 승첩을 거둔 1천여 명이 넘는 홍범도의 대한독립군[211] 등의 연합부대는, 약 5천을 헤아릴 수 있는 일군 東지대의 步騎・砲兵 등의 주력을 맞아 처절한 혈전을 벌여 통쾌한

---

210) 朴殷植, 『韓國獨立運動之血史』, 上海 維新社, 1920, p.132.

211) 「墾島의 狀況」, 『朝鮮獨立運動』 II, p.126.

승첩을 올렸다.

임시정부 군무부는 이 어랑촌 승첩의 전투상황을 다음과 같이 종합 발표했다.

> 이에 적은 즉시 출동하여 展開進前할 새 어랑촌 전방 약 3리에 아군이 은폐 잠복한 고지에서 약 2백미터 되는 산곡에 그 본대가 도착하자 좌우 고지에서 아군은 맹렬한 瞰制 사격을 始하니, 적은 罔知所措하여 前者死 後者倒에 積尸成邱라, 사격을 시한 지 약 20분간에 적의 死者 3백여 명이라. 적은 己의 兵의 衆多함을 持하고 아군을 대항할새 적의 기병중대(1소대원)는 아군의 翼側을 위협하고 步·砲兵은 소총·기관총으로 효과 無한 사격을 아군의 정면에서 맹렬히 하여 위협적 행동을하나 천연적 지형이 유리하므로 아군은 조금도 피해가 무하니 사기 왕성하여 좌우 전방으로 侵襲하는 적을 대항할 새, 익측에서 무익한 동작을 하려는 적의 기병을 격퇴하며 정면에 재한 다수 완강한 적을 맹렬 과감히 대항하니 통쾌 비참한 대전투가 되다. 時에 적은 지형이 불리하여 아의 감제 사격을 受하는 중에 피아의 거리는 불과 2백미터라, 적은 각 방면에 산재하였던 부대가 집중 증가되어 최종에는 아군 5배 이상 병력이 된지라. 然而我의 旅行隊는 적의 수색 기병부대를 격멸한 후, 우리의 본대에 집합하고 아군 제 2연대도 偵備의 占位한 최고 標高로 退合하여 일제히 맹렬한 집중사력을 행하니 적은 惶怯한 중 분개하여 산포·기관총으로 가치가 무한 사격을 위협적으로 맹렬히 하나 아군의 피해는 少無하므로 사기는 더욱 왕성하더라. 점점 日暮하던 중 적은 支隊로, 아군도 퇴각하다.[212)]

독립군측의 작전은 먼저 김좌진의 북로군정서군이 어랑촌 후방 고지를 선점하여 일군의 진출로를 차단하고, 홍범도의 연합부대가 같은 고지 최고봉에 포진하여 김좌진부대를 援戰하는 것이었다. 그러나 병력과 화력면에

---

212) 軍務部, 「北墾島에 在한 我獨立軍의 戰鬪情報」.

서 우월한 일군이 희생을 무릅쓰고 공격해 왔다. 독립군측은 김좌진군이나 홍범도군이나 모두 항전의식이 투철한 데다가 지형상 유리한 높은 지점을 선점하고 있었기 때문에 돌격하여 올라오는 그들을 내려다보면서 사격할 수가 있어 한차례 20여 분 동안의 공격에서만도 3백여 명을 사살하는 전과를 올릴 수 있었다. 또한 더 많은 일군 전상자를 내게 하여 결국 그들의 공격을 둔화시켰다.

그러나 일군은 공격을 단념하지 않고 기병대로 하여금 泉水坪의 서방고지를 따라 독립군 진영의 측면 공격을 시도하게 하고, 포병과 보병을 정면에 내세워 격렬한 공격을 재개했다.

상오 9시부터 재개된 이 공격은 해가 질 때까지 반복되었으나 지형적인 우세를 점한 독립군의 공격에 일군의 사망자는 계속 늘어만 갔다. 임시정부는 사망자의 숫자를 3백 명이라 하였고,[213] 부상자는 아예 추계조차 하지 않았다. 일군측은 그들의 관례대로 이를 은폐하고 단지 전사자 3명, 부상자 11명이라는 허위기록을 남겼다.[214] 한편 이 전투에 참전하였던 李範奭은 자서저인 『우둥불』에서 일본군의 전사자와 부상자는 加納 기병연대장을 포함하여 1천 1백 명이라고 회상했다. 또한 朴殷植의 『韓國獨立運動之血史』에서는 위에서 서술한 바와 같이 홍범도의 완루구 승첩을 "홍범도 장군은 다시 적을 추격하여 두차례 연승하였고, 이 전쟁에서 일병의 사망자 총계 1천 2백 명이었다고 한다"[215] 라고 기술했다.

한편 대개의 경우 자기들의 유리한 것만을 강조하는 일제 '토벌군' 측이 어랑촌 전투의 보고에서 다음과 같은 기록을 남겨 전투의 격렬상과 독립군의 용전을 반증하고 있다.

---

213) 위와 같음.

214) 「朝鮮軍司令官 10月 26日 電文 第 115號」, 『現代史資料』 28, p.223~224.

215) 朴殷植, 앞의 책, p.132.

봉밀구 및 청산리 부근에서의 동지대의 전투에 徵함에 此 방면에 있는 賊徒는 김좌진의 지휘하에 있는 군정서의 일파와 독립군 중 홍범도가 지휘하는 일단과를 합하여 기관총 등의 신식 병기를 갖고 약 6천으로 구성된 것 같으며 타방면과 달리 완강히 저항을 계속하고 있다.[216]

더구나 이 기록 문구 중에 2천 명 내외의 독립군의 實數를 그들 일군 병력보다 많은 약 6천 명으로 파악한 대목은 어랑촌 전투에서 그들이 독립군의 군사 전력을 그만큼 막강한 것으로 간주한 것으로 해석된다.

이밖에도 청산리 대첩에 포함될 전투로는 김좌진의 북로군정서군이 백운평 승첩을 거두고 1백여 리 산길을 밤을 새우며 행군하여 이도구 갑산촌에 도착, 곧 이어 東지대의 기병중대를 선제공격, 전멸시킨 10월 22일 새벽의 泉水坪 전투를 비롯하여[217] 어랑촌 승첩 후에 이도구 서북방 각지의 산골에

216) 「朝鮮軍司令官 10月 26日 電文 第 114號」, 『現代史資料』 28, p.222.

217) 泉水坪戰鬪는 김좌진의 부하가 전일 靑山里 백운평전투를 치르고 밤을 새워 삼도구 천수평에 도착, 日軍一隊가 부근 人家에 宿營하는 것을 발견, 40여 명의 적을 격살시킨 戰捷을 말한다. 이때 日軍은 겨우 기병 4騎가 漁郞村 本隊로 도주하여 어랑촌 전투의 계기를 이루었다. 이 전투에 중대장으로 참전했던 金勳의 「北路我軍實戰記二」에는 그러한 사실을 다음과 같이 술회하고 있다.(『獨立新聞』 제 98호, 1921년 3월 13일자).

"靑山里 삼림중에서 적으로 하여금 自相衝突케 하고 곧 거기서 160리 되는 二道溝로 强夜行軍하야 甲山村에 도착하야 잠깐 휴식하고 다시 거기서 30리 되는 泉水洞부근에 至하니 시는 21일 상오 4시이더이다. 거기서 척후 2명을 천수동에 파견하였더니 적의 기병 40여명이 천수동 인가에서 舍營한 것을 방문까지 열고 회보하였나이다. 이와 동시에 적의 보병 1개대대 기병 1개 중대는 천수동에서 동으로 8리 되는 漁郞村에 숙영하는 것까지 탐지하였나이다. 아직 未明에 우리 여행단 80명이 포위하고 장차 습격하려 할시에 我의 후방부대에서 數放의 방총을 발함에 적은 驚起하야 혹 도보 走하며 혹 騎馬하고 逃하는 것을 我軍 400명이 일시에 사격하여 도주한 4기 외는 전부를 滅하였나이다".

한편 일제측의 『間島出兵史』 上, p.57에는 다음과 같이 기술하여 전투사실만을 인정

서 벌어진 23일의 맹개골전투, 같은 날의 萬鹿溝전투, 24일의 쉬溝전투, 24～25일의 天寶山 부근 전투,[218] 25～26일의 길의 古洞河 골짜기 전투 등이 있다.[219] 이들 전투도 한일간의 자료에 따라 규모와 접전 시간의 차이는 있으나 하나같이 혈전을 치렀고, 또한 독립군측이 승첩으로 이끈 전투였다. 특히 고동하 골짜기의 전투는 홍범도의 대한독립군 등 연합부대가 동지대의 일군을 이·삼도구 방면에서 마지막으로 격퇴시킨 전첩이었다. 이 전투를 치른 일군측의 한 전투 보고에서는, "賊徒(독립군)의 襲來에 대비하여 부근 가장 높은 곳에 부대를 집결했다. 時에 東天이 점차 밝아오자 將卒의

하고 있다.

"騎兵聯隊ハ昇平嶺方面ヘノ前進路險惡加フルニ濕地多ク行動不能ナリシヲ以テ支隊豫備隊ノ行動ニ策應スル爲メ 五道陽岔ニ轉進シ賊情ヲ捜索シツツ漁郎村(蜂蜜溝ノ(下)東北約六吉米)ニ達シ宿營ス翌二十二日午前五時三十分金佐鎭配下ノ士官生徒隊ヲ基幹トセル約三百ノ賊ハ騎兵聯隊ノ小硝ニ襲來ス 關隊ハ直ニ之ニ應シ交戰シ支隊豫備隊亦此方面ニ急行ス"

218) 金勳,「北路我軍實戰記 二」,『獨立新聞』제 98호.

219) 宋友惠, 앞의 논문, pp.458～459 참조, 古洞河戰闘를 일제측의『間島出兵史』상, p.58에 서는 다음과 같이 서술하고 있다.

"東支隊長ハ 徹底的ニ賊ヲ撃滅スルノ企圖ヲ以テ 兵力ノ集結ニ努メシモ 交通ノ不便ト一 般配備ノ關係上 集結意ノ如クナラス然レモ賊ヘ 逐次北方ニ 遁走スルノ徵アルヲ以テ二十四日自ラ步兵百五十機關銃三ヲ率牛 漁郎村出發蜂蜜溝 北方約二千米ノ小流ニ沿ヒ西進 午後四時賊ノ前夜ニ於ケル露營地ヲ發見シ住民ニ詰問シテ賊ノ退却方向ヲ知リ 或ハ足跡ヲ索メ或ハ樹技ニ存セル賊銃照星頂ノ傷眼等ニ依リ判斷シ 密林中ヲ彷徨シ 古洞川ニ沿ヒ溯ルコト約六里ニシテ 二十五日午後十時頃前方森林中ニ 薄キ煤烟ノ揚ルヲ見ル 次テ近ク賊徒ノ露營セルノ報告ニ接シ 夜十二時夜襲ヲ敢行 之ヲ撃退スト雖 賊ハ尙近ク各所散在シ 諸方面ニ對シ亂射ヲ繼續スルヲ以テ 無益ノ損害ヲ避クヘク 附近ノ最高峯一七四三高地ニ 兵力ヲ集結ス 此戰闘ニ於テ 我ニ損害ナシ賊ノ死傷約三十 小銃十彈藥約一萬ヲ鹵獲ス 其後俘虜ノ糺問ニ依リ 此賊團ハ洪範圖指揮スル三百(內執銃者二百五十)金佐鎭部下約三十ナ リシヲ知ル 該隊兵力ノ不足ハ遂ニ之カ徹底的剿討ニ由ナク 二十六日蜂蜜溝ニ歸還セリ 此隊ハ二十四日午後三時ヨリ二十六日午後四時ニ至ル四十九時間全ク密林中ニ行動セルモノニシテ其勞苦ヤ多大ナリ"

面面에 희열의 빛이 나타나는 것을 보았다"[220] 라고 하였다. 즉 밤중의 치열한 독립군의 공격에서 겨우 살아남은 일군은 날이 밝아오자 살았다는 생각에서 장졸의 얼굴마다 희색이 감돌았다는 것이다.[221]

6. 靑山里 大捷의 意義

청산리 대첩은 위에서 상론한 바와 같이 金佐鎭의 北路軍政署軍과 洪範圖의 大韓獨立軍, 安武의 國民會의 國民軍·韓民會·新民團 등 2천여 명 내외의 연합부대가 새로운 항전기지를 마련하고자 和龍縣 二·三道溝 서북쪽의 深山長谷 지대를 長征 중, 그보다도 배 이상인 5천 명의 병력과 월등한

---

220) 「朝鮮軍司令官 10月 26日 電報 120」, 『現代史資料』 28, pp.226~227.

221) 이 고동하 전투를 승리로 이끈 홍범도 장군의 위용을 일제측의 기록인 「間島出兵後不逞鮮人團體狀況」(『독립운동사자료집』 제 10집 1호, 독립운동사편찬위원회, 1976, pp.237~238)에서는 다음과 같이 기술, 적이지만 경의를 표하고 있다.
"10월 하순 이도구·어랑촌 및 봉밀구 방면에서 일본 군대에 대하여 완강히 저항한 주력부대는 독립군이라 칭하는 홍범도가 인솔한 부대였다. 홍범도의 성격은 호걸의 기풍이 있어서 김좌진과 같은 재질이 잇는 인물은 아닌 듯하고 앞서 홍범도가 간도 방면을 동분서주하고 있을 무렵 일반 조선인, 특히 그 배하에 있는 자로부터 하느님과 같은 숭배를 받고, 또 그가 독립군의 각파가 항상 행동상 일치를 못하고 의사의 소격에 있는 것을 탄식하며 도저히 광복의 대거는 성사히기 어렵다고 판단하고 차라리 풍월을 벗으로 삼고 여생을 보내겠다고 사랑하는 부하를 걱정하면서 감개한 심변을 털어놓은 듯, 혹은 각 독립군이 단호한 결심이 없음을 분개하고 단독 행동을 취하며 함남 삼수갑산 방면으로부터 국경을 습격하여 여론을 환기시키고 독립군의 의기를 보이려고 하는 등 본격적 기백을 토로하기도 하며 역시 그의 성격을 엿볼 수 있는 좋은 자료이다. 이 도구 어랑촌 봉밀구 부근의 전투에 당면하여 일본군의 포위중에 빠진 것같이 그의 전술이 졸렬한 것을 빈정대는 것보다는 挺身하여 배하를 독려하고, 일본군에게 一矢를 보복하려는 것이었다고 간주하는 것이 타당할 것이며 그는 지금 한쪽 다리에 관통 총상을 입고 치료를 받고 있다고 하는데 그에 대한 일면을 알 수 있다.

화력을 갖춘 일제 토벌군 소속의 東지대와 6일간에 걸쳐 대소 10여 회의 혈전을 결행하여 대승한 것이었다.

이와 같은 청산리 대첩의 구체적 전과는 자료마다 달라서 정확히 밝힐 수는 없겠으나, 그 대체적인 규모는 설정할 필요가 있다. 우선 상해의 대한민국임시정부 군무부는 북로군정서의 보고인 「大韓軍政署報告」에[222] 근거하여 다음과 같이 확인하였다.

> 1. 적의 사상자
> 死者 연대장 1인 · 대대장 2인 · 기타 장교 이하 1천 2백 54인(적의 自傷擊殺者 5백여 인), 傷者 : 장교 이하 2백여 인
> 2. 아군의 사상과 被虜
> 사망 1인, 傷痍 5인, 포로 2인
> 3. 아군의 전리품
> 기관총 4정, 소총 53柄, 기병총 31柄, 탄약 5천발, 군도 5柄, 나팔 2척, 馬鞍 31좌, 군용지도 4 부, 腕時計 4개, 기타 피복 · 모자 · 모포 · 圖囊 · 휴대천막 · 군대수첩 등속 약간[223]

즉 일본군 전사자는 연대장 1명, 대대장 2명을 비롯하여 1천 2백 54명으로, 그 중에는 앞에서 설명한 바와 같이 그들 일군끼리 自鬪自傷戰을 벌여 전사한 자가 5백여 명이나 포함되어 있고, 또한 부상자는 2백여명이라고 했다. 이에 비하여 독립군측은 전사 1명, 부상 2명, 포로 2명이라고 되어 있다.

다음으로 임시정부의 대변지인 『獨立新聞』도 이 군무부의 확인보다 앞서 다음과 같이 보도하여 일군의 전사자를 1천 2백 명으로 계산했다.

---

222) 『獨立新聞』 제 95호, 1921년 2월 25일자.

223) 위와 같음.

김좌진씨 부하 6백 명과 홍범도씨 부하 3백여 명은 대소전투 10여 회에 왜병을 격살한 자 1천 2백여 명 중 적(일군)이 自傷射擊한 자 4백 명.[224]

한편 중국신문인 『遼東日日新聞』은 다음과 같이 보도하여 일군의 전사자를 약 2천여 명으로 추계했다.

일병 사망이 2천 명, 단장 1명이 포로가 됐다. 한인은 1천여 정의 무기와 기관총을 노획했다.[225]

또한 朴殷植의 『韓國獨立運動之血史』에서도 그가 들은 견문과 당시의 보도를 근거로 하여 일군 전상자를 약 2천 명으로 추산했고,[226] 청산리 회전에 참전했던 李範奭은 『우둥불』에서 전사자와 부상자를 구분하지 않고 일군의 사상자가 약 3천 3백 명이라고 회상했다.[227]

이와 같은 독립군측의 구체적 전과 숫자가 자료에 따라 조금씩 다른 점과, 일반적으로 자기편의 전과를 강조하는 전투 기록이라는 특성들을 고려한다면 경우에 따라 다소 그 전과를 과장하였을는지 모른다. 그러나 대체적으로 그 윤곽은 다음과 같이 일본측 기록과는 근본적으로 다르다.

일군측 기록은 앞에서도 논급한 바와 같이 대개의 경우 패전을 은폐할 뿐만 아니라 그들 사상자를 불과 몇 명 정도로 기록하여 신빙성을 상실하고

---

224) 「我軍隊의 活動」, 『獨立新聞』 제 91호, 1921년 1월 21일자.

225) 朴殷植, 『獨立運動之血史』, p.185 재인용. "遼東日日新聞 曾載大略云 日軍陳亡二千人 團長一人被捕韓人奪獲槍械一千餘枝機關槍若干."

226) 위의 책, p.185 "今回我獨立軍在和龍縣者 不欲與日人輕戰 而惟努力準備 爲乘機進取之計矣 乃華兵 起而倀導日人節 迫逐 我獨立軍進退無路 不得不拚命死 戰斃日軍二千 此西人之目擊其狀 而揭佈各報者也."

227) 李範奭, 『우둥불』, 思想界社, 1971, p.83

있다. 즉 일제측은 첫회전인 10월 21일 청산리 백운평 전투에서는 "전사 병졸 3, 부상 하사 1, 병졸 2"[228] 뿐이며, 가장 큰 격전인 10월 22일의 이도구 어랑촌 전투에서는 "전사 步卒 1, 騎兵 2, 부상 보졸 4, 기병 7"[229]이고, 홍범도부대의 夜攻을 만나 일군 추격대가 거의 전멸된 25일 저녁부터 26일 새벽에 古洞河 두멧골이 격전에서는 아예 "我(일군)의 피해 없음. 賊(독립군)의 사상자 30명"[230]이라고 그들의 피해상황을 허위로 기록하였던 것이다.

그러나 간도 주재 堺 일본 총영사는 청산리 회전 직후, 그들 외무대신에게 다음과 같은 비밀급전을 보내어 그들 토벌군의 패전을 인정하고 있다.

> 일본군 담당구역내에서의 불령선인(抗日韓人 및 독립군)의 토벌은 이미 각 부대 공히 일단락을 고했다. 그 효과는 일찍이 조선군(日軍 제 19·20사단)이 2개 연대의 병력으로써 2개월 동안에 소탕할 수 있다고 믿은 기대에 반해 성적은 案外에 생각과 같지 않아서, 말하자면 다소 실패로 끝났다는 비난을 면키 어렵다 하니.[231]

독립군측의 전과는 이상과 같이 볼 때 일제측의 전투 내지 정보기록에는 어떻게 기록되어 있든지간에 독립군의 대첩은 분명한 것이고 또한 그 전과는 자그만치 1천 명 이상 단위였다고 할 수 있다.

이에 반하여 독립군측의 피해는 그들의 전과를 가능한 한 강조하는 일군측의 기록에서도 겨우 백운평 전투에서 "적(독립군)은 死體 16구를 유기하다"[232]라고 하여 16명의 전과를 올렸다는 것을 비롯하여, 어랑촌 전투에서 "적(독립군)사상이 자세하지는 않으나 약 60명"[233]이라 하고, 이어 古洞河

---

228) 『間島出兵史』 上, p.57.

229) 「堺總領事代理 10月 24日 電報 第370號」, 『現代史資料』 28, p.293.

230) 『間島出兵史』 上, p.58.

231) 「堺總領事代理 11月 22日 電文 暗 17762」, 『現代史資料』 28, p.304.

232) 『間島出兵史』 上, p.57.

골짜기 전투에서 "적(독립군)의 사상자 30명[234]이라고 하는 정도였다. 예컨대 徐一의 「대한군정서보고」에는 독립군측의 피해가 겨우 "사망(전사) 1인, 상이 5인, 포로 2인"[235]이라고 기록했다. 그러나 독립군이 배 이상의 병력에다 신예무기를 갖춘 일군과 교전하는 데 이처럼 작은 손실에 그쳤다고 보기는 여러 가지 정황으로 보아 인정하기 어렵다. 게다가 상해임시정부의 파견원인 安定根의 보고서에는 10월 22일부터 3일간의 회전에서

> 음력 9월 11일(10월 22일)부터 피아 양군은 3일간 전투를 개시하여 쌍방 다같이 사상자 3백 명에 달하다.[236]

라고 하여 3백 명의 사상자가 난 것으로 되어 있다. 여기에다 22일 이전에 있은 백운평 전투와 25~26일의 고동하 골짜기 전투 등에서 발생한 사상자를 합치면 그 피해는 더 올라간 숫자로 보아야 할 것 같다. 그러나 이와 같은 피해는 독립군이 일군에게 거둔 전과에 비하면 훨씬 적은 것이라고 할 수 있다.

그렇다면 장정 중의 독립군이 청산리 회전에서 이와 같이 대첩을 올린 원인은 여러 가지가 있겠으나, 청산리 대첩을 올린 주력부대인 북로군정서의 徐一총재는 「대한군정서보고」에서 다음과 같이 들고 있다.

> 이번 전투에 百般의 승산을 有한 적은 何로 인하여 反히 대패를 招하였으며 백반의 준비가 부족한 아군은 능히 전승을 득하였는지 此를 略陣함.

---

233) 위의 책, p.227.

234) 「朝鮮軍司令官 10月 28日 電文 朝特 120」, 『現代史資料』 28, p.227.

235) 『獨立新聞』 제 95호.

236) 「墾北ノ狀況」, 『朝鮮獨立運動』 II, p.126.

〈적의 실패 이유〉

1. 兵家의 最忌하는 輕敵의 행위로 險谷長林을 별로 수색도 無히, 경계도 무히, 盲進하다가 항상 일부 혹은 전부의 陷沒을 당함이며,
2. 局地戰術에 대한 경험과 연구가 부족하여 삼림과 산지중에서 종종의 自傷 충돌을 生함이며,
3. 該軍人의 厭戰心과 避死逃生하는 怯懦心은 극도에 달하여 군기가 문란하며 射法이 不精하여 일발의 效가 무한 난사를 행할 뿐이더라.

〈아군의 전승 이유〉

1. 생명을 불고하고 奮勇 결투하는 독립에 군인정신이 먼저 적의 志氣를 압도함이요,
2. 양호한 진지를 선점하고 완전한 준비로 사격 성능을 극도로 발휘함이요,
3. 應機隨變의 전술과 예민 신속한 활동이 모두 적의 의표에 出함이라. 오호라, 3일간 전투에 糧道가 俱絶되어 다만 5~6塊의 甘藷로써 饑腸을 僅充하고, 一日一夜에 능히 1백 50여 리의 험산 밀림을 통행하되 一毫도 奪氣함이 무하며, 전투 후에 또한 수천백 리 森林長雪中을 통과하여 凍傷한 자가 不少하되 半點의 怨悔가 무함은 참으로 독립의 장래를 위하여 희망한 바이더라.[237]

즉 독립군이 대첩을 올린 원인은 첫째, 정신적 측면에서 독립군이 조국을 위하여 굶주림을 견딜 뿐 아니라 생명을 돌아보지 않는 항전의지를 가진 데 비해, 일군은 避死逃生하려는 厭戰의식이 충만하였고 둘째, 전술적 측면에서 독립군이 전투하기 유리한 진지를 선점하여 정확한 공격을 한 데 비해, 일군은 삼림계곡 등의 지형을 이용한 전술이 뒤떨어져 自傷自鬪戰까지 전개

237) 『獨立新聞』 제 95호.

했고 셋째, 독립군은 지휘관의 작전 지휘 능력면에서 일군을 월등히 압도하여 그들의 계획과 작전을 모두 낭패시켜 그들을 險谷長林에서 맹진토록 하여 놓고 맹공, 대승을 거두었다는 것이다.

북로군정서의 이와 같은 청산리 대첩 원인 분석은 하나같이 적중한 것임에는 틀림없다. 그러나 그에 못지 않은 기본적인 대첩 원인도 지적할 수 있다.

그것은 첫째, 독립군의 직접적인 모체인 굳은 독립의식을 바탕으로 한 간도 내지 연해주 한인사회의 헌신적 전투지원과 막대한 군수지원을 들 수 있다. 그동안 독립군을 양성해 온 간도와 연해주의 한인사회는 국내 진입작전이 개시된 1919년 여름부터 보다 적극적으로 독립군의 항전에 모든 뒷바라지를 다해 왔었다. 즉 대개가 개척 농민으로 형성된 한인사회는 아직 경제적으로 생활기반조차 확고하지 못한 형편에서도 군자금을 내어 무기와 그밖에 여러 가지 군수물자를 마련케 했고, 독립군의 식량·피복 등을 전담하시다피 했다. 특히 독립군의 장정이 시작된 뒤에는 그들의 모든 숙식과 군수품을 제공하여 왔다. 뿐만 아니라 이들은 일제 토벌군의 동태를 광범하고 정확하게 탐지하는 정보활동을 자원했고, 독립군의 각종 통신 연락을 담임했다. 때로는 지형·지세를 적절히 이용해야 하는 독립군의 행군이나 전투시에도 훌륭한 안내자가 됐다.

한인사회의 독립군에 대한 이와 같은 지원은 청산리 회전이 시작되면서부터 더욱 현저해졌다. 청산리 회전 때의 그와 같은 예를 구체적으로 몇 가지 들어보면 첫째, 당시에 독립군의 병참은 물론 모든 음식까지 그 지방의 한인이 자발적으로 제공하여 병참이 월등히 풍족한 일제 토벌군을 섬멸시킬 수 있었다. 독립군은 첫회전인 청산리 백운평 전투 때부터 避戰策을 전제로 한 不虞戰이기 때문에, 給養의 준비조차 없이 백두산록을 향하여 장정하던 중에 전투를 전개하였으므로 전원 굶주리면서 격전을 치러야만 했다. 게다가 그 전투를 치르자마자 쉴 틈도 없이 공복으로 밤을 새워 다음 격전지인 二道溝 甲山村을 거쳐 泉水坪·漁郎村 등지로 행군했고, 그곳에서 다시 격전을 전개했다. 이와 같이 극도의 굶주림 속에서 격전을 벌이는 독립군에게 생명의 위험을 무릅쓰고 음식을 마련, 砲煙彈雨 속으로 가지고 가서 독립군에게 급양하고 그들을 격려하여 독전케 한 것은 그 지역 한인 중에서도 특히 연약한 부녀자들이 많았다.

그와 같은 사실은 『獨立新聞』에서는 청산리 대첩 직후 「墾島通信」이란 제하에 다음과 같이 보도했다.

> 금번 북간도 방면에서 우리 독립군이 왜적으로 더불어 교전할 때에 아군은 예기치 않았던 不虞의 戰이므로 炊煮給養의 준비가 없었던 것은 사실이다. 그런데 該地方에 있는 부인들은 애국하는 일편의 赤誠으로 음식을 준비하여 가지고 위험을 冒하고 彈雨가 紛紛한 전선에 勇進하여 전투에 피로한 군인들을 供償하며 위로하다.
>
> 어떤 군인들은 奮戰忘食하여 진작 應食치 않을 시에는 부인들이 울며 권하기를, 諸氏가 만일 此을 食치 않으면 우리 다 死로써 歸치 않겠노라 하여 기어이 就食하도록 하여 일반 군인으로 하여금 큰 위안을 받게 했다.[238]

둘째, 간도의 한인사회는 조직적이며 효과적으로 독립군을 위한 정보활동과 통신연락을 제공하여 청산리 회전을 대첩으로 이끄는 데 기여했다. 독립군부대는 장정 또는 회전 중 어느 때나 그 지역 한인으로부터 일제 토벌군의 배치상황과 병력이동 등의 정확한 정보를 제공받아 때로는 독립군이 일군의 포위망에서 벗어났고, 때로는 그들을 선제 공격하며 승리를 거두었다. 특히 10월 21일 새벽의 泉水坪 전투는 현지 농민의 정보에 의거하여 일본 기병대를 기습 공격해서 승첩한 것이고 같은 날의 完樓溝 전투도 그곳 한인의 일군 동향에 대한 정보에 근거하여 독립군이 그들의 포위망에

238) 「女子의 一片丹誠」, 『獨立新聞』 第 93號, 1921년 2월 5일자.

서 벗어날 수 있었을 뿐 아니라, 도리어 유인작전을 써서 일군끼리 自傷自鬪戰을 전개하여 그들을 섬멸할 수 있었던 것이다.

나아가 간도 한인은 청산리 회전 때는 물론, 그 전후의 일군의 간도 침입 전기간 중 적극적으로 그들 토벌군의 군용 전화선을 찾아내어 절단, 그들의 통신연락을 마비시켜 역으로 독립군의 작전을 돕기까지 했다. 일군의 한 기밀보고는 간도내 한인들의 이와 같은 활동을 다음과 같이 기술하고 있다.

> 토벌대(일군)의 군용 전화선은 각 방면 누누이 不逞者(항일한인) 때문에 절단됐다. 東지대 방면 같은 경우는 頭道溝・漁老村(蜂蜜溝와 二道溝의 중간)간에 있어서 24일 20개소가 절단되어 被覆線 약간을 탈취당했다. 百草溝 방면에 延線한 전화선은 23일 局子街 북방 4리(40리)의 지점까지 건설했으나 끊임없이 절단을 당함으로써 27일에 이르러서도 통화가 불가능하며 피복선 2㎞를 탈취당했다. 요컨대 전화선 보호에 대해서는 각 방면 모두 최선을 다하고 있으나 피해가 빈발하여 통신연락은 극히 곤란하다.[239)]

이밖에도 회전 지역내의 한인들은 앞장서 그들이 잘 아는 密林長谷의 지형과 지리를 독립군에게 안내하여 전투때에 좋은 진지를 언제나 선점, 이용케 했을 뿐만 아니라, 일군에게 역으로 위험을 무릅쓰고 허위 정보를 제공하는 등 독립군의 작전을 도와 승리를 초래케 하였다.

예컨대 청산리 白雲坪 전투의 경우, 독립군이 작전상 만든 허위정보(독립군은 병력도 얼마 안되서 사기도 떨어져 있다는 등)를 그곳 농민이 일제 토벌 추격대에게 믿을 수 있도록 전달, 독립군이 매복해 대기하고 있던 백운평 계곡의 유리한 戰地까지 유인케 하여 독립군이 그들을 완전 포위하여 섬멸시키는 데 성공한 것이다. 이와 같은 청산리 대첩은 장정중인 독립군이 이도구・삼도구 서북편의 한인 개척 농민들과 혼연일체가 되어 6일간에

---

239) 「朝鮮軍司令官 10月 28日 電報 朝特 119」, 『現代史資料』 28, p.226.

걸친 대소 10여 회의 격전을 치렀고, 그 결과 독립군의 대첩으로 이끈 것이었다.

요컨대 1920년 10월의 이도구 어랑촌과 청산리 遠近의 심산장곡에서 김좌진이 지휘한 북로군정서군과 홍범도 휘하의 대한독립군, 국민회의 국민군, 의군부 한민회·광복단·의민단·신민단 등의 독립군 연합부대 2천 명은 간도를 침입한 일제 토벌군 소속의 東正彦 소장 휘하 5천여 명의 東지대와 대소 10여 회의 혈전을 전개하여 한국독립운동사상 중요한 의미를 갖는 청산리 대첩을 올렸다. 이것을 역사적 맥락에서 보면 1910년 일제에 의하여 나라를 잃은 한민족이 그에 굴하지 않고 간도를 비롯한 남북만주와 노령, 시베리아에서 그곳 한인사회를 바탕으로 국내외의 민족적 역량을 합하여 국외 독립운동기지를 설치하는 한편, 그곳에서 일제 침략군과 독립전쟁을 감행할 민족의 군대인 독립군 양성을 추진하여 온 '독립전쟁론'의 중요한 소산이라 할 수 있다.

동시에 이와 같은 청산리 대첩은 3·1운동에서 보여준 한민족의 자주독립 의지를 계승하여 일제 침략군과 독립전쟁을 결행하면 승리할 수 있다는 민족적 자주독립 역량을 훌륭히 입증해 보이는 데 중요한 전통을 세운 것이기도 하다.

(1990년)

6. 북간도 독립군단과 '독립군명부'

1. 북간도 한인사회와 독립운동

1919년 3·1운동 이후 1932년 '滿洲國' 성립을 거쳐 1937년 중일전쟁 발발에 이르는 시기에 西北間島를 비롯한 남북만주에서의 한국독립운동은 무장 獨立軍에 의한 抗日戰史로 상정될 수 있다. 이와 같은 獨立軍戰史를 기록한 독립군의 母體는 3·1운동 이후 남북만주와 연해주 각 지방에서 정비 또는 새로 조직된 많은 수의 항일단체와 獨立軍團이었고, 그 기반은 1백만이 넘는다고 추정되던 그 지역에 이주 개척한 韓人社會에 있었다. 그들 각 지역의 한인사회에서는 3·1운동을 계기로 조국독립운동을 수행하기 위한 항일독립운동단체를 새로 정비 강화하는 한편 각기 소속 무장독립군을 편성하였던 것이고, 처음부터 독립군만으로 성립된 독립군단도 적지 않다. 특히, 현재 중국 연변조선족자치주 관내인 北間島지역은 볼셰비키 혁명에 휩싸여 연해주지방에서부터 무기의 공급이 서간도 등 여타지역보다 비교적 용이하였고, 정치적 활동풍토도 직접 항일활동을 하기 어려웠던 연해주에 비해 유리하여 국외 여러 독립운동기지 중에서도 가장 활발한 무장독립군의 항전지역으로 부상하였던 것이다.

이와 같은 북간도지방에서 정비 또는 새로 조직 편성된 여러 항일단체와 군단의 주동인물은 '한일합병' 전후로부터 '獨立戰爭論'의 구현을 위하여 그곳에 망명, 그곳 한인사회의 지도자와 제휴하여 새로운 독립운동기지를 건설하려고 심혈을 기울여 활동하여 오던 민족운동자와 韓末의병의 항일전 종식 후 재기의 기회를 기다리고 압록·두만강을 건너 그 지역에 운거했던 의병들이었다. 이들은 3·1운동에서 고조된 韓人社會의 獨立意識을 장기적이고도 강인한 抗日抗爭으로 이끌기 위하여 서로 서둘러 조직을 정비하고 독립군단을 편성하였던 것이다.

그러한 독립운동단체와 독립군단 중 중요한 것 몇개만 들어도 鳳梧洞 승첩과 청산리 대첩으로 유명한 大韓軍政署와 大韓國民會를 비롯하여 1920년 5월 大韓北路督軍部로 통합된 大韓獨立軍, 大韓軍務都督府, 大韓義軍府, 大韓義民團 등 『北間島지역 獨立軍名簿』의 자료에 열거된 것만도 17개를 헤아렸다.

이와 같은 여러 항일단체와 독립군단의 재정비와 편성은 항일독립운동의 중요한 과제를 안고 있었다. 그것은 각 지방에서 여러 갈래 독립군단의 분립이 활동면에서 볼 때 각기 개별 항일전으로 나타나게 되어 힘의 분산을 가져와 抗日力量을 크게 감퇴시키는 것이기 때문에 이들의 대동통합이 절실하였던 것이다. 그러므로 항일단체와 군단은 각기 조직을 정비, 항일활동을 개시, 밖으로 독립군에 의한 抗日戰을 수행하여 갔고, 안으로 각 단의 활발한 통합운동을 전개하였다.

이러한 독립군단의 편성·통합운동은 3·1운동 이후 1920년에 걸쳐 큰 활기를 띠었다. 그러나 이와 같은 활동은 오래가지 못하고 1920년 10월에 日軍의 독립군 '초멸'을 위한 간도침략과 그를 이은 庚申慘變이라 부르는 그들의 '韓人大虐殺作戰'으로 말미암아 일시 큰 시련을 맞이하였다.

그러나 경신참변 이후 이들 독립군단은 노령으로 北上한 獨立軍의 自由市慘變 등 내외의 역경을 극복하고 재기하여 抗日抗戰을 계속하는 한편 안으로 통합운동도 재개하였다. 이러한 독립군단의 재기항전과 통합운동이 비록 완전한 통합까지는 이루지 못하였으나 그런 난국 속에서도 끈질긴 피의 항전은 계속되어 독립군사의 새 장을 기록하였다.

2. 北間島지역 獨立軍團名簿

『間島지역에서의 不逞鮮人團의 組織 및 役員調査書』[240]라고 표제된 이 日帝側의 자료는 1920년 전후 북간도에서 활동하던 抗日團體와 獨立軍團의 조직과 任員의 名簿를 조사한 것이다. 현재 일본 外務省史料館 소장의 방대한 '朝鮮植民地統治' 관련문서중의 하나인 『自大正十年五月一日 至同年七月三十一日, 不逞鮮人團關係雜件 (28)』중에 포함된 이 자료는 한국식민지통치의 주무기관인 朝鮮總督府와 朝鮮軍司令部는 물론, 그들 본국의 陸·海軍省 및 外務省 등 모든 일제의 관련기관과 그밖의 첩보기관에서 탐지된 내용을 종합, 분석하여 작성된 것이다. 작성시기는 표지 原題 앞에 "大正 10年 4月調" 라고 표기된 바와 같이 1921년 4월 경이다.[241]

일제는 한국 내에서의 3·1운동 탄압 후 급격히 향상된 국외에서의 抗日勢力, 특히 무장 독립군의 위력이 부상됨에 따라 이를 '탄압', '초멸' 시키고자 온갖 공작을 다 폈다. 그 중에서도 북간도지방에서의 독립군의 위력은 그들 한 문서에 의하면 "間島는 在外不逞團全勢力이 집중된 곳으로서 그 지방에서의 不逞團의 武力은 즉 朝鮮獨立標榜者들이 가진 威力의 거의 전부

240) 이 자료 『間島方面ニ於ケル 不逞鮮人團ノ組織及役員調査表』(大正 10年 4月 調)명을의역하면 '間島지역 韓人抗日團體의 組織 및 任員 名簿'이라 할 수 있으나 本書에서는 '北間島지역 獨立軍團名簿'라고 약칭하고 이하 本文중에서는 '本書의 자료'라고 지칭한다.

241) 이 『북간도지역 독립군명부』의 자료는 한편, 표지에 첨가된 부기에 의하면 1921년 6월 27일자 일제의 '在間島總領事의 來信 機密 제263호의 附屬' 문서임을 알 수 있다.

라고 하여도 과언이 아니다."(「間島에서의 不逞鮮人團의 狀況」)라고 한 바와 같이 한민족의 무장 독립군의 主力으로 간주하였던 것이다. 그러므로 일제는 이 자료와 같은 조사 기록을 작성하면서 그 기록에 포함된 '不逞鮮人團'의 탄압은 물론, 그 단체의 포함된 모든 임원을 잡아 없애려 하였다.

이 자료에 조사 기록된 항일단체와 독립군단은 1921년 4월 현재의 것으로 大韓軍政署를 비롯하여 북간도에서 그들이 "상당한 위치 및 聲名"이 있다고 간주한 아래에 열거하는 바와 같은 17개 단체와 군단이다. 거기에 그들과 직접 혹은 간접으로 지휘 또는 연대관계가 있던 上海의 大韓國民臨時政府 및 그 산하 大韓青年團聯合會 등 3개 항일민족운동기관이 '참고'로 함께 수록되었다. 물론, 북간도에서 활동하던 단체와 군단은 이들 17개 외에도 倡義團, 復皇團 등의 여러가지 명칭의 것이 더 있었으나 본서 자료에서는 그 세력이 경미하다고 간주되어 생략된 것이다.

이 자료의 조사내용은 각 군단별로 組織계통을 圖表化하여 일목요연하게 제시하고 그 조직계통에 따른 각 부서별 任員을 가능한 한 자세히 그것도 필요한 경우에는 別名, 變名, 字號 등까지도 조사 병기하였다. 또한 간혹 그 부서의 前任者 내지 이미 작고한 자의 명단도 함께 제시하였다. 또한 그들 임원의 체포 숙청 등이 목적이기 때문에 그들의 소재지를 될 수록 밝혔음은 물론, 그 동안의 공작에 의하여 그들에게 '歸順' 즉 항복 변절한 자의 명단에는 성명 앞에 X표를 부기, 구별하였다. 이밖에도 이 자료에는 「大韓國民會規則」을 비롯하여 아래와 같은 몇 개 단체와 군단의 긴요한 규칙을 수록하였다.

大韓國民會規則
大韓國民會地方會規則
大韓國民會地方支會規則
大韓軍政署警信分局規則

大韓義軍本部法令
大韓義軍山砲隊規則
大韓赤十字會規則
大韓赤十字會支會規則

또한 각 군단의 조직계통과 군단통합 등의 이해를 쉽게 파악하게 하기 위하여 필요한 곳에 註記를 달았고 간혹 大韓北路督軍部 성립시에 만든 통합 「서약서」같은 관련문서도 함께 수록하였다.

大韓軍政署

'北間島 獨立軍團의 名簿'라고도 할 수 있는 이 자료의 첫 번째 기록된 독립군단이 靑山里大捷을 주도한 대한군정서이다. 종래 北路軍政署로 널리 알려진 이 군단의 공식명칭은 이 자료에 의하여도 大韓軍政署이다. 이 군단은 국치 후 결성된 大倧敎의 重光團이 발전한 것이다. 대종교의 徐一 등은 1911년 국내에서의 오랜 항전 끝에 두만강을 건너 북간도로 망명, 재기항전을 노리던 北上 義兵들을 규합하여 왕청현에 본영을 둔 중광단을 조직하고, 민족주의 교육에 중점을 두면서 활동하던 중 3·1운동을 맞이하였다.

이 중광단은 거족적 독립운동인 3·1운동을 항일전을 재개하는 적기로 판단하고 각지의 대종교도와 한말의병 및 그밖에 孔敎會員들을 더 규합하여 正義團으로 확대시켰다. 한편 서둘러 직속 독립군을 편성, 훈련도 강화하였다. 또한 기관지 『一民報』와 『韓國報』를 간행, 일제와의 독립전쟁을 위한 '血戰'을 강조하였다. 이와 같이 성장하던 정의단은 그 해 8월 軍政會로 변경하고 본영을 왕청현 春明鄕 西大坡溝에 두었다. 이어 그 해 10월에는 軍政府로 개칭하고 지방조직까지 확대하면서 일제와의 혈전을 수행하는 독립군의 군정부임을 자부하였다. 그러나 같은 해 12월 상해의 대한민국임시정부 명령에 복종하기로 하고 임시정부 '국무원령 205호'에 의하여 '大韓

軍政署'라고 개칭하였고, 서간도의 李相龍·李青天 등의 서로군정서와 구분하기 위하여 大韓北路軍政署라고도 하였던 것이다.

대한군정서는 3·1운동 이후 이와 같이 성장하는 사이에 金佐鎭과 같은 명장을 군사령관으로 맞이하였고 春明鄕 十里坪에 사관연성소까지 둔 막강한 독립군단으로 성장, 그 군사력이 단연 두각을 나타냈다. 본서 자료에 조사된 군사력은 1920년 8월 중순 현재로, 독립군이 약 1,200명이고, 군총 1,200정, 탄약 240,000발, 권총 150정, 수류탄 780개, 기관총 7정의 무기를 보유한 것으로 되어 있다.

또한 군정서는 총재부를 왕청현 春明鄕 大坎子 楡樹川에, 軍司令部를 春明鄕 西大坎에 두고 훈련을 강화시켜 갔다. 각 부서의 임원은 최고통솔자인 총재 서일과 부총재 玄天默을 비롯하여 서무부장에 任度準, 재무부장에 桂和, 참모부장에 李章寧, 司令官에 김좌진, 사관연성소 교수부장에 羅仲昭, 教官에 李範奭 등과 그 예하의 局長, 課長 隊長, 大隊長, 中隊長, 小隊長 등 중요 임원이 125명에 달하는 명부가 조사 기록되었다. 이들 임원명부 중에서도 주목되는 점은 金嘉鎭·崔在亨·林昌世 등 3명의 명예고문과 서간도군정서 사령관 池大永(池大亨 ;李青天)과 참모장 金東三의 명단이 포함되어 이 군정서가 북간도 외의 독립군단이나 국내외 중요 항일결사의 유대관계를 실증하고 있다. 그중 김가진은 국내와 상해에서 활동하던 大同團의 총재이고, 최재형은 연해주 한인사회의 지도자이며, 임창세는 군정서로 통합된 野團 단장이었던 인물이다. 또한 이청천과 김동삼은 그때 소속 독립군을 거느리고 安圖縣 三人坊으로 移陣, 북간도 군정서와 연계항전을 기도하고 있었다.

한편 이 자료에는 군정서의 지방 警信조직인 각지 分局과 그 밑의 課의 임원을 망라 기록하고 있다. 경신분국은 각 지방에 "군사상 警査와 通信에 관한 事務"(警信分局規則)를 담임하는 조직으로, 북간도 내 전역에 설치순서에 따라 제 1분국으로부터 제 39분국까지 두었으며, 각 분국밑에는 분국내 관할지역을 몇 개의 課로 나누었다. 모든 경신업무를 이와 같은 일원체계로 조직, 중앙의 서무부에서 총괄하게 되었다. 이 자료에는 이와 같은 39개 분국장을 비롯하여 그 산하 225개처의 과장의 명부가 조사 기록되었다.

大韓國民會

대한국민회는 지방조직이 북간도전역에 걸쳐 가장 잘 정비된 韓人의 民政기관이었고, 한편 그 기반 위에 '大韓國民軍'을 편성 지휘, 항일전을 수행하던 독립군단이었다.

이 국민회는 북간도에서 최대규모의 3・1운동 회집이라 할 1919년 3월 13일 龍井에서의 '朝鮮獨立祝賀會'란 이름으로 독립선언과 그를 이은 피의 만세시위를 주도하던 북간도 각 지방대표가 큰 희생이 따른 3・13운동 직후, '朝鮮獨立期成會'를 결성하면서 발족하였다. 이 회의 중요인물은 거의가 3・13이전 墾民敎育會와 그를 이은 墾民會를 통하여 북간도 한인사회의 자치와 민족주의 교육, 그리고 조국독립운동에 꾸준히 활동하던 전통을 이어 받았으므로 간민회를 개편, 확대한 것이라고도 할 수 있다.

이 회는 상해에 대한민국임시정부가 건립되자 그를 추대하기로 하고 會名과 국호가 서로 맞지 않으므로 곧 大韓國民會로 개칭하고, 「大韓國民會規則」에 "본회는 임시정부법령 범위 내에서 독립사업 완성을 기도함을 목적으로 한다"라고 임시정부 직할의 북간도 한인사회의 독립운동 결사임을 명백히 천명하였다. 본부인 總部를 연길현 蛤蟆塘과 志仁鄕 依蘭溝 등에 둔 이 대한국민회는 총부 밑에 민정기관으로 8개의 地方會와 그 지방회 밑에 130여개를 헤아리는 支會를 두어 북간도전역의 한인사회의 자치와 독립군 편성, 그를 위한 군자금 모집 등에 이르기까지 폭넓은 항일독립운동을 일원화하여 추진하였다. 이 국민회 회원의 성분은 대부분 기독교도들이었으나 국민군의 항일전이 시작된 후부터는 佛敎會, 天道敎, 孔敎會계통

인물도 가담하였다. 회장은 한 때 馬晋이 선임된 일이 있으나 창립 때부터 간민회 이래 오랫동안 항일민족운동을 선도하여 온 具春先이 연임되어 이 회를 이끌었다. 그밖에 중요임원은 부회장에 徐相庸, 참사 崔光侖・李鳳雨・韓相愚・鄭東浩・金奎煥・金秉洽・陳錫五 등을 비롯한 39명의 임원이 이 자료에 조사 기록되었다. 또한 國民軍 司令部의 주요임원은 司令長에 安武 이하 부관에 崔翊龍, 제 1중대장에 曺權植, 제 2중대장에 林炳極, 餉官에 金碩斗, 許東奎 등이다. 이들 휘하 大韓國民軍의 병력은 1920년 8월 현재로 450명이고 무장은 군총 600정, 탄약 7,000발, 권총 160정, 수류탄 120개를 확보한 것으로 조사되었다.

이 대한국민군은 대개의 경우 후술할 洪範圖의 大韓獨立軍과 崔振東의 大韓軍務督軍府와 제휴, 연합항전을 전개하여 전과를 올렸고 1920년 6월경부터는 3개 독립군의 대동통합이 성립되어 보다 효과적인 항일전을 전개시켰던 것이다.

방대한 규모의 국민회의 지방회 및 그 지회의 임원은 志仁鄕 八道溝에 본부를 둔 제 1중부지방회장에 鄭載冕을 비롯하여 志仁鄕 農洞에 본부를 둔 東部地方會長에 梁道憲, 守信鄕 救世洞에 본부를 둔 西部地方會長에 洪殷植, 智新鄕 大粒子에 본부를 둔 제 1南地方會長에 馬龍河, 德化社 南坪에 본부를 둔 제 2南地方會長에 金仁國, 春華鄕 石硯에 본부를 둔 제1北地方會長에 金允德, 忠融鄕 汪淸에 본부를 둔 제 2北地方會長에 金南轍, 志仁鄕 依蘭溝 東溝에 본부를 둔 姜九禹 등을 포함하여 그 支會임원을 망라하면 880여 명의 명부가 조사 기록되어 있다.

大韓義軍府

대한의군부는 北間島는 물론 인접 연해주 등지에 재기를 다짐하던 義兵을 중심으로 3・1운동 후 결성된 큰 규모의 독립군이다. 그 동안 義軍團

때로는 獨立義軍團都督府 등의 명칭으로 알려졌던 이 군단의 공식명칭은 본서 자료의 기록과 같이 大韓義軍府이고, 최고통솔자를 상징하는 총재는 間島管理使 이래 북간도와 연해주에서 국외 義兵을 주도하던 李範允이 추대되었다. 중심인물은 許槿·趙尙甲·洪林·崔于翼 등 역전의 義兵將이었다. 본부는 이범윤이 있던 연해주 秋豊 松日洞이나 夾近洞이란 곳으로 본서 자료에는 조사 기록되어 있으나 명확하지 않다. 어떻든 볼셰비키혁명 후 연해주지방에서는 직접 항일활동을 하기 어렵게 되어 주요 전투병력을 북간도에 집결시켜 항일전을 벌인 것으로 판단된다.

본부의 조직은 이범윤 총재 밑에 사령관에 金鶯善, 검사부장에 崔于翼, 검사관에 金永範, 재무부장에 姜鳳擧, 서기에 池將虎 등으로 구성되어 비교적 단순한 체제이다. 항일전이 고조되던 1920년 7월 이후에는 檢査部와 參謀官 會議 및 군사령부 통솔하는 參謀部, 경리와 警衛 등을 맡은 參理部, 그리고 地方조직을 통솔하는 地方部로 정비되었다. 전투부대는 許槿을 隊長으로 하는 약 100명의 '大韓義軍前衛隊'와 崔于翼을 총무로 하는 '大韓義軍山砲隊'로 구성되었다. 특히 160명의 병력을 가진 山砲隊는 일반 義軍府의 독립군 편성과는 달리 "山砲隊는 山砲를 가진 砲兵의 뜻이 아니고 산과 들을 輕裝으로 달리며 有力한 射擊으로 奇襲을 목적으로 하는 別動隊"(義軍山砲隊規則註記)라고 한 바와 같이 名射手들로 편성된 의군부의 정예 別動隊라고 할 수 있다. 그러나 얼마 후 이들 前衛隊와 山砲隊는 하나의 '大韓義軍'으로 통합되고 이범윤 휘하에 崔于翼이 大韓義軍府 總辨이란 직함으로 실질적으로 주도하고 그 밑에 申日憲이 大韓義軍司令官으로 지휘하게 된 것으로 보인다.

의군부의 지방조직은 북간도 내 의군부 본부 부근인 志仁鄕 依蘭溝 南洞에 소재한 中部와 화룡현 茂山間島柳岺長春洞과 勇新社楊木亭子 등지에 위치한 西地方部로 구성되었고 그 두 관할구역 안에 여러 理正局을 두어 통제하는 체제였다. 본서 자료의 임원명부에는 이와 같은 본부와 각지 조직의 임원 220명의 명부가 조사 기록되었다.

大韓軍務都督府

대한군무도독부는 본영을 鳳梧洞승첩지로 저명한 왕청현 春華鄕 鳳梧洞에 둔 崔振東(일명 崔明祿)이 부장으로 거느리던 독립군단이다. 간부중에는 中國 관헌과 친숙한 孔敎會 회원과 義兵 출신이 많았다. 한편 이 도독부는 大韓新民團과 친숙한 관계를 가졌으며 1920년 8월 현재 병력이 약 600명이고 군총 400정, 권총 50정, 기관총 2정, 수류탄 20개를 가진 것으로 조사기록되었다. 특히 1920년 3월부터 동년 6월까지 사이에 활발한 국내진입작전을 감행한 것은 이 도독부 소속 독립군이 주가 되었고, 홍범도의 大韓獨立軍, 安武의 國民軍과 연합작전으로 수행한 경우도 있었던 것으로 조사 기록되었다. 중요임원은 최진동 부장 휘하에 참모에 朴英, 募捐隊長에 崔泰汝, 지방국장에 朱元德, 중대장에 崔鳳世·金萬順 등 18명의 명부가 조사 기록되었다.

大韓北路督軍部

대한북로독군부는 1920년 5월 洪範圖의 大韓獨立軍과 安武의 大韓國民軍 그리고 崔振東의 대한도독부가 연합 결성, 1920년 6월의 봉오동승첩 등을 이끈, 비유하면 野戰戰鬪軍團이라고도 할 수 있다. 한말 三水·甲山 등지에서 영명을 떨치던 홍범도 의병장은 국치 후 부하 의병을 거느리고 일시 長白縣으로 넘어가 汪開屯에 屯田하며 항전을 계속하기도 하였다. 그러나 미구에 연해주지방으로 移陣, 재기 항일전을 준비하고 있었다. 홍범도는 3·1운동이 발발하자 祖國獨立戰爭을 기약하고 연해주에서 볼셰비키혁명 이후 직접적인 항일전을 수행하기 어려우므로 150명의 예하 독립군을 거느리고 북간도로 돌아와 솔선항일전을 전개하였다. 이들의 기개는 홍범도의 「大韓獨立軍諭告文」에서 "당당한 獨立軍으로 몸을 砲煙彈雨中에 던져 반만년 역사를 광영되게 하며 국토를 회복하여 자손만대에 행복을 줌이 우리 독립군의 목적이요, 또한 민족을 위하는 본의다"라고 한 바와 같이 드높았다.

이와 같은 대한독립군이 솔선, 그 해 여름부터 국내진입작전도 벌이는 한편 독립군단의 통합운동과 중요항일전투의 연합작전을 폈다. 먼저 羅子溝와 蛤蟆塘 등지에서 대한국민회와 협상, 대한독립군과 대한국민군을 통합, 연합항전을 수행하기 시작하였다. 행정과 재정은 대한국민회가 맡았으며 군무는 대한독립군은 홍범도가, 대한국민군은 안무가 담임 지휘하였다. 그러나 군사작전 때에는 홍범도가 '北路征日第一軍司令部長'이란 직함으로 통수 지휘하였다. 이와 같이 성립된 북로정일제일군은 곧이어 최진동의 군무도독부와 군사통일도 추진하여 '大韓北路督軍部'를 결성하고 군무도독부의 본영인 봉오동에 통합된 독립군의 주력을 집결시키면서 강력한 국내진입작전을 되풀이하였다.

본서 자료에 조사된 1920년 현재 이 독군부의 병력은 대한독립군계통의 병력이 460명이고 군총 200정, 탄약 40,000발, 권총 30정이고, 군무도독부계와 국민군계통의 병력이 280명이고 군총 200정, 탄약 1,000발, 수류단 120개, 기관총 2정으로 조사되었다. 그러나 1932년에 작성된 「홍범도 자서전」에 의하면 "우리는 반일유격대 대원수(150명에서 … 필자)1,500명까지 늘렸다. 1920년에 봉오골, 로두거우, 뽀민거우, 청산리, 우드량찬 등지에서 전투를 전개하였다"라고 한 바와 같이 북간도에 들어온 후 군사통합 등을 통하여 병력과 전력을 높이며 봉오동전투를 비롯하여 로두거우, 뽀민거우, 우드량찬 등지에서와 유명한 靑山里戰鬪에서 승전을 기록, 독립군사를 빛낸 것이다.

대한북로독군부의 임원은 부장에 최진동, 부관에 安武, 북로정일제일군사령부 사령부장에 홍범도, 부관에 朱建, 참모에 李秉埰·吳周爀 등을 포함하여 독군부 본분에 10명, 북로정일제일군사령부에 70명에 달하는 명부가 조사 기록되었다.

大韓光復團

대한광복단은 春明鄉 大坎子와 志仁鄉 依蘭溝 등지에서 연해주에 있던 李範允을 團長으로 추대하고 金星極과 全聖倫이 孔教會 교도를 중심으로 조직한 독립군단이다. 이범윤이 단장으로 추대되었으나 명분상 상징에 지나지 않는 것 같다. 이념상으로 이 광복단은 국민회나 군정서 등과는 달리 共和制를 반대하고 大韓帝國의 復辟을 주장하였다.

광복단은 세력범위가 왕청현의 서부와 연길현 중부에 머물고 있어 다른 독립군단에 비하면 군세가 크게 떨치지 못하였으나 1920년 8월 현재 병력이 200명이고 군총 400정, 탄약 11,000발, 권총 30정을 보유한 것으로 조사되었다. 또한 이 무렵 잠시 나자구에서 大韓總軍府에 통합되었었으나 동년 말에 분리 활동하였다. 실제통솔자라고 할 全聖倫이 中部代辨의 직함을 갖고 있으며 단의 최초발기인인 金星極은 고문이 되었다. 본서 자료에 기록된 임원은 이들을 포함 27명이다.

大韓民國義民團

대한민국의민단은 1920년 4, 5월경 연길현 崇禮鄉 廟溝에서 天主教徒와 義兵이 중심이 되어 方雨龍을 단장으로 하고 조직된 독립군단이다. 본서 자료에는 방우룡 단장을 포함 25명의 임원이 조사 기록되었다. 병력은 1920년 8월 현재 300명이고, 군비는 군총 400정, 탄약 40,000발, 권총 50정, 수류탄 480개를 보유한 것으로 조사되었다. 지방조직은 단본부 밑에 5개소에 지방회를 두었다.

新民團

신민단의 원명은 大韓新民團이나 본서 자료에는 '新民團'으로만 기록되었다. 3·1운동 후 金奎冕이 聖理敎人들을 중심으로 春華鄉 등지에서 조직한 독립군단이다. 1920년 7월 현재 상해임시정부 조사에 의하면 병력이 약 500명에 달하였다. 단장 김규면은 얼마후 연해주로 넘어가 李東輝의 韓人社會黨과 합동, 공산주의운동을 시작하였다. 북간도에서는 지단장 金準根이 春華鄉 東林洞에 지단본부를 두고 계속 활동하였다. 본서 자료에는 연해주에 옮겨 간 신민단 본부의 임원까지 합쳐 44명이 조사 기록되었다.

신민단 임원중 특이한 점은 김규면 단장 밑에 국치전후 대한인국민회 시베리아지방총회 특파원이었던 李剛이 부단장이고, 한인사회당에 가담한 柳東悅이 고문의 직함을 갖고 있는 것이다. 러시아측 한 문서에 의하면 그 당시 "중국과 조선 안에 한인사회당 및 신민당 회원 약 2,000명 이상이 활약하고 있었다. 두 정치조직이 연합하여 고려공산당을 결성하였다"라고 하여 고려공산당의 한 지류로 통합되었음을 증언하고 있다.[242]

大韓公義團

대한공의단은 종래 잘 알려지지 않았던 독립군단이다. 1920년 1월경 春明鄉 二岔子에 본부를 두고 결성되어 그해 3월 대한독군부에 병합되었으나 그해 5월에 다시 분리, 활동하였다. 그러나 그 해 7월에 義軍山砲隊에 병합되었고, 그 해 10월 대한총군부 성립시 그에 합동된 것으로 조사 기록되었다. 임원은 단장에 嚴俊, 총무에 沈龍雲이다. 1920년 8월 현재 병력이 약 50명이고 군총 40정, 탄약 1,600발, 권총 10정을 보유한 것으로 조사되었다.

---

242) 두 정치 조직은 1918년 4월 하바롭스크에서 조직된 한인사회당과 1919년 한인사회당에 통합된 신민단을 지목한 것이고 고려공산당은 1920년 4월 상해에서 조직된 고려공산당을 지칭한 것이다.

大韓議事部

대한의사부는 李東輝가 1915년 전후 大甸學校라고 불리우던 士官학교를 세워 활동하던 羅子溝에서 결성된 결사이다. 나자구는 韓人개척과 독립운동에 중요한 기지일 뿐 아니라 교통상 연해주 왕래의 요충지에 위치하여 무기확보가 비교적 용이한 편이었다. 1920년 8월 현재의 병력이 200명이고 군총 160정, 탄약 9,600발, 권총 200정을 보유한 것으로 조사되었다. 대한의사부는 일명 '國民議事部'라고도 하며 대한국민회와 밀접한 관계를 맺고 있다. 1920년 10월경 大韓總軍府 성립시 참여하였다가 1921년 2월경 다시 분리 활동하였다.

이동휘 지휘하에 활동하였다고 생각되는 대한의사부의 중요임원은 議事部長에 全利根, 총무에 崔正國, 大隊長에 朴昌俊 등이다. 본서 자료에는 그들을 포함하여 14명의 임원이 조사 기록되었다.

大韓總軍部

대한총군부는 대한군무도독부의 최진동 부장의 주동으로 1920년 10월 '간도독립군초멸'을 기도하여 감행한 日帝의 간도 出兵과 독립군초멸작전 개시 후 羅子溝방면으로 퇴거한 대한군무도독부와 대한공의단, 대한광복단, 대한의군부, 대한의사부 등의 군단통합으로 성립된 통합군단이다. 이범윤을 명의상 총재로 추대하고 庚申참변시 依蘭溝에서 학살된 대한의군부 총무 崔于翼을 부총재, 최진동을 부장, 全一求를 시위대장, 沈源을 통신과장으로 하는 대한총군부가 결성된 것으로 조사 기록되었다. 그러나 이 군단은 1921년초 청산리대첩 후 북진한 여러 갈래의 독립군단이 북만주 密山과 연해주 이만 등지에서 통합 결성된 大韓總軍府와 同名이 되어 양자관계를 자료상 아직 명확히 구별하기 어려운 점이 있다.

救國團

구국단은 그 동안 잘 알려지지 않았던 독립군단이다. 단본부를 왕청현 春融鄕 百草溝에 두고 1920년 2월 軍務府란 명칭을 띄고 결성되어 그 해 5월 救國團으로 고쳤다.

1920년 7월 현재 단원이 60명이고 군총 42정과 권총 1정, 탄약 3,000발을 보유한 것으로 조사되었다. 임원은 단장 韓振 이하 16명의 명부가 조사되었다. 그중 부단장 全東勛과 司令官 金日京 이하 11명이 일군의 '독립군초멸작전' 전후 그들에게 '歸順'한 것으로 부기되었고, 또한 자체 붕괴한 것으로 기록되었다.

野團

야단은 1919년 9월경 연길현 尙義鄕 大轎洞에 總部를 두고 青林教徒들이 중심이 되어 조직하였다. 그러나 무장독립군을 미처 편성치 못하고 1920년 6월경 대한군정서에 병합되고 단장 林甲石은 군정서 고문이 되었다. 중요임원은 임갑석 단장과 金光淑 총무 등으로 본서 자료에는 그들을 포함, 9명의 명부가 조사 기록되었다.

學生光復團

단명이 좀 이색적인 학생광복단은 종래 잘 알려지지 않았던 결사이다. 연길현 春陽鄕 蛤蟆塘에 본부를 두고 단장에 吳仁伯, 총무에 金南徹, 참모에 金雲鍾・羅益, 단원에 朴昌俊을 하는 내용만이 본서 자료에 기록되었다.

青年團

청년단은 대한청년단이 원명이나 이 자료에는 '청년단'으로만 기록되었다. 徐成權과 姜百奎 등 각지 학교교사들이 골간이 되어 조직한 결사이다. 연길현 小道溝에 본부를 두고 왕청·연길·화룡 3현에 걸쳐 동서남부중의 5부 지회를 두고 활동한 청년단이다. 무력은 거의 없는 것 같고 대한국민회를 지지하고 단장에 서성권, 부단장에 강백규, 총무에 金精 등 27명의 임원 명부가 조사 기록되었다.

琿春韓民會

혼춘한민회는 琿春大韓國民會 또는 琿春大韓國民議會 혹은 大韓國民議會琿春支會 등으로 불리던 항일단체로 1920년에 들어서면서 琿春韓民會로 개칭한 것으로 추정된다. 李東輝계통의 기독교교인들이 중심이 되어 1910년대의 基督敎友會의 기반 위에 혼춘지방에서 가장 세력이 큰 항일 한인단체로 결성된 것이다. 黃丙吉과 李明順·李東喆 등이 주동인물이고, 왕청·연길·화룡 3현에서 기반이 큰 대한국민회와 연계를 가지면서도 연해주 국민의회와 제휴하고 있다. 또한 상해의 대한민국임시정부와도 관계를 갖고 있다.

혼춘현 四道溝 小黃溝에 본부를 둔 한민회는 회장에 尹東喆, 司令官에 崔德俊, 군무부장에 崔慶天 등을 포함하여 14명의 임원이 조사 기록되었다. 한편 1920년 8월 현재 병력이 250명이고 군총 300정, 기관총 3정으로 조사되었다.

大韓總軍府

대한총군부는 1920년 10월 청산리대첩 전후 日軍의 간도출병과 그들의 '독립군초멸작전'을 피하여 북만 密山과 연해주 이만방면으로 北上한 대한군정서를 비롯한 대한광복단, 대한군무도독부, 대한의군부 등 여러 군단이 우선 대동통합을 위하여 건립한 통합군단이다.

이만에 본부를 둔 이 대한총군부는 총재에 徐一, 사령관에 金佐鎭, 부관에 崔明祿, 참모부장에 李章寧, 참모에 羅仲昭・朴信齋 등이고 또한 密山에는 秦學新을 지부장으로 하는 지부를 두었다. 본서 자료에는 이들을 포함하여 43명의 임원명부가 조사 기록되었다. 무력은 성립시 무장독립군이 본부에 600명이고 군비는 장총 670정, 권총 75정, 대포 2문, 기관총 5정 등이고 밀산지부에도 100명의 무장독립군이 있는 것으로 조사 기록되었다.

3. 北間島 獨立軍團의 활동과 대한민국임시정부

내용상 '1920년 북간도 한인독립군단의 명부'라고도 할 수 있는 이 자료는 말미에 북간도 한인단체 또는 독립군단을 조사 기록한 체제와 같게 上海에 소재한 대한민국임시정부와 그 산하 大韓青年團聯合會, 大韓赤十字會, 『獨立新聞』, 『新大韓』 등의 조사기록도 '참고'라고 하여 부록으로 붙이고 있다. 대부분의 내용은 현재 학계에는 이미 알려진 것이나 이 자료에 첨부한 것은 당시에는 이상 열거한 북간도 한인단체와 독립군단과 임시정부와의 관계를 파악하는데 도움을 주는 내용이기 때문이라 할 수 있다.

북간도의 여러 항일단체와 독립군단은 대체로 임시정부와의 관계에서 볼 때, 임시정부의 활동과 지휘체제 속에 활동하거나 적어도 임시정부를 지지 성원하는 경향이 컸다. 예컨대 大韓軍政署와 大韓國民會는 1919년 말에서부터 임시정부를 봉대하고 그 지휘체계에 들어갔다. 그리하여 대한군정서는 '軍政府'라 하던 前名을 고치어 '대한군정서' 혹은 '대한북로군정서'라고 하면서 항전을 벌였다. 또한 대한국민회는 '朝鮮獨立期成會'를 고쳐 '大韓國民會'라 하고 「대한국민회회칙」에서 "본회는 임시정부 범위 내에서 獨立事業完成의 기도함을 목적으로 한다"라고 법제화까지 하였다. 물론 후에는 대한군정서와 같이 임시정부 지휘체제에서 떨어져 나갔지만 이 무렵에는 임시정부의 지휘를 받았던 것이다. 또한 大韓民國義民團과 大韓軍務都督府 등도 임시정부를 지지하는 경향이 컸다.

그러나 大韓義軍府를 비롯하여 大韓光復團 등은 임시정부에서 추구하던 共和制를 반대하고 大韓帝國의 復辟을 주장하여 임시정부와 서로 대립되었다. 한편 琿春韓民會와 大韓新民團, 大韓議事部 등은 임시정부를 지지하는 경향도 없지 않으나 그보다는 연해주의 大韓國民議會나 韓人社會黨과 밀접한 관련을 갖고 활동하였다. 특히 성리교회의 金奎冕이 단장인 大韓新民團은 북간도에서의 활동보다는 결성 후 얼마 안되어 연해주에 들어가 이동휘가 당수인 韓人社會黨에 통합되어 공산주의 활동을 하거나 홍군의 한인유격대로서 활동하였다.

한편 1920년 북간도에서 봉오동승첩, 청산리대첩과 같은 戰勝을 올리며 활동하던 여러 독립군단은 1920년 말에서 1921년 초에 걸쳐 北上하여 密山과 연해주 이만 등지에서 일단 집결, 1921년 3월 이만에서 大韓總軍府를 결성하였다. 그후 그곳에 집결한 독립군단은 이 대한총군부를 모체로 그 다음달인 동년 4월에 大小 36개 군단 수뇌들로 구성된 獨立軍大會를 열고 대동통합 군단인 '大韓獨立軍(團)'을 결성하였다.

그리하여 각 군단의 독립군을 모아 2개 여단으로 개편, 1개 여단은 이만에, 나머지 1개 여단은 중국 영안현에 주둔시키고 전력을 강화시키기 위하여 영안현 내에 士官學校를 설립키로 하였다. 이와 같이 통합된 大韓獨立軍團은 총재에 徐一, 부총재에 洪範圖 고문에 白純·金虎翼, 외교부장에 崔振東, 참모부장에 金佐鎭, 참모에 李章寧·羅仲昭, 군사고문에 李靑天, 제 1여단장에 金奎植, 제2여단장에 安武가 선임되어 새 국면의 독립군 항전이 시작되었다.

이상과 같이 『間島지역에서의 不逞鮮人團의 組織 및 役員調査書』라고 표제된 이 자료는 1920년 전후의 북간도지역에서의 抗日團體와 獨立軍團의 조직계통과 임원명부를 조사 수록한 희귀한 자료이다. 우리는 이 자료를 통하여 3·1운동 이후 1920년대에 걸쳐 피어린 抗戰을 벌였던 獨立軍史의 이해를 深化시키며 그 의의를 보다 선명히 부각시킬 수 있게 되었다. 그중에서도 독립군사의 光芒인 봉오동 승첩과 청산리 대첩을 수행한 북간도 독립군의 기반과 실상을 보다 분명히 밝히면서 沮喪하던 民族精氣를 세우려던 독립군의 血戰의 의의를 부각시킬 수 있는 것이다. 비록 수천 혹은 그 이상이 될지도 모를 모든 독립군의 명부는 다 밝힐 수 없지만 적어도 그들 소속의 독립군단이나 그밖에 抗日團體의 임원명단을 완비하지는 못하지만 본서 자료를 통하여 총 2,339 명에 달하는 명부를 제시하게 된 것이다. 그것은 1910년부터 정립되어진 '獨立戰爭論'을 구현하려던 북간도를 중심한 海島間의 독립군단의 조직계통과 그 중심인물의 명부를 거의 복원할 수 있게 된 것이라고도 할 수 있다.

그밖에도 이 자료를 통하여 북간도 한인단체와 독립군단의 구성 성분을 보다 선명히 할 수 있게 되었다. 그것은 첫째, 대한국민회와 같이 기독교계통, 대한군정서와 같이 대종교계통, 대한의군부와 같이 의병계통, 대한의민단과 같이 천주교계통, 대한신민단과 같이 聖理敎계통, 야단과 같이 청림교계통의 군단 등으로 구성 성향을 특성 지을 수 있다. 이러한 점은 얼른 보면 종교적 갈등이나 대립으로 보이지만 대국적으로 보면 조국독립을 위한 血戰에는 먼저 종교를 통하여 굳게 단결하여 다같이 '捨身救國'의 정신으로 獨立戰爭에 참여하였고, 그를 통하여 民族精氣를 세워갔던 독립전쟁의 의미를 실증할 수 있다고도 할 수 있다.

한편 조국독립을 위하여 血戰을 벌이던 여러 독립군단은 처음부터 항전의 효율화를 위하여 통합운동을 벌였고 重要作戰에는 봉오동전역이나 청산리회전에서 볼 수 있듯이 훌륭히 연합작전을 전개하여 큰 승전의 기록을 남겼던 것이다. 또한 분석 자료에 제시된 항일단체나 독립군단의 소속 독립군 血戰은 그들 자신들이 救國獻身의 독립정신도 중요하지만 그에 못지 않게 간도지방 모든 한인사회의 지지와 성원 속에서 수행된 면이 실증, 부각되는 것이다. 그것은 무엇보다 정도의 차이는 있지만 거의 모든 항일단체나 독립군단이 정비된 지방조직과 그들 기관을 운영하는 임원의 명부를 제시하고 있기 때문이다.

이밖에도 이 자료는 독립군단의 활동 중 전사하였거나 그밖의 이유로 작고한 인물들도 적잖이 가려낼 수 있다. 한편 일제의 공작마수에 넘어가 그들에게 '歸順'이란 이름으로 변절한 인물들을 구별할 수 있는 것이다. 그러나 이 자료는 내용상 정밀성의 한계가 있다. 그것은 이 자료작성시 일제가 '압수', '절취' 등의 방법으로 얻은 독립군측 문서에 근거하여 작성한 면도 크지만 다른 한편 그들 군경의 '첩보'자료나 '귀순자'들의 강제 자백 등에 의하여 얻은 불확실한 것으로 添削된 점이 발견되기 때문이다. 이와 같은 이유로 생기는 '착오' 혹은 '오인'된 임원명단의 경우는 이용상 특히 주의를 요하는 대목이라 할 수 있다.

(1997년)

7. 이동휘와 계봉우의 민족운동

1. 머리말

근년래 한국근대사에서 李東輝와 桂奉瑀의 위상이 부각되면서 새로운 역사적 평가가 내려져가고 있다. 해방 50주년에 해당되던 1995년에 정부에서 그동안 공산주의와 관련된 탓으로 외면되었던 양인의 항일독립운동에 대한 공적이 심의되어 그들이 다 대한민국 건국을 위한 '독립유공자'로 예우를 받게 되었다. 이동휘에게는 건국훈장 대통령장이, 계봉우에게는 건국훈장 독립장이 추서된 것이다.[243)]

그보다도 근년래 밖으로 냉전체제의 변화와 안으로 국력의 신장으로 말미암아 그들에 관한 관련자료와 문헌들이 망명 활동지에서 조사 수집되어 학계에 소개되고 있으며 그에 상응하여 그들의 학문사상과 행적 등에 대한

---

243) 지난 1995년 광복50주년 기념식전에서 이동휘에게 건국훈장 대통령장이, 계봉우에게 건국훈장 독립장이 추서되었다. 아울러 대한인노인단 대표로 블라디보스톡에서 서울에와 3·1운동에 가담한 이동휘의 父 이승교에게 독립장이, 吉東여학교 교사로 활동한 이동휘의 장녀 李仁檞과 명동여학교와 三一여학교 교사로 활동한 2녀 李義檞에게 각기 애족장이 추서되었다. 또한 애국계몽운동에 참여한 첫째사위 鄭昌贇에게 대통령 표창이 추서되었고 대한민국임시정부 요인인 둘째사위 吳永善에게는 1990년 독립장이 추서되었다.

연구가 추진되고 있다. 그런 중 자료면에서 필자가 소개한 이영일이 지은 『리동휘 성재선생』[244]을 포함한 이동휘의 관련자료 전집과 계봉우의 저술인 『조선역사』와 『조선문학사』·『조선문법』·『조선토지문제』·『동학당폭동』 등 역사, 언어, 문학, 사회경제 등 여러분야에 걸친 30여 종에 달하는 자료가 인하대학교 한국학연구소의 『한국학연구』의 자료집[245] 등에 소개되고 있는 것이다.[246]

한편 연구면에서는 반병률의 「李東輝와 1910년대 海外民族運動」 등을 비롯한 일련의 논문 및 『誠齋李東輝의 一代記』[247]과 金邦의 『李東輝의 抗日獨立運動硏究』[248] 등의 돋보이는 연구물이 나오고 있다. 게다가 1996년 말 독립기념관에서 『北愚桂奉瑀資料集』이 간행되어 또한 관심을 끌고 있다.[249] 그속에 수록된 『꿈 속의 꿈』[250]은 표제가 보여주듯이 문학작품같은

244) 李英一, 『리동휘 성재선생』(원고영인본) 및 졸고, 「리동휘 성재선생 해제」 『한국학연구』 5 별집, 인하대학교 한국학연구소, 1993, pp.167~346. 『리동휘성재선생』의 저자 李英一은 이동휘의 외아들로 1907년 강화도에서 태어나 1988년 카자크스탄 우르켄츠에서 작고하였다. 그는 블라디보스톡에서 극동동양대학 일본과를 졸업하고 1981년 부르케츠에서 父 이동휘의 조국독립운동에 헌신한 행적을 바르게 밝히려고 이 전기를 쓰고, 그 원고본을 남겼다. ; 尹炳奭 편저, 『誠齋李東輝全集』 上下, 독립기념관, 1998.

245) 졸고, 「東學黨暴動해제」 및 『東學黨暴動』 원고영인본『한국학연구』5집, pp.11~165.

246) 졸고, 「桂奉瑀의 생애와 著述目錄」『仁荷史學』1, 인하역사학회, 1993, pp. 3~23.

247) 潘炳律, 「李東輝와 韓末 民族運動」, 『韓國史硏究』 87, 한국사연구회, 1994, pp.147~191 및 「李東輝와 1910년대 海外 民族運動」, 『韓國史論』 33, 서울대학교 국사학과, 1995, pp.219~266., 『성재 이동휘의 일대기』, 범우사, 1998.

248) 金邦, 『李東輝의 抗日獨立運動硏究』, 건국대학교 박사학위논문, 1996.

249) 독립기념관 한국독립운동사연구소, 『北愚桂奉瑀資料』 1, 1996.

250) 『北愚桂奉瑀資料集』 1에 수록된 「꿈속의 꿈」은 계봉우의 아들 계학림이 1993년에 「계학림, 나의 아버지 계봉우 원고 행방」, 『카작스탄 및 중앙아세아 한국학 소식』 3, (고송무 편),1993, 알마타에서 원고의 존재를 밝히고 그것을 전 레닌기치사 문화부장 양원식에게 출판을 의뢰, 주었다고 하였다. 그후 계학림이 서울에 와서 독립기념관 당국과 협의, 계봉우의 저작물 출판권을 위임하여 이 자료집이 나오게 되었

성격을 띠고 있긴 하지만 그 내용은 계봉우의 80년 생애 중 전반에 해당하는 1920년대 초까지의 자서전이라고도 할 수 있는 것이다. 특히 이 자료는 필자가 「桂奉瑀의 生涯와 著述目錄」[251]을 작성할 때 그 소장을 알고도 여의치 않아 참고를 못했던 것이다.[252]

본고는 근래의 이와 같은 자료개발과 연구성과를 바탕으로 한말 애국계몽기부터 종시일관 같은 노선의 민족운동을 전개하였던 이동휘와 계봉우의 유대관계와 민족운동을 재고찰, 그들이 참여한 한국민족운동사의 이해를 심화시켜보려는 것이다. 그 범위는 그 동안 미심하였던 양인의 출신배경과 성장과정 수학 등을 살피면서 애국계몽기와 그를 이은 망명초기의 양인의 활동을 다음과 같은 몇가지 관점에서 고찰, 그 의의를 재정립하려는 것이다. 첫째 소홀했던 양인의 애국계몽운동의 구체적 내용을 보완하려는 것이고, 둘째 양인의 기독교 활동과 애국계몽운동 중에서도 각별한 정열을 쏟았던 敎育救國運動과 기독교선교와의 관련을 추구하려는 것이고, 셋째 망명후 '독립전쟁론'의 구현을 위하여 활동하던 여러면의 활동을 주목하면서 특히 大甸學校와 大韓光復軍政府 건립의 제문제를 고찰하려는 것이다.

2. 출신배경과 성장과정

李東輝[253](1873~1935)와 桂奉瑀[254](1880~1959)의 출신 배경은 유사점

다.

251) 주246)와 같음

252) 「桂奉瑀의 생애 햇빛」, 『東亞日報』, 1993년 4월 1일자.

253) 이동휘의 본관은 海濱, 초명을 獨立이라 하였다. 무관학교 진학무렵 東暉로 고쳤다. 또한 국치 전후 東쪽 나라를 빛낸다는 뜻을 지닌 東輝로 고쳐썼다. 호는 誠齋이나, 기록에 따라 惺齋 誠參 茅山 등으로 기록된 것도 있으며 李光 또는 大自由라는 異名도 있다.

이 많다. 이동휘는 알려진 바와 같이 1873년 6월 20일에 함경남도 단천군 파도면 대성리에서 衙前을 지내다 농사를 짓던 李承橋[255]의 아들로 태어나 8세때부터 향리의 사숙인 大成齋에서 수학하였고 18세때 군수의 시중을 드는 通引이 되어 몇 년 근무하였다. 父 이승교는 비록 지방의 아전이었지만 漢學에 교양이 깊었고, 출중한 아들을 나라의 유용한 큰 인재로 키우기 위하여 온갖 정성을 들였다. 이동휘는 8세 때 모친을 잃고 부친 밑에서 성장, 한글과 한문을 배웠다. 그보다도 그 부친이 체득한 붕괴되어가던 '봉건사회'에 대한 혁신의 필요성을 전수받았다. 이러한 부자간의 전승 교화는 그의 민족의식과 근대의식 형성에 큰 영향을 미쳐 후일 애국계몽운동과 그를 이은 국외 망명활동에 정신적 연원을 이루었다고 할 수 있다.[256] 그의 부 이승교는 3·1운동때 연해주에서 조직된 大韓人老人團의 대표로 鄭致允·安泰純·車大輪·尹汝玉 등과 함께 국내에 들어와 종로에서 결연한 만세시위를 벌이기도 하였고 망명지 블라디보스톡 신한촌에서 3·1운동 1주년 기념식전의 회장을 맡아 행사를 주관하는 등 이동휘에게 시범도 보이는 민족운동자였다.[257] 이러한 면을 姜德相은 「啓蒙運動의 리더, 李東輝」에서 다음과 같이 논술하고 있다.

> 그의 부 李承橋는 漢學者이고 端川의 지방관리(아전:필자)였지만 어려서부터 俊秀한 성품을 발휘하던 자기의 아들에 대한 교육에 심혈

---

254) 계봉우는 기록에 따라 鳳瑀 또는 鳳雨라고 된 것도 있으며 河瑾이란 별명도 있다. 호를 北愚라 하였다가 뒤에 뒤바보라고 한글로 표기하였고 四方子 또는 檀仙이란 필명도 있다.

255) 이승교는 기록에 따라 聖教 또는 承喬라고 된 것도 있으며 發, 혹은 撥이란 이명도 사용하였고 호를 蘭谷이라 하였다.

256) 『리동휘 성재선생』, pp. 174~175.

257) 桂奉瑀, 「獨立運動」」 『俄領實記』(『獨立新聞』 1920년 2월 26일부터 동년 4월 8일까지 12회에 걸쳐 연재되었다.)

> 을 쏟았다. 세상의 많은 부모가 그러하듯이 이승교는 자기자신의 不可棐한 것을 자식의 立身出世에 걸고 8세 때부터 大成齋에서 儒學을 수학하게 하였다. 그는 재능도 준수하여 왕성한 好奇心을 갖고 자기의 內面世界를 세우고 있었다. 邊境 端川의 풍토와 전통적 유학의 소양이 이동휘의 사상과 행동에 큰 의미를 갖고 있었다. 가혹한 자연은 강인한 의지와 열정적으로 나타나는 행동력을, 古典의 학습은 그의 생애의 사상적 主調音, 민족주의를 키웠다. 이는 아호를 誠齋라 하고 거기에는 '熱誠의 人'이란 그의 자부심도 포함되었지만 그보다는 大成齋에서 배우고 자기형성을 이룩한 少年시절의 정다운 回歸에 지나지 않는다.[258]

이동휘는 18세경 몇 년 동안의 통인 생활에 불만을 품고 가렴주구에다 부도덕한 면모를 보이는 상전 단천군수에게 '화로를 집어던져' 울분을 터뜨리고 숨어살다가 상경, 새로 개교한 漢城武官學校에 士官學生으로 입교, 신식 무관교육을 받으며 새로운 인생길을 열었다.[259]

한편 이동휘보다 7세 연하인 계봉우는 1880년 8월 1일에[260] 함경남도 영흥군 홍인면 남산리에서 이동휘보다도 더 낮은 신분인 '使令'이고 '校奴'라 하는 官奴 집안에서 태어났다.[261] 게다가 그의 부모는 아들 4형제와 딸 4자매를 낳았지만 홍역, 천연두, 콜레라 등 전염병으로 다 잃고 오직 계봉우

---

258) 강덕상, 「啓蒙運動ノリ-ダ-李東輝」 『朝鮮獨立運動の群像』, 東京, 青木書房, 1984, pp.25~26.

259) 『리동휘 성재선생』, p.176 ; 김철수, 「김철수 친필유고」, 『역사비평』, 1990, 역사비평사, p.368에서는 "요강으로 군수머리를 쳤다"로 기록되어 있다.

260) 계봉우의 생년월일은 크즐 올르다에 있는 그의 묘비에 의하면 1879년 8월1일로 명기되어 있으나 『꿈속의 꿈』의 여러 기술과 조선총독부, 「桂奉瑀」, 『國外ニ於ケル容疑朝鮮人名簿』, 1934, p.126에 의하면 1980년 8월1일로 기록되었다.

261) 『꿈속의 꿈』 上, p.89. (본고에서는 독립기념관의 『北愚桂奉瑀資料集』 1에 수록된 『꿈속의 꿈』이 上下권의 구별이용이 불편하게 되어 있으므로 原文 上下권으로 된 복사본에 의거 출전면수를 밝혀 간다.)

혼자만을 정성으로 키워 8세부터 동리 서재에 보내어 한학을 공부시켰다. 그의 부는 그가 11살 때 살던 집과 가장집물마저 채무로 압수당하여 거리로 내쫓기는 큰 빚만 지고 33세로 조사하였다. 그래도 계봉우는 모 張씨의 헌신적 희생으로 그후 18세때까지 영흥읍에서 백여리나 떨어진 요덕면 상인리의 山村에 들어가 동네 崇仁齋에서 공부를 계속하였다.[262] 이무렵 그의 모는 남의 '후사리'도 하였고 마을의 천한 일을 맡아 호구하는 어려운 생활이었다.[263] 때문에 계봉우는 김선생이라는 훈장의 訓料를 3년치나 내지못해 낙인제에서 쫓겨나는 수모도 겪었고, 할 수 없이 학우들끼리 모여 글방을 차리고 상호 면학한 경우도 있었다.

이런 어려운 처지에도 불구하고 유달리 향학열이 높고 탐구심이 깊던 계봉우는 11살 때 이미 『史略』 2권을 통달하는 등 구학문의 문리를 체득하기 시작하였다. 그는,

> 나는 3년동안(13~15세:필자)에 대학 맹자 시전을 다 읽고, 글짓기도 렴을 가리고 운을 달아 장편시를 인해나 벌써 지었으며 또는 한사(漢史) 홍사(鴻史) 송신록(宋臣錄) 백미고사(白眉故事) 예기(禮記) 공자가어(孔子家語) 삼국지를 다 열람하였으니 무엇이던지 스사로 연구할 만한 힘이 생기었다.[264]

라고 후일 술회하듯이 전통학문에 숙달하였다. 즉 그는 『史略』 『통감』 등의 역사와 四書五經 등의 유학을 통달하고 또한 馬山唐詩·聯珠詩·古文眞寶·濂洛 등의 중국 古詩集을 읽었으며 詩·賦·論·表·策·問·疑·義 등의 8가지 종류의 문장체를 연습하여 유학자로서의 자질을 높였다. 당시의

---

262) 『꿈속의 꿈』 上, pp.62, 83.

263) 『꿈속의 꿈』 上, p.58.

264) 『꿈속의 꿈』 上, p.77.

통념으로 가능한 것인지는 의문이나 계봉우는 『꿈속의 꿈』에서 그 "목적은 과거를 보아 장원급제하려는 거기에 있었다"라고 증언하고 있다.[265]

그러나 그의 이러한 꿈은 그가 15살되던 때를 전후한 청일전쟁과 그를 이은 갑오경장 등 시국의 변화와 특히 과거제 폐지 등 제도의 개혁으로 과장에 가보지도 못하고 좌절되었다. 하지만 그는 18세때 영홍으로 다시 돌아와서도 백선생이라는 학자의 서재에서 3년동안 문장을 수련하는 등 유학의 수학을 계속하여, 전후 합하여 10년동안 전통적 유학을 공부한 셈이 되었다.[266]

한편 그는 15세 전후로부터 인생행로와 관련하여 갈등을 일으키어 東學의 得道유혹을 시작으로 10년동안 방황의 길을 걸었다.[267] 때로는 桑木童이라는 占術을 배우려고 하고 四柱나 觀相法을 탐구하기도 하였다. 19세부터 20세까지의 정열기에는 兵書를 전문적으로 탐구하기도 하였다. 이때 『육도삼략』을 비롯 『손무자』, 『사마직해』, 『위요자』, 『장감박의』 등 노자의 노지 병서를 제외한 모든 고전 兵書를 다 섭렵, "兵家의 도덕과 묘계 그리고 행군진답법"까지 깨우쳐 후일 행동지침의 많은 도움을 받았다고 그는 말년에 술회하였다.

> 무후 병서를 읽다가 표범은 죽으면 가죽을 남기고(豹死留皮) 사람은 죽으면 일흠을 남긴다(人死留名)는 구절에서, 장감박서를 읽다가 사람은 죽기가 어려운 것이 아니라(人死非難) 죽을 때를 취하기가 어렵다(處死爲難)는 구절에서 나의 장래를 결정하였다.[268]

265) 『꿈속의 꿈』 上, p.83.

266) 위와 같음.

267) 『꿈속의 꿈』 上, pp.91~100.

268) 『꿈속의 꿈』 上, p.93.

또한 그는 兵書 탐독후에도 '六丁六甲'을 한다는 道術을 배우려 최통이란 풍문의 선생을 찾아 강원도 산골을 헤매기도 하고 마침내는 조선조 후기 유행하던 정감록을 믿어 정도령을 만나려 白頭山의 남북산록을 탐사하기도 하였다. 그의 10년동안이나 계속된 이러한 방황에서 결국 아무 효험을 못보고 있을 무렵 국권이 일제에게 유린되던 러일전쟁과 그를 이은 을사오조약을 맞아 심기일전, 서구문물을 수용하는 신사조를 수용하는 한편 애국계몽운동에 헌신, 민족운동자로 부상하기 시작하였다.

이동휘와 계봉우의 양인은 이와 같이 조선왕조에서 경원시하던 함경도 변군 출신이라는 同鄕人이며 지방향리이거나 그것보다도 하층인 지방관노 출신이라는 성분을 지녔다. 그러나 그 양인은 다같이 학문에 열정이 높으며 입신양명에 의욕이 큰 성장기를 거쳤다. 이런 성장과정은 그들이 다 강렬한 자아발견과 학문사상의 성장을 촉진하여 격변하는 세태에 적응하면서 그들의 진로를 능동적으로 개척하고 민족운동에 나설 기반을 다졌던 것이다.

그리하여 그들은 1905년 을사오조약을 전후하여 애국계몽운동에 투신, 국권수호를 위한 민족주의 성장에 선도자로 부상하였다. 대한자강회와 대한협회, 그리고 신민회 등 항일 애국결사에 적극 참여하였고, 서우학회와 한북흥학회 그리고 그를 통합한 서북학회에 참여, '구국교육'을 주도하였다. 특히 그들의 출신지인 함경도 지역에서 성명을 떨쳤고 1911년 국치후 海島間이라고 칭하는 北間島와 연해주에 망명활동에서는 보다 큰 지도자로 부상하여, 그 지방에서의 조국독립운동을 주도하다시피 하였다.

그들이 망명후 활동한 해도간 지역은 한인사회의 구성이 지리적으로 인접된 함경도출신이 절대적으로 큰 비중을 차지하였다. 그중 연해주에서는 양인의 출신기반과 같이 하층 窮民출신의 餘戶가 元戶보다 월등히 큰 비율을 점하고 있었으며 북간도의 경우도 연해주에서의 元戶와 餘戶같이 구별되지는 않지만 북간도라는 '新天地'를 억척같이 개척한 '墾民'[269]의 성분중에 함북지방의 빈민출신이 대부분이었던 것이다.

3. 국내에서의 애국계몽운동

1) 애국계몽운동에 참여

이동휘는 24세때인 1896년에 光武改革의 일환으로 새로 개교한 漢城武官學校에 입학, 1년만인 이듬해 3월에 睦永錫 등 13명의 동기생과 參尉로 임관되어 궁내부 수비대에 배속되었다.[270] 그후 1899년 7월 副尉로 승급, 원수부 군무요원으로 전임되었고 다음해에 正尉로 승진하였다. 그는 이무렵 황제 주위에서 청렴강직하고 충성스러운 무관으로 인정받았고 한때 6개월동안이나 三南 檢査官으로 특파되어 순회 감사를 벌여 14명의 부패군수를 파직시키고 50만냥의 부정엽전을 환수하여 황제에게 헌상하기도 하였다. 그후 1903년 5월에 參領으로 승진되면서 江華 진위대 대장에 발탁되었다.[271] 그가 서울의 咽喉인 강화진위대의 지휘관에 발탁된 것은 호국의 중책을 맡은 무관으로 신망이 두텁다는 것을 실증하는 것이다. 그 이듬해에는 從2品의 품계에 올랐다.[272] 이 무렵 그는 강화진위대병을 거느리고 각지에서 봉기하던 동학농민군의 진압을 지휘한 일도 있다.

그러나 이동휘는 군직에만 충성을 다하지는 않았다. 그보다도 대한제국

---

269) 이무렵 北間島라고 칭하던 두만강넘어의 지금의 연변지역은 封禁이 해제되어 서북지방의 흰 옷입은 가난한 조선인이 대거 월강하여 방방곡곡을 억척같이 開墾, 농토를 일구고 곳곳의 조선인 마을을 형성, 새로운 삶의 新天地를 삼았다. 이들 조선인은 국적이 없기 때문에 '墾民'이라 하였고 조선인 학생을 '墾生'이라고도 하였다. 또한 이들 墾民이 사는 北間島를 北墾島 혹은 北墾土라고도 칭하였다. 이지역의 넓이는 "동북은 칠팔백리되는 중국 아라샤령계와 서남은 사오백리되는 서간도와 북은 사오백리되는 왕청 나자거우와 남은 두만강까지 사방천여리 지방"(「청원서」, 『간도사신론』 上, p.520.)이라고 하였다.

270) 『舊韓國官報』 光武3년 7월28일. 8월22일. 11월13일. 광무4년 12월11일자.

271) 『리동휘 성재선생』, p.181.; 「김철수친필유고」 『역사비평』, 1990, p.368.

272) 『구한국관보』 광무7년 5월18일·20일, 광무8년 5월14일자.

을 둘러싼 일본을 비롯한 제국주의 침략세력의 파도와 어둡고 무력한 대한제국의 위난을 직시, 盧伯麟·柳東說·李甲·金弼淳 등 일본 육군사관학교 출신 무관들과도 친밀히 교류, 군문내에 개화혁신의 신진개혁세력 구축에 참여하고 나아가 국권수호를 위한 애국계몽운동에 적극 참여하기 시작하였다. 1902년의 영일동맹 무렵에는 閔泳煥과 李儁·李容翊 등이 중심이 되어 조직하였던 改革黨에 가입, 개화혁신의 정치활동을 벌이기 시작하였다.[273] 그후 1904~5년의 러일전쟁을 전후하여서는 일제의 황무지개척권 요구를 반격하던 大韓保安會, 그의 후신이라할 大韓協同會, 나아가 일제의 앞잡이인 一進會를 박멸키 위한 共進會 등에 적극 참여 활동하였다.[274]

이동휘는 이와 같이 군직에 있으면서 어려워져가던 國事에도 함께 관여하던 중 1905년 3월에는 다음의 상소에서도 알 수 있듯이 8년에 걸친 군직을 사임하고[275] 국권수호를 위한 애국계몽운동에 전심하기 시작하였다.

> 외람되게도 厚恩을 받아 스스로 군대통솔의 임무를 부여받아 入衛出鎭한 지가 8년이 되지만 하나의 國防의 紆策도 없이 공연히 國祿을 축내게 되었으므로 본년 이래 본직의 해직을 간청하고 강화도로 내려가 교육에 종사하면서 國恩에 보답하고자 하였다.[276]

그의 군직사임은 안으로 부패한 강화유수 尹喆奎와의 충돌사건과도 관련되었지만[277] 그보다도 러일개전 이래의 일제침략이 한국군을 무력화시킨

---

273) 柳子厚, 『李儁先生傳』, 東方文化社, 1947, p.59.

274) 유자후, 위의 책, p.103.

275) 『舊韓國官報』 光武9년 3월7일, 隆熙1년 9월14일자. 이동휘는 1905년 3월3일자로 강화진위대대장직을 사임하였으나 陸軍參領이란 무관직함은 군대해산 직후인 1907년 9월3일자로 해임되었다.

276) 「大韓帝國陸軍參領李東暉遺疏」 『機密書類綴』 (정부문서보관소 NO.88-1)

277) 반병률, 「李東輝와 한말민족운동」, pp.157~159.

데 따른 어쩔 수 없는 대응선택으로 해석할 수도 있다. 이무렵 일제는 주한 일본군을 앞세워 「한일의정서」를 체결하고 그를 발판으로 '顧問政治'를 강요하면서 2개사단 규모의 한국군 25,000명을 8,500명으로 반이상 감축시켰다. 1907년 8월에 단행된 군대해산의 전단계 조치였던 것이다. 이때 이동휘가 지휘하던 강화진위대의 군력도 700명에서 불과 50명으로 감축되었고 그 대장도 '參領'에서 '副尉'로 크게 격하되었던 것이다.[278]

이동휘의 애국계몽운동은 먼저 강화진위대장 시절에 착수한 강화도에서의 구국교육활동에 주력하는 것으로 시작되었다. 그후 1905년 11월 을사오조약을 계기로 상경, 중앙에서 보다 정열적으로 애국계몽운동에 참여하였다. 그는 을사오조약의 소식을 듣고 격분, 그 스스로 앞장서서 박제순과 이완용 등 '을사오적'을 처단하고 순국 자살을 기도하기로 하였다. 그리하여 그가 충성을 바치던 光武皇帝에게 올린 「遺疏」[279]를 비롯하여 「斬賣國公賊聲罪文」, 「遺告二千萬同胞兄弟書」, 「遺告縉紳疏廳書」, 「遺告法官諸公書」, 「遺告各公館使節書」, 「遺告林公使書」, 「遺告長谷川大將書」 등을 작성하고 실행에 옮기고자 하였으나 여의치 못하였다. 그러나 그는 그후 항일구국을 위한 일이면 누구보다 앞장서 그 정열과 心身을 다바쳐 활동하였다. 그가 본격적으로 항일 민족운동의 '선도자'로 부상하는 계기를 이룬 것이다.

한편 영흥군 요덕면 산골마을에서 영흥읍으로 돌아와서도 인생행로와 관련하여 갈등을 겪고 있던 계봉우도 을사오조약의 소식을 접할 무렵 결연히 진로를 확정, 조국을 위한 애국계몽운동에 투신하였다. 그때의 일을 그의 자서전이라 할 『꿈속의 꿈』에서는 다음과 같이 회상하고 있다.

> 나는 26살에 어떤 길로 나가야 된다는 것을 확실히 판정하였다. 이것은 일로전쟁이 금방 끝나자 일본의 이등박문이 강제로 오조약을

---

278) 黃玹, 『梅泉野錄』, 국사편찬위원회, p.334.

279) 「大韓帝國陸軍參領李東暉遺疏」

> 체결하던 그후의 일이다. 그 조약은 1905년 11월17일에 되었는데 '이날밤 소리쳐 크게 통곡한다(是日夜放聲大哭)'의 론설을 실은 황성신문은 전 국민의 마음을 격동시키었다, 조약의 체결되던 그 내용을 폭로하였다하여 그 신문사가 닥기운 일까지 있었지만 그것이 아니더면 서울 성내의 인민도 그렇거니와 나같은 시골사람은 국가존망에 대한 소식을 그처럼 속히 몰랐을 것이다. …… 나는 독립을 회복하려는 그 길로 나서는 그 때에 죽고사는 문제를 이런 시(詩)로써 결정하였다. '살아도 구차히 사는 것이 또한 욕이요(生是苟生 生且辱) 마땅히 죽을 때에 죽으면 오히려 영광이로다(死於當死 死猶榮)'[280]

그가 이와 같은 결연한 결의[281]를 하는데는 그동안 급변하던 시국의 세태와 개화혁신의 신사조와의 접속이 있었을 것이나 그의 『꿈속의 꿈』에서는 명확한 언급이 없다. 단지 그가 산골마을에서 영홍읍으로 다시 올라올 무렵 근대개혁의 일환으로 영홍읍에도 신식 공립학교가 세워졌고, 그도 가끔 그곳에 나가 "팔족시도 짓고 초중장하는 일이 흔히 있었다"는 정도의 언급만을 하고 있다.[282] 그의 4남 계학림이 간직하고 있던 계봉우의 「리력서」[283]에 기재된 '학력'난에는,

> 1888년~92년까지 사립 양사학교에서 공부함(졸업함)

280) 『꿈속의 꿈』 上, pp.103~104.

281) 계봉우는 이때 국권회복을 위한 결연한 결의를 다음과 같은 詩로 표현하였다. "십년의 열을 맛보니 집집이 월나라요(十年嘗膽家家越), 다섯대에 철퇴를 가졌으니 곧곧이 한나라다(五世袖本仕處處韓)"(『꿈속의 꿈』 上 ,p.106) 첫구절은 국권을 회복하려는 굳은 뜻을 나타내려는 것이고 둘째구절은 침략자에 대한 국민적 복수심을 표현한 것이다.

282) 『꿈속의 꿈』 上, p.117.

283) 1995년 광복50주년 기념식전에 참석한 계학림은 1936년 1월 28일자로 자필서명한 계봉우의 「리력서」와 『通俗文學集』 『從來朝鮮의 土地關係』 『朝鮮歌樂史』 등 일련의 계봉우 원고본을 독립기념관에 기증하였다.

1892년~98년까지 사립 락인중학교에서 공부함(졸업함)
1903년~6년까지 조선 중국의 력사를 연구함

이라고 기록되었다. 계봉우 자신의 말년 회고와는 어긋나는 대목도 있지만 적어도 그는 을사오조약 전후에 영흥에서 신학문을 수학하고 있었음을 반증하기도 한다. 어떻든 그는 을사오조약을 전후하여 신학문도 수용하고 애국계몽운동에 헌신하게 되었다.

2) '교육구국'을 중심한 애국계몽운동

이동휘와 계봉우의 애국계몽운동 참여의 시기와 장소는 약간 차이질 수 있으나 양인은 적어도 을사오조약에 직면하고부터는 다같이 신명을 바쳐 애국계몽운동에 헌신하게 되었고, 그 관계도 "結義兄弟"로도 알려진 바와 같이[284] 종시일관 밀접한 관계를 가지면서 활동하게 되었다. 게다가 그 방략도 각종 항일결사의 참여활동은 물론, '구국교육'운동 등 같은 노선을 걸었고 그를 효과적으로 달성하기 위하여 기독교를 신앙하였고 선교활동도 적극적으로 벌였다.

결사활동의 경우 이동휘는 1906년부터 애국계몽운동의 중심단체인 大韓自强會와 그를 이은 大韓協會에 가입, 그의 처음 활동기반인 강화도에 지부를 설치하고 부회장을 맡기도 하였다.[285] 또한 이무렵인 1906년 6월에는 동향인 李儁 등이 주도하던 國民敎育會에도 참여하였고 1907년 초에 접어들어서는 국채보상운동에 참여, 이준 이도재 장지연 등이 중심이 된 국채보

---

284) 「桂鳳瑀」『在外排日鮮人有力者名簿』(하와이대학 도서관 소장)

285) 유자후, 앞의 책, pp.97, 103, 119, 131 ; 「리동휘동무의 일생」,『선봉』 1935년 2월 4일자 ; 『리동휘성재선생』 p.188.

상연합회의 총무를 담임하였다. 이를 이어 그는 양기탁 · 안창호 · 이동녕 · 전덕기 · 이갑 · 유동열 등과 함께 한말 최대의 비밀 구국결사인 新民會를 창건, 특히 교육 문화사업의 책임과 함경도지부의 도책을 맡았다.[286)]

이동휘는 이와 같은 항일결사활동은 물론, 그것 못지않게 '구국교육'에 중점을 둔 애국계몽운동에도 열성을 쏟아 발군의 명성을 떨쳤다. 그는 이미 강화도 진위대장 부임 후 얼마되지 않은 시기에 미국선교사 벙커(A.D Bunker)와 함께 岑茂書塾을 기반으로 合一學校를 설립하였고 그후 강화진위대장직 사임을 전후하여 '普昌學校'를 설립하였었다.[287)] 특히 보창학교는 구국인재 양성을 위한 모범학교로 발전시키고자 열성을 쏟았다. 학생들에게 한국의 역사 · 지리 · 한문 · 국어는 물론 일본어 · 영어 · 산수 · 물리 · 화학 등 근대학문을 가르쳤고 체육교육을 빌려 군사교육도 겸수시켰다.

그후 보창학교는 갈수록 번창, 곧 학생수가 수백명에 달하였고 소학 중학 고등과로 나누어 가르치다가 1908년 2월에는 3년제의 중학교로 개편하였다. 그밖에 1년제의 예비과와 사범속성과 야학과를 두었다. 15세 이상 20세까지 한문에 숙달된 학생은 3년제 중학에 20세 이상 40세까지의 역시 한문에 숙달된 학생은 1년제 사범속성과에서 교육시켰다. 이동휘가 교장인 강화읍에 세운 이 학교는 강화 전 지역에 보창학교 설립운동으로 번졌다. 1907년 6월경 감리교선교사 스크랜튼(W.B Scranton)에 의하면 강화도 내 14개의 보창학교에 학생수 800여명이 다니고 있다고 하였다.[288)] 그밖에 개성에도 이동휘가 金基夏 등과 보창학교를 세웠으며 이후 황해도의 金川 · 長端 · 풍덕 · 안악 등지와 충청도 충주, 함경도 함흥 등지에도 이와 같은 종류의 보창학교가 세워져 전국적으로 보면 90개교 안팎의 보창학교가 설립되어 구국인재교육이 착실히 실천되어 갔다.

---

286) 위와 같음.

287) 김방, 앞의 논문, p.26. pp.48~53.

288) 반병률, 「이동휘와 한말 민족운동」, p.169.

이동휘의 이와 같은 교육운동은 그때 교육구국운동을 주도하던 여러 학회활동과 기독교 신앙 및 선교활동을 통하여 큰 성과를 올려, 애국계몽운동의 주류가 마치 교육구국운동으로 발전되는 양상을 보였다. 그는 보창학교 설립운동이 강화도내 뿐만 아니라 개성 등 내지로도 번질 무렵인 1906년 10월경 이준· 吳相奎·兪鎭浩 등과 함께 漢北興學會를 조직, 평의원이 되어 한북지방 순회에 나섰다.[289] 또한 이와 전후하여 朴殷植·李甲·鄭雲復·盧伯麟 등이 주동이 되어 조직한 西友學會에도 참여, 서우학회 강화도지회를 설치하였다.[290] 그는 이를 이어 1908년 1월 서우학회와 한북흥학회의 통합운동에 가담, 양 학회 합동 창립총회의 임시의장으로 합동에 관한 취지를 설명, 만장일치의 찬성을 얻어 西北學會를 발족시켰다. 이어 이강·안창호·정운복·박은식·이종호 등과 함께 그 학회의 핵심운영자가 되어 서북지방 각지에 支會를 설치하는 등 조직을 확장하면서 각지를 순회, '교육구국'을 외쳤다. 계봉우의 『吾讐不忘』에,

> 서북학회에서 이동휘를 함경남북도에 파견하여 교육을 시찰할 때에 한 演說에 한 학교를 起케하며 한 통곡에 한 학교를 설하니 北方風氣가 이로부터 大振興하니라[291]

라는 기술을 남기게 까지 하였다. 또한 『獨立新聞』의 한 논자도,

> 선생(이동휘)의 열화와 같은 愛國誠과 도도한 웅변은 듣는자로 感奮興起케 하다 애국심 고취와 교육진흥으로 己任을 작하니 先生의 手로 창립된 普昌學校가 90여요 백여교의 長이 되었으며 선생의 훈도하에 出한 志士 愛國者의 수를 千으로 計하니라[292]

---

289) 『西北學會月報』, 1908년 6월 1일자 ; 『東亞日報』, 1935년 2월 15일자

290) 『韓國獨立運動史』 2, 국사편찬위원회, 1965, p.623.

291) 위와 같음.

라고 평론하는 성황을 이룩하였다.

한편 이동휘와는 달리 영홍 고향에서 애국계몽운동에 투신하기 시작한 계봉우는 일제에게 유린되던 국권을 회복하려면 민족의 실력을 양성하는 것이 당면과제라고 내세우면서 그를 위하여는 "교육망(網)의 확장과 부력(富力)을 증가하는 생산업의 진흥"[293]을 방략으로 간주하고 청년교육에 전력을 기울이기 시작하였다. 그는 몇사람의 동지와 1906년 10월에 어느 개인집 온돌방 하나를 얻어서 겨우 8명의 학생을 모아 洪明學校를 개교하였다.[294] 오직 "뜻이 있는 곳에 사람은 일을 맞흠내 이룬다"는 생각에서 시작된 이 학교는 주야간을 가리지 않고 성실히 가르치고 배우는 학풍을 일으키고 학비도 무상으로 한 결과 몇 달이 안되어 학생수가 크게 불어나기 시작하였다. 따라서 교실이 협소하여 養士齋 등으로 옮기다가 일년이 못되어 새로 교실을 지었고 수백명 학생의 배움터가 되었다.[295] 학교의 경비도 교육이 잘된다하여 찬조자가 늘어나고 '향교와 양사재, 각 향도(契)의 공유재산'을 기부받아 운영하였고 관립사범학교 출신의 교사를 고빙까지하여 애국정신의 함양과 배일사상을 기초로 하는 민족주의 신교육기관으로 발전시켰다. 언제부터인지 이 학교는 大韓協會에서 세워 운영하는 학교로 발전하였다.[296] 반면 기왕에 있던 공립학교가 유명무실하게 되고 더욱이 일진회에서 세웠던 신식학교는 폐지되어 이 학교의 명성만 더 높아져갔던 것이다.

홍명학교 창립에 가담하였던 계봉우는 조선역사와 지리, 그리고 그가 숙달한 한문을 직접 가르치는 교사가 되었다.[297] 신학문을 정상적으로 수학하

---

292) 「李國務總理略歷」『獨立新聞』, 1919년 8월 20일자.

293) 『꿈속의 꿈』 上, p.115.

294) 『꿈속의 꿈』 上, 119.

295) 『꿈속의 꿈』 上, pp.120~121.

296) 「桂鳳瑀」『在外排日鮮人有力者名簿』

297) 『꿈속의 꿈』 上, p.121.

지 못한 그는 학생들을 가르치기 위하여 조선역사와 지리 자연과학 산수 등을 열심히 연구하여, 교안을 짜서 가르쳤다. 이무렵 연구에 열중한 결과 뒷날까지 가끔 도지기도 하는 '뇌병'(두통)까지 앓았다고 후일 술회하고 있다. 이러한 계봉우의 교육활동은 그 배후에 이동휘의 교육구국운동과 깊이 연계되었고 이때 맺어진 양인의 깊은 관계는 그후 30년 동안 생사고락을 같이하는 선후배이며 동지가 되었다.[298] 특히 이동휘가 서북학회의 파견을 받아 함북지방을 순회, 교육진흥을 역설할 때 서북학회의 지부가 설치되었고 홍명학교도 융창하여 1908년에 이르면 영흥군 내에 각처에 이러한 사립학교가 차례로 건립되어 그 수가 50여개교에 이르렀던 것이다.

계봉우는 한편 이무렵 일본유학생들의 太極學會에도 가입하여 『太極學報』에 「社會의 假志士」등의 논설까지 게재하였다.[299] 또한 그는 후일 이동휘의 맏사위가 되는 정창빈 등과 함께 이동휘를 따라 新民會에 가입, 최후의 국권수호를 위한 민족운동에도 동참한 것이다.[300]

3) 기독교활동과 애국계몽운동

후일 다같이 共産主義者가 된 이동휘와 계봉우는 애국계몽운동을 전개하면서 기독교 신자가 되었고 나아가 선교활동에도 적극적으로 참여하였다. 그들이 기독교를 처음 수용한 계기는 교육구국운동을 중심한 애국계몽운동의 방략으로 추정된다. 이동휘는 전술한 강화의 합일학교를 세울 때 미국인 선교사 벙커와 협동하였고 "기독교야말로 쓰러져가는 나라와 민족을 구할 수 있다"는 믿음에서 군직 해직후 평양에서 기독교 감리교에 입교하였다는

---

298) 『꿈 속의 꿈』 上, p.121.

299) 『太極學報』 25, 1908, 태극학회.

300) 「弔海巖鄭昌贇君」 『獨立新聞』, 1920년 4월 10일자.

기록[301]도 보이나 그보다도 먼저 강화도지방의 전도사 김우제를 통하여 기독교 감리교에 입교한 것이다.[302]

이렇게 시작된 이동휘의 종교활동은 을사오조약때가 되면 누구 못지않은 독실한 신자가 되었고 나아가 전도자가 되었다. 그는 을사오조약때 지은 「遺告二千萬同胞兄弟書」에서,

> (李)東暉는 일직부터 종교를 믿어왔습니다. 스스로 생각할 때 이것이 아니면 相愛之心이 없을 것이며 이것이 아니면 愛國之心이 없을 것이며 이것이 아니면 獨立之心도 없을 것이라 생각합니다. 또한 自修自强도 이것에서 기인하고 忠君愛國도 이것에서 기인하고 獨立團結도 이것에서 기인하고 學問敎育도 이것에서 기인한다고 생각합니다. 우리 동포들은 힘써 믿으시기를 바랍니다."[303]

라고 기독교의 독실한 신앙을 동포에게 보내는 유언으로 당부하고 있다. 또한 후일 『東亞日報』는 이무렵의 이동휘의 활동을 보도하면서,

> 한손에는 성경을 잡고 또 한손에는 교육사상을 고취하는 서류를 잡은 후 이르는 곳마다 산천이 떠나갈듯한 목소리로 첫마디부터 열혈이 뚝뚝 떠러져서 수많은 청중이 흑흑 느끼며 울고 그 마당에서 반듯이 학교가 설립되었으니 신사상 주입의 신이되어[304]

라고 하여 선교활동과 교육운동에 혼신의 정열을 쏟고 있었음을 증언하고 있다. 그러나 논자에 따라서는 이동휘의 이러한 종교신앙과 선교활동이

---

301) 「李東輝」『在外排日鮮人有力者名簿』에 "明治37년(1904) 解職トナリ 平壤ニ 至リ耶蘇教 監理會ニ入リ 明治41년(1908) 長老教ノ 傳道師トナリ"라고 기술되었다.

302) 반병률, 「이동휘와 한말 민족운동」, p.161.

303) 「大韓帝國陸軍參領李東輝遺疏」

304) 『東亞日報』 1935년 2월 15일자.

그가 "敬虔한 크리스찬이 되어서가 아니라" 한국을 침략 유린하는 일제가 기독교를 믿는 나라 특히 영국과 미국에 대하여 약점을 가진 것에 주목하여 기독교세력을 배경으로 업고 일제의 발호를 제어하려는 정치적 의도가 깔린 것으로 논급하고 있기도 하다.[305] 따라서 그의 종교활동도 일본의 제국주의를 증오한 나머지 기독교의 法衣를 입고 그와 대항하려는 것으로 간주하고 있는 것이다.

그럼에도 불구하고 이동휘는 1908년 캐나다 선교회 장로교의 그리어슨(Robert Grierson)목사 밑에 전도사(助師)가 되었고 거주지를 서울에서 성진으로 옮겨 적극적인 선교활동을 벌였다.[306] 특히 그는 1908년 8월부터 1909년 5월까지의 서북학회의 파견으로 함경도 전지역을 순행, 구국교육을 역설할 때마다,

> 무너져 가는 조국을 일으키려면 예수를 믿으라 예배당을 세워라… 삼천리 강산 1리에 교회와 학교를 하나씩 세워 3천 개의 교회와 학교가 세워지는 날이 독립이 되는 날이다."[307]

라고 읍소하여 미구에 함경도 내에 50여의 사립학교가 설립되었고 그런 학교는 대개가 기독교 교회에서 세운 것이었다.[308]

더욱이 1909년 9, 10월 경부터 시작된 함경도지방의 제2차 순방때는 서북학회 파견의 교육활동보다도 기독교의 선교활동을 내세우고 추진되었다.[309] 이무렵 그는 동경물리학교에서 수학한 吳永善과 그밖에 奇泰鎭·洪佑晩 등의 우수한 교사를 그리어슨 선교사가 세운 성진 협신중학교의 교사

---

305) 강덕상, 앞의 책, p.36.

306) 「이동휘」『在外排日鮮人有力者名簿』: 『韓國獨立運動史』 2, p.519. 545.

307) 劉錫仁, 『愛國의 별들』, 교문사, 1965, pp.184~185.

308) 『꿈속의 꿈』 上, p.121.

309) 반병률, 『이동휘와 한말 민족운동』, p.182.

로 초빙케도 하였다.[310] 또한 그는 李東寧과 함께 북간도 교육단을 지원하여 鄭載冕 등을 그곳에 파견하기도 하였다.[311]

한편 홍명학교를 세워 교육구국운동을 펴면서도 "기독교를 믿으면 천당으로 간다"든가 "예수가 하느님의 아들로서 세상사람의 죄를 대신하여 십자가에 못박혀 죽었다" 등의 말이 역겹고 황당하여 목사와 전도사 등을 찾아가서까지 기독교 신앙을 반대하던 계봉우는 일제의 침략이 가중되고, 통감부의 강요에 의하여 만들어진 '保安法'이 시행되면서 국권수호를 위한 한국인의 자유와 인권이 유린되는 세태를 살피고는 기독교신자가 되었다. 그 이유를 그는 『꿈속의 꿈』에서,

> 이상도 하지 보안법이란 그것이 나의 등을 밀어서 예수교에 들어가게 하였다. 침침칠야에 코골고 잠꼬대하는 이때의 조선 형편에서 그만치 정도가 문명하고 단결력이 튼튼하고 사랑이 많고 집회 또는 언론의 자유가 있는 단체는 예수교회밖에 더 찾을수 없었다."[312]

라고 설명하고 있다. 더구나 그는 자기와 뜻을 같이하던 新民會의 동지들이 거의 기독교 교인이었다고 그 이유를 덧붙이고 있다.

계봉우의 입교동기는 이와같지만 입교후는 이동휘와 마찬가지로 독실한 신자가 되었고 나아가 선교활동을 통하여 구국교육에도 앞장섰다. 그는 영흥교회에서 세운 永生중학교에서 1909년부터 나라가 망하기 직전인 1910년 6월까지 교사가 되어 학생을 가르쳤다.[313] 또한 기독교전도사가 되어 전도에도 적극 참여하였다.[314]

---

310) 김방, 앞의 논문, p.57.

311) 북간도교육단은 고문에 이동휘와 李東寧이 맡고, 단장에 정재면, 종교담당에 裵尙禧전도사, 의무담당에 韓鳳儀의사, 재무에 柳基淵 등으로 짜여졌다.

312) 『꿈속의 꿈』 上, pp.133~134.

313) 『꿈속의 꿈』 上, p.134 ; 계봉우의 「리력서」.

계봉우의 이와 같은 종교활동과 교육구국운동은 언제나 이동휘와 밀접히 관련되어 전개되었고, 많은 경우 그의 지도하에 추진되었다. 계봉우가 모범적으로 발전시킨 전술한 홍명학교가 생긴후 영흥군 내에는 1908년까지만도 50을 넘는 사립학교가 세워져 구국교육의 열풍이 불었다. 이것이 다 계봉우는 홍명학교의 영향도 있지만 그보다도 "영흥의 학교수가 그렇게 갑자기 증가된 것은 다 그(이동휘:인용자)의 힘이었다"고 술회하고 있다.[315)]

4. 간도에서의 독립운동

1) 해도간에 망명

강화진위대장 재임 말기에 강화부윤 尹喆奎의 탐학사건에 맞섰다가 일시 구금되기도 하였던 이동휘는 1907년 8월 군대 강제해산시 부하였던 金東秀 劉明奎 延基羽 池弘允 등을 중심으로 한 강화진위대 군인들의 항일봉기로 말미암아, 그 배후 주동자로 지목되어 그해 8월 13일 開城에서 체포되고[316)], 仁川 앞바다의 大舞衣島에 유배되었다.[317)] 그러나 4개월만인 그해 12월 2일에 이르러 선교사 벙커의 주선으로 석방되었다.[318)] 그러나 그는 항일의지를 조금도 굽히지 않고 기독교선교를 방패삼아 전과 못지않게 애국계몽운동에 전념하였다. 그런중 1910년 8월 3일에 성진에서 다시 체포되어 서울 경무총

---

314) 「계봉우」『在外排日鮮人有力者名簿』

315) 『꿈속의 꿈』 上, p.122.

316) 桂奉瑀, 「第三期軍隊解散한때」『義兵傳』(『獨立新聞』, 1920년 4월 27일부터 동년5월 27일까지 10회에 걸쳐 연재되었다.)

317) 『大韓每日申報』, 1907년 12월 7일자.

318) 『皇城新聞』, 1907년 12월 4일자.

감부에 구금되었다가 8월 29일 '한일합방조약'이 공포된 후 석방되었다.[319] 그후 그는 그 이듬해 3월 '105인사건'의 연루자로 성진에서 세 번째 체포되어 경무총감부에 또 끌려와 악랄한 고문을 당하고 그해 기소는 되지 않았지만 '遠島安置' 처분을 받고 大舞衣島에 또 1년여 유배되었다.[320]

이와 같은 탄압 속에서 활동하던 이동휘는 결국 국외망명을 결행하게 되는데 이는 두 번째의 시도에서 성사되었다. 첫 번째 시도는 한일합병조약 전후 구금되었다가 풀려나 다시 기독교 선교를 위주로 함경도 지역에서 활동하던 그는 그해 연말 신년 초를 기하여 결행되었다. 그는 '教育生' 혹은 '助手'로 기록된 金徹과 吳尙彦을 대동하고 會寧에서 그해 연말 5일간 선교활동을 벌인 후 다음해 1월 26일 두만강을 건너 북간도에 들어갔다.[321] 표면적으로는 그리어슨 선교사가 주도한 캐나다 장로교 선교회의 韓俄淸三國전도회가 후원한 것으로 되어 있다.[322] 이 행차가 망명의 시도인 것은 '합병조약' 반포 직후 구금에서 풀려난 그는 평북 선천에서 개최된 기독교 장로회 평북노회에 참석하였을 때 청년들에게,

> 2년 후에 우리가 독립전쟁을 할 터이니 그 동안 청년들을 연락하여 가지고 기다리라[323]

고 한 것으로도 실증된다. 북간도에 들어간 이동휘는 勇智社愚洞을 거쳐 明東村에서 明東학교 학생과 墾民 200명을 모아 선교활동을 벌였다. 그후 局子街 등을 순행, 전도회를 개최하고 그 지방의 吉東基督教傳道를 그가

---

319) 『리동휘성재선생』, p.194.

320) 『韓國獨立運動史』 2, p.245 ; 『리동휘성재선생』, p.195.

321) 『韓國獨立運動史』 2, pp.519~520.

322) 『The Korean Mission Field』 Vol.Ⅵ. No.5, 1910, p.106.

323) 「안도산」 『한국학연구』 4, 별집, 인하대학교 한국학연구소, 1992, pp.208~209.

주도하던 韓俄淸三國傳道會로 편입시켰다.[324]

한편 結義兄弟간이던 계봉우도 이무렵 이동휘의 큰사위 鄭昌贇과 동반하여 간도로 망명하였다.[325] 그는 『꿈속의 꿈』에서 이 사실을 1911년 초 이동휘와 동행한 것으로 기술하였다.[326] 또한 이와 같은 이동휘와 계봉우의 망명을 전후하여 이동휘의 '교육생'이라 불리우던 추종 지지자 30여명이 북간도로 망명하였던 것이다.[327] 그중에는 尹海 金立 등과 같이 1910년 국치 이전에 망명하여 墾民敎育會를 조직, 활동하던 인물도 있지만 대부분 이무렵 결행된 것이다. 예컨대 영흥방면에서는 都連浩·張基永·高明秀·吳永善· 劉禮均·馬晋·徐相庸·金河錫·金河球 등이 元山방면에서는 金秉浩·李斌·南公善·劉日甫·李弘俊 등이 함흥방면에서는 姜鳳羽·趙弼禹·張錫咸 등의 동지 또는 후배들이 망명, 국내에서 전개하던 애국계몽운동의 노선을 계승 조국독립을 위한 민족운동을 벌여나갔다.[328]

이동휘와 이들 망명자들은 일찍 북간도에 이주하여 그곳 墾民社會의 지도자로 부상한 李同春 金躍淵 등 여러 지도자들과 제휴, 기독교선교활동을 펴 교회를 설립하는 한편, 도처에 구국인재를 양성할 민족주의 교육기관을 설립 운영하기 시작하였다. 1908년 이래 李同春·姜鳳羽·具春先·朴贊翊·鄭載冕·尹海 등이 주동이 되어 설립한 墾民敎育會와 1911년 孫文이 辛亥革命의 신기운을 맞이하여 그를 발전시킨 墾民會에 주동적으로 참여 활동, 북간도 간민사회를 민족의식이 충만한 사회로 조성한 것이다.[329]

한편 이동휘는 북간도 체류동안 그의 지지자들을 중심으로 비밀결사 光

---

324) 金躍淵, 「東滿敎會三十年略史」『十字軍』, 1937년 12월호, p.10.

325) 「弔海巖鄭昌贇君」『獨立新聞』, 1920년 4월 10일자.

326) 『꿈속의 꿈』 上, p.139.

327) 『韓國獨立運動史』 2, p.545.

328) 졸저, 『國外韓人社會와 民族運動』, 일조각, 1990, p.22.

329) 위의 책, pp.26~33.

復團을 조직, 북간도와 연해주지방에서의 비밀항일독립운동의 중추기관을 만들려고 하였다.[330] 그러나 이동휘는 북간도에 오래 머물지 않고 그해 3월 이전에 국내로 돌아왔다. 표면적으로 캐나다 장로교 선교회 전도사 자격으로 선교활동을 목적으로 한 것이기 때문에 선교회측과의 업무상 환국한 것인지 국내운동과의 연계기반을 굳히기 위한 것인지는 자료상 명확히 밝히기 어렵다. 어떻든 일단 환국한 이동휘는 상술한 바와 같이 105인사건으로 체포되어 근 1년 4개월 동안의 옥고와 大舞衣島 유배의 곤경을 겪었다. 1912년 7월 대무의도에서 풀려난 이동휘는 겉으로는 역시 함경도 지방에서 기독교 선교활동에 열중하면서 속으로는 그동안 韓鎭大가 대리로 맡고 있던 新民會의 함경도 도책의 일을 수행하였다.[331]

한편 기회를 엿보던 이동휘는 1913년 2, 3월경 압록강 상류 백두산록 지역의 長白府로 탈출, 두 번째 망명에 성공하였다.[332] 그후 그는 그곳을 시점으로 북간도 여러 지역을 순회, 각 지역에 산재 활동하던 동지 및 추종자들과 연락을 취하였고 그해 6월 10일경에는 북간도의 중심지인 延吉縣 局子街에 도착하였고 그와 전후하여 그의 父 이승교를 비롯한 가족일동도 무사히 그곳에 도착 재회하였다.[333] 그는 이로부터 李同春과 金躍淵, 그리고 그의 지지자들과 합심, 조국독립을 위한 민족운동을 헌신적으로 전개하였다.[334]

---

330) 『리동휘 성재선생』 p.199 ; 반병률, 「이동휘와 한말 민족운동」, pp.185~186.

331) 尹慶老, 『105人事件과 新民會研究』, 일지사, 1990, p.206.

332) 『島山安昌浩資料集』 2, 독립기념관, 1991, pp.293~296. 일제측의 「이동휘」 『재외배일선인유력자명부』에 그는 "大正2年(1913)6月4日 城津ヲ出發間島ニ移住シ"라고 그보다 몇 달 뒤에 간 것으로 조사 기록되기도 하였다.

333) 『리동휘 성재선생』 p.204.

334) 『리동휘 성재선생』, p.198.

2) '독립전쟁론'의 구현활동

長白府를 시발로 두 번째 망명활동에 들어간 이동휘는 6개월여에 걸쳐 화룡 연길 왕청 등 墾島 전역을 두 번씩이나 순회하였고 이어 琿春지역에 들어가 1개월 동안 정열적인 활동을 벌였다. 그는 이러한 활동성과를 미국에 간 동지 安昌浩에게 보낸 편지에서 다음과 같이 종합하고 있다.

> 一, 長白一帶를 巡廻하야 千里山野에 隱伏한 仁人志士덜 연락하야 긔관을 두며 통신원을 두며 셩긔(聲氣:필자)를 상통케 하고(신단기관) 農業을 商業을 主케하고 精神敎育을 힘쓰는 中이외며 白頭山下가 最有望
>
> 二, 墾島一帶를 巡廻二次하야 宗敎 敎育 實業의 急務를 效하며, (신단기관)으로 精神으로 同志덜이 다 事務를 執行하며 (青年學友會와 同한 性質로 青年親睦會가 잘 발전)되어져 此地方의 希望이 尤極好況이외며
>
> 三, 琿春一帶의 巡廻는 一개월 爲之이온딕 (신단의 기관)으로 敎育會가 成立되야 宗敎 敎育 實業을 奬勵進行中이외다. 此地方은 已往急進 다數 매우 勇敢 有望이외며[335]

이와 같은 이동휘의 북간도 순회 활동으로 기독교의 선교활동 면에서는 그해 연말 현재로 북간도 전역에 40여개의 교회가 세워지고 교인이 1천 6, 7백명에 달하는 성황을 이루었다.[336] 또한 교육면에서는 명동촌과 臥龍洞의 明東중학교와 昌東중학교 그리고 이동휘의 주장으로 李鍾浩가 자금을

---

335) 『도산안창호자료집』 1, 1990, pp.400~401.

336) 「청원서」 『間島史新論』 上, 우리들의 편지사, 1993, p.520. 이러한 기독교 선교의 성황은 이동휘가 이미 1911년초 첫 번째 북간도 행차시 明東村에서 그곳 吉東基督敎傳道會를 병합하여 강화시킨 韓淸俄三國전도회의 조직을 기반으로 선교하여 얻은 성과라 할 것이다.

대고 金立과 계봉우 등이 小營子에 세운 吉東基督學堂의 중학부를 발전시킨 光成중학교가 대표적인 민족주의 교육기관으로 성장하였다. 실업권장 면에서도 종교와 교육 못지 않게 괄목할 성적도 올리게 되었다. 이동휘와 그의 동료 및 그의 지지자들의 이러한 활동은 墾民會, 그리고 그의 자매단체인 靑年親睦會, 大東協新會, 琿春지방의 基督教友會 등의 항일결사를 통하여 추진되었다.

이동휘가 두 번째 망명하던 해인 1913년 4월에 결성된 간민회는 1908년 이래 북간도 墾民社會 발전에 큰 자취를 남긴 墾民教育會를 발전시킨 것이었고, 그 목적이 북간도를 개척, 韓人의 '新天地'를 개척한 墾民의 자치 신장과 조국독립을 위한 민족운동 추진에 있었다. 주요 임원은 북간도 개척의 선도자들인 金躍淵과 李同春을 비롯하여 이동휘와 동조하여 망명한 金立·장기영 등이 주류를 이루고 있다. 청년친목회와 대동친목회는 이동휘의 주장에 따라 청년들이 단결하여 간민회를 옹호 후원하는 결사로 한말 신민회의 자매단체인 靑年學友會와 같은 성격을 띠었다. 청년친목회에서는 오상근이 주필인 『靑年』이란 月報를 간행하였고 金立이 주관하던 대동협신회에서는 계봉우가 주필인 『大震』이란 月報를 간행하였다. 또한 기독교우회도 黃丙吉·白三奎·吳秉默 등이 琿春지역의 한인을 결속시켜 조직한 결사로 일제의 방해와 탄압을 가능한한 피하고자 이름은 기독교우회라 부쳤으나 내용은 간민회와 같이 한인의 자치와 조국독립운동에 그 본지를 두었다. 특히 이 교우회는 연해주에 연접한 琿春 전역의 5만여 회원을 결속시켜 조국독립운동의 '漆野曉鍾'의 역할을 수행하였다.[337)]

이동휘의 활동은 이밖에도 그가 '신단기관'이라고 표현한 비밀결사를 조직, 운영한 것이다. 이 단체를 그는 "東西江(간도와 연해주를 합칭:인용자)의 정신통일은 우리 신성한 단체로 하기 주위외다"[338)]라 하고 또한 "東西南北

---

337) 「북간도, 그 過去와 現在」『獨立新聞』, 1920년 1월 1일자 ; 『꿈속의 꿈』 上, p.172.

之同志 統合之方針 不外乎吾神聖之新團 其外에 更無道則 新團之歷史와 規則을 速速編送 千望伏望"[339]라고 지목하고 있다. 게다가 신민회의 자매기관이던 青年學友會와 같은 성격의 청년친목회를 '第二精神團'이라고 호칭하고 있는 것이다.[340] 이를 종합하면 '신단기관'이란 북간도에 신민회를 재건하려 한 것이라 볼 수 있다.

이와 같이 본다면 이동휘는 국치후 미국에서 활동하던 안창호와 서간도 지방에서 활동하던 李東寧·金弼淳·金秉鉉 등과 성기를 통하면서 동서간 망명지에서 新民會 재건을 주도하고, 나아가 그 기관을 통하여 그 신민회의 주 목적이던 '獨立戰爭論'의 구현을 위한 독립전쟁의 준비를 서두르고 있음을 알 수 있다. 때문에 그는 그러한 기지로 '白頭山下가 최유망'이라 하고 琿春지방에도 "已往急進(무장항쟁주모자:인용자) 다수 매우 勇敢有望"이라는 견해도 피력하고 있다.[341]

한편 이동휘의 1911년 초 북간도 행차때를 전후하여 망명한 계봉우는 국내에서와 마찬가지로 종시일관 이동휘의 운동노선을 따라 고락을 함께 하면서 국외에서의 조국독립을 위한 민족운동에 헌신하기 시작하였다.[342] 특히 그는 종교와 교육면의 활동에 치중하여 큰 자취를 남기게 되었다. 1912년 11월에는 북간도 전역의 기독교 대부흥을 위하여 소영자 대표로 활약하였으며[343] 또한 소영자와 하마탕에서는 교회에서 신도를 인도하였고 또한

338) 『도산안창호자료집』 2, p.194.

339) 『도산안창호자료집』 2, p.292.

340) 『도산안창호자료집』 2, p.298.

341) 『도산안창호자료집』 1, pp.400~401.

342) 계봉우는 자신의 망명시기를 『꿈속의 꿈』 上, p.39에서 "나는 합병되던 해 섯달(음력인 듯:필자)에 북간도루 나갔다. 동행한 사람이 적지 않았는데 그중에 성재 리동휘선생도 있었다"라고 1910년 말 이동휘와 동행한 것으로 기술하였다. 그는 1911년 봄 청진에 다시 가서 처자식을 데려왔다고 하였다.

343) 「청원서」 『간도사신론』 上, p.520.

소학교와 중학교를 세워 가르치기도 하였다.[344)]

그보다도 계봉우의 활동 중 정열을 쏟은 것은 그해 3월에 개교한 小營子의 吉東基督學堂에서 교편을 잡아 민족주의교육의 모범을 보인 것이다.[345)] 현재 延吉市로 편입된 小營峙에 세운 이 학당은 이동휘의 주창에 의하여 이동휘의 경제적 후원자이며 민족운동의 동지였던 李鍾浩의 재정지원으로 金立이 주관 운영하던 학교이다. 그러나 교장은 간민교육회장을 역임한 李同春이고, 재무는 정현설, 간사는 구춘선, 이봉우, 이남원, 황원호, 식당 주임은 박춘서 등이 맡았다. 교사는 계봉우를 비롯하여 보성전문 출신의 윤해와 김립, 그밖에 정기영·오영선·김하석·문경·池健[346)] 등 10여명이었다. 계봉우는 역사와 지리를 담당하였고, 문경은 군사교육도 겸하는 체육을, 윤해와 김립은 법률과 정치를 담당 교수하였다. 교사는 처음 그 마을에서는 크게 지은 강과부집을 사서 개조 사용하였으나, 3년 뒤에는 기숙사만도 15간으로 건축하고 100여명의 교비학생이 일시에 먹을 수 있는 공동식당도 마련되게 커졌다.

길동기독학당에는 중학과 법률정치과를 두었고, 또한 부속으로 여자야학과 소학과를 두었으며, 얼마 후에 속성사범과를 두어 시급한 교사 양성에도 힘썼다. 특히 중학과는 얼마 후 光成중학교로 발전시켜[347)] 북간도에서 明東村의 명동중학교와 臥龍洞의 昌東중학교와 더불어 명문학교로 부상하였다. 이 무렵 학생 수는 150여명에 달하였다.[348)] 이들 학생은 간도 안에서는

---

344) 『꿈속의 꿈』 上, pp.154, 172. ; 「계봉우」 『재외배일선인유력자명부』.

345) 『꿈속의 꿈』 上, pp.148~155.

346) 「池健」 『재외배일선인유력자명부』

347) 朴文一, 「동북 조선거류민들의 사립교육운동과 그 역사적 의의」 『간도사신론』 上, p.290에 "光成학교는 급속한 발전을 가져와 1911년에는 남학생 82명 여학생 24명을 갖고 있었다. 그 다음해에는 중학부를 증설하고 교명을 '광성중학'이라고 고쳤다.; 「광셩학교의 학생모집」 『권업신문』 루력 1913년 9월15일자.

348) 『도산안창호자료집』 2, p.304. 정재면이 안창호에게 보낸 서한에 의하면 이무렵 "명

물론, 국내와 연해주에서도 모여든 청소년으로, 그들 연령은 15세~25세가 표준이었고, 북간도 각지에 모자라는 교사를 급히 수급하기 위하여 둔 사범학교의 경우는 17세~40세까지 청장년들이었다.[349] 원지에서 온 학생들은 기숙사에서 기거하였고, 학비없는 학생은 무상교육을 시켰다. 그러나 이 학당의 운영 경비까지 전담하다시피 하던 연해주에서 활동하던 이종호의 지원금이 제때에 충족히 공급되지 못하여 만 일년이 못되어 광성중학의 모체가 되었던 중학과는 일시 폐지되고, 대신 광성중학 안에 사범속성과를 두어 6개월 단기의 교사양성 교육을 시켜 큰 성과를 거두었다.

계봉우는 낮에는 중학과 사범과를, 밤에는 여자야학과에서 주로 역사와 지리를 매일 7, 8시간씩 담당 교육하였다. 그리고도 그는 밤낮으로 시간을 내 교재를 만들고 그것을 등사하는 등 매일 10시간 이상 중노동을 헌신적으로 수행하였다.[350] 이무렵 길동기독학당 여자과, 즉 길동여학교에는 이동휘의 장녀 李仁橓도 교사로 근무하였다.[351]

계봉우의 교육 활동은 이 밖에도 大東協新會와 간민교육회에서 지원하던 教科用 각종 서적의 편찬, 보급에 참여 활동하였다. 특히 그는 鄭載冕 南公善 등과 같이 교과서 편찬위원으로 참여하였고,[352] 그때 그는 『吾讐不忘』과 『朝鮮歷史』를 저술,[353] 민족의식 양양에 큰 공헌을 하였다. 그 중 『조선역사』는 1917년 음 11월경에 『最新東國史』란 제목으로 하얼빈 普文社에서 간행, 3·1운동 후인 1920년대까지 永生中學校 등 북간도 민족주의 교육기관

동학교 남녀학생 합 180여인이요, 와룡동 昌東학교에 140여명이요 小營峠 師範中等 합 150여인 이오며 各所 학교에서 視務하난 교사는 열성이오니 과연 前途난 희망 뿐이오며"라고 기술되었다.

349) 「광셩학교」, 『권업신문』, 루력 1913년 9월 1일, 15일.

350) 『꿈속의 꿈』 上, p.153.

351) 이동휘의 2녀 李義橓 또한 명동여학교 교사로 근무하였다.

352) 『간도사신론』 上, pp.137, 292 ; 『연변문사자료』 5, p.251.

353) 『꿈속의 꿈』 上, p.172.

에서 필수 교재로 사용되었다.[354] 이 무렵 그는 혁신회의 기관지 『大震』의 주필이 되어 정성을 쏟아 3호까지 발행하였던 것이다.

3) 권업회와 대한광복군정부 조직

이동휘와 계봉우는 북간도 망명 후 3년만에 그곳을 "此地方의 希望이 尤極好況"이라 할 만한 조국독립운동의 터전으로 닦아놓고 다음 활동지 연해주로 행차하였다.[355] 이동휘 일행이 北間島에서는 마지막 활동으로 1개월간의 琿春 지방 순행을 마치고 연해주 煙秋에 도착한 것은 1913년 9월 28일이었다. 한인촌락이 집중된 그곳에서 5일 동안 순행하다 10월 4일에 블라디보스토크 新韓村에 당도, 그곳 한인들로부터 열렬한 환영을 받았다. 한편 계봉우의 연해주행은 이보다 먼저인 그해 봄 小營子를 떠나 그가 '항상 그리던 해삼항' 블라디보스토크의 新韓村에 당도하였다.[356] 그의 행적으로 보아 이동휘의 선발대로 먼저 간 것인지는 알 수 없으나, 그는 블라디보스토크 신한촌에 가서 勸業會의 기관지인 『勸業新聞』의 기자로 활동하기 시작하였다.[357] 그 무렵 연해주에서는 李相卨과 李鍾浩 등이 중심이 된 勸業會와 李甲, 李剛 등이 중심이 된 安昌浩 계통의 國民會 등이 조직되어 효율적인 민족운동을 추진하고 있었다.

그러나 그러한 결사 안에는 독립운동의 방략상 계몽계와 의병계가 구별

---

354) 金正明, 『朝鮮獨立運動』3, 東京, 原書房, 1968, pp.282~289.

355) 『도산안창호자료집』 1, p.400. ; 「리동휘씨일행도착」 『권업신문』, 루력 1913년 10월 5일.

356) 『꿈속의 꿈』 上, p.162. 원문에는 "1912년 봄에는 항상 그리던 해삼항을 밟게 되었다."라고 기술되어 1912년 봄이라고 하였으나 문맥이나 그밖에 그의 행적으로 보아 1913년 봄이 옳은 것 같다.

357) 『꿈 속의 꿈』 上, p.172.

되었고, 더욱이 西道派와 北道派, 그리고 畿湖派로 대립되는 지방색의 알력이 내재하고 있어 회의 운영을 곤경에 빠뜨리는 경우도 적지 않았다. 따라서 함경도 출신이 큰 비중을 차지하는 그곳 한인 사회를 바탕으로 하는 권업회의 회무를 원만하게 진행시키기 위하여 이동휘를 초청, 회무를 맡겼던 것이다.[358] 권업회는 창립 초기에 남도 출신의 이상설이 회장에 선임되었으나, 회의 주도권은 이동휘의 노선을 따르고 그를 적극 지원하던 이종호를 비롯한 북도파가 행사하고 있었다. 여기에 이동휘가 참여하게 됨을 계기로 각파의 파쟁과 알력을 해소시키기 위하여 각파의 중요 인물인 이동휘를 비롯한 이종호 · 이갑 · 이강 · 정재관 · 유동열 · 오주혁 · 홍범도 등이 신한촌에서 회합, "조국의 부흥을 위해 상호반목을 지양하고 합심단결하자"는 비장한 결맹까지 하였다.[359] 그후 권업회는 이동휘를 중심으로 조국 독립을 위한 여러가지 사업을 폭넓게 전개하였다.

이동휘는 이 권업회를 "光復事業의 大機關"[360]으로 명실상부하게 발전시키기 위하여 북쪽으로 연해주의 수부인 하바로프스크 지역으로부터 서북쪽의 홍개호 주변으로부터 秋風지역까지, 동남쪽의 水靑지역, 남쪽 방면의 煙秋 핫산 지역 등의 수많은 한인 촌락을 순회하면서 회의 조직을 확대 정비하고 조국독립을 위한 계몽활동을 벌였다. 그리하여 그가 연해주에 처음 올 무렵 회원수가 2,600명이던 회세가 그 다음해에는 8,579명으로 급증하고 중요 요충지에는 지회가 거의 설치되게 되었다는 기록이 보인다.[361]

이동휘의 연해주에서의 활동은 권업회의 확장에만 머물지 않았다. 그보다도 권업회의 최고 목표이며 자신의 지론이기도 한 '獨立戰爭論'의 구현을

---

358) 『大正5年6月30日調朝鮮人狀況』(日本外務省史料館文書) 제1장 제1 浦塩 참조.

359) 졸저, 『국외 한인사회와 민족운동』, p.193.

360) 「권업회」 『俄領實記』

361) 『한국인들의 일본식민주의자와의 투쟁에서의 러령 한인들의 참여』(박태근교수소장), pp.66~77.

위해 '光復軍(獨立軍)' 양성과 그를 지휘할 光復軍政府의 건립을 위하여 분투노력하였다. 그가 獨立戰爭論을 주창한 것은 전술한 바 있듯이 망명 전부터였다. 더욱이 망명후 그의 활동 목표는 '독립전쟁의 준비'로 맞추어졌다고 할 수 있다. 이동휘를 비롯한 권업회의 핵심 인물들인 이상설·이동녕·이종호·정재관 등은 1914년에 접어들면서 그동안 권업회를 기반으로 중국과 러시아 양령에서 규합한 독립운동자들을 단합시켜 본격적으로 '大韓光復軍政府'의 건립을 추진하였다.[362] 이 정부의 건립 시기를 한인의 시베리아 이주 개척 50주년인 1914년에 맞추었다. 마침 그 해는 러일전쟁 10주년에 해당하여 연초부터 러시아 안에서 제2의 러일전쟁이 임박했다는 여러가지 조짐이 나타나고 있었다. 계봉우의 『俄領實記』에

> 그렇게 會(勸業會:필자)가 大進行한 중에 기원 4247년 甲寅(1914)에 至하여 俄國 京城으로부터 각 지방을 통하여 俄日戰爭 10년 기념회 된 결과로 復讐熱이 絶頂에 달하야 다시 開戰될 조짐이 非朝 非夕에 在함에 李相卨 李東輝 李東寧 李鍾浩 鄭在寬 제씨 主謀로 俄中兩領에 산재한 동지를 대망라하야 大韓光復軍政府를 조직하고 正都領을 선거하여써 軍務를 통일케하니 첫째는 李相卨씨요, 그 다음은 李東輝씨가 되앗섯다. 軍隊를 비밀리에서 편성하고 中領 羅子溝에는 士官學校까지 設하였으며[363]

라고 기술되고 있다.

이 광복군정부는 블라디보스토크에서 中俄 兩領의 연합대표회를 개최하고 건립한 비밀조직으로 당면 목표를 일조 유사시 민활한 軍事的 활동을 효과적으로 수행하기 위하여 건립하였다. 그리하여 비밀리에 光復軍을 편

---

362) 졸고, 「西間島白西農庄과大韓光復軍政府」 『한국학연구』 3, 인하대학교한국연구소, 1991, pp. 103~111.

363) 「권업회」 『아령실기』

성하고 있던 연해주와 독립운동의 기지화가 추진되던 서북간도에 3개 軍區를 설치하였다. 정부소재지인 연해주에 제1군구를 두고 북간도를 제2군구, 서간도를 제3군구로 확정하였고 모든 광복군의 통제 지휘는 正都領이 맡아 행사하도록 하였다. 이 정부의 비서였던 계봉우는 그 사실을 『朝鮮歷史』에서 다음과 같이 기술하고 있다.

> 그 當時에 第一次 世界大戰이 爆發되지 않앗더면 로시아에서 日本에 對한 復讐戰이 早晩間에 닐어날 機微가 보이엇던 것이다. 그래서 朝鮮人은 中俄兩領의 聯合代表會를 海港에 召集하고 '大韓光復軍政府'라는 秘密組織이 있게 되었다. 軍事的 行動의 必要가 있는 境遇에는 敏活한 手段을 取하기 爲하여 中俄兩領을 三個의 軍區로 分定하엿는데, 俄領은 第一軍區로, 北墾島는 第二軍區로, 西墾島는 第三軍區로 指定하엿다. 거긔에 對한 統制權은 正都領이 파악하엿고 그 職位에는 李相卨이 當選되엇나니, 이것은 軍事的 統一機關을 形成함에만 깊은 意義가 있을뿐이 아니다. 在來의 分派心, 자서히 말하면 畿湖派니, 西道派니, 北道派니 하는, 그런 地方的 偏見을 아주 根絶하려는 거긔에 더욱 큰 意義가 있었던 것이다.[364]

처음 정도령에는 권업회의 창설시 주도권을 가졌던 李相卨이 선출되었으나, 다음에는 권업회를 발전시킨 이동휘가 선임되었다.[365] 광복군정부가 비밀리에 편성하였다는 3개 군구의 확실한 兵力은 알 수 없으나, 중러 양령의 한인을 결속시키고 군사적 통일을 이룩할 무렵 일제군경에게 압수당한 「各處軍容情勢詳細」라는 독립운동관계 문서에 의하면 그 동안 국내외에서 광복군의 가용인원과 무장 통계를 다음과 같이 표시하고 있다.

---

364) 계봉우, 『조선력사』 3(원고본), pp.47~48.

365) 「권업회」 『아령실기』

> 시베리아 지역 29,365명, 槍彈 13,000명 목하 훈련중, ○길림지역 260,000명 창탄 소유함. ○무송지역 5,300명, 그중 江界포수 4,607명, 그밖에 해산군인 693명, ○왕청현 지역 19,507명, 그중 산포수 19,000명 나머지 해산군인 320명 또한 그밖에 학생 新式槍及彈 있음. ○通化 懷仁 輯安縣 25세 이상 30세 390,073명이며, 현금 夜半集隊교련, 구식 신식 창탄있음. ○美洲지역 855명 학생 교관 포함.[366)]

그러나 주의할 것은 이같은 많은 수의 광복군 편성이 그대로 다 이루어졌다고 볼 수 없다. 그것은 국제적으로 그 해에 제1차 세계대전이 발발하여 중러 양령 어느 곳에도 다같이 자국 내에서 무장 활동은 물론, 그밖에 어떤 형태의 한국 독립운동도 탄압하고 있었기 때문에 불가능한 상황이었다. 게다가 국내에서 모집되던 군자금의 모집도 여의치 못하여 그를 지탱하기 어려웠던 것이다. 하지만 이 병력 중에는 서북간도와 연해주 및 멀리 미주 등의 국외한인사회가 독립전쟁론을 구현하기 위하여 양성하여 편성된 광복군을 망라, 통합을 이룩한 것이라고 해석된다. 더욱이 그와 같은 군사적 통합은 독립운동선상의 고질인 南道派니 西道派니 北道派니 하던 地方色을 조정하고 나아가 독립운동 방략을 독립전쟁론으로 귀일시킨 데 보다 큰 의미가 있다.

이동휘를 중심으로 권업회사업을 바탕으로 대한광복군정부 건립을 추진한 중요한 인물은 이종호와 이상설·이동녕·정재관 등 외에도 이동휘는 金成茂·金致寶·金圭冕·李甲·金利稷·崔載亨·洪範圖·申采浩를 더 거명하고 있다.[367)] 또한 겉으로는 광복군정부의 건립이 위와 같이 1914년에 들어서면서 시작된 것으로 되어 있으나 속으로의 건립 준비는 적어도 이동휘가 북간도에서 연해주로 가던 1913년부터라고 할 수 있다. 그것은 "나는

---

366) 金正柱편, 「朝鮮保安法違反事件」『朝鮮統治史料』5, 東京, 韓國史料硏究所, 1970, pp.644 ~ 665.

367) 『리동휘 성재선생』, p.199.

그 정부의 비서(秘書)로 되었기 때문에 그 내용을 누구보다도 잘 알게되었다"[368]고 하는 계봉우는 이 사실을

> 그(이동휘……필자)는 1913년에 망명하여 아령에 나오자 통일을 부르짖으면서 광복군정부를 조직하고 거기까지 이르렀다.[369]

라고 증언하고 있다. 또한 그의 아들 김학림이 보관하고 있는 계봉우의 자필 '리력서'에서도 그는 '민족혁명사업'으로서 "1913년에 중령과 원동(연해주…인용자)에 있는 민족혁명자로 조직한 대한광복군정부의 책임비서로 됨"[370]이라고 명기하고 있다. 이와 같은 사실은 계봉우의 연해주에서의 활동이 북간도에서보다 이동휘를 보다 가까이에서 협찬하면서 권업회를 기반으로 대한광복군정부 건립에 진력하였음을 실증하는 것이라 하겠다.

그러나 이 광복군정부는 오래가지 못하고 1914년 8월에 그 모체가 된 권업회와 함께 러시아의 전시체제 확립에 따라 탄압을 받아 활동하지 못하고 끝내 그 이름만 유전하는 단명 정부가 되고 말았다.[371] 그 배경은 제국주의 실리에 밝은 러시아와 일본이 제1차 세계대전의 발발과 함께 동맹국으로 제휴하여 '고려인'이라 불르던 한인의 정치사회활동을 강력히 탄압하였기 때문이다. 즉 제정러시아는 일제와의 공동방위체제를 확립하면서 일본의 요구를 받아들여 자국 내 한인의 민족운동을 금단시켰던 것이다. 이에 따라 권업회도 해산되고 126호까지 내던 『권업신문』도 정간되었다. 뿐만 아니라 한인의 중요 항일인물도 가차없이 투옥 혹은 추방되었다. 이동휘와 그를 지원하던 이종호 등 36인은 48시간 내에 연해주에서 퇴거명령을 받고 그곳

368) 『꿈속의 꿈』 上, p.171.

369) 위와 같음.

370) 계봉우,「리력서」

371) 졸저, 앞의 책,p.484.

을 떠나야만 하였다.[372]

4) 대전사관학교의 설립

연해주에서 러시아 당국의 전시체제 확립의 일환으로 퇴거를 당한 이동휘는 이종호 장기영 등 일행과 중국 汪淸縣 羅子溝(나재거우)로 떠났고, 홍범도와 김성무 등은 興凱湖 북쪽 密山쪽으로 갔다.[373] 나재거우는 吉林省 東寧縣 산채거우를 거쳐 남까울령이라는 험산을 넘고 노호산 무인지경을 지나 궁벽한 오지에 위치한 곳이다. 그러나 나재거우에는 그무렵 한인의 개척 마을이 여러 곳에 산재하여 그 호구를 합하면 1천을 넘었다. 그들은 국내로부터 직접 이주하기도 하였지만 대개는 연해주에서 살다가 轉住한 것으로 보인다. 권업회 등에서 계획적으로 이 지역을 한인의 집단 개척 촌락으로 조성한 곳으로도 해석되는 곳이다. 특히 그곳 주민 중 250명 가량은 러시아식 연발총으로 무장하고 유사시 일거에 출동할 수 있던 잠재병력이었다.[374] 또한 羅子溝 三道河子에는 1913년 3월경부터 이종호의 지원으로 泰興書塾에 중학부를 두어 학교 이름을 泰興學校라 하고 金光使・文學俊・吳基一 등 7, 8명의 교사를 두고 한인 인재 양성을 위한 민족주의 교육을 실시하고 있었다.[375] 처음 80명으로 시작한 이 학교는 곧 200여명으로 번창하고 체조교육을 강화하고 군사훈련을 겸수시켜 장차 일제와 싸울 수 있는 인재 교육에 전력하고 있었다.

372) 『꿈속의 꿈』 上, pp.169~170.

373) 『리동휘 성재선생』, p.200.

374) 『圖們江對岸移住鮮人ノ狀態』 (일본외무성사료관문서) ; 『연변문사자료』 5, 연변정협 문사 자료위원회, 1988, pp.252~253.

375) 『간도사신론』 上, p.202.

나자구에 당도한 이동휘는 그곳에 거주하는 유지 최정구·염재권·권의준 등과 협의하고[376] 蘇洞大甸子(楡芬甸子)에 무관학교를 세웠다.[377] 교사와 기숙사는 주민들이 추렴과 노력을 동원하여 세웠고, 운영비는 이종호가 담당하였다. 교장은 이동휘였고, 김립·김규면·장기영·오영선·김영학·김광은·강성남·한홍·김하정 등이 교관이었다. 사관 학생은 태흥학교에서 수학하던 학생을 비롯하여 훈춘을 포함하는 간도와 연해주 지방에서 열혈 청년을 모집, 80명 이상 100여명에 달하였다.[378] 어떤 기록에는 사관 학생수가 많을 때는 300여명에 달한다고도 하였다.[379]

이 무관학교의 건립은 그가 주동이 되어 건립한 연해주에서의 대한광복군정부의 당면 중요 사업으로 추진한 것이지만, 그 준비는 그가 연해주에 가서 권업회에 참여하면서 시작되었다고 볼 수 있다. 중국 관헌의 탄압을 받은 태흥학교 학생들이 무관학교가 설립되자 대거 그리로 입학하였던 것이다.[380]

겉으로 大甸學校[381]라 부르던 이 무관학교의 교육 내용은 군사학 교과서와 실습용 무기의 부족으로 군사기술의 연마는 미흡한 점이 없지 않지만, 조국을 광복하려던 독립군 사관으로서의 정신교육은 철저하였다. 그 모습을 이영일의 『리동휘 성재선생』에서는

> 애국 열정이 끓어 넘치는 사관학생들은 배고픔과 추위를 무릅쓰고 달마다 보여주는 보병 조련학습과 산병연습은 역발산 기개세하고 협

---

376) 『리동휘 성재선생』 p.201.

377) 『연변문사자료』 5, pp.252~253 ; 『現代史資料』 27, 朝鮮 3, みすず書房, p.156 ; 이학교는 '東林學校'라고도 하였다.

378) 『리동휘 성재선생』 p.202 ; 졸저, 『근대 한국民族運動의 思潮』, 집문당, 1996, p.428.

379) 『연변문사자료』 5, p.169.

380) 『연변문사자료』 5, p.165.

381) 「권업회」 『아령실기』

태상 이초 북해하는 용력을 보였다.[382)]

라고 기술하고 있다. 또한 그들이 부르던 군가의 가사는 다음과 같이 그들의 드높은 기개를 표현하고 있다.

1. 백두산하 넓고 넓은 만주뜰들은
   건국영웅 우리들의 운동장이요
   거름 거름 대를 지어 앞을 향하여
   활발히 나아감이 엄숙하도다.
2. 대포소리 앞뒤산을 둥둥 울리고
   총과 칼이 상설같이 맹렬하여도
   두렴없이 악악하는 돌격소리에
   적의 군사 공겁하여 정신 잃는다.
3. 높이 솟은 백두산아 내말 드러라
   저 건너 부사산 부러마러라
   우리의 청년들이 지진이 되어
   부사산 번칠 날이 멀지 않도다.[383)]

어떻게 보면 군사정치학교라고도 볼 수 있는 이 무관학교는 군사교련과 민족주의 사상 교육을 기본적 교양내용으로 삼았고, 광복군의 군사 골간인 무관양성을 교육의 지표로 삼았다.[384)] 대한광복군정부 건립의 필수적 사업이기도 한 이와 같은 무관학교의 건립은 이동휘의 신념과 경륜의 결정이며 망명 후 최대 명제인 '독립전쟁론'의 구현을 위하여 처음부터 가장 중요한 사업으로 추진하였던 것이라 할 수 있다. 그러므로 그는 이종호 · 김립 등 동지들과 망명후 3년 동안 준비 단계를 거쳐 1914년 8월 연해주에서 간도로

---

382) 『리동휘 성재선생』, p.202.

383) 위와 같음.

384) 『연변문사자료』 5, p.253

다시 간 것을 계기로 숙원의 무관학교를 개교, '위국헌신하는 청년'을 모아 교육할 수 있게 된 것이라 할 수 있다.[385)]

그러나 이 학교의 존속기간은 1년을 넘지 못하고 만 것 같다. 1915년 말경 일본영사관의 강박에 의하여 중국 당국이 폐쇄조치를 내린 것이다. 이때 무관학생들은 면학의 뜻을 이루지 못하고 해산하게 되었으나, 그 중 40여명은 고학을 하더라도 면학을 계속할 결심으로 집단적으로 새 방도를 찾아나서기도 하였다. 세계대전 발발 후 노동자를 대거 모집하던 우랄 지방의 벨림이 대공장으로 가서 노임을 벌어서 수학을 계속하여 볼 결심으로 그 공장을 찾아가 일하게 된 것이다. 이 학생들이 후일 한인 최초의 공산주의자로 이름을 남긴 김 알렉산드리아 페트로브나 스탄케비치를 그곳에서 만나 그의 보호를 받는 기연을 만들기도 하였다.[386)] 그밖에도 상당수의 학생들은 1907년 1월 琿春에서 80리 떨어진 大荒溝에 세우는 北一중학교에 입학, 공부를 계속할 수 있었다. 이 학교는 이동휘가 김립 등과 같이 대전학교 폐쇄 후 大荒溝에 가서 현지의 유지 梁河龜·김도연·金南極·梁在煥·梁炳七·金夏鼎 등과 협력하여 세운, 사관학교를 방불하게 하는 중학교이다. 입퇴학이 자유로우나 학생들의 교과내용은 철저한 민족주의 사상을 주입하고 군사 지식의 전수와 군사훈련에 치중하였다.[387)] 이러한 취지에 따라 조선어와 역사 지리를 비롯하여 한어 영어 러시아어 수학 물리 화학 등은 물론 체육과 군사 등 12개 과목이 부과되었다. 군사지식과 훈편을 맡은 교관은 高京在·金立 등이었고, 그밖에 교사는 金河鼎·南公善·李英 등 6, 7명이 담당하였다.[388)] 교장은 양하구, 부교장은 金南植이고 이동휘는 명

---

385) 『리동휘 성재선생』, p.202

386) 반병률, 「김알렉산드라 페트르브나의 생애와 활동」『윤병석교수회갑기념 한국근대사논총』, 지식산업사, 1995, pp.777~778 ; 졸고, 「西間島 白西農庄과 大韓光復軍政府」, p.105

387) 『연변문사자료』 5, pp.204~205, 254~255

예교장으로 추대되었다. 이와 같이 북일중학교는 대전학교의 교육이념을 계승, 항일구국인재의 양성을 계속하려던 성격이 짙었다.

5) 신한혁명단과 국학연구

이동휘는 1916년 10월 20일경 중러국경에 인접한 왕청현 하마탕의 오지 한인촌락을 찾아갔다. 그곳에는 그 전년까지 훈춘 렽틀라재에 살다가 轉住한 부친 이승교와 부인 강정혜 등 그의 가족이 살고 있었다. 이웃에는 민족운동자 구춘선・김학규・이봉우・정현설 등도 은거하여 있고 후일 독립군 지휘관으로 활약하던 임병국도 살고 있었다.[389] 더구나 연해주에서 이동휘와 같이 퇴거명령을 받고 같이 중령에 들어온 계봉우도 모친과 그 부인 및 자녀들이 그 곳에 옮겨와 살고 있었다.

이들이 하마탕 오지 마을에 이같이 피난하여 주거하게된 이유는 제1차 세계대전 발발후 러시아와 중국이 다같이 전시체제로 전환하는 한편 일제의 강요를 못견뎌 중국이 한인의 정치 사회활동을 적극 탄압한 까닭이다. 따라서 이무렵에는 러중 양령의 한인 민족운동자들은 무단치하의 국내에서의 처지를 방불하게 잠복하여 변동하는 시국을 살필 수밖에 없는 정황이었다. 일제 관헌의 한 정보기록에서,

> 간도방면의 排日鮮人은 소리를 죽이고 표면 不逞의 言議를 하는 자 없고 위험이 몸에 미칠 것을 두려워하는 자들은 모두 간도 오지 혹은 기타지방에 도망하여 숨기에 이르는 등 최근 年次로 間島天地는

---

388)『간도사신론』上, p.216

389)『리동휘 성재선생』, pp.203-204 ;『꿈 속의 꿈』上, p.172. ;「桂鳳瑀」『재외배일선인 유력자명부』

옛날과 격세의 감이 있기에 이르렀다.[390]

라고 정세를 파악하는 상황에까지 이르렀다.

그러나 이동휘와 계봉우는 그들 말대로 관망하고 있지만은 않고 활동을 계속하였다. 계봉우는 이때 百草溝에서 70리 떨어진 하마탕 後河에 교회당을 세워 남녀신도를 인도하는 한편 그곳에 학교를 세워 민족주의교육을 계속하였다.[391] 또한 그는 이때 『안중근전』을 편찬 간행하려 하였다.[392] 그의 안중근전기의 편찬은 이미 1913년 블라디보스톡에서 『권업신문』의 기자로 활동할 때부터 추진하던 중요과제였다. 그는 그해 8월 10일 안중근 의사의 동생인 安定根으로부터 안의사 전기에 관련된 자료를 교부받기도 하였고, 그보다도 '檀仙'이란 필명으로 『권업신문』에 「만고의ᄉᆞ안즁근젼」이란 제목으로 그 일부를 연재한 일도 있었다.[393] 산채거우에 사는 姜宇奎를 찾아가 두 달 동안이나 묵으며 그 사적을 추심하였고[394] 이어 1914년 7월에는 블라디보스톡에 다시 가서 하룻밤 유숙하기도 하였다. 강우규는 안중근의 사적을 잘 알 뿐만아니라 그의 의거를 계승하기 위하여 안중근의 순국일자를 벽에 써 붙여놓고 숭모하였던 인물이다. 결국 그는 1919년 8월 남대문 역두에서 '文化政治'를 한다고 내세우면서 새로 부임한 齋藤實 총독을 민족의 이름으로 폭사 응징하기 위하여 投彈의거를 결행하였던 것이다.

---

390) 金正明, 『朝鮮獨立運動』 3, 東京, 原書房, 1968, p.427.

391) 일제의 海外韓人의 중요 민족운동자의 동향을 기록한 「桂鳳瑀」 『在外排日鮮人有力者名簿』에는 '中學校'라 하였고, 그의 자서전이라 할 『꿈속의 꿈』 上, p.172에서는 '소학교'라고 하였다.

392) 『꿈속의 꿈』 上, p.172.

393) 「安定根」 『재외배일선인유력자명부』 ; 『만고의사안중근전』은 『권업신문』 루력 1914년 6월 15일자 제17호부터 동년 8월29일 제126호 폐간호까지 10회분이 연재되었다.

394) 『꿈속의 꿈』 下, p.59.

한편 이동휘는 大甸學校 폐쇄 후에도 북만의 흑룡강 연안에서부터 시작하여 동녕현 지방이나 남쪽으로 훈춘지방을 순행하면서 활동을 계속하였다. 이때 그는 일시 '독일탐정'으로 몰려 체포되었다가 증거가 없어 풀려나기도 하였다. 이러한 활동은 북간도에서의 간민회나 연해주에서의 권업회 사업의 연장이기도 하지만 은밀한 면에서는 대한광복군정부와 대전학교의 건립과 같은 獨立戰爭의 결행을 위한 조직의 정비에 중점이 있었던 것으로 보인다. '폭력투쟁'의 방법으로라도 독립운동을 전개하자는 간도의 철혈광복단의 조직을 강화하는 활동을 벌인것도 이무렵의 일이다.[395] 철혈광복단은 열혈청년들의 조직으로 3·1운동 후 연해주의 광복단과 합동, '鐵光團' 이라 한 의열결사였다. 3·1운동 후 두 번째로 연해주로 망명한 계봉우가 단장에 선임되기도 하였다.[396]

한편 이동휘는 이상설과 함께 韓·中·獨 3國간에 비밀군사동맹을 맺어 공동 抗日戰線을 펴려던 新韓革命團에 가담, 활동한 것으로 되어 있다. 신한혁명단은 중국 上海에 망명 중이던 朴殷植과 申圭植, 青島의 曺成煥, 시베리아의 柳東說, 국내에서의 劉鴻烈, 간도에서의 李春日 등 국내외 각지의 독립운동자 등이 연계하여 조직하고 그 본부를 北京에 두었었다. 그리고 그 지부를 上海 漢口와 현재의 沈陽인 奉天, 그리고 長春, 安東, 延吉 등에 두고 국내에는 서울 평양 회령 나남 등지에 두기로 하였다. 그리하여 본부장에는 이상설이 선임되고 규모가 큰 장춘지부장에는 이동휘가 선임되었다. 일제측 기록에 의하면 이동휘와 이상설이 상해와 북경 등지에까지 가서 활동한 것으로 되어있지만, 이를 확실히 반증할 수 있는 우리측 자료는 아직 찾을 수 없다.[397] 여하튼 신한혁명단은 외교부장 成樂馨이 국내에 들어와 비밀히 나라를 잃고 덕수궁에 은거중이던 광무황제에게 보고하다가 발각되어 1915

395) 반병률, 「이동휘의 1910년대 해외민족운동」, p.235 ; 『리동휘 성재선생』, p.199.

396) 『꿈속의 꿈』 下, p.61.

397) 졸저, 『李相卨傳』, 일조각, 1984, pp.161~164.

년의 '保安法 위반사건'으로 큰 희생만 치른 채 해체되고 만 결사였다.

이동휘와 계봉우는 1916년 11월에 왕청현 하마탕 집에서 일제 영사관경찰대의 급습을 받았다. 무장경찰대가 소재를 탐지하고 마을을 포위하면서 집에 들이닥쳤을 때 이동휘는 재빨리 권총을 들고 반격하며 하마탕 상촌으로 피신, 체포를 면하였다. 하지만 엄동설한에 맨발로 오랜시간 대항하느라 심한 동상을 입고 오래 고생하게 되었다.[398] 한편 이웃에 살던 계봉우는 그들에게 체포되어 百草溝·局子街·龍井·會寧·淸津·元山 등 일제 유치장을 거쳐 서울의 남산 경무총감부 유치장에 압송되었다.[399] 이때 그는 저술하던 『安重根傳』의 원고와 그가 연구하던 「조선역사의 재료와 국어초안」도 압수당하였다. 경무총감부에서 모진 심문을 받은 계봉우는 그해 동지날 인천 영종도로 유배되었다.[400]

한편 이동휘는 1917년 늦은 봄 하마탕 작은 마을을 떠나 러시아 2월혁명에 휩싸인 연해주로 다시 갔다. 그러나 그는 블라디보스톡 도착후 독일간첩의 汚名을 쓰고 러시아 군옥에 투옥되어 9개월이나 고생하였다.[401] 결국 그는 10월혁명에 성공한 볼셰비키측에 의하여 풀려났다.[402] 이와 전후하여 그는 만난의 역경을 무릅쓰고 볼셰비키편에 가담, 한국민족운동에 사회·공산주의를 접목시키는 한편 자신도 적극적인 공산주의자로 곧 변신, 새 국면의 활동이 시작되었다.

한편 영종도 예단포에 유배된 계봉우는 만 1년이 되던날인 1917년 동지

---

398) 『리동휘 성재선생』, p.206.

399) 『꿈속의 꿈』 上, p.173.

400) 『꿈속의 꿈』 上, p.175.

401) 『리동휘 성재선생』, p.209.

402) 이동휘가 피체된 후 블라디보스톡 한인군인회를 비롯하여 각지의 한인 대표자들이 그의 무죄를 주장하며 석방운동을 전개하였다. 그러나 러시아임시정부는 일본의 요구 를 받아 들여 이동휘를 일본군헌에 인도하려 하였다. 마침 10월혁명의 성공으로 겨우 풀려 났다.

날에 풀려났으나 다시 고향 영흥에 3년동안의 거주제한 조치를 받았다. 그러나 그는 1919년 3·1운동의 발발 직전 상경하여 세브란스병원 안에서 학생대표로 활동하던 康基德을 도우며 3·1운동에 가담하였다.[403] 그후 평양신학교에 진학하려고 평양으로 가다가 포기하고 고향으로 도로 와서 남대문의거를 준비하던 강우규와 최자남의 도움을 받아 元山항에서 러시아 선편으로 블라디보스톡으로 재차 망명하였다.[404] 그후 그는 철혈광복단에 가입, 단장에 선임되기도[405] 하고 이어 북간도 대표로 대한민국임시정부의 의정원의원에 선임되어 국무총리로 취임한 이동휘를 따라 上海에 가서 1년 남짓 임시정부에서 활동하였다.[406] 그 동안 그는 「北墾島 그 過去와 現在」, 「俄領實記」, 「義兵傳」, 「金알렉산드라 小傳」 등을 『獨立新聞』에 연재하면서 金枓奉과 같이 독립운동사(조선혁명사)와 조선어 문법 등의 연구사업을 벌였다.[407] 특히 「의병전」을 제외한 「아령실기」 등 3편의 연재물은 3·1운동과 대한민국임시정부의 성립으로 고조된 국내외 독립운동계에 연해주와 북간도 한인사회의 민족운동 내지 그들의 조국독립운동을 실증적으로 밝혀주는 중요한 역사물이 되었다.

계봉우는 이들 연재물이 끝날 무렵인 1920년 4월 한인사회당에 가입하여 기관지 『자유종』의 주필이 되는 등 공산주의운동에 적극 가담하기 시작하였다.[408] 이동휘가 당수이던 1918년 5월 하바로프스크에서 결성된 한인사회당은 상해에 와서 코민테른에서 파견된 보이틴스키의 지도하에 고려공산당으로 개편하면서 상해를 중심으로 국내와 중국, 일본 각지 그리고 연해주

403) 『꿈속의 꿈』 下, pp.43~45.

404) 『꿈속의 꿈』 下, p.60.

405) 『꿈속의 꿈』 下, p.61.

406) 『꿈속의 꿈』, p.75 ; 졸고, 「계봉우의 생애와 저술목록」, p.9.

407) 『리동휘성재선생』, pp.243~244.

408) 『꿈속의 꿈』 下, pp.71~72.

를 연결하면서 당세를 확장하고 있었다. 이 과정에서 계봉우는 고려공산당 책임비서인 金立을 비롯, 金奎冕 · 김학우 등과 함께 조직위원 등을 담당, 공산주의운동에 적극 가담하기 시작하였다.[409]

5. 맺음말

같은 함경도 출신인 이동휘와 계봉우는 신분도 비슷하여 이동휘는 衙前, 계봉우는 빈한한 官奴 신분으로 7세의 연차를 두고 태어났다. 그러나 그들은 다같이 전통학문인 한학에 정진하며 立身揚名의 뜻을 키웠다. 그러나 그들은 그 학문세계에 자족하지 않고 서구문물을 수용하는 신학문을 공부하였다. 이동휘는 새로 설립된 한성무관학교에 진학, 무관이 되었고 계봉우는 東學과 '兵書' 등을 비롯하여 정감록 四柱 · 占術 · 方學에도 관심을 기울여 방황하다가 을사오조약을 전후하여 스스로 신학문을 탐구하기 시작하였다. 처음 한국의 역사와 지리, 산수, 자연과학을 자습으로 통달, 사립학교 교원이 되었다.

이동휘와 계봉우는 을사오조약을 전후하여 다 같이 구국계몽운동에 가담, 젊은 열정을 기울여 구국투쟁을 벌였다. 대한자강회와 신민회 등의 일련의 항일결사에도 가입, 주동적 역할을 수행하였다. 그리고 그와 못지않게 한북흥학회와 서북학회 등을 통하여 '救國教育'을 주도하였다. 그리하여 이동휘는 강화도의 보창학교를 비롯하여 전국에 수많은 민족주의 교육기관인 사립학교를 설립하였다.

어떤 기록에 의하면 "신사 이종호와 이동휘 등이 교육에 전력하여 경향각처에 학교를 설하여 학생이 수만으로 된다"[410]라는 기술을 남기기까지

---

409) 『꿈속의 꿈』 下, p.75.

하였다. 이종호는 종시일관 이동휘를 재정적으로 도우며 망명 전후까지도 같이 민족운동을 전개한 인물이다. 한편 계봉우는 영흥에서 김정규·권영호 등과 같이 홍명학교 창립에 가담하고 직접 민족주의교육을 실시한 이래 함흥의 영생학교 등에서도 구국교육을 실천하였다.

한편 이동휘와 계봉우는 다같이 구국계몽운동에 참여하면서 기독교에 입교, 종교활동과 선교활동에도 진력하였다. 그들은 처음 기독교에서의 활동이 '구국교육'을 중심한 애국계몽운동을 추진할 방략으로 시작하였으나 점차 신앙면에서도 독실한 신자로 선교활동 면에서도 헌신적인 전도사로 활동하게 되었다. 그리하여 그들은 기독교의 신앙과 그 선교활동이 민족운동의 한 면이라고 간주, 기독교활동과 민족운동을 합일시켜, 북간도와 연해주에서의 망명이후 활동까지도 연장 확대시켰다. 특히 1908년 이후는 캐나다장로교선교회가 주관하던 韓俄淸三國 기독교전도회에서의 적극적 활동을 통하여 민족운동을 전개하였다.

나라를 잃은 이동휘와 계봉우는 1911년초 해도간에 같이 망명하여 조국독립운동에 헌신하였다. 국내에서 구국계몽운동의 노선을 따른 것이었지만 그보다도 '獨立戰爭論'을 보다 부각시킨 것이었다. 간도에서의 간민회와 연해주에서의 勸業會 활동에도 그런 면이 나타나지만 대한광복군정부의 건립이나 大甸학교의 무관교육에서 보다 뚜렷이 그런 면이 부각되었다. 적어도 제1차 세계대전의 발발때까지는 이러한 그들의 망명활동이 큰 성과를 거두어 해도간의 한인사회가 항일민족의식이 충만한 사회로 변모하였으며 조만간 독립전쟁의 결행을 생각할 정도까지 되었다. 그러나 세계대전의 발발과 러일의 군사동맹체제의 성립은 러중 어느지역에서도 항일민족운동이나 조국독립운동을 표면적으로 전개하기 어렵게 만들었다.

그럼에도 불구하고 그들의 활동은 은밀한 속에서 멈추지 않고 구국교육

---

410) 『꿈속의 꿈』 上, p.122.

활동이나 종교활동을 계속, 해도간의 한인사회의 조국독립운동 기지화에 큰 기여를 하였다. 그러나 그들은 1917년 볼셰비키혁명과 세계대전의 종결, 그를 이은 3·1운동 등 국내외 세태격변을 계기로 새로 풍미하던 사회 공산주의 사상을 한국독립운동선상에 접목시키는 한편 그들 자신도 적극적인 공산주의자로 큰 변신을 하면서 조국독립운동사상 새 국면을 맞이하게 한 것이다.

이와 같이 이동휘와 계봉우가 공산주의를 수용한 이후, 그들이 한국독립운동사상에 끼친 행적은 새로운 과제도 될 것이므로 별고로 논술하는 것도 무방할 것 같다. 그러나 앞에서 논술한 그들 양인의 활동만을 정리하여도, 이동휘는 국내에서 국권수호를 위한 애국계몽운동에 투신한 이래 '교육구국'운동을 중심한 애국계몽운동의 '선도자'로 그를 이은 망명후 海島間에서 '獨立戰爭論'의 구현을 위한 조국독립운동의 '지도자'로, 그리고 볼셰비키혁명후 '조국해방'의 방략으로 수용한 공산주의운동의 '선구자'로서, 두드러진 행적을 쌓았다. 한편 계봉우도 종시일관 이동휘와 같은 이념과 노선의 착실한 행적을 쌓으면서도 특히 그는 그들 행적의 이념적 연원이 된 민족주의 정립에 기여한 '국학자'로 또한 '구국교육'의 '교육자'로 보다 부상되는 행적을 남겼다. 그들의 이러한 이념과 사상 그리고 큰 행적은 일제에 의한 엄청난 '민족수난'을 극복하려던 한국근대사에서 새롭게 평가되어야 마땅할 것이다.

(1996년)

8. 김정규의 생애와 『야사』

1. 머리말

최근 독립기념관에 龍淵 金鼎奎의 『野史』전질이 珍藏되게 되었다. 이는 1910년 '韓日合邦'전후 15년 동안을 두고 정성들여 기술한 애국지사 김정규의 뜻인지도 모른다. 그는 1921년 11월 16일자로 野史를 절필한 結章을

> 지금부터 왜놈의 毒炎이 날로 더하고 사나운 倀鬼가 사방에서 나타나 글을 쓰려해도 쓸 수가 없게 되었다. 다소의 日記(野史)를 岩穴속에 깊이 감춘다. 後來의 君子가 거두어 열람한다면 혹(역사로:필자) 취할 것이 없지 않을 것이다. 그리고 우리들의 '苦心血痛'한 當日을 알 수 있을 것이다.[411)]

라고 하였다. 그 후의 이 『野史』의 전래 보전과정이 어떠하였는가는 우선 접어 두고, 앞으로는 독립기념관에 귀중히 소장, 그가 사랑하던 국내외 온 민족에게 '苦心血痛의 역사'로 길이 전하게 된 것이다.

---

411) 金鼎奎 『野史』 권 17, 1921년 10월 17일자(음력, 김정규의 『야사』 年記는 음력이므로 양력으로 환산) "自今以後 奴炎日熾 虎倀四出 欲書不得 故多少日記 深藏于岩穴 後來君子如有收閱 則或不無可取者 而亦可知當日吾儕之苦心血痛也"

김정규의 활동지역은 그의 고향인 함경북도 鏡城과 明川의 양군을 중심으로 한 關北과 망명후의 北間島, 현재의 延邊지역이었다. 여기에 북간도와 연접한 沿海州가 포함되어 한·중·러(소련) 3국의 접경요충지역이다. 특히 이 지역은 일제에 의한 민족수난기의 항일민족독립운동의 국외의 중요기지였다. 아직도 북한 지역의 함경도는 갈 수 없지만 최근 몇년래 국제정세의 변화와 우리 국력의 신장으로 제한적이나마 중·러의 이들 현장을 답사할 수 있게 되었다.

항일 민족해방투쟁 내지 독립운동의 역사를 탐구하는 입장에서 이들 현지의 답사만도 진일보한 것이지만 그에 못지 않게 중요한 것은 그들 지역에 소장된 관련자료의 접근일 것이다. 그중에서도 그동안 외부에 알려지지 않았던 檔案 등 그곳 관변측 자료와 그보다도 그곳 출신의 여러 순국선열 내지 민족운동자들이 혹시 남겼을지도 모르는 의병 내지 민족운동 당사자들의 문헌기록은 사료적 가치가 큰 것이다. 우리 학계의 실정은 그들 지역에 어떤 자료가 있었는지도 잘 몰랐을 뿐더러 현재도 정확하게 알 수 있는 것이 얼마되지 않는다.

김정규의 생애와 野史는 이런 의미에서도 귀중하고 사료적 가치도 크다. 더욱이 김정규의 야사는 우리 학계에서 주목하던 1910년대에서 1920년대 초의 '獨立戰爭論'을 바탕으로 한 무장항일의 주요 내용을 한 운동당사자가 현지에서 활동하면서 기술한 역사물인 것이다.

이와 같은 김정규의 항일구국의 생애와 양 또한 적지 않은 『野史』의 만족할만한 연구는 물론 졸지에 이루어질 수 없다. 그러므로 본고는 그 시작으로 민족운동사상 새로 부각되는 김정규의 항일구국의 생애를 고찰하면서, 그의 저술인 『野史』의 史書的 성격과 時政記적 가치를 규정, 앞으로의 『野史』 연구와 이의 사료적 이용에 기여하려는 것이다.

2. 金鼎奎의 生涯와 學問·思想

金鼎奎의 생애와 학문·사상을 실증할 문헌은 그의 저술인 『野史』와 같은 자신의 기록을 제외하면 매우 찾기 어렵다. 그런 중에도 다음과 같은 두 자료는 그의 역사적 위상을 실증할 귀중한 것이라 할 수 있다. 그 한가지는 현재 미국 문서보관소에 원본이 보관되고 있는 1910년 8월의 聲明會의 宣言書 署名錄에 수록된 그의 서명이다.412) '한일합방'을 반대, 조국독립을 위한 투쟁을 다짐하는 민족의지가 결집된 이 성명회 선언서는 沿海州 블라디보스톡 新韓村에서 성명회 결성의 주동자들인 柳麟錫·李相卨·李範允·金學萬 등이 중심이 되어 연해주와 그에 인접한 西北間島 등 만주지역의 의병, 민족운동자 등 8,624명에 달하는 항일운동자가 서명한 역사적 문서인 것이다.413) 김정규는 이 서명록 중 비교적 앞부분에 1910년 국망 전후의 함경도와 간도에서의 義兵활동시 의병진에서 그와 함께 의군장 崔瓊熙 등 핵심인물로 활동한 池章會·崔鎭淳·李興基·李鍾郁 등과 연명되었다. 특히 그는 關北의병 출신중에서는 서두에 서명, 그의 위상을 부각시키고 있다.

다른 한가지는 1942년 9월 22일과 동월 29일 『滿鮮日報』에 보도된 김정규 마당의 「古木生花」기사 내용이다.414) 이 기사의 주지는 지금 중국에서 '僞滿州國'이라 칭하는 滿洲國 성립 10주년 기념일 전후에 이상하게도 김정규집 마당에 말라 죽을 줄 알았던 살구나무가 소생, 철아닌 꽃이 피어 경사롭다는 것이다. 집주인인 김정규가 함북 明川의 名醫이며, 또한 中華民國 당시에 延吉道尹 陶彬으로부터 '尊聖衛教'란 현판을 써 받았다는 것이다.

---

412) 성명회 선언서는 (미국 Natinal Archives의 마이크로필름 No. M426의 Roll No, 1 수록) "Protestation du Commité National Coreen"라고 표기되었고 이의 서명록은 1매에 77인씩 총 122매에 8624인이 서명한 것이다.

413) 졸저, 『李相卨傳』, 일조각, 1984, pp.218~246.

414) 김정규 편저, 『鷄林家乘完山遺錄合編』 속에 스크랩되어 끼어 있음.

이는 그가 만주국 성립 이래 延吉 시내로 이사하여 원근에 名醫로 소문났고 한편으로 孔教會 창립동지들과 孔子를 모시는 聖廟를 延吉시내에 세우고 그 현판을 道尹 陶彬으로부터 써받은 큰 儒學者라는 것이다.

이 밖에 김정규를 설명할 자료는 그가 편찬한 『鷄林家乘完山遺錄合編』[415]속에 수록된 「題金友龍淵」과 「龍淵金先生略歷」, 그리고 池若雨가 지은 「龍淵舊居紀念碑」라고 할 수 있다. 「題金友龍淵」은 간도에서 士友會의 동지이며 그와 절친한 文述謨가 1922년 김정규 부모의 「家狀後」로 쓴 것이며, 「龍淵金先生略歷」은 김정규가 간도로 망명하기 전 鏡城 龍淵에서 가르친 제자 金河奎・韓浩錫 등이 지은 그의 약력이다. 또한 「龍淵舊居紀念碑」는 그가 젊어서 教學하던 龍淵舊居에 앞의 제자들이 뜻을 모아 세운 기념비문으로 그의 제자들의 청을 받은 士族 池若雨가 「龍淵金先生略歷」을 기초로 하여 찬술한 것이다.

김정규의 생애와 학문・사상은 이와 같은 자료와 그가 저술한 野史를 중심으로 韓・中간의 관계자료를 비교, 검토하여 고찰할 수밖에 없다. 그의 생애는 국내에서 유학자로 생장・수학하여 후진교육에 전념하다가 나라의 위망을 당하여 의병항쟁에 헌신하던 시기와 의병실패 후 북간도로 망명, 그곳에서 의병의 재기활동을 도모하는 한편 時局 변화로 儒教가 쇠퇴함을 보고 '儒學扶道'를 위하여 활동하다 만년에 漢醫로 爲名, 생활하던 전후 양시기로 나누어 볼 수 있다.

김정규는 1881년 음8월 3일 함경도 鏡城郡 明澗社 巨文洞 세거지[416]에서 金秉國과 여주박씨의 2남 1녀 중 장남으로 태어났다.[417] 그의 가계는 完山

---

415) 『鷄林家乘完山遺錄合編』(毛筆漢裝本으로, 총 108쪽)

416) 「題金友龍淵」, 『야사』 권 15, 1918년 12월 26일자.

417) 『鷄林家乘完山遺錄合編』 「先府君(金秉國)墓表」 그의 이 세거지는 1937년 현재 행정구역이 함경북도 明川郡 東面 楊川洞이었으나 현재는 확실히 알 수 없다. 그의 호는 龍淵 또는 月山, 자는 亨九, 본관은 全州이다.

君 金台世의 후손으로 鮮初 成宗朝때 通仕郞 金敬이 함북에 낙향한 후 그 후손이 慶源, 會寧, 明川郡 등에 세거하게 되고 그의 9代祖 日亨이 武科에 합격, 贈 工曹參議를 한 후 그의 대까지 벼슬한 흔적이 없다.[418] 단 그의 부 秉國이 幹才가 있어 1902년 함북의 壬寅年 기근시 元山에서 수만냥을 出債, 남방에서 1천여석의 쌀을 사와 기민에게 고루 春貸秋納하여 상하에 칭예를 받고, 1907년 그로 인해 忠義參奉의 칭호까지 받았다.[419] 이와 같이 그의 부는 가세가 넉넉치 못하였으나 한편, 羅南의 일본군영에 드나들며 軍納도 맡아 理財齊家하여 원근에 신망을 얻었다.[420] 또한 그의 부는 자신의 수학은 미숙했으나 아들 김정규의 교육에는 열성이었다. 한 가문의 興替는 자손교육에 달렸다고 생각, 아들 김정규를 후세에 鄕塾에 入學시킨 후 20여 세가 되어 학문이 숙성할 때까지 시종일관 그 뒷바라지를 성실히 하였다. 鄕塾의 스승은 물론 외지로 유학하는 10년동안도 한결같이 그의 스승을 찾아 성심껏 대접, 그를 아는 士友들이 감탄하여 마지않았다고 한다.[421]

---

418) 『鷄林家乘完山遺錄合編』 「曾祖學生(金宗利)行狀文」 「先府君墓表」·『야사』 권15, 1918년 12월 26일자 그의 가계를 정리하면 다음과 같다.

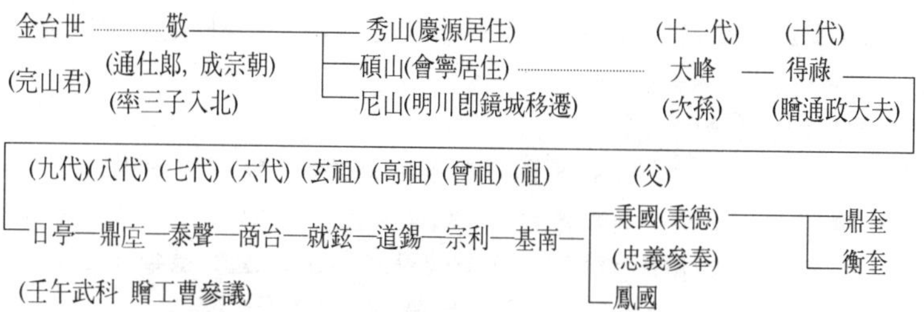

419) 『鷄林家乘完山遺錄合編』 「先考府君(金秉國)事略」

420) 『야사』 권 1, 1908년 7월 13일자. 권 15, 1918년 12월 26일자.

421) 『야사』 권 15, 1918년 12월 26일자. "恨學之未成于己 而篤好之心 有不能已……且謂塾師曰 人家興替 在於子弟 子弟成敗 在於師長 然則師之一身 人家數世所依托也 吾今托子於執事 則吾一心眞誠註於一身也 言出於實地 自然感動人矣 以故塾師尤勤力於鼎奎 後十餘年 小子之遊學也 府君雖地夐事擾 必躬臨致意 一如在鄕塾時日 南北士友見知者 感

人性이 穎悟하고 풍모가 淸秀한 김정규는 이와 같은 가정환경 속에서 수학에 전념하였다.[422] 그는 8세부터 15세까지는 鄕塾에서, 그 후 10년동안 외지에 나가 유학하였다. 그의 학문은 이미 향숙에서 經史를 독파하고 外地에 가서 性理學은 물론, 天文·地理·兵學·醫學에 이르기까지 博學하면서도 각 분야에 두루 통달하고 글씨까지 野史의 筆體에서 볼 수 있듯이 공교하였다.[423] 뒷날 수학시절의 회고기록에 의하면 그는 처음 科文에 빠져 '對題搆想에 한 佳句를 지으면 自喜自樂하고' 주위로부터 '才子'로 창예되었다. 그러나 17, 8세에 이르러 그것이 잘못된 것을 깨달았으나 한편으로 의학, 卜術, 풍수 등의 '잡술'을 좋아해 성리학을 폐하다시피하기도 하였다. 19세 때 그런 것이 다 부질없는 것을 알고 성리학에 잠심, '誠'이란 한자가 人間의 학문이고 人間의 으뜸이라고 여겼다. 그리하여 그 후 어려운 학리는 高明한 스승을 찾아 끝까지 배우고 돌아와 龍淵에서 탐구하여 장차 '到達其點' 하겠다고 자부하였다.[424]

김정규는 이와 같이 큰 性理學者로 성장하면서 한편, 한때 한의학을 비롯하여 風水·卜術·天文·地理에 이르기까지 두루 탐구하였던 것이다. 그의 學問의 스승은 후에 十三道義軍 참여시부터 師弟의 誼를 맺은 毅菴 柳麟錫을 제외하고는 그가 '大儒'라고 칭송한 淡溪 韓衡琦[425]와 農巖 金昌協 등의

嘆其誠力之人莫及也"

422) 「龍淵舊居紀念碑」"資稟聰穎 氣貌淸秀" 「龍淵金(鼎奎)先生略歷」"性資穎悟 氣度淸秀"

423) 「龍淵舊居紀念碑"自幼好讀 博涉經史 旁及醫方地理之書 無不歷覽 尤工於筆材 秀才子之." 「龍淵金先生略歷」"就在鄕塾 讀罷經史 十有五歲而出外遊學 幾至十稔之久 於書無所不知 於文無所不能 至於天文地理兵學醫學莫不博涉 而理會之"

424) 『야사』권 5, 1910년 5월 25일자 "余八歲時 始入鄕塾以文章家爲主 十年以來酷好科文 對題搆思 得一佳句 輒自喜悅 人亦傳誦 號稱才子 每風晨月夕 把扇打床 朗吟一聲 自以爲樂事 及至十七八歲 稍覺其非 然又好看醫卜風諸家術數等書 幾乎廢聖學 十九歲時 確知其非 就性理書 深深着味 得誠一字 做去是乃以人學人的初頭也 自是以後 遊於高明之門 問其疑難 歸讀龍淵 自擬將到達 其點地矣"

425) 『야사』 권 9, 1913년 9월 22일자, "上韓先生, 名衡琦 字政善 余幼時從學……小子之粗

性理學의 學脈을 전하여준 性菴 金秉振의 양인이 부상된다. 전자는 鄕塾에서 '粗解文字'를 하게 하였다는 初學시의 스승이고 후자는 그의 性理學의 학문을 전수시킨 스승으로, 평생을 사사하고 그 사후에도 遺敎를 받들고 있다. 그러므로 金秉振의 學脈이 바로 그의 학통이라 할 수 있다. 金秉振426)은 '理通氣局'의 主氣說을 주장하는 畿湖學派의 비조라 할 栗谷 李珥를 사승한 尤菴 宋時烈과 李端相의 학통을 이은 農巖 金昌協에게 다음과 같이 연원하는 학자인 것이다.

> 先生淵源, 農巖 金昌協이 松巖 李載亨에게 이를 전하고 李載亨이 이를 敬齋 李瑞世 전하고, 李瑞世 侄孫 龜巖 李元培가 斯道를 闡明하여 李元培문하에 晦堂 玄翼洙와 屯塢 林宗七이 있다. 林宗七 문하에 雲菴 허간과 勤齋 金鍾善이 있고 허간이 이를 龍湖 許佺에 전하다. 許佺의 正嫡은 先生(金秉振)에 전하다. 그리고 (先生은) 金鍾善 死後에 加麻하고 毅菴(柳麟錫)의 門下生으로 헌贄하다.427)

이와 같이 김정규의 스승인 金秉振은 김창협으로 내려오는 학통을 龍湖 許佺으로부터 정통으로 받는 한편 屯塢 임종칠의 또한 제자인 勤齋 金鍾善에게서도 加麻하여 사후 스승으로 모셨다. 또한 그는 毅菴 柳麟錫이 연해주

解文字者 惟先生之教育之功". 같은 책 권 2, 1909년 3월 19일자 "淡溪 名衡琦 字永瑞 好文博學 志操端雅 而人稱之以大儒耳"

426) 『야사』 권 10, 1914년 4월 21일자 "先生行蹟 先生諱秉振 字聲玉 號性菴 慶州……得龍湖許處士諱佺 傳鉢之托 加麻而哭勤齋金先生諱鍾善 厭世後庚戌七月日 獻贄於毅菴(柳麟錫)之門 自任以斯道之重 深憂以世道之降"

427) 『야사』 권 10, 1914년 4월 21일자. "先生淵源 金農巖諱昌協傳之李松巖諱載亨 松巖傳之李敬齋諱瑞世 敬齋侄孫有龜巖諱元培 闡明斯道 龜巖之門 有玄晦堂諱翼洙 屯塢諱宗七 屯塢之門 有許雲菴諱柬, 金勤齋諱鍾善 雲菴傳之許龍湖諱佺 龍湖之嫡傳是先生也 而加麻於 勤齋之死後 獻贄之於毅菴(柳麟錫)之門下" 이 학통을 정리하면 다음과 같다.

로 망명할 때 朴陽燮, 車載貞 등 그의 高弟들과 함께 그곳까지 배행,[428] 十三道義軍에 參劃할 뿐 아니라 그의 문하생이 된 것이다. 따라서 그의 제자인 김정규는 宋時烈・金昌協으로 이어오는 철저한 性理學者일뿐 아니라 그 자신도 그의 스승인 金秉振과 전후하여 유인석에게 書贄, 그로부터 「爾之命學益精而志尤堅矣」[429]라는 칭예까지 받는 師弟間이 맺어졌다. 김정규의 이와 같은 학문연원은 그로 하여금 사상적으로 關北地方을 대표하는 衛正斥邪論을 견지하게 하였고 마침내 義兵抗爭에 직접 헌신하는 배경이 되었다고 할 수 있다.

김정규는 학문이 높아짐에 따라 원근의 많은 士友와 교류하였다. 그중에도 그의 鄕郡을 중심하여 八龍[430]이 유명하고, 절친하였다. 八龍이란 龍巖 李南基, 龍崗 崔眞淳, 龍潭 池章會, 龍圃 玄泰衡, 龍州 朴尙訥, 龍湖 車鎬均과 龍淵 김정규 자신을 지칭한다. 이들은 다 關北의 名山[431]인 龍淵의 龍자를

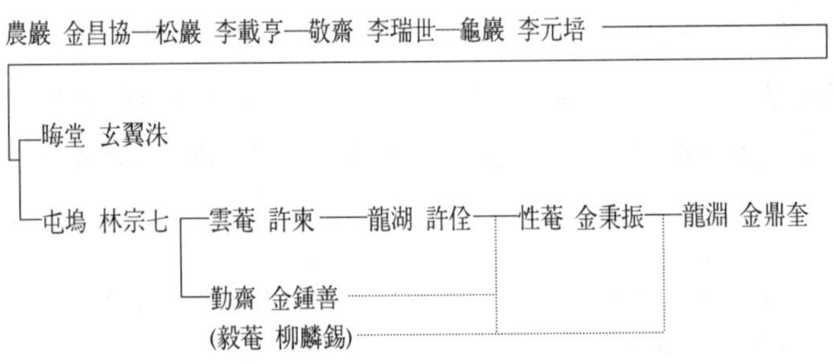

428) 柳麟錫,『毅菴集』권 55 附錄 年譜 戊申七月 "發入俄地 留海參港……是行先後爲從者 朴陽燮 禹炳烈 金載錬 金秉們 李南基 朴正彬 鄭寅高 金商興 金秉振 車載貞……"

429) 「龍淵金先生略歷」

430) 『야사』 권 5, 1910년 6월 28일자 참조. 「題金友龍淵」 "近日鏡之士友 有八龍之稱…… 龍淵之爲號 嘗入龍淵之名山 與其徒讀書習寫也"

431) 『여지도서』(국사편찬위원회편 한국사료총서 제20, 여지도서 하) p.168. 『야사』 권 1, 1907년 4월 15일자 "龍淵者關北之名山 而前賢石刻尙今未磨也 山明水麗 草瑤花奇盤石四五里 千態萬狀 筆下所難繪緣"

붙인 호를 썼고, 학문의 친근한 교류 탁마뿐 아니라 후술하는 바와같이 擧義討日도 함께 해, 生死를 같이 하였다.

김정규는 20세가 넘으면서 학문이 대성하고 후진양성을 위하여 세거지 巨文洞 明澗川上 加峯山下 本第에 한 精舍를 짓고 萬卷書를 갖추고 '扶陽抑陰'의 뜻을 지닌 '回陽齋'라고 명명하였다.432) 이 回陽齋 서쪽에는 2층 石壇의 泳歸壇을 쌓고 남쪽에는 三丈 높이의 누각을 지어 管窺樓라 하고 북쪽에는 亭子를 지어 腕柳亭이라 하여 마치 한 書院을 방불케 할 精舍였다.

김정규는 학문의 명망이 높아 원근에서 生徒가 모여 '講習敎誨'가 성황을 이루었다. 또한 그는 얼마 후 그곳에서 동쪽으로 30여리 고개너머에서 자리잡은 龍淵에 아늑한 한곳을 정하여 石堂을 짓고 훈생의 講習敎誨와 자신의 求道處로 삼았다.433) 여기에도 후진이 모여듦에 따라 사제간에 書·讀·講의 기쁨을 누렸다. 이와 전후하여 김정규는 關北에서 慶源출신의 유학자 鶴陰 金魯奎434)와 병칭되는 학자로도 꼽혔다.435) 김노규는 구한말 朝·淸간에 間島勘界의 기준자료가 된 『北輿要選』436)을 지은 학자로 李鍾, 崔相敏,

---

432) 「龍淵金先生略歷」"其於本第 明澗川上 加峰上下 巨文之陽 構一新齋 扁曰回陽 齋之西築二層石壇 曰咏歸 壇之南 建三丈高樓 曰管窺 北曰腕柳亭 齋積萬卷書 講習敎誨之餘先生與冠童敎十 習禮於壇之上下 咏詩乎臺亭左右 此樂何極南北士友咸稱盛會"

433) 『야사』 권 1, 1907년 4월 15일자. 「龍淵舊居紀念碑」 "龍淵泉石甚佳 隔斷喧坐 宜於課讀 溪邊全磐 滑淨如鍊 正合肄書 架岩結茅 爲夏工之所讀 暇而書 書暇而釣 惟意所適人多 艶誦"

434) 김노규는 朝鮮末의 望士로 북간도를 비롯한 북쪽 강역을 역사적으로 고찰한 『北輿要選』을 찬술, 백두산과 그 맥의 하나로 솟은 先春嶺으로 朝·淸국경을 비정하여 고구려, 발해의 故域의 회복을 주장하였다. 『야사』 권10, 1914년 5월 22일자에 김정규는 김노규의 『鶴陰遺稿』를 보고 「念聖表」, 「念土表」, 「龍堂表」를 수록, 그의 풍수지리적 학문을 수용하려 하였다. (졸고, 「尹政熙 間島開拓史 解題」 『한국학연구』 3 별집, 인하대학교 한국학연구소, 1991, p.9)

435) 「題金友龍淵」

436) 김정규가 1914년에 작성한 장서목록인 『書卷總錄』에 현재 희귀본이라 할 『北輿要選』도 수록되었다.

吳在瑩 같은 학자가 그 문하에서 나왔다.[437)]

하지만 김정규는 이러한 학문정진과 후진양성을 오래 계속할 수 없었다. 그가 27세 되던 해인 1907년에는 헤이그밀사사건을 계기로 광무황제가 퇴위하고 나라의 간성인 군대가 해산되었다. 이를 계기로 을사오조약 전후로부터 재기항전하던 항일의병은 전국적 구국의병으로 발전하였다. 함경도에서도 洪範圖·車道善 등의 三水甲山 의병이 結陳, 항쟁하는 것성[438)]을 전후하여 함경도 각 군에서도 義兵의 결진과 항전이 두드러졌다. 이런 속에서 김정규는 이듬해인 1908년에 들어서면서 士友 동지들과 긴밀히 연락, 鏡城·明川의 關北義兵陣을 결성하여 헌신하게 되었다.[439)] 이 의병진의 활동은 그후 연해주에서 건너온 '管理軍'이라 칭하는 江東義陳과 合陣[440)] 폭넓은 활동을 전개하였다. 그는 이때 參謀長에 선임되어 활동하였던 것이다. 그러나 그 합진의진도 그해 말인 12월 전후에 패산하는 비운을 맞게 되고 그는 잠시 잠복하여 시국을 관망하게 되었다.

김정규의 다음의 생애인 국외에서의 활동은 국망이 예견되는 1909년 7월에 의병동지들과 전후하여 두만강을 건너 北間島에 망명하면서 시작되었다. 그는 그해 3월 의병동지인 徐相郁과 만나 再起抗爭을 誓天 맹서하고[441)]

---

437) 김노규, 『北輿要選』 序文, 『야사』 권 10, 1914년 5월 22일자

438) 『야사』 권 1, 1908년 2월 8일자 "適聞義軍消息 則甲山郡守金某 本一進會中走狗輩 與同人及日奴合謀共議 欲攻義軍 反爲所圍 僅保殘喘 義師誰也 車道淳 洪奇沙二人也 已絶柴糧 謹守城門 反賊將不免飢死"라고 한 기록은 홍범도와 차도선의 의군의 한 활동 상황을 기술한 것으로도 생각된다.

439) 『야사』 권 1, 1908년 2월 19일, 2월 21일, 6월 11일자 참조. 이 의병진의 결성과 활동은 관북의병의 전반적 항전과 관련이 깊으므로 상세한 것은 별개 논제의 고찰이 필요한 것이다. 또한 그 후 간도 망명후의 재기항쟁에 관한 것도 동일하다.

440) 『야사』 권 1, 1908년 8월 11일, 9월 23일자.

441) 『야사』 권 1, 1909년 2월 28일자, "洗漱衣冠築土再拜爲誓曰 只此澄淸之志 滄海白龍湖洄 皇天后土 咸有知矣 可不敬畏哉 (徐)相郁因爲之誓曰 惟此義務 指天誓曰 天監日臨 豈敢食言 地知神知 畏哉愼哉 誓畢二人"

7월 16일 단신으로 會寧에서 두만강을 건너, 松堰 榆田曲을 지나 그 다음날 오랑캐령을 넘어 간도 본바닥에서 먼저 온 절친한 士友와 의병동지들인 龍湖 車鎬均 龍潭 池章會 등을 찾고[442] 그 달 19일 延吉 東溝 雙浦洞 車基學 舍郎에 첫 정착,[443] 그곳에 국내에서의 精舍인 回陽齋를 열고 생도를 모아 후진교육에 나섰다.[444] 그 다음해 8월 '한일합방'직전에 그는 부모 처자와 함께 전가족이 솔가하여 그곳에 이주하였다.[445] 이무렵 그는 玄天默의 권유를 받고 大倧教에 입교, 教人이 되었다. 이는 그가 현천묵이 설명한 대종교의 취지를 "우리의 祖國精神을 고동시켜 外教에 대비하고 國魂을 잃지 않게 하는 것이다"라고 하는 바와같이 국혼을 잃지 않고 조국정신을 고동시켜 나라를 도로 찾는데 있다고 생각했기 때문이다. 또한 教理도 그가 믿는 儒教의 가르침과 유사하다고 생각한 것이었다. 게다가 대종교에 가입하면 장차 재기 의거시 그 조직을 이용, 동지를 쉽게 조직할 수 있다는 점도 고려하였던 것이다.[446]

---

442) 『야사』 권 2, 1909년 5월 29일, 6월 1일자.

443) 『야사』 권 2, 1909년 6얼 13일, 8월 10일자.

444) 『야사』 권 3, 1909년 11월 15일자 "時余留於延吉廳東谷 地名雙浦洞 與二三學業者 危坐小齋 安過炎涼 名其齋曰回陽 盖扶陽抑陰底意思也"

445) 『야사』 권 5, 1910년 7월 24일, 9월 5일자.

446) 『야사』 권 8, 1912년 1월 29일자 "是暮玄天默自南營來謂余曰 今西潮動盪士異 道人異論 而惟檀君教爲名者 有祖國思想 子意如何 余問其旨趣書 玄氏曰 是教也非今世所謂某會某教之可比也 使我民族鼓動祖國精神 以備外教 而欲不失國魂也 檀君卽我國首出之君而爲萬姓之祖 故以君君 臣臣 父父 兄兄 弟弟 夫夫 婦婦之道爲主旨矣 又古記云 檀君教民編髮 盖首而後來服尙素 故以保炎衣白爲形式也 曰果如老丈之言 卽吾儒道之教 而余之 一生注意處也 雖然 言不可盡信 待後日乃試可 玄氏曰 子若入教 而有意不合處則 自退自退 余曰 然而老丈勸我入教者何也 玄氏曰 子今遠近慕抑中人也 一借姓名 則非徒教中之生色 而亦遠近之好聞也 余辭不材 心中自思曰 凡我同志散在四方 如晨星相望 而合同不得不如一着姓名 於教中 組織一團 徐待有事之日 以備一面之用也 教旨若果然則吾人之幸若不然我爲我 彼爲彼 彼焉能浼我哉 主義已定 謂玄氏曰 然則願奉教 玄氏大喜曰 子若入教 江西之事半成遂"

김정규는 그후 3년뒤인 1913년 5월에 얼마의 자금을 마련, 雙浦洞에서 고개너머에 위치한 延吉縣 智仁鄕 長山屯 達理洞에 8칸짜리 집과 5,600束의 농사를 지을 몇이갈이의 토지를 마련하고 그 동네이름을 따서 恒山別墅라 하고 回陽齋를 열었다.[447] 이무렵 그는 원근의 士友들과 연계하여 士友契[448]와 農務契[449]를 조직 衛正斥邪論에 반대되는 墾民會의 신교육과 한국사상을 저상시키는 '薙髮入籍'을 반대하는 운동을 전개하였다.[450] 그보다도 그는 그무렵 중국 각지에 유교의 재건을 도모하는 孔敎會의 사업에 관심을 가져 士友契 동지들을 중심으로 北間島내 儒林의 규합, 1913년 10월 1일 墾島孔敎會를 발족시켰다.[451] 그후 그는 이 孔敎會 활동에 심혈을 기울여 延吉市 내에 孔子廟를 건립하고[452] 유교의 경전도 가르치는 大成學校를 건립, 유교의 부흥에 전력하였다.[453] 이때 그는 앞서 언급했듯이 間島에서의 韓人의 보호와 民族運動에 우호적이었던 延吉道尹 陶彬으로부터 '尊聖衛敎'라는 현판을 써받아 孔子廟에 걸었던 것이다.[454]

김정규의 망명지에서의 이와 같은 후진양성과 孔敎會 운동보다도 노심초사한 것은 義兵의 再起抗爭에 있었다. 그는 간도에 망명, 현지에 답사하고 이런 기록을 남겼다. 즉, 러시아 연해주와 關北 六鎭과 두만강을 사이에 두고 三角으로 연접한 요충지 間島지방은,

---

447) 月山이란 호도 이 洞名에서 연규하였다. 『야사』 권 9, 1913년 4월 23일, 9월 22일. 권15, 1918년 12월 26일자

448) 『야사』 권 9, 1913년 8월 13일자.

449) 『야사』 권 9, 1913년 7월 7일자.

450) 『야사』 권 9, 1913년 6월 14일자.

451) 『야사』 권 9, 1913년 9월 2일자.

452) 『야사』 권 10, 1914년 5월 24일자.

453) 『야사』 권 9, 1913년 11월 12일. 권 10, 1914년 3월 13일자.

454) 「龍淵金先生略歷」 "伊時道尹陶彬 以遵聖敎四字賜揭"

가위 十勝之地이다. 하물며 수십년간 풍년이 들어 곡식이 많으니 擧義하는 일을 이곳에서 하지 않으면 불가능하다. 일즉 듣건대 한국 백성으로 西江(間島)에 이주한 호수가 수만호 헤아린다. 한집에서 한 사람씩을 부양한다면 수만의 의병을 기를 수 있다.[455)]

라고 하여 의병항쟁의 최적지로 간주하였다. 그리하여 그는 이지역을 의병재기항전의 근거지로 삼고 활동하기 위하여 여러 가지로 활동을 벌였고, 또한 연해주 블라디보스톡을 중심으로 결진된 十三道義軍에 가담하여 활동하였지만 여의치 못하고 3·1운동때까지 10년의 세월을 보냈다.

김정규는 1919년 3·1운동을 맞이하여 이를 민족의 '起死回生'의 계기로 환희하였다.[456)] 그리하여 親喪 중임에도 불구하고 아들 金奇鳳으로 하여금 동네사람들과 같이 3월 13일 龍井 시위에 참가하게 하였다. 그날 飄風이 몰아치는 궂은 날씨에도 불구하고 間島 전역에서 회집한 한인이 그의 野史의 기술대로 '人山人海'를 이루어 獨立의 義聲을 올렸다.[457)] 그러나 일제의 사주를 받은 중국군인이 시위군중에 발포, 저지하여 9명이 즉사하고 19명이 부상하는 희생을 치루었다. 3월 17일 龍井後麓 合成里에서 이들 殉難者의 安葬에 임하여 그는 다음과 같이 통분, 弔詞하고 있다.

장하다 諸公, 그 죽엄이 영화롭다. 슬프다. 살아남은 우리들이 부끄럽다. 오호, 오늘이여, 오늘의 큰바람이 諸公의 義氣의 소치가 아니냐.[458)]

---

455) 『야사』 권 2, 1909년 6월 5일자 "澗島(澗島則西江也)之方 可謂十勝之地也 況數十年歲豊穀多 若謀義事 非此地則不能爲之 曾聞韓民之移來江西者 數萬餘戶 一家而供糧一人則數萬之士 可以擧矣"

456) 『야사』 권 15, 1919년 2월 10일자.

457) 『야사』 권 15, 1919년 2월 12일자.

458) 『야사』 권 15, 1919년 2월 16일자, "壯哉諸公 其死爲榮 哀哉吾輩 此生還愧 嗚呼今日今日 大風非諸公義氣之所激也"

간도 韓人社會는 이러한 분위기 속에서 인접한 연해주에서와 같이 '獨立戰爭論'을 구현할 독립군의 편성이 추진되었다. 김정규는 그의 士友 및 전 의병동지들과 긴밀히 연락, 義軍 편성에 앞장섰다. 이것은 직전의 관북의병 및 1910년 北間島의병의 재기형태로 나타났다. 특히 연해주의 義兵계열 세력과 제휴, 義軍府결성을 추진하였다.[459] 그러나 이 義軍府의 활동이 본격화될 무렵 일제는 1920년 10월 琿春事件을 구실로 독립군 '剿滅'을 위한 間島出兵을 단행, 庚申慘變이라 부르는 韓人社會의 대탄압이 目不忍見으로 자행되어 소기의 성과를 올리지 못하고 말았다.[460] 결국 김정규의 세 번째 擧義도 끝나고 말았던 것이다.

김정규는 이후 일제와 그 주구세력의 침학으로 표면적인 항일활동은 할 수 없게 되었다. 그가 매일 쓰던 野史의 기술조차 중단되었다. 그는 1932년 滿洲國 성립 후는 그들의 도량을 피하여 達理洞 恒山別墅를 떠나 延吉市街로 이거, 漢醫로 생활하였다. 원근에 名醫로 소문이 나고 延吉縣長 關雲의 병까지 고쳐 '眞善手'로 명성을 떨쳤다.[461] 그러나 젊어서부터 술을 좋아하던 그는 '以酒自樂'하며[462] 그의 愛國愛民의 흉금을 詩文으로 달래어 『恒山遺稿』와 『恒山俚言』 3책을 남겼다.[463] 그는 일제 말기인 1941년에 一家 가문의 苟安을 위하여 '金山'이라 創氏하면서도 이 '創氏改名'의 강제에 분

---

459) 『야사』 권 16, 1919년 10월 7일, 11월 11일자.

460) 경신참변의 참혹한 상황을, 『야사』 권 17, 1920년 9월 21일자에는 "賊人勢炎 近尤虐烈 出張之處 走者炮 立者鎗 驅老弱 聚尸焚之 腥聞十里 哀風凄切 人心惶惶 晝下開戶 夜不擧燈 惟待死而已"라고 하였다.

461) 「龍淵金先生略歷」 "先生又以岐黃之術 多救官民之病 而縣長關雲從有回春 眞善手眞善手贊辭"

462) 같은 자료 "又移住延吉市 以醫爲名 以酒自樂 無乃先生市隱乎"

463) 같은 자료 "又鷄林家乘完山遺錄合一卷 恒山稿 恒山俚言幷三册 逐一捧讀 窺其胸中之萬一 也." 『야사』권 13, 1916년 5월 16일자 "每日寫日記外 再記桀餘偶談 爲立功課 名曰恒山俚言". 「龍淵舊居記念碑」 "所著有日記數十卷 鷄林家乘完山遺錄合一卷 恒山稿 恒山俚言 合三卷"

통해하는「創氏說」을 지었다. 그속에서 그는,

> 지금 이것이 種族(民族)存亡에 관계되는 것은 단지 姓을 바꾸는 것에만 있지 않은 까닭이다 성을 바꾸면 祖上을 잃는 것이고 조상을 잃으면 근본을 잃게 되고 근본을 잃으면 人性과 人倫을 함께 잃는 것이고 아울러, 종족이 그 종족을 잃게 되는 것이다. 이것은 소위 아버지가 그의 父가 아니고 아들이 그의 子가 아니되는 까닭이다..……(이 같은) 亂倫喪綱은 훌륭한 사람을 짐승으로 만드는 것이다.[464]

라고 하였다. 그러므로 그는 '流涕痛哭'하면서도 조금이라도 그 폐해를 줄인다고 鷄林에서 연유된 姓의 金자와 完山이란 본관의 山자를 합하여 '金山'이라 하였다고 밝혔다.

김정규는 이해 8월 回甲을 맞이하여 士友 親舊를 모아 잔치를 벌이고 賀詩文을 주고 받았지만「回度自泳」詩句인 '埋胎鄕國舊心情'[465]에서 볼 수 있듯이 그가 평생 광복을 생각하던 조국을 그리고 있다.

한편, 그는 이보다 앞선 1936년 봄 고향 鏡城과 明川에서의 제자 등은 스승 김정규의 學德을 기리어 그들이 講讀하던 김정규의 精舍舊居에 紀念碑를 세웠다.[466] 김정규는 감개하여 33년만에 그곳을 찾아 과거를 회상하며 龍淵의 景色을 12曲을 지어 읊었다.[467] 그는 1945년 해방후에도 延吉시 平安區 眞字路에 岐黃濟衆生으로 爲民治病에 종사하다가 1953년 8월 29일에 작고,「恒山別墅」를 지었던 長白屯達理洞에 묻혔다.

---

464)『계림가승완산유록합편』「創氏說」"今此種族(民族)存亡之關係 非僅易姓乃已也 易姓失祖 失祖則忘本 忘本則秉彝之性俱亡 而種非其種 此所謂父不父 子不子也……以及於亂倫喪綱 則衣冠禽獸耳"

465)『계림가승완산유록합편』「回甲自詠」.

466)「龍淵舊居紀念碑」.

467)『계림가승완산유록합편』「龍淵行」.

3.『野史』의 史書的 性格

김정규가 爲國救民의 사회적 활동을 하는 동안 매일 기술하여 이룩된 『野史』는 예사 凡人의 日記가 아니고, 일제에 의한 민족수난기에 그를 극복하기 위한 義兵을 비롯한 항일민족운동의 한 면을 여실히 실증할 史書인 것이다. 공교한 필체의 毛筆로 작성된 이 野史는 시기적으로 대한제국의 國運이 흔들리는 光武皇帝의 퇴위와 그를 이은 군대해산 직전인 1907년 3월 29일(음 2월 16일)부터 만주 연해주의 獨立軍이 큰 시련기에 접어든 1920년의 庚申慘變과 그를 이은 1921년의 自由市事變 직후인 1921년 11월 16일(음 10월 17일)까지의 15년 동안에 걸치고 분량도 전 17권 18책 총 2,044면에 달하는 거질의 문헌이다.[468)]

이 野史는 각 책의 표지에 '日記'라고 부기되고 또한 몇 책 첫면에 '回陽齋日錄' 또는 '恒山別墅日錄' '龍淵山房日錄'등으로 기록되어 표면상으로는 日記로만 간주되기 쉬우나 다음과 같은 점만으로도 野史라고 할 수 있다.[469)] 첫째는 野史 전 17권 중 제1권인 첫째 · 둘째책만 '回陽齋日記'(제1책 표지), '心銘日記'(제1책 제1면), '龍淵山房日記'(제2책 제1면)로 표기되었을 뿐 제2권부터 제 17권까지 전부 '野史'라고 表面과 본문 첫面 서두에 쓰고 卷數를 표기하고 있다. 그러므로 제1권의 두책을 기술할 때는 日記로 시작하였으나 제2권부터는 『野史』로 기술한 것이라 할 수 있다. 둘째는 김정규가 1914년에 回陽齋 장서를 분류정리한 책인 『書卷總錄』[470)]에 이 저술을 日記라고

468) 『야사』는 다음과 같이 제 1권이 2책이고 나머지는 각권 1책씩 총 17권 18책, 면수는 2044면이다. 한면의 행, 자수는 일정치 않으나 보통 11행 25자 정도이다. 각권의 일록기관과 면수를 정리하면 다음과 같다.(괄호안의 숫자는 표지와 그밖에 직접 야사의 내용은 아니나 배접된 문자 및 그림 그림 사진 등이 보이는 면수이다.)

469) 그러나 1994년 독립기념관에서 이 『野史』의 影印本을 간행할 때는 저자의 의도와는 달리 『龍淵金鼎奎日記』라고 표제하였다.

470) 『서권총록』 (표지 2매와 본문 22면)은 김정규가 1914년(甲寅) 5월말일 정리한 장서

하지 않고『野史』11권이라고 명기하고 "丁未(1907년)년 이후 금년(1914) 여름까지 기록한 것이다."[471]라고 부기하였다. 이『書卷總錄』을 작성할 때까지는 제 11권까지 기술되었던 것이다.

이보다도 이 저술이 日記라기보다는 野史인 것은 1911년 음4월 18일자에 野史 권 6을 시작하면서 그가 이 저술을 매일 기록하는 이유를,

> 매일같이 기록하는 것은 隨聞하는데 따라 그 실상을 기록하는 것이요, 나라에는 國史가 있고 민간에는 野史가 있는데 내가 기록하는 것은 野史에서 시작하여 간간히 國史를 취하려는 것이다.[472]

라고 밝히고 있는데서도 입증되는 것이다. 또한 그는 이미 野史라고 명기하기 전인 권 1의 첫머리에 실은「日記序」에서도 中國史書인『通史』의 말을 빌어 四方의 많은 奇聞과 異事가 稗官의 글이나 村里閭巷의 小智者가 엮어 놓은 것에서 역사를 채록하는 것과 같이 자기도 이것을 일록하는 것은,

> 나는 심히 (국사를) 증빙할 문헌이 없음을 애석히 생각하여 固陋한 것을 잊고 이를 채록하는 것이다. 街談巷語이나 길가에서 주워들은 것이라도 비록 볼만한 것이 반줄도 안된다고 하여도 뒤에 오는 사람이 혹 (역사로)증빙할 곳이 있다면 一助가 되는 것이 없다고 안할 것이다.[473]

목록으로 "已上 各種書籍 合一百九十一行七百八十餘弓 其卷數考據未遑 又些小雜書亦多不載. 册主金鼎奎概記"라고 기록되었다. 또한 본문 말미에 그후(甲寅閏 5月 이후)구매한 책목록 24종의 목록이 부기되었다. 이 장서목록을 분석하면 김정규의 독서경향을 추측할 수 있을 것이다.

471) 같은 책, 15면 "野史, 自丁未以後至今年夏日之所錄者也 十一卷"

472)『야사』 권 6, 1911년 4월 18일자 "盖日錄者 每日隨見聞 而記其實也 國有國史 野有野史 余所記者 起自野史 而間取國史者也"

473)『야사』 권 1, 1907년 6월 1일, "日記序……余深惜文獻之無徵 忘其固陋 採而記之 街談

라고 역사의 자료로 수록한다고 밝힌 것이다.

김정규는 이 野史를 日記와 같이 매일 기록하는 이유는 다음과 같이 기술하고 있다.

> 대저 글을 쓰는데 먼저 연월일을 적는 것은 그것을 자세하게 기록하려는 것이고, 다음에 개였다 흐렸다 쓰는 것은 그것을 경험한대로 기록하려는 것이다. 내 일신에 관한 것은 내가 지은 詩・律・書・詞를 다 수록하고, 세상일에 관한 것은 喪亂과 怪變한 것을 자세하게 기록하되(관련문헌……필자)이 있으면 수록하고 들은 것은 요지를 기록하는 것이다. 말할 것이 없거나 일이 없으면 기록하지 않는 것이다. (이렇게) 모아 한 책이 되면 여러 가지 事迹을 소상하게 상고할 수 있을 것이다.[474]

라고 하여 日記형식이지만 역사기술의 성격을 띠었음을 밝히고 있다. 이와 같이 김정규는 그가 활동하는 시대의 수난과 극복의 한국사를 하루도 빠뜨리지 않는 日記형식의 野史를 15년간이나 성실히 기술한 것이라 할 수 있다.

이와 같은 野史를 중요 내용별로 논급하면 첫째 儒學에 관한 논술이다. 어릴때부터 性理學者로 성장한 김정규는 국내에서부터 북간도로 망명・활동하는 사이에 그 학문적 정진과 후진교육에 가장 큰 정성을 쏟고 긴 세월을 보냈던 것이다. 그는 野史 여러곳에서 그의 스승이나 士友들과 이에 관계된 각종 글을 남기고 있다. 또한 그는 후진교육에 관한 저술을 남겼다. 그 대표적인 것이 野史 卷 2末에 수록된 「學規」[475]이다. 이 「學規」는 북간도 망명후

巷語 道聽途說 雖無半行之可觀者 後來如或有考徵處 則不可無一助云爾"

474) 같은 자료, "今夫記書也 先繫某月某日字 欲其詳也 次題曰晴曰陰者 欲其驗也 在於身則詩律書詞 無不盡載 在於世則喪亂怪變 無不詳載 有文必錄 有文卽題 無言不道 無事不載 萃成一書 然後每每事迹 昭昭考矣"

그곳 雙浦洞에서 回陽齋를 열고 후진교육에 힘쓸 때 教學의 방법과 강령을 작성, 學習生들에게 매일 암송케 한 저술이다. 분량이 25면에 지나지 않는 것이지만 자신의 지난 수학이 경험을 바탕으로 義理를 존중하는 性理學의 진수를 깨우치게 하고자 하는 뜻이 담긴 것이었다. 그 무렵 간도에서의 儒學은 아직 性理學의 講習에 익숙치 못하고 초학들이 通鑑·史略이나 읽고 평생 좋은 '尋章摘句'나 외우는 풍조가 만연되어 있었다.[476] 따라서 김정규는 西學과 倭色에 몰리는 儒學의 진흥을 위한 '扶陽抑陰'의 방법을 '求道之誠'으로 孟子의 性善說을 바탕으로 한 性理學 탐구에 두었던 것이다.[477] 그의 전술한 孔教會의 활동과 孔子廟, 大成學校의 건립참여는 그와같은 맥락에서 이루어졌던 것이다.

둘째는 韓國 전시대의 역사를 기술한 「大韓史」가 수록되었다. 그는 古代 이래 당대까지의 한국사의 발전에도 관심이 깊어 각종 史書를 검토, 「韓史」를 초하고 史論을 달았다. 그는 국망 직전인 1910년 3월 11일자 野史에,

> 山齋가 조용하다 종일 大韓史를 초하다.[478]

라고 기술한 후 그 다음해 말까지 1천여를 두고 찬술, 『野史』에 수록하였다. 그는 韓國史에 대하여 원래 국사의 史書가 上古史로부터 전래된 것이 적을 뿐 아니라 그보다도,

---

475) 『야사』 권 2, 1909년 11월 14일자, 「學規」.

476) 『야사』 권 5, 1910년 5월 25일자, "元來此地習俗 以通鑑史略爲初學先頭 以尋章摘句爲一生事業 不知義理之爲何種物 不知世界之爲何歲月 而其中十餘年 最善讀者 乃僅接字則其餘可知矣"

477) 같은 자료, "旣著學規 使之日日講習 又諷誦之曉喩之 此欲開來學 扶吾道之永滅 而亦不負我平日求道之誠心也"

478) 『야사』 권 4, 1910년 3월 11일 "山齋從容 從日草大韓史"

> 우리 韓人은 남의 역사를 말하기를 좋아하는 나쁜 버릇이 있어 本國의 史乘은 버려두고 탐구하지 않으니 尊君愛國의 뜻에 어긋난다. 근래에 이르러 사회에서 더러 (역사를) 찬술한 것이 있으나 각기 그 내용이 斷章되고 取旨와 交義가 서로 떨어져 맞지 않으니 가히 한탄하고 또 한탄할 일이다.[479)]

라고 하여 제대로된 韓國史가 없음을 탄식하였다. 그리하여 그는 자기의 좁은 식견을 헤아리지 아니하고 자기대로의 견문을 수집하여 大韓史를 찬술, 뒷날의 參訂을 기다리는 것이라고 한 것이다.

그의 이와 같은 역사기술은 최초의 국명인 '朝鮮'의 칭호 문제부터 제기되었다. 그리하여 그는 古朝鮮의 '朝鮮'이란 연원과 뜻을 우리의 『東史古記』와 중국고서인 『管子』, 『戰國策』, 『史記』 등을 인증, 해석하였다.[480)] 또한 檀君을

> 우리나라 首出之君은 檀君이고 檀君의 사적은 中國 『魏書』에 처음 보인다. 거기에서 말하기를 지금부터 2천년 전에 檀君王儉이 있어 阿斯達에 도읍하고 국호를 朝鮮이라 하고 중국의 堯와 같은 때라 말하였다. 『魏書』는 곧 (中國) 三國時代에 기술한 것이다. 비록 本國史는 아니나 그 時代가 가장 오래된 것이고, 반드시 증거를 갖고 이를 썼을 것이다. 『東史古記』와 『三國遺事』의 기록과 相符하는 것이니 크게 의심할 것 없다.[481)]

---

479) 『야사』 권 6, 1911년 5월 3일자 "我韓痼癖惟在 好談他國 使本國史乘 抛却不問 是豈尊君愛國之意也 近來會社人 雖或有採述 名以其學斷章取旨 文義隔絶 可嘆憤哉 可勝嘆哉"

480) 『야사』 권 6, 1910년 5월 3일자.

481) 같은 자료 "我國首出之君卽檀君 檀君之蹟 始見於支那魏書 其曰往在二千載 有檀君王儉立都阿斯達 國號朝鮮 與堯同時云 魏書 乃三國時記述也者也 雖非本國史 然其時代最遠必有證據而筆之也 東史古記 與三國遺事之所記相符 不必多疑也"

라고 하여 최초의 임금으로 實存視하였다. 또한 檀君과 檀君朝鮮에 관한 것은 비교적 상세히 논급하였다. 즉 『三國遺事』를 비롯하여 『古記』, 洪萬榮의 『東史總目』, 丁若鏞의 『易』등의 기록을 인용 논증하고, 그 무렵 새로 나온 張志淵과 玄采의 新論까지 거론하며,

> 대개 단군은 우리나라의 首出之君이니 반드시 聖德이 있으므로 國人이 임금으로 추대하였다.[482]

라고 해석하였다. 그러나 檀君기록 중 熊女탄생설은 荒誕한 것이라고 비판하는 입장이었다. 또한 그 무렵 나온 日人의 "朝鮮史의 檀君은 (日本)古神代 素戔鳴尊의 아들인 五十猛이다"라는 것은 실로 虛誕한 것이므로 더욱 변박할 것도 없다[483]고 일축하였다. 그리고 그는 강화도 마니산 塹城壇과 황해도 九月山의 三聖祠의 檀君遺蹟까지 논급하였다.[484]

김정규의 이와 같은 檀君인식은 玄天默이 그에게 대종교에의 入敎를 권유할때 그 주지를

> 단군은 곧 우리나라의 首出之君이고, 萬姓의 조상이 됨으로 임금이 임금되고(君君) 아버지가 아버지되고(父父) 아들이 아들되고(子子) 형이 형되고(兄兄) 아우가 아우되고(弟弟) 남편이 남편되고(夫夫) 부인이 부인되는 (婦婦) 道가 주지인 것이다.

라고 설명하자 그는

> 그 말은 우리 儒道의 가르침이고, 또한 내가 일생동안 주의하는

---

482) 같은 자료, "盖檀君 我國首出之君 必有聖德 故國人推戴君"

483) 같은 자료, "朝鮮史古神代項 素戔鳴尊之子五十猛卽檀君 此實虛誕尤不足多辨"

484) 『야사』 6, 1911년 5월 3일자 「檀君疆域」, 「三聖祠」

것이다.

라고 답하면서 入教를 결심한 배경이라고 할 수 있을 것이다.[485] 김정규의 고조선 기술은 이와 같은 단군조선에 이어 箕子와 衛滿도 논술하였고 漢四郡의 침략까지 첨가하였다.[486]

단군조선 다음에는 한강 이남의 馬韓 辰韓 弁韓의 三韓변천 그안에 각 소국의 홍기 성쇄를 『三國考』와 『國朝雜誌』등을 고증하여 기술하였다.[487] 또한 朝鮮故地에 扶餘 濊 沃沮 등을 『後漢書』등의 문헌을 찾아 논증하고 女眞과 靺鞨 그리고 渤海의 역사까지 되도록 우리나라의 역사와 관련시켜 기술하였다.[488] 특히 부여는 檀君의 후손이 북으로 옮겨가 건국하고 비옥한 오곡의 옥토가 2천리에 미쳐 그 경계가 동쪽은 읍루 남쪽은 高句麗 서쪽은 鮮卑에 연접한다고 고증하였다.[489]

三國時代에 내려와서는 新羅의 전신인 徐耶伐의 역사에서 시작하여 新羅 고구려 百濟의 순으로 그 홍기 발전을 논술하고, 統一신라의 역사를 기술하였다.[490] 다음 고려시대의 역사는 기술의 누락이 있었는지 분량이 적은 편이고[491] 朝鮮時代의 역사로 내려왔다. 조선시대의 역사는 특히 麗末鮮初의 李成桂의 건국과정을 비교적 상세히 기술하였다.[492]

셋째는 한국사와 관련된 견문과 문헌을 수록하였다. 김정규는 역사에 대한 관심이 깊어 大韓史와 같이 직접 찬술한 것이 아니더라도 중요 역사자료

---

485) 주 446)과 같음.

486) 『야사』 권 6, 1911년 5월 3일자, 「箕子」「衛滿」「按四郡」

487) 같은 자료 「朝鮮南部」「馬韓」「辰韓」「弁韓」.

488) 『야사』 권 6, 1911년 5월 29일자 「國朝故事」「扶餘」「濊」「沃沮」「肅愼」「渤海 國」.

489) 앞의 「부여」.

490) 『야사』 권 6, 1911년 6월 1일자.

491) 『야사』 권 6, 1911년 6월 3일자.

492) 『야사』 권 7, 1911년 6월 6일자.

라 생각되면 수록하였다. 그런중 대표적인 것이 「廢四郡故事」[493]와, 「慶興府赤島紀蹟碑」[494] 그리고 「白頭山定界碑」[495] 등으로 압록 두만강 너머의 서북간도의 영토문제에 관련되었다. 「廢四郡考」에서는 그곳이 三國말 이래 오랫동안 野人들의 수렵지화 되었었으나 高麗때 義州로부터 陽德에 이르는 사이에 長城을 쌓아 서로 封彊을 삼았었다고 하였다. 그러나 그후 잘 지켜지지 않고 義州土民 張氏 등이 朝廷의 명령을 거부하는 등 반란이 자주 일어나기도 하였다는 것이다. 그후 李太祖 건국직후에 이르러 王化가 미쳐 義州출신 張思吉은 개국공신으로 참여하고 그곳 인민이 安堵하게 되고 田野가 넓게 개척되었다는 것이다. 또한 「慶興府赤島紀蹟碑」는 경흥부 동쪽 東海에 위치한 赤島에 세운 李太祖의 선조인 翼祖로 추정된 李行里의 사적비이다. 이태조의 선조들은 두만강 너머 지금의 연변지방인 斡東 奚關 등에서 聲名을 떨치며 새왕조의 기업을 다지고 있었는데 女眞들이 배반하여 일시 赤島로 피난하여 무사했다는 내용으로 결국 이태조의 왕업터전이 강북 間島 지역에 미치고 있음을 입증하는 것이다. 그는 이와 같은 李太祖의 舊居인 이 땅이 지금은 누구의 것이 되었느냐고 반문하고 있다.

그리고 白頭山定界碑는 알려진 것이나 1712년(숙종 38년) 5월 15일 조선측에서는 軍官 李義復과 趙台常, 差使官 許樑과 朴道常, 通官 金應憲과 金慶門 등 하급관리만이 참여하여 정해진 淸주도의 입비 사실을 밝히고 있다.

또 다른 영토관계 문헌으로는 해당면의 일부가 훼손되어 題名이 불분명하지만 1910년 음 1월 11일자에 기록된 다음과 같은 문자가 포함된 내용이다. 훼손된 缺子가 있어 명확한 판독이 어려우므로 중요한 대목을 원문대로 들어보면,

---

493) 『야사』 권 7, 1911년 6월 17일자.

494) 『야사』 권 2, 1909년 7월 12일자.

495) 『야사』 권 7, 1911년 6월 19일자.

> 在昔, 何人以墾島事件呈于經略○○也, 略曰……自初封疆之時, 先朝臣尹公南將軍, 北限先春嶺, 西限分界江, 南限派地江, 以此定界之文蹟, 不朽於竹帛立碣, 尙存於三處, 然則朝鮮之地分明, 而兩國以相讓○○ 此幾百年空虛條約者也, 淸國化外之民○○○○, 而我東之民亦入居焉, 則淸何獨有其○○○○○○○人心, 皆曰去好地, 好地者則遼東十 ○○○○○○○年春, 淸國官兵, 欲爲設舘於江界○○○○○○地名皇城坪, 得碑則南將軍之所立, ○○○○○○廣一把厚半把, 而前面第一行尹一字 ○○胎碣立, 三行官兵十年胡塩七年卽黑冠○○之人所處, 四行自甲申以待己丑, 如此文蹟出焉, 故淸人破計設舘云, 是皆明人所定, 天許東國之地也, 今我淸兩國, 交隣相藩之義存焉, 則在彼空地義不可獨取也云云……[496]

라고 하였다. 이를 필자 나름대로 판독, 해석하면 우선 간도는 "고려의 尹瓘장군과 선초의 南怡장군이 明과 封疆시 북쪽은 先春領,[497] 서쪽은 分界江, 남쪽은 派地江으로 정하였고 그 文蹟이 竹帛立碣에 기록되어 지금도 세 곳에 전래되고 있다. 그러므로 간도는 朝鮮의 땅임이 분명하고 따라서 그 사실을 모르고 淸・朝 양국간 몇백년간 맺었던 국경조약은 公虛한 條約에 지나지 않는 것이였다. 지금 淸人도 化外之民으로 이곳에 入居하는 것이고 東國의 韓人도 이곳에 入居한 것이다. 어찌하여 淸國은 그곳을 자기들 것으로만 아느냐"는 것이다.

다음은 어느때 봄에 청국 官兵이 江界 皇城坪이란 곳에 그들 관아를 세울 때 한 古碑를 발견했는데 南怡장군[498]이 세운 비로 넓이가 一把 두께가

496) 『야사』 권 3, 1910년 1월 11일자.

497) 윤관장군의 先春嶺立碑說은 『高麗史』등 여러 곳에 나오나 특히 金魯奎의 『北輿要選』에는 先春嶺을 근거로 한 間島勘界에 관련된 여러 자료가 상론되고 있다.

498) 『間島在韓人ノ親族慣習及其他』(한국정신문화연구원 霞城文庫소장)에는 일제 統監府 間島派出所 監察課員 金海龍이 1908년 1월 15일자로 조사보고한 間島勘界에 관한 현지에서의 조사자료를 수록하고 있다. 그 속에서 南怡장군의 간도정벌에 관한 故事를 증언, 주목된다.

반把나 되고 전면 첫째줄에 「尹一字○○胎碑立」, 셋째줄에 「官兵十年胡塩七年卽黑冠○○之人所處」, 넷째줄에 「自甲申以待己丑」이란 文字가 보여 그들이 파괴하여 버렸다. 이것이 다 간도를 明朝때부터 東國의 韓人土地로 허락한 까닭이다. 지금 한・중 양국은 交隣相藩관계에 놓여있다. 그러므로 그들 淸이 그 空地는 의리상 홀로 차지할 수는 없는 곳이라는 것이다. 김정규는 이와 같은 문적을 수록하면서 후일에 査明할 자료라고 부기한 것이다.

넷째는 세계열강의 역사와 중요도시의 인문지리 및 각종 종교를 기술하고 있다. 西教를 배척하는 衛正斥邪論者인 김정규이지만 간도로 망명한 후 세계 각지에서 믿고 있는 종교를 문헌을 찾아 고찰, 그 내용을 종합 소개하고 있다. 기왕에 동양사회에도 수용되거나 알려진 佛教・道教・回教・파라문교 등은 물론, 基督教와 그리이스정교・拜火教 등까지 논술한 것이다.[499] 또한 세계의 중요 도시에 대하여는 불란서의 파리를 비롯하여 영국의 런던, 독일의 베를린, 포츠담, 미국의 뉴욕, 러시아의 모스크바, 이태리의 로마, 일본의 요꼬하마, 중국의 上海, 홍콩 등의 규모・인구・문물・고적・특색 등을 『萬國史』를 참고, 기술하였다.[500] 예컨대 스위스에 대하여 다음과 같이 그 특색을 설명하고 있다.

> 스위스는 국명이고 북쪽은 독일에 연접하고, 서쪽은 불란서와 이웃하고 동쪽은 독일과 오스트리아 헝가리 등과 연접하고 남쪽은 이태리에 가로막혔다. 22개주로 나뉘고, 平地가 극히 적고 3분의 2가 山地이다. 많은 산이 빼어나고 강물이 곱다. 그중 너댓개의 큰 강과 두서너개의 긴 호수가 있으므로 현세계에서 제일가는 山水라고 칭예된다. 그밖에도 승경이 많아, 遠山에는 여름에 눈이 덮였고 절벽에는 폭포수가

499) 『야사』 권 6, 1911년 4월 24일자 「佛教」, 동월 25일자 「道教」, 동월 26일자 「回回教」, 동월 29일자 「希臘教」「耶蘇教」, 5월 1일자 「天道教」, 5월 2일자 「火祆教」「拜火教」.

500) 『야사』 권 2, 1909년 11월 12일자 「按西洋各國飮食住居」

> 쏟아지고 奇花珍樹가 사람의 이목을 끈다. 그 나라의 법은 차례로 백성이 대통령을 골라 추대하여 임금의 역할을 수행하게 하고, 백성이 다 근면하다. 공업이 精巧하며 국세가 강대하다. 현금에 水力전기와 시계 絹布 綿布 등 의류제품이 세계에서 능가하다.501)

이어 중국에 대한 논술에서는

> 오호라, 중국은 토지가 427만 7천여 방리에 4억만의 많은 인구가 살면서 外國壓制에 놓여 토지가 분열하고 대세가 무너지는 판이니 清朝에서 녹을 먹으며 벼슬하는 관리들의 심사가 어떠할 것인가.502)

라고 하였다. 中國의 清이 멸망하기 직전인 1909년 음 11월 12일 기술이므로 당연한 기술일 수도 있다. 김정규는 이 기술에 이어 청과 대비, 다음과 같이 우리나라의 입장을 논술하면서 통분하고 있다. 즉,

> 슬프다. 지금 청국만 그런 것이 아니라 우리나라는 더 심한 처지에 놓여있다. 3천리의 土地와 2천만의 人衆이 도적의 손에 들어갔도다. 누가 있어 이를 회복할 것이며 누가 있어 이를 구제할 것인가, 실로 痛嘆하고 실로 痛惜할 일이다.503)

라고 우국분통의 격정을 실토한 것이다.

---

501) 『야사』 2, 1909년 11월 12일자, 瑞西國名 北接獨逸 西隣佛蘭 東連獨逸及澳太利 匈厭利太利 凡二十二州 平地極小 三分之二皆山也 山多靈秀 水自明麗 而中有著名四五大河及 二三長湖 故現世界稱謂第一山水 其他勝狀最多 遠山夏雪 絶壁龍瀑 奇花珍樹 兼助人耳目云 其國法 第推大統領以登君位 而民皆勤勉 精於工業 國勢强大 現今水力 電氣及時計·絹布·綿布等製造 凌駕全世界

502) 『야사』 권 2, 1909년 11월 12일자, "嗚呼以支那四百二十七萬七千餘方哩之地積 四億餘萬 衆多之人口 在於外國壓制之下土地分裂 大勢漸潰 既在清朝食祿者 其心如何耶"

503) 『야사』 권 2, 1909년 11월 12일자 "嗚非徒清國爲然 今我韓國亦尤甚焉 三千里土地 二千萬人衆 沒入賊手 有誰復之 有誰濟之 實可痛嘆 實可痛惜"

4. 『野史』의 時政記的 價値

김정규의 野史는 처음 日記로 쓰기 시작하여 時政記的 野史로 발전시켰다. 단지 野史 제 1권의 시작인 1907년 2월 16일(음)부터 3월말까지는 책을 사기 위한 琿春旅行記로 1개월 반을 종합하여 기술하였다. 그러나 그후 그해 4월 1일(음)부터는 매일같이 빠뜨리지 않고 기술하였으나 결코 자신의 일기에 머물지 않고 자기가 살다 간 時代史를 매일같이 15년간이나 기술한 것이다. 그는 그것을 절실한 필요에서 쓴 것이다. 그가 北間島로 망명한 다음해인 1910년 5월 25일자 기술에서,

> 이 달은 즉 전에 내가 間島에 건너온 달로 올해는 내 나이 30세가 된다. 세월이 여류하나 사업을 이루지 못했으니 장차 어떻게 하면 좋을 것인가, 뜻이 있으면 일을 이룬다고 하였으나 지금 教育에서도 진보한 것이 없고 義務(의병을 일으켜 구축하는 의무:필자)에서도 뜻과 같지 않다. 슬프고도 아픈 일이다. 大丈夫 세상에 나서 百年사업이란 이것뿐인 것이다. 붓을 드니 長嘆이요, 전후일이 세월만 허비하고 사업은 麥麥하고 混混하고 憒憒하다.504)

라고 하여 유학의 교육과 擧義逐倭의 두 사업이 성취되지 못한 것을 한탄하면서 또한 그는,

> 수년이래 범백 사무가 어지럽고 번거로워 지난날에 한 일을 생각하니 까마득히 망실하였다. 그러므로 매일같이 한 일과, 듣고 본 것, 말한 것, 의론한 것을 기록하여 備忘의 자료로 삼는다면 후일 (역사에서) 고찰할 근거가 될 것이다.505)

---

504) 『야사』 권 5, 1910년 5월 25일자 "是月卽昔我西渡之月 是年卽余三十歲時也 日月如流 事業不成 其將奈何 意之所在 事必有成 而于今 教育焉不進步 義務焉不如意 非夫通矣 大丈夫處世 百年事業只此而已哉 英雄而有銷髀之嘆 志士而有遲暮之感 今日何日 非歌日暮 擧筆長嘆 前後費歲 事業麥麥然混混然憒憒然"

라고 하였다. 이것은 그가 국내에서는 물론 간도로 망명후에도 한가지는 쇠퇴하는 儒敎를 진흥시키고 다른 한가지는 擧義討日하여 나라를 회복하는 큰 뜻을 펴기 위하여 노심초사하였으나 뜻과같이 성취되지는 못하였다. 하지만 그러한 역사만을 기록하여 후일 史料로 삼겠다는 의지의 표현인 것이다.

김정규는 앞에서도 논급된 바와 같이 성리학자로 성장하여 그 길을 걸었으나 시국의 변화와 일제의 침략을 목도하고 救國擧義에 감연히 나섰던 것이다. 그러므로 그의 野史는 이와 전후한 시기로부터 義兵활동이 지속되는 동안에는 그와 관련된 義兵文字로 한 흐름을 이루는 기술을 하고 있다. 그가 직접 참가한 의병관계 기록은 물론, 국내외 각지에서 전개되는 의병견문과 문헌도 여기에 수록된 것이다. 특히 그는 1908년 3월 八龍이라 부르던 친우와 원근의 士友, 동지들과 합심하여 關北義陳을 결성, 軍師가 되어 항쟁을 벌였다.[506] 이 義陣은 그해 7월 '管理兵'[507]이라 부르던 沿海州의 江東義兵부대가 두만강을 건너와 활동할 때 그 잔류부대인 張錫會 중대와 合陣,[508] 그해 연말까지 신명을 바쳐 항쟁하였다. 그러나 그해 연말까지는 일제 침략군과 그의 앞잡이인 一進會 등에 밀려 패퇴, 살아남은 의병은 잠복 도망하는 비운을 겪었다.

김정규는 그 다음해 봄에 접어들어 徐相郁과 재기항쟁을 誓天盟約하

---

505) 같은 자료, "數年以來 凡百事務 擾擾冗冗 推思前日之所爲 杳然忘失 故日日記其事 記其聞 記所言所論 以爲備忘之資而欲使後日考據焉"

506) 『야사』 권 1, 1908년 8월 28일, 29일자.

507) '管理兵'이란 李範允이 일찍 間島管理使를 역임하고 러일전쟁 이후 연해주에 가 의병을 편성, 국내에 진공해온 데서 연유하였다. '江東'은 오소리 강동쪽의 연해주를, '西江'은 間島를 지칭한다.

508) 『야사』 권 1, 1908년 9월 23일자, 關北義陣과 張錫會중대와 합진할 때 부서는 총무(義兵將……필자)에 李南基(후일 13道義軍時 壯義軍總裁), 財務에 徐相郁, 司法에 李肯植, 中隊長에 崔瓊熙(關北 義軍將)와 姜乙燁(韓末 大院君門下의 良將으로 칭예됨), 司令官에 張錫會(管理軍의 咸北잔류 中隊長), 參謀員에 池若俊과 李君深이고, 김정규는 參謀長에 선임되었다.

고[509] 가까운 義兵동지들과 전후하여 두만강을 건너 북간도에 가서 새로운 항일 기지를 건설하기 시작하였다. 그는 그해 여름 延吉 부근 雙浦洞에 자리 잡으면서 중국측의 도움을 얻기 위하여 延吉 관헌과 빈번히 접촉[510]하는 한편 간도내는 물론 그의 고향인 함경도와 블라디보스톡을 중심으로 한 沿海州의 抗日義兵세력과 연계, 간도의병 편성에 앞장섰다. 그러나 1910년 일제의 '韓日合併'이 가까워지면서 間島내 義兵부대인 趙尙甲부대가 성급하게 활동을 개시,[511] 일제군경의 월경침략을 경계하던 중국관헌의 제재를 받아 勞多功少한 결과가 되었다. 그러나 그의 간도의병은 그의 스승이던 柳麟錫과 전에 間島管理使였던 李範允, 그리고 關北義兵將이며 그의 철저한 士友인 李南基 등이 중심이 되어 조직한 十三道義軍에 가담, 十三道義軍의 壯義軍從事에 선임되었다.[512]

그러나 국외의병의 통합군단으로 편성된 이 十三道義軍도 그해 8월 일제의 '한일합병'이 이루어지고 그를 국제적으로 뒷받침하는 러시아와 중국에 대한 군사·외교적 압력으로 말미암아 그곳에서 소기의 활동을 전개하기 어렵게 되었다.[513] 柳麟錫의 「貫一約」과 「義兵規則」을 의병항쟁의 기본적 조직요강으로 한 十三道義軍은 그동안 문헌의 부족으로 그 내용이 알려진 바가 적었으나 이 野史의 관련 文字로 그 실상이 보다 밝혀지게 되었다.[514]

---

509) 주 441)과 같음.

510) 『야사』 권 2, 1909년 6월 17일, 동월 19일, 10월 11일자.

511) 『야사』 권 5, 1910년 5월 28일, 6월 14일자.

512) 『야사』 권 5, 1910년 6월 3일자, "去(5월)十五日丁巳 十三道有志之士 大會共議 以名望才格 定諸責任 管理坐十三道總壇位 毅菴(柳麟錫)爲十三道義軍都總裁 李相卨爲外文通信員 其餘將士 各依例差定 而龍巖(李南基)爲壯義軍總裁 余推爲壯義軍從事 而差帖來耳."

513) 졸고 「十三道義軍의 편성」 『史學硏究』 36, 한국사학회, 1983, 참조.

514) 『야사』 권 4, 1910년 3월 7일자 「貫一約」과 「義兵規則」이 柳麟錫과 李南基의 序文과 함께 全文이 수록되었다. 그 속에는 유인석의 「通告文」과 「謹爲通告事」 등의 문

그러나 이와 같은 1910년 전후의 關北과 間島 그리고 沿海州의 의병의 전모와 그 성격은 김정규나 그의 士友들의 관련된 활동만이 아니고 보다 광범위하게 전개된 것이기 때문에 관련의병의 종합적 고찰이 필요하여 독립된 주제의 別稿를 기약할 수밖에 없다.

이와 같이 1910년 간도에서 재기항쟁하던 김정규는 10년뒤인 1919년 3·1운동을 맞아 또다시 擧義抗日할 기회를 얻었다. 3·1운동이 발발하고 이어 서북간도를 비롯한 남북만주와 연해주에서 '獨立戰爭論' 구현을 위한 독립군 편성과 항전이 활발해지자 그도 감연히 재기 항쟁에 나섰다. 그는 간도내 士友 및 義兵동지들과 1910년 전후 활동하다 海島間에 잠복 기회를 기다리던 義兵세력을 규합, 大韓義軍府地方正衛隊를 편성, 연해주의 義軍府 본대와 연계활동을 개시하였다.[515] 이것이 그의 마지막 무력항쟁이나[516] 그 다음해 10월 琿春事件을 계기로 일제의 大兵이 간도에 침입, 독립군 '剿討'작전과 庚申慘變이라 부르는 韓人 '虐殺' 작전의 감행으로 그의 뜻은 또 다시 좌절되었다. 의군부 부대도 많이 여타 독립군과 같이 羅子溝를 거쳐 密山방면으로 북상하였으나[517] 나머지는 참살되거나 풍지박살되는 수난을 맞게 되었다. 의군부 부대의 표면에 나서지 않고 막후에서 參謀로 활동한 까닭에 요행히 화를 면한 그는 그 참변의 구체적 모습을 비통하게 엮었다. 그러한 한두가지의 구체적 사례를 들면, 그 한가지는 그와 절친한 士友이며 그 義軍의 總務 雲谷 崔于翼 등 11명이 창졸간에 日兵의 급습을 받아 전사한 소식을 듣고 다음과 같이 애통해 하였다.

자도 포함되었다.

515) 『야사』 권 16, 1919년 8월 5일, 9월 1일, 9월 23일, 9월 24일, 권 17, 1920년 7월 2일, 8월 18일자.

516) 『야사』 권 16, 1919년 10월 7일자, 김정규의 이때 처음 직함은 '大韓義軍華領事務中部事務'였다.

517) 『야사』 권 17, 1920년 10월 15일자, "曾聞多少軍隊 已移駐於羅子溝等地 與督軍府 光復團合同計事"

이것이 무슨 말이냐, 崔雲谷이 동지 11사람과 依林溝山柵에서 賊兵에 살해되어 순국하였다. 同心同議하고 相信相愛하던 깊은 정의를 감히 잊고 저버린 것이랴. 의지하던 아픔이 놀래여 깨어나 통곡한다. 장하다 최운곡, 애석하다 최운곡, 그의 고담준론과 큰 간담은 각 단체가 다 英雄으로 받들었고 지금 다시 얻기 어렵다. 통탄한다 최운곡, 애통하다 최운곡, 강개한 好義의 간도 사람이 모두 그의 말을 좇았는데 지금 누가 있어 그를 대신하리요.518)

최우익은 그 의군을 통솔하던 총무이고 김정규는 막후의 參謀였던 것이다. 일제의 간도침략 기록인 『間島出兵史』에서도 이 사실을 중시,

본 초토기간 山本中隊는(1920년 10월) 5일 北一兩溝 屯田營道上 중국인 집에서 달아나는 韓人 10명을 사살한 바 그 소지품(직인 4개)에 의하여 大韓義軍府의 賊 중요인물인 것을 발견하였다.519)

라고 부합되는 기록을 하면서 그 명단을 崔右益(于翼)을 비롯 李己·洪正必과 이름을 알 수 없는 7인 및 국민회원 許益이라고 밝혀 큰 전과로 치부하였다.520)

다른 한 가지는 1920년 6월 洪範圖가 지휘한 독립군대가 鳳梧洞에서 승첩한 사실을 그해 6월 9일자 기록에

아침에 온 書信에 의하면 日兵 400명이 돌연히 汪淸縣 鳳梧洞지방

518) 『야사』 권 17, 1920년 10월 15일자, "是何言也 崔丈雲谷與同志十一人 在依林溝山柵被賊兵禍害 同心同議相信相愛之深 敢忘失恃失怙之通 而不覺驚且哭也 壯哉崔雲谷 惜哉崔雲谷 高談剛膽 各團體目之以英雄矣 于今難得 痛哉崔雲谷 哀哉崔雲谷 慷慨好義艮上(間島)人 皆服其下風矣 誰後更存"

519) 『間島出兵史》上 (韓國史料研究所편, 『朝鮮統治史料』第二卷, 1970, 東京) p.54.

520) 같은 책, p.396.

> 에 와서 吾軍과 수시간 동안 相戰하여 死傷者가 심히 많았다.[521)]

라고 하고 또한 며칠 후인 그 달 12일자 기록에,

> 낮에 봉오동의 報告에 의하면 日兵 死者가 백여명이고 吾軍死者도 3인이며 洞民 사상자가 십수명이다.[522)]

라고 하여 100여명 이상의 勝捷을 실증하고 있다. 봉오동은 김정규가 그동안 몇 번 찾은 곳이었고 봉오동 전투 때 홍범도와 아울러 또 한사람의 지휘관인 北路督軍府長 崔明錄은 그의 한 동지로 가끔 김정규의 집에서 묵으며 매사를 의논하던 사이였던 것이다.[523)] 이러한 점만으로도 이 기사는 귀중한 봉오동 전첩의 제1차 자료라고 할 수 있다.

김정규의 野史는 이와 같은 義兵과 그를 이은 독립군 관계 文字를 비롯하여 그 시대에 전개되었던 국내외 韓人의 수난과 그를 극복하려는 민족의 實史를 그 나름대로 史家의 입장에서 생동감있게 기술하였다. 그러한 것 중 특징적인 것을 분야별로 들어보면 첫째, 제국주의에 의한 시련을 겪은 우리 민족의 운명과 관련 깊은 국내외 정세변화를 관련문헌을 들어 기술하고 있다. 예컨대 1910년 8월의 일제의 '한일합방'에 대하여는 융희황제의 「合併勅諭」문과 심지어 總督 寺內正毅의 「合併諭告」문까지 수십하여 수록, 다음과 같이 절통하면서도 국권회복의 염원을 기원하고 있다.

> 合邦, 合邦, 이것이 무슨 말이냐, 지금 과연 합방되느냐, 너의 賣國

---

521) 『야사』 권 16, 1920년 4월 23일자, "朝據來信 則日兵四百名 突來汪淸縣鳳梧洞地方 與吾軍相戰數時 死傷甚多"

522) 『야사』 권 16, 1920년 4월 26일자, "據梧洞的報○ 日兵死者百餘名 吾軍死者三人 洞民死傷十數名"

523) 『야사』 권 5, 1910년 7월 1일자

> 賊一進會들 지금부터 잘먹고 편안히 잘 것 같은가, 可憐하다 4천년 신성한 나라 3천리 문명한 강토 2천만 禮儀민족 5백년 지켜온 왕업이 일조에 개돼지의 입에 들어간다. 참혹한 아픔이 극에 달하여 말하려하여도 목이 막혀 눈물만 흐를 뿐이다. 집을 나서 하늘을 쳐다보고 큰소리로 울부짖기를 皇天이 우리 東國을 영구히 멸하려 하는 것이 아니라면 우리의 擧義하는 동포를 보우하여 强賊을 쓸어버리고 國權을 회복하게 하여 주기를 천만번 엎드려 빌며 천만번 엎드려 바랍니다.[524)]

또한 1911년 10월 三民主義를 표방한 中國의 혁명세력이 武昌에서 擧義, 中華民國이 성립하는 辛亥革命이 발발하자 다음과 같이 기술하였다.

> 世色(세상정세:필자)이 변천한다.……전 淸國義兵大將 黃興과 其革命黨이 宣統帝攝政을 내쫓고 某親王 孫文의 지휘를 듣고 合衆謀議하여 武漢등지에서 義擧 光復軍이라고 한다.[525)]

이 후 그는 혁명의 전개과정을 주의깊게 관찰, 革命軍이 발표한 宣言書등 각종의 辛亥革命관계 문헌을 모아 수록하면서 혁명의 진행과정과 그것이 한민족에 미칠 영향 등을 기술하였다. 또한 1914년 7월 제 1차 세계대전의 발발시에도 각종 신문과 그 밖의 소식을 종합하여 「英德啓釁始末」[526)]등 중요문헌과 함께 경과와 영향 등을 기술하였다.

둘째, 1910년 전후의 義兵抗爭의 실패 이후 침울하던 민족의 울분을 토하

---

524) 『야사』 권 5, 1910년 5월 28일(양 7월 4일) "是何言也 合邦合邦 今果爲合邦 曰爾賣國賊 一進會 以今而後 食必甘寢可安 嗚乎痛且悚惶 憤怒大悲 可惜哉四千年神聖邦基 三千里文明疆土 二千萬禮義人種 五百年傳守基業 一朝沒入犬羊之口 慘痛何極 欲說喉塞 無言下淚已 而出門仰天 大聲大號 曰皇天欲使吾東永滅 無類乎不欲永滅 默助我擧義同胞 掃除强賊 挽回國權 千萬伏祝 千萬伏望"

525) 『야사』 권 7, 1911년 10월 1일, "世色變遷……前淸國義兵大將黃興 與其革命黨 黜宣統攝政 某親王聽孫逸仙指揮 合衆謀義 據武漢等地 號爲光復軍"

526) 『야사』 권 10, 1914년 8월 14일자

고 거족적 독립운동으로 발전한 1919년 3·1운동에 대하여 그가 견문한 간도에서의 운동상황을 실증적으로 기술하고 있다. 그는 국내외에서 전개된 3·1운동 중 가장 규모가 큰 '3·13반일운동'이라 칭하는 龍井에서의 운동을 준비중이던 1919년 3월 9일자의 기술에,

> 평화회의가 성립된 이래 이 간도의 仁人志士들이 비밀리에 회의를 거듭하여 오는 12일(양 3월 13일) 甲子일에 사람마다 각각 태극기를 하나씩 들고 日本영사관이 있는 龍井市에 달려가 '大韓獨立'을 부르는 것이다. 같은 날 일본국 京城 평양 원산 대구 또한 해삼위(블라디보스톡) 등지에서도 같은 목소리로 이 같은 거사가 있는 것이다.[527)]

라고 하면서 그 의의를,

> 이것이 우리 2천만 동포가 起死回生하는 날이니 가히 각성하여 맹렬히 일어나지 않을 수 있으랴.[528)]

라고 하면서 "皇天에게도 이 거사가 성공하게 하여달라"고 빌었다고 기술하였다. 또한 3·13운동 당일에는

> 甲子일이라 표풍이 불어닥치고 陣雲이 취산하다. 이날은 즉 간도의 韓民族이 용정에 모여 독립을 부르는 날이라. (쌍포동)마을에서도 가는 사람이 10여명이 되었다. 나는 服(父親喪)中이므로 감히 갈 수 없어 아들 奇鳳에게 태극기 하나를 주어 보냈다. 이날, 이날 과연 옛것이 光復되는 날이냐, 사람마다 이렇게도 和色이 짙은가, 저녁때 들으니

---

527) 『야사』 권 15, 1919년 2월 10일자 "自平和會議成立後 此上人士仁人 密與會議 來十二日甲子 人人各持一太極旗 直走日領龍井市 擬呼大韓獨立 而日本國京城平壤元山釜山大邱 又海參威等處 亦同聲有此擧"

528) 같은 자료 "是我二千萬同胞 起死回生之日 可不猛起覺醒也哉"

> 四方에서 人士들이 소식을 듣고 모여 人山人海를 이루었다. 오정 종소리에 맞추어 龍井부근(瑞甸大野)에 큰 朝鮮獨立旗를 세우고 사람마다 태극기를 들고 먼저 조선독립만만세를 부르고 이어 獨立을 선언하였다. 깃발은 해를 가리고 함성이 진뢰와 같았다. 이를 본 倭人의 얼굴색이 잿빛으로 변했다.[529]

라고 3·13운동 상황을 생동감있게 묘사하였다. 뿐만 아니라 '朝鮮獨立祝賀會'란 이름으로 추진된 이 3·13운동에 대하여 시위행진중 일어난 中國軍의 발포해산 경위와 그로 말미암은 殺傷 희생사실을 상세히 기술하였다. 특히 3월 15일자 기록에서는 살상희생자를 현장에서 죽은 사람 9명과 중상을 입고 제창병원에서 그날까지 죽은 사람 4명 그리고 경상자 15명으로 집계하였다. 그 기록에는 각 희생자의 성명과 주소까지 병기하여 아직까지 명확하지 못한 그때 희생순국자의 신원을 해명할 자료가 되게 한다.[530] 이어 3월 17일 기록에서는 이들 순국자를 龍井後麓 合成里 양지바른 언덕에 安葬한 사실을 기술하면서 비장한 弔詞를 남겼던 것이다.[531]

---

529) 『야사』 권 15, 1919년 2월 12일(양 3월 13일)자 "甲子飄風發發 陣雲聚散 是日卽艮上韓人族會於龍井 呼獨立之日也 里中人向往者 亦有十數名 余以衰服在身 不敢冒行 爲一太極旗 送子奇鳳去 是日是日 是日果舊物光復之日耶 人何和色之多也 夕天據來聞 則四方人士 聞風來會者 眞如人山人海 比至午点鍾 龍井附近 特立一大朝鮮獨立旗 人人格持一太極旗 先呼朝鮮獨立萬萬歲 繼而宣言獨立 旗影蔽日 喧聲如雷 ?齒在傍觀聽者 面皆灰色"

530) 『야사』 권 15, 1919년 2월 14일자, "暮天據龍井確報 則卽死者九人 傑滿洞中央村朴尙鎭 龍井三成旅舘金興植 借道溝鄭時益 平江南溝朴文浩 明月溝孔德洽 老頭溝李堯燮 不知居處 金太均 依林溝張學寬 鳳林洞金承祿 重傷者四人 昨天死於英醫院 其居住姓名如下 臥龍洞崔益先 大敎洞玄尙老 大許文車正龍 龍井土城李裕冑 輕傷者十五人 明東學敎校生金丙榮 頭道溝林鳳燮 借道溝許俊彦 帽兒山韓光三 三山洞李道漢 東盛湧元龍瑞 五道溝蔡昌憲 湖泉浦李正燦 帽兒山蔡敏燮 南陽洞宋平錫 文樓溝韓允五 老頭溝金聖模 大敎洞金元七 其二族人 一天水坪金眞世 一九勝河金鍾默 皆治藥于英醫院云"

531) 주 462)과 같음

셋째, 국내외에서 전개되는 의열투쟁과 그 반향을 기술하고 특히 그와 같은 義烈士를 칭예하는 詩文을 지었다. 1909년 11월 20일자에 그는 대마도에서 爲國絶死한 勉菴 崔益鉉의 사적과 만장을 읽고 「末運中天扶日月 東方一柱鎭乾坤」이라고 弔詩를 읊었다.[532] 또한 忠正公 閔泳煥의 사적을 찾아 기술하고,[533] 아울러 海牙密使 李儁의 의열을 운시로 지어 수록하였다.[534] 특히 安重根義士의 할빈의거는 보다 상세히 수록하면서 그 의의와 국내외 반향을 기술하였다. 그가 최초로 伊藤博文이 총살된 소식을 들은 1909년 11월 10일자 기록에,

> 쾌하다. 그 도적(伊藤)의 죽엄, 장하다 그 사람(安重根)의 총, 죄가 하늘에 찼으니 하늘이 사람의 손을 빌려 총살한 것이리라, 아픔이 골수에 맺혀 그(도적)의 고기를 먹으려고 분연히 일어나 그를 쫓아 죽인 것이냐, 쾌하다. 그 도적의 죽엄, 지옥에 들어가서도 아귀의 刑戮을 받으리라. 장하다 그 사람의 총, 목숨과 절개를 가리지 않고 우리가 분통한 원한을 푼 것이냐. 그 도적의 죄악은 衆人이 共討하고, 함께 찾아 죽여야 될 것이었다. 지금 그 義士가 누구인지 몰라 위로하지도 못한다. 그 도적 일찍부터 元凶이 되어 甲午(1894)년부터는 우리의 都城을 침략하여 宮室을 불태우고 우리 土地를 빼앗고 貢賦를 농락하며 서울에 많은 군병을 거느리고 웅거하여 忠良을 살해하고 황제를 퇴위시키고 백성을 殘虐한 죄는 참으로 크다.……쾌하고 쾌하도다. 그러나 그 도적이 죽은 뒤 그 도적의 무리들이 반드시 화란을 일으킬 터이니 걱정이 된다.[535]

532) 『아사』 권 3, 1909년 11월 20일자 "末運中天扶日月 東方一柱鎭乾坤 白頭囚死燕京獄 大義又今文相存"

533) 같은 자료, "不知忠正公 看此九莖叢 貞節飛霜白 孤心貫日紅"

534) 같은 자료 "人必皆惡死 君獨不愛生 當日裁判席 扶義吐血情 痛哭兩三日 國事終不成 抽刀揕胸脇 披肝濺血精 嗚呼君死否 萬國有風聲 此死知不死 大義千秋明 生者今無地 死者反爲榮 欲招死者魂 吊此生人名 此生良足恥 支離風雪程 同胞二千萬 幾懷此忠貞"

535) 『아사』 권 2, 1909년 9월 28일자

라고 통쾌 후련한 심정을 기술하였다. 아직 의거인이 누구인지도 모르는 상황이었다. 그러나 곧 그가 安重根 의사로 밝혀지고 안중근의 의거관계 기술은 이후에도 견문에 따라 반복되었다. 안의사가 옥중에서 삭죄한 15개조의 伊藤죄상을 수록하고 하얼빈까지의 동행자 8인의 신원까지 소개하였다.[536] 또한 伊藤의 사후 정국의 동향을 상론하면서 일제에 부동한 일진회 등의 갖가지 패언 난동을 일일이 수록, 역사에 증언하였다. 그중에는 황제가 일본에 가서 일황에게 '사죄'하고, 伊藤의 송덕비를 세우자는 것도 있으며, 심지어 일진회의 매국적 '합병'상소까지 포함되었다.[537]

넷째 서북간도를 비롯한 남북만주와 연해주에 망명활동하던 중요 義兵과 민족운동자들의 활동과 동향을 기록, 그들과 관련된 항일운동의 귀중한 자료가 되고 있다. 그중 대표적 인물이 十三道義軍 도총재로 추대된 柳麟錫을 비롯, 연해주의 李範允과 李南基, 李相卨, 安重根, 李東輝, 서간도의 趙孟善, 그리고 梁起鐸, 玄天默, 崔明錄 등이다. 그중 柳麟錫은 직접 만나 같은 장소에서 활동을 하진 않았지만 그의 스승이며 13도의군 편성시 그가 壯義軍從事로 임명되는 등 관련이 깊었다. 그러므로 서로 서신과 인편왕래 등으로 그의 동향을 잘 알고 기술하고 있는 것이다. 유인석의 중요한 항일문자인 「貫一約」과 「義兵規則」도 그 서문과 함께 전문을 수록하고 있고 十三道義軍의 편성이 실질적으로 間島의 의병까지 망라되고 있음을 입증하고 있다.[538]

"快哉彼賊之死也 壯哉伊人之銃也 罪其貫盈 而天今借手於人而殺之耶 痛入骨髓 而奮然欲食其肉而追之耶 快哉彼賊之死也 其入地獄 而幾當鬼卒之刑戮也 壯哉伊人之銃也 又分身節而以解吾人之憤然耶 彼賊之罪惡 人人共討 衆所同得而誅之 恨不地伊人而慰之也 彼賊已爲元魁 越自甲午侵我都城 燒我宮室 奪我土地 籠我貢賦 據我京部 多樹渠兵 殺害忠良擅廢皇上 殘虐百姓 罪莽大矣 自古記傳之 凶惡莫此尤甚 天豈容之 吾已知其自斃也 今乃被殺耶 快哉快哉 雖然彼賊已死之後 彼賊之徒 必生禍亂是亦可憂"

536) 『야사』 권 3, 1909년 11월 18일, 12월 5일자.

537) 『야사』 권 3, 1909년 12월 7일자.

538) 주 445)과 같음.

다음 1909년 여름 미국에서 연해주로 가 十三道義軍과 聲明會 그리고 勸業會, 大韓光復軍政府 건립 등 국치 전후에 굵직한 항일운동을 주관하던 李相卨의 動向도 단편적이긴 하지만 몇 차례 기술하고 있다.[539] 그리고 같은 유학자이며 국내에서도 거의하였던 趙孟善과는 국치후 각각 북간도와 서간도로 망명하였지만 직접 왕래, 서로 숙식을 같이 하면서 義兵의 재기항쟁을 추진하고 있었음을 입증하고 있다.[540] 그 밖에도 李東輝는 '基督敎首人'으로,[541] 梁起鐸은 '義中之人'으로 표현,[542] 동정을 기술하고 있다.

안중근에 관해서는 전술한 바와 같은 의거 후의 기술도 중요하지만 의거 이전 연해주에서 李範允과 연해주에서의 의병인 江東義兵 편성에서 한 주동자로 가담, 활동하고 있었음을 실증하고 있다. 특히 이 江東義兵에 대하여 주목되는 것은 1908년 7월 두만강을 건너 국내 진입작전을 전개, 경흥의 新牙山과 회령의 靈山 등지에서 항전한 귀중한 전적을 기술하고 있다.[543] 그러나 김정규는 그 江東義兵속에서 安重根이 중요 지휘관으로 활약한 사실을 모른채, 그 군의 잔류부대인 張錫會 중대와 合陣, 활동하고 있는 것이다.

김정규의 『野史』는 이밖에도 일일이 열거하기 어려울 만큼 대소의 각종 역사적 사실기록을 남겼다. 그중 두가지 사례를 들면 한가지는 1916년 1월 21일자에는 비교적 長文인 前員外郞 李義錫과 前主事 韓灌錫의 「內地視察記」란 글이 수록된 것이다. 말할 것도 없이 식민지 본국인 日本旅行記이며 일본 본토의 모든 것을 극도로 칭예한 親日문자이다. 김정규는 이 글을 수록하면서

539) 『야사』 권 5, 1910년 11월 15일, 권 10, 1914년 7월 27일자.

540) 『야사』 권 9, 1913년 9월 24일자.

541) 『야사』 권 9, 1913년 7월 11일자.

542) 『야사』 권 14, 1917년 9월 23일, 10월 3일자.

543) 管理軍이라 부르는 이 義軍부대의 국내진입작전은 별도 논제의 고찰이 필요하다.

> 찬양한 것은 적국(日本)이요, 感賀한 것은 일인(日人)이라.[544]

라고 밝혔다. 그럼에도 불구하고 그 글을 수록하는 이유는 倭人으로 하여금 그들의 功罪를 바르게 논죄함이 있다고 하였다. 김정규가 『野史』를 기술하는 史家로서의 면목을 보인 사례라 할 것이다. 또 한가지는 龍井에서 3·13 반일 운동시 현장에서 총에 맞아 負傷, 廢人이 되어 신음하는 일가 金文憲의 사적과 그를 구휼하자는 通文이 수록되었다. 김정규가 지은 그 通文에서,

> 몸을 돌보지 않고 어려운데 뛰어든 것은 忠烈者가 감히 하는 義烈이며 돈을 내어 액을 구하는 것은 친척이 마땅히 먼저할 일이다. 지난 봄 間島의 大韓獨立祝賀會때 千死萬難중 충의의 간담을 갖고 죽는 것을 생각지 않는 사람이 아니면 앞장서 기를 들고 抗聲하지 못하는 것이었다. 이일에 간도에 사는 全州金氏가 두사람 있으니 한사람은 죽고 한사람은 부상하였다. 어찌 장렬하지 않으리오, 오호 죽은 사람은 다시 살아날 수 없느니 많은 말이 소용없다. 단지 산 사람은 이름이 文憲이고 자는 直世인데 집이 원래 가난하여 끼니가 어렵다. 위로는 늙은 노친이 있고 아래로는 어린애가 많아 그 집의 생계가 모다 그의 한몸에 달렸었고, 그 몸의 의지는 다리에 있었는데 한다리를 잃었으니 여러 식구가 어찌하리요.[545]

라고 하면서 門中일가의 보염을 구하고 있다. 눈물겹기 짝이 없는 정상이며 국외 독립운동자의 고난의 한 단면을 실증하는 한 사례인 것이다. 그보다도

---

544) 『야사』 권 13, 1916년 1월 21일자 "無非贊揚敵國 感賀讎人也"

545) 『야사』 권 16, 1919년 11월 2일자, "捨身赴難 忠烈之所敢 爲捐金救厄 親戚之所當先 春天 艮上之大韓獨立祝賀會 起於千死萬難之中 而非忠肝義膽 視死如歸者 則不敢居前旗抗聲也 是役也 艮上全州金有二 一死一傷 此何壯也 何其烈也 嗚呼死者不可復生 不必多言之 但傷者名文憲字眞世 家本貧寒 廚乏主饋 上有白首老親 下多黃口幼兒 一家計活都在此身 而此身所信行者 惟股爲大 旣失一股 衆口奈何"

이 기록은 앞에 언급한 3·13반일운동 기사와 함께 義烈士의 사적을 보완할 수 있는 귀중자료가 될 것이다.

5. 맺음말

龍井 金鼎奎의 항일구국의 생애와 그의 저술인 『野史』는 우리 학계에 처음 알려지는 역사물이다. 김정규는 일제침략의 間島勘界가 대두되던 무렵인 1881년 9월 함경도 鏡城에서 태어나 해방후 민족적 비극인 韓國戰爭이 종전될 무렵인 1953년 중국 吉林省 延吉市에서 74세를 일기로 작고하였다. 그는 理通氣局의 主氣說을 전래받은 性菴 金秉振과 毅菴 柳麟錫을 스승으로 하는 性理學을 수학, 구한말 關北에서 『北輿要選』을 지은 鶴陰 金魯奎와 병칭되는 유학자로 칭예되었고, 사상적으로는 衛正斥邪論에 경도된 인물이다. 때문에 그는 학문의 뜻을 性理學의 求道的 탐구와 쇠퇴하는 儒學의 진흥에 두고 本第에 書院을 방불케 하는 回陽齋를 열고 후진양성에 진력하였다.

그러나 그는 일제에 의한 국가 민족의 존망의 위기를 맞아 원근 士友들과 동모, 擧義抗日에 나섰다. 이로부터 그의 항일구국의 생애는 파란과 고난을 몰고 왔다. 이와 같은 그의 생애는 다음과 같이 나누어 볼 수도 있다. 즉 국내에서의 활동기와 간도망명후 그곳을 중심으로 국외에서의 활동기 그리고 말년을 漢醫로 爲名하며 생활하던 노년기로 구분하는 것이다. 그는 대한제국의 국운이 기울던 1908년 고향 함경도에서 八龍이라 부르던 士友들을 중심으로 關北義陣을 결성, 抗日抗爭을 벌였다. 이무렵 연해주의 江東義兵이 두만강을 건너와 경흥의 新牙山과 회령의 靈山 등지에서 여러차례 회전을 벌여 싸우다가 沿海州와 間島로 회군하였다. 그런중에 잔류부대인 張錫會중대와 合陣, 戰力을 강화시키면서 항쟁하였으나 우세한 일군의 공격과 일진회 등 친일세력에 밀려 패퇴하였다.

살아 남은 義兵의 주도자들은 그와 함께 1909년 여름을 전후, 두만강을 건너 간도와 연해주로 망명, 그곳에서 재기항쟁을 모색하는 국외 활동기가 시작되었다. 그는 그곳에 망명하자 西北間島와 연해주를 망라하는 유학자와 義兵세력을 배경으로 간도내 의병세력을 규합, 間島義兵陣의 결성에 앞장섰다. 그러나 '한일합병'을 단행하는 일제의 군사・외교적 압력을 받은 중국관헌의 제재로 소기의 목적을 달성하지 못하였다. 그런중 연해주의 煙秋(엔치허)와 블라디보스톡 新韓村 등을 중심으로 조직된 柳麟錫, 李相卨, 李範允 등이 주동이 된 十三道義軍 편성에 가담, 그 義軍의 壯義軍從事에 선임되었다. 그러나 이것도 일제의 사주를 받은 러시아관헌의 탄압으로 큰 활동을 펴지 못하고 해체당하여 다시 재기의 시기를 기다려야 하였다.

그는 이런 속에서 은인자중하면서 겉으로는 유교의 후학양성과 유학진흥을 위한 間島孔教會 활동에 전념, 延吉市內에 孔子廟를 짓고, 또한 大成學校를 건립, 유학교육을 펴는데도 앞장섰다. 延吉道尹 陶彬으로부터 '尊聖衛教'라는 孔子廟 현판을 써받아 건 것도 이 무렵의 일이다.

그는 3・1운동이 일어나자 이를 민족의 '起死回生'의 기회로 환희하였다. 그러나 龍井에서의 3・13운동시와 같은 살생 희생자만 속출하였다. 그 무렵 그는 서북간도와 연해주에서의 '獨立戰爭論'을 구현하는 獨立軍의 편성과 활동에 호응하여 다시 무장항쟁에 나섰다. 특히 그는 전의 義兵동지와 연락, 1910년 전후의 關北과 間島 및 十三道義軍세력을 규합한 大韓義軍府조직에 가담 활동하였다. 그리하여 그는 間島義軍府 부대인 大韓義軍府地方正衛隊 편성과 활동의 한몫을 담임하였다. 또한 그는 이 義軍府를 뒷받침하기 위한 大韓民團華領總部의 조직과 활동에도 적극 가담 활동하였다. 그러나 이 세 번째이며 마지막 起義 무장항쟁도 일제의 독립군 '초멸'을 위한 間島出兵으로 좌절되고 말았다. 1920년 6월의 鳳梧洞勝捷과 그해 10월 青山里大捷으로 이어지는 간도에서의 독립군항쟁도 일제침략군에 쫓겨 羅子溝 密山방면으로 북상하게 되고 그런 속에서 일제침략군의 '庚申慘變'이라 부르는 間島韓人의 참혹한 학살수난이 연출되었다. 물론 義軍府正衛隊도 일부는 북상하고 나머지는 풍지박살이 되었다. 이때 모두가 신망하던 의군부 총무 崔于翼은 依蘭溝山柵에서 10명의 동지들과 함께 참살 순국하는 비운도 겪었다. 그후 경신참변을 목도하면서 자중하던 김정규는 끝내 매일 쓰던 『野史』마저 절필하고 그 동안 15년을 두고 기술한 『野史』를 岩穴속에 숨겨 놓은 채 후세에 전하여 지기를 염원하였던 것이다.

김정규는 이후 일제와 그 주구세력의 침학으로 표면적인 항일활동을 할 수 없었다. 그는 1932년 일제의 위성국인 滿洲國 성립 후 연길현 智仁鄕 長山屯 達理洞 恒山別墅를 떠나 延吉 시가로 이거, 漢醫로 생활하였다. 그의 이 노년기는 원근에서 名醫로 알려지고 延吉縣長 關雲의 병까지 고쳐 '眞善手'로 명성도 떨쳤다. 그러나 젊어서부터 술을 좋아하던 그는 '以酒自樂'하며 그의 爲國愛民의 흉금을 詩文으로 달래면서 『恒山遺稿』와 『恒山俚言』3책과 그의 일부 詩文과 略歷 등이 포함된 『鷄林家乘完山遺錄合編』1책을 남겼다.

김정규의 주저라 할 『野史』는 의병 내지 항일민족운동과 관련된 진귀한 역사문헌이다. 기술형식이 일반적인 日記를 따랐으나 범인의 예삿일기가 아니고 김정규가 활동한 민족수난기의 민족사의 일부를 실증하려는 史書로 기술된 것이다. 이와 같이 史書로 작성된 깊은 뜻을 김정규는 『野史』속에서

> 매일같이 기록하는 것은 隨聞하는데 따라 그 實狀을 기록하는 것이요, 나라에는 國史가 있고 민간에는 野史가 있는데 내가 기록하는 것은 野史에서 시작하여 간간이 國史를 취하는 것이라.

라고 밝히고 있다.

공교한 달필의 毛筆로 기록된 이 『野史』는 시기적으로 대한제국의 命運이 다해가던 광무황제의 퇴위와 군대해산 직전인 1907년 3월 29일(음 2월

16일)부터 만주와 연해주의 獨立軍이 큰 시련기에 접어든 1920년의 庚申慘變과 그를 이은 1921년 自由市사변 직후인 1921년 11월 16일(음 10월 17일)까지의 15년동안에 걸치고 분량도 전 17권 18책, 총 2,044면에 달하는 거질의 문헌이다.

이와 같은 『野史』를 중요 내용별로 보면 첫째, 유학자인 김정규의 성리학을 바탕으로 하는 학문정진과 후학교육에 관한 논술이다. 그 하나가 『野史』 권 2권에 수록된 후진의 유교학습의 준칙을 삼은 「學規」라 할 수 있다.

둘째는 상술한 바와 같이 그의 擧義관련 文字이다. 특히 1910년 전후의 義兵과 3·1운동 이후의 義軍府 등의 무장항일에 관한 것은 그가 직접 관여한 것 뿐만 아니라 關北을 비롯, 간도와 연해주를 연결한 여타 국외의병과 독립군의 관련사실까지 폭넓게 기록되어 주목된다.

셋째, 韓民族의 전시대를 개관, 저술한 역사인 「大韓史」를 수록하였다. 그는 1910년 나라가 망한 뒤 망명지에서 각종 史書를 탐구, 大韓史를 짓고 史論을 달았다. 그 속에서 그는 한국인의 자국사 이해가 결핍된 점을 지적 한탄하면서 '忠君愛國'을 제고하는 歷史意識을 강조하였다. 또한 김정규는 이와 같은 자신의 찬술 뿐만 아니라 귀중한 한국사자료를 수집하여 수록하였다. 그 중 「廢四郡故事」, 「慶興府赤島事蹟碑」, 「白頭山定界碑」와 間島勘界에 관련된 중요 내용이 담긴 間島經略에 관련문헌 등을 옮겨 적으면서 후일에 査明할 자료라고 부기한 것이다.

넷째는 세계열강의 역사와 중요도시의 인문지리 및 여러 종교를 기술하고 있다. 衛正斥邪論者인 김정규이지만 간도에 망명한 후로는 세계의 신사조와 종교 및 열강의 국력을 이해하려는 의지를 엿볼 수 있다.

다섯째, 한민족의 운명과 관련이 깊은 국내외의 정세변화를 주의깊게 관망, 관련문헌과 함께 기술하였다. 예컨대 1910년 일제의 '한일합병'은 물론, 1911년 중국의 신해혁명과 1914~18년 제 1차 세계대전 등이 논술되고 있다.

여섯째, 상술한 의병과 의군부와 같은 무장항일 외에도 국내외에서 전개되는 대소의 각종 항일운동이 그가 아는 한 빠짐없이 기술되었다. 그중 대표적인 것이 1919년 龍井에서 일어난 '3·13반일운동'이다. 국내외에서 전개된 3·1운동 중 가장 큰 규모로 전개되고 또한 현장의 살상희생자도 적지 않았던 이 운동의 내용과 의의 등을 밝힐 수 있는 귀중 자료라 할 것이다.

일곱번째, 安重根의 義擧를 비롯한 국내외 의열투쟁을 기술, 칭예하였다. 특히 안중근의 義擧는 그 의의와 국내외에 미친 영향까지 논술되었다. 또한 李儁, 崔益鉉, 閔泳煥 등의 義烈에서는 강개한 詩를 엮어 수록하였다.

여덟째, 일제에 의한 민족수난을 극복하려는 신명을 돌보지 않고 국내외에서 활동하는 중요 義兵將과 민족운동자의 동향을 밝히고 있다. 그중 대표적인 인물이 1910년 국치전후의 十三道義軍의 도총재로 추대된 柳麟錫을 비롯, 趙孟善, 李南基, 李範允, 趙尙甲 등 서북간도와 연해주의 저명한 의병장과 聲明會와 勸業會를 주도한 李相卨, 기독교를 통한 민족운동을 주도한 李東輝, 大倧教지도자 玄天默, 언론과 계몽운동을 선도한 梁起鐸, 獨立軍사령관 崔明錄 등이 포함되었다.

김정규의 『野史』는 이밖에도 친일파와 일진회원을 비롯한 많은 민족반역자의 친일사실과 문자를 수록하였다. 그보다 중요한 것은 그의 망명지인 간도 韓人社會의 정치 경제의 체험과 견문을 폭넓게 기술하고 있다.

요컨대 김정규의 『野史』는 매일같이 기술하는 일기형식을 띠었으나 저술자의 의도와 내용으로 보아 '愛國志士 김정규의 歷史意識'이 뚜렷이 부각된 史書이고, 그의 구국항일의 활동기를 실증하는 귀중한 한 '時政記'라 하여도 무방할 것 같다. 그러므로 이 『野史』속에 포함된 250수가 넘는 애국적 詩와 그밖에 격조 높은 많은 律 書, 詞의 文字도 예사 文人의 文集 자료라기보다는 그와 같은 범주에서 이해되고 평가되어야 마땅할 것 같다.

(1991년)

9. 결 론

1

두만강과 압록강 너머의 서북간도를 비롯한 남북만주지방과 러시아 연해주지방에서 줄기차게 전개된 한인의 조국독립운동은 한국 민족운동의 국외 확대인 동시에 한국독립운동의 전개과정에서 큰 줄기를 형성하고 있다. 특히 이 지역에서 추진된 독립운동은 수십만명에 달하는 그 지역의 한인사회를 기반으로 삼고 있었다는 점에서 의미가 더욱 크게 부각되는 것이다.

그 가운데서도 가장 큰 규모의 국외 한인사회가 형성된 '신천지' 北間島는 민족의 영산인 백두산의 동북쪽으로 두만강 너머의 延吉·和龍·汪清·琿春 등 4縣을 중심으로 한 지역을일컬었으나 때로는 그 주위의 額穆·敦化·東寧·寧安의 4현까지 아울러 지칭하는 수도 있다. 이와 같은 북간도의 지형은 동, 서 老爺嶺 산맥과 黑山嶺 산맥을 양대 축으로 하고 그 지맥을 따라 무수히 구릉 분지를 형성하고 있다. 한편 希爾哈通河[부루하통하]·海蘭江·嘎呀河[가야허]·豆滿江 등의 4대 한천과 그 지류들이 북간도의 구릉과 분지들을 거미줄처럼 흐르며 비옥한 토질을 만들었다. 이러한 북간도를 흐르는 하천중에서도 부루하통하와 해란강이 비교적 큰 강이다. 해란강은 백두산 동북방의 靑山里 계곡에서 발원한 후 동쪽으로 흘러 頭道溝와

龍井을 지나 延吉의 동쪽 외곽에서 부루하통하와 합류한다. 부루하통하는 서노야령산맥의 중앙에 위치한 哈爾巴嶺에서 발원한 뒤 明月溝와 土門子, 그리고 銅佛寺 등지를 거쳐 북간도 제일의 도시인 연길 시내를 관류한 다음 磨盤山에서 해란강과 합류하게 된다. 그리고 이와 같이 합류한 강줄기는 도문시 河口村에서 다시 가야허와 만나 큰 강을 이루며 圖們으로 흐른 뒤 이 곳에서 두만강에 합류하는 것이다. 북간도로 이주한 한인들은 이와 같은 하천들을 젖줄로 삼아 도처에서 촌락을 이루며 전토를 개간함으로써 대규모의 한인사회를 형성하게 된 것이다.

한편 북간도와 대칭을 이루는 西間島는 백두산 서남쪽, 압록강 너머의 琿江 일대를 중심으로 松花江 중, 상류 일대까지 아울러 지칭하는 경우가 많았다. 서간도는 이렇게 볼 때에 고구려가 흥기한 元 고구려지방으로, 광개토대왕비가 있는 집안을 비롯하여 通化·柳河·懷仁·寬甸·臨江·長白·撫松·安圖·興京·海龍 등의 여러 府縣이 그 영역에 들어가는 것이다. 서간도 중에서도 특히 혼강이 흐르는 大羅圈溝·합니하구·大橫道河子 일대, 富爾江의 汪清邊門 지방, 혼강 연안의 東西江甸子 지방, 蘇子河 상류의 大甸子 지방, 大沙河 유역, 本溪湖 부근, 혼강 하류에 연한 公太堡 일대, 湯河와 頭道溝 하류 양안 지역, 송화강 등지와 기타 橫道川 通溝 부근에 한인의 개간농지가 펼쳐졌다.

이와 같은 서북간도 한인의 개간 전토에서는 조·옥수수·고량·기장·콩 등의 밭농사도 상당히 성행하였다. 그러나 서간도에서 더욱 중요한 한인의 농사는 하천 유역의 저지와 습지에서 일으킨 벼농사였다. 한인에 의해 개척된 벼농사는 그 후 남북만주 전역에 퍼져 중국동북지역 3성의 농업경제에 매우 중요한 의미를 가지게 되었다. 즉 한인이 시작한 벼농사는 오래지 않아 남북만주의 농업에서 수위를 차지하는 주곡으로 등장하였던 것이다. 그 벼농사의 대부분이 한인의 피땀어린 노력으로 정착되었던 것이다.

2

韓民族은 최초의 민족국가 古朝鮮이 성립된 이래로 서북 間島를 비롯한 남북만주 지역과 역사적으로 밀접한 관계를 맺어왔다. 삼국 가운데 고구려는 서간도에서 발흥한 다음 남북만주와 한반도에 웅비하였으며, 그 뒤 渤海가 만주 일대에 광대한 판도를 확보하고 있었다.

그러나 이와 같은 민족고토인 만주남쪽 접경일대를 여진족의 淸이 1658년 封禁地帶로 규정함으로써 이 지역에 대한 한인의 발길은 차단되고 말았다. 그럼에도 불구하고 변경지대의 한인들은 기아 등의 생활고로 인해 새로운 삶은 개척하기 위해서 國禁을 무릅쓰고 도강을 계속하게 되었다. 결국 이와 같은 배경으로 인해 조·청 양국간에는 국경 勘界 문제가 필연적으로 야기될 수밖에 없었다. 1712년에는 청이 백두산 정계비를 세워 "서쪽으로는 압록강으로 동쪽으로는 토문강으로 정한다."(西爲鴨綠 東爲土們)이라는 명문을 기준으로 국경을 劃定하려 하기에 이르렀던 것이다.

이와 같은 정세에서도 한인 越墾者들의 수는 증가추세를 보였다. 특히 1882년 청조에서 북간도 일대까지 개방정책을 실시하게 되자 이를 계기로 한인 이주 墾民들은 더욱 급격히 늘어났다. 이 무렵 변경지대의 한인들은 청이 세운 정계비는 두만강 발원지 가까이에 세운 것이 아니고 토문강 발원지 인근에 세운 사실을 확인하게 되었다. 곧 한인들의 실지답사에 의해서 백두산 정계비에 기록한 토문강은 분수령 정계비가 있는 곳에서 발원하여 동으로 흘러 松花江으로 유입되고, 두만강은 정계비로부터 멀리 떨어진 곳에서 발원하여 東海로 유입된다는 사실을 확인하였던 것이다. 이로써 조선정부는 정계비의 내용에 의해서도 두만강 이북과 이서지역, 곧 현재의 북간도 일대가 조선의 영토임을 주장할 수 있게 되었다. 이에 따라 조선정부에서 파견한 서북경략사 魚允中은 도강 이주민을 쇄환시켜 오거나 처벌하지 않고 오히려 두만강 대안지역에 대한 地券을 교부하여 이들을 조선의 법정

주민으로 인정하였다. 그리고 조선정부에서는 중국이 圖們江이라 표기하는 두만강 이북과 土門 이남의 중간지대인 '간도'는 조선의 영토임을 청에 정식으로 통고하고 이의가 있을 경우에는 양국이 같이 국영을 조사할 것을 제의하였다.

그 결과 1885년 조선측의 勘界使인 안변부사 李重夏와 琿春副統 德玉 등 양국의 대표간에는 정계비를 현지 답사하고 수차의 회담을 가졌으나 합의점을 찾지 못하였다. 그 뒤 양국간의 감계문제는 미결과제로 남게 되었다.

이처럼 양국간에 중대한 사안이었던 간도 감계문제는 그 후 대륙침략을 강력히 추진하던 일제에 의해 일방적으로 처리되고 말아 한민족은 이 지역에 대한 영유권을 상실하였다. 곧 일제는 당사국인 한국을 배제한 채 1909년 중국과 '間島에 관한 淸日協約'을 체결함으로써 대륙침략을 위한 철도부설권 등의 이권을 획득하는 대신 간도 영유권을 중국측에 고스란히 넘겨주고 말았던 것이다. 이로써 한국은 두만강 이북의 민족고토와의 인연을 양국의 이해득실에 따라 인위적으로 송두리째 포기하도록 강제되었다.

3

이와 같은 간도 감계문제와는 무관하게, 한인의 신천지로 부상되었던 서북간도 일대에는 19세기 후반 이래로 대규모의 한인사회가 점차 형성되어 갔다. 서북간도의 한인사회는 1860년대 이래 가난한 농민의 이주개척에 의하여 형성되기 시작하였다. 그리하여 1910년 진후에 이미 북간도만 하더라도 이주 한인의 수가 십여만을 호칭하게 되었다. 현재 자료부족으로 정확한 통계는 제시할 수 없지만, 동양척식회사가 1917년 조사한 북간도 거주 한인인구 통계는 총 36,890 戶에 남자 107,650명, 여자 87,961명, 총인구 195,611명이라고 제시하면서 "간도 정보조사원으로 지방사정에 정통한 한인 15명을 한·중인 조사에 분산시켜 실지조사로 이루어진 만큼 실수에 가깝다고 보겠다"라는 부연설명까지 첨기하고 있다. 또한 1910년 전후에 북간도 전 인구 가운데 한인이 80%를 점하게 되었으며 토지도 한인이 절반 이상을 실질상 소유 경작하고 있었다. 따라서 북간도는 인구비율면에서나 농지경작지면에서나 모두 실질적으로 한인의 '신천지'라 할 수 있게 되었다. 동양척식회사의 1916년 조사통계에서는 이와 같은 북간도 농지 소유 현황에 대하여 중국인의 소유지가 38,838 정도인데 비하여 한인의 소유지는 전체 농경지의 절반이 훨씬 넘는 50,620정도로 잡고 있다.

한편, 서간도지방에도 대한제국 시기에 10여만을 통칭하는 이주 한인이 황무지를 개간하면서 새로운 생활터전을 마련하고 있었다. 그 후 李相龍의 『石洲遺稿』에 의하면 1913년에 이미 서간도에 포함된 奉天省 관내에만 286,000명의 이주 한인이 거주하고 있었고 하였다. 그럼에도 불구하고 서간도 일대에는 아직도 可耕荒蕪地가 무한히 펼쳐져 있었기 때문에 앞으로도 한인 이주민을 더 받아들일 여지가 있었다. 즉 가경황무지는 1910년에는 겨우 16%밖에 개간되지 않았으며, 그 후 1917년에 이르러서도 26%정도의 개간에 머물러 아직도 74%가 남아 있었던 것이다.

4

한민족의 고토인 간도지방을 국권회복을 위한 항일독립운동기지로 건설해야 한다는 최초의 주장은 柳麟錫 의병진에서 나왔다. 유인석 의병진은 을미거의 후 한때 충주성을 점령하여 기세를 올렸으나 제천에서 張基濂이 거느린 관군에게 패퇴한 뒤 서북지방으로 북상하였다. 그 곳의 강병을 증모하여 '復振之計'를 꾀하였던 것이다. 그러나 이러한 계획도 뜻대로 되지 않아 유인석은 서간도에 들어가 재기를 도모하려 하였다. 그러나 그 휘하의 의병은 서간도 琿江邊의 沙尖子에서 현지 중국관헌의 제지로 할 수 없이 해산하고 서간도의 通化縣 五道溝로 들어갔다. 이때 유인석은 서간도를 가리켜 "토지가 심히 풍요로워 한 사람이 경작하면 열 사람이 먹을 수 있고 1년을 경작하면 3, 4년을 먹을 수 있는 곳이라 하고, 그 곳을 기반으로 나라의 '興復之計'를 도모할 것을 주장하였던 것이다.

그 후 국내항전이 어려워진 의병은 1910년이 가까워질수록 서북간도로 근거지를 옮겨 재기를 다짐하는 사례가 많아졌다. 그 가운데 중요한 사례를 들면 우선 통화·관전현 등지로 활동무대를 옮긴 위의 유인석을 비롯해 백두산 북쪽 지방인 長白·撫松·桓因縣 등지로 이진하여 砲手團을 조직하고 재기항전의 기회를 노렸던 李康季 의병진의 생존자들과 황해도 李鎭龍·趙孟善·朴長浩 의병 등이 있다. 또한 白三圭·趙秉準·全德元 등의 의병은 관전·환인현 등지로 근거지를 옮겨 農務契와 鄕約社란 단체를 만들어 재기를 도모하기도 하였다. 그리고 洪範圖·車道善 등은 삼수·갑산에서 장백·무송현 등지로 부대를 옮겨 군사훈련과 무기보충에 힘을 기울이고 있었다. 일제측의 한 기록에서는 홍범도 의병에 대하여 "500명이 전원 무장을 하고 매월 15~17일간씩 훈련하는 한편, 항전준비를 서두르고 있었으며 (중략)국내 일반 군경의 배치현황을 조사하기 위하여 39명의 密査班을 파견하고 있다"고 지적함으로써 재기 항전에 대한 노력과 열망을 잘 보여주고 있다.

독립운동기지로 간도지방이 특별히 중시된 이유는 우선 간도에서는 압록강과 두만강의 일의대수만 건너면 언제든지 국내진입이 가능하였다는 점을 들 수 있다. 이 점은 간도지역이 무장항일전을 표방하였던 독립군의 활동무대가 된 근본적인 배경으로 작용하였다. 다음으로 간도일대가 역사적으로 인연깊은 韓民族의 故土였다는 사실도 이 곳이 독립운동기지로 부상된 중요 이유 가운데 하나였다. 즉 서북간도는 上古로부터 고구려·발해로 내려오면서 한민족의 활동영역으로서 민족국간의 발생과 민족문화 형성의 일대거점이었다는 점에서 다른 나라 영토라고 생각되지 않는 애착심이 있었던 것이다. 그러므로 1910년 전후의 민족운동자들은 간도를 한국독립운동의 최적지로 생각하게 되었다. 민족주의 사학자 朴殷植과 申采浩 등은 한국 고대의 강역에 대해 백두산을 가운데 두고 압록강과 두만강을 허리띠로 하여 남북만주와 한반도에 걸치는 것으로 잡았다. 그리하여 북쪽으로는 흑룡강과 합류되는 송화강 유역으로부터 서쪽으로는 요동반도를 포함하는 遼河, 동쪽으로는 우수리강 일대를 포함하는 연해주까지를 경계로 한 것은 이와 같은 민족고토의 개념에 연유한 주장인 것이다.

민족운동자들은 1910년 전후부터 서북간도를 비롯한 만주지역과 러시아 연해주지역에 국외독립운동기지 건설을 활발하게 추진하였다. 그러한 사업의 일환으로 민족정신이 투철한 국내 한인들의 집단적인 국외 이주계획까지 추진하였고, 나아가 무관학교를 세워 독립군을 양성하고자 하였다. 1910년 12월말부터 1911년 1월초에 걸쳐 일제군경은 이와 같은 한인 이주계획과 관련되어 있다고 본 민족운동자들을 전국에서 600명 이상이나 체포 투옥하고 고문을 자행하였다. 황해도의 '安明根 사건'과 신민회의 '梁起鐸 사건', 그리고 '105인 사건' 등이 바로 그러한 경우에 해당되는 것이다.

이들 사건에 연류된 인물들은 대개의 경우 1910년 8월 국치 이전에 신민회를 중심으로 애국계몽운동을 추진하던 민족운동가들이었다. 그리고 당시 이들의 활동은 서간도 한인 이주계획에 그 본령이 있었다. 그들 가운데 중요한 인물들만 들더라도 신민회의 총감독이며 『大韓每日申報』 주간이던 梁起鐸과 신민회 회장이었던 尹致昊를 비롯하여 李昇薰·金九·安泰國·朱鎭洙·柳東說·林蚩正·金鴻亮·崔明植·都寅權·車利錫 등이 있었다. 곧 국외로 미처 망명하지 못하고 국내에 잔류해 있던 민족운동자 거의 전부가 망라되어 있었던 것이다. 동시에 이들은 국치 전후에 국외독립운동기지 건설을 의하여 선발 망명하였던 李相卨·李東寧·李始榮·安昌浩·李甲·朴容萬·朴殷植·申采浩·李相龍·申圭植·鄭淳萬·呂準 등과 상호 관련되어 있던 인물들이다. 즉 일제 치하에 국내외에서 독립운동을 주도하던 인물들이 이러한 사건에 많이 포함되었던 것이다. 조선총독부는 이들 600여 명의 민족운동자들을 한 사건으로 다루어 탄압하기에는 너무 규모가 커 안명근 사건 · 양기탁 사건 · 105인 사건 등 세 사건으로 분산시켜 탄압하였던 것이다. 그리하여 이 사건들은 일제 식민지배 초기에 한인 민족운동에 대한 일제의 무단탄압의 본보기로 제시되었다.

1910년 국망 직후에 추진된 서간도 집단 이주계획의 본령은 바로 국외에 독립운동기지를 건설하고 이를 기반으로 獨立戰爭論을 구현하는데 있었던 것이다. 독립전쟁론은 한말의 애국계몽운동과 의병항전의 이념 및 논리를 합일 발전시켜 새로운 항일독립운동의 이념과 전술로 정립해 간 것이다. 그러므로 독립전쟁론이란 군국주의 일본으로부터 민족해방과 조국독립을 달성하기 위한 가장 확실하고도 바른 길은 한민족이 適期에 일제와 독립전쟁을 결행하는 것이라는 독립운동의 한 이론체계라고도 할 수 있다. 이를 위하여 온 국민이 무엇보다 국가를 광복할 독립군을 양성하고 군자금을 내어 군비를 갖춘 뒤 일제와 혈전을 벌이는 일을 최대의무로 삼아야만 하였다. 독립운동 전 기간중 이러한 자금을 독립운동자금이라 하지 않고 군자금으로 칭하던 이유가 여기에 있다.

이와 같은 독립전쟁을 결행할 적기란 정치 · 경제 · 사회 · 문화 등 모든 분야에 걸쳐 애국계몽운동에서 제시한 근대적인 이념과 방략에 따라 민족역량을 향상시킨 후 시기를 기다리다가 일본제국주의가 더욱 팽창해서 중일전쟁 내지 러일전쟁, 혹은 미일 전쟁을 감행할 때로서, 민족 회생의 호기인 이때에 독립전쟁을 결행하여야만 조국광복을 쟁취할 수 있다는 것이다. 이 시기 거의 모든 민족 운동자들은 일본제국주의가 방향이 크게 왜곡되어 그 세력이 팽창됨에 따라 반드시 중국을 침략할 것이고 또 러시아에 맞서 대결하거나 혹은 미국의 이해와도 대립되는 식민지 팽창정책을 끝없이 벌일 것이라는 견해를 가지고 있었다. 그러므로 일제의 도발에 의한 중일전쟁·러일전쟁·미일전쟁을 역사의 필연적인 사실로 예견하였고, 이와 같은 예측은 그 후의 역사에서 그대로 실증되었던 것이다.

5

1919년의 3·1운동 이후 1932년 '滿洲國' 성립을 거쳐 1937년의 중일전쟁 발발에 이르는 시기까지 서북간도를 비롯한 만주에서의 한민족 독립운동은 독립군에 의한 抗日戰史로도 상징될 수 있다. 만주 각기에서 피어린 항일전사를 기록한 독립군의 모체는 3·1운동 이후 만주 각지에서 정비되거나 새로 편성된 수많은 항일단체와 독립군단이었다.

만주의 항일단체와 독립군단은 정비 편성과 함께 자체 역량을 강화하면서 일제 군경을 상대로 본격적인 항일전을 개시하였다. 만주지역의 항일전을 주도한 서북간도의 대표적인 항일단체와 독립군단을 예시해 보면 다음과 같다. 우선 북간도지방에서는 1920년 鳳梧洞勝捷과 青山里大捷으로 유명한 大韓獨立軍과 大韓(北路)軍政署를 비롯하여 大韓國民軍·軍務都督府·大韓光復團·大韓義軍府·義民團 등의 독립군이 있었다. 다음으로 서간도지방에서는 耕學社 이래의 전통을 이어온 大韓(西路)軍政署를 비롯하여 大韓獨立團·大韓青年團聯合義勇隊·光復軍總營·光韓團 등이 조직 편성되어 있었다. 이들 단체와 군단에는 각기 수백 내지 수천명의 독립군이 편성 소속되어 항일전사를 선도하던 주체가 되었던 것이다.

이와 같은 여러 항일단체와 독립군단의 재정비와 편성은 항일독립운동의 큰 진전이었음에 틀림없는 일이나 처음부터 안으로 중요과제를 안고 있었다. 그것은 여러 독립군단의 각지 분립이 활동면에서 볼 때 개별 항일전으로 힘의 분산을 가져와 항일역량을 크게 감퇴시키는 결과를 초래하였기 때문에 독립군단의 대동통합이 절실히 요구되었던 것이다.

그러므로 여러 항일단체와 독립군단은 각기 조직을 정비하여 항일활동을 개시하고, 밖으로 독립군에 의한 항일전을 수행하며 안으로 각 군단의 활발한 통합운동을 전개하였다. 이와 같은 독립군단의 편성 통합운동은 3·1운동 이후 1920년초에 걸쳐 큰 활기를 띠었다. 그러나 이와 같은 활동은 오래 가지 못하고 1920년 10월에 일본군의 독립군 '초멸'을 위한 만주침략과 그를 잇는 庚申慘變이라 부르는 '한인대학살작전'으로 말미암아 일시 큰 시련을 맞이하였다. 하지만 경신참변 이후 한인단체와 독립군단은 이에 굴하지 않고 다시 조직을 정비한 뒤 일제와의 투쟁을 계속하였다. 한편 항일역량의 향상을 도모하여 안으로 통합운동을 전개한 결과 1922년 8월에는 남만주에 大韓統義府를 성립시켜 남북만주에서의 통합기반을 구축하였다.

그 후 통합운동은 대한통의부의 통일기반을 바탕으로 크게 진전하여 1924~1925년까지는 현재 遼寧省 관내인 奉天省의 集安縣과 寬甸縣을 중심으로 하여 압록강 대안 일대에 세력을 가진 參議府, 봉천·길림의 兩省에 걸치는 하얼빈 이남 興京·通化를 포괄하는 넓은 지역을 관할하던 正義府, 그리고 寧安을 중심으로 한 북만의 中東線 일대에서 북간도 일부에 걸치는 新民府 등의 3부로 정립되기에 이르렀다. 3부는 각기 한인사회의 자치를 집행하는 民政機關과, 그 소속 독립군을 통솔하여 무장항일전을 전개하는 軍政機關의 결합체 성격을 지니고 있었다. 결국 3부는 '독립전쟁론'을 구현하여 한민족의 독립을 달성하려던 軍政府였던 것이다. 따라서 3부는 다 같이 안으로 민정기관을 통하여 한인사회의 자치와 교육·산업의 향상을 도모하여 독립운동의 기반을 튼튼히 하는 한편, 밖으로 군정기관을 통하여 항일전력을 향상시키고 수시로 소속 무장독립군을 출동시켜 피어린 항전을 전개하였던 것이다. 비록 봉오동승첩이나 청산리대첩과 같은 큰 전투를 벌이지는 않았지만 십여 명에서 수십 명, 때로는 그 이상의 병력으로 각지에서 수시로 출동하여 일제 통치 기관을 습격, 그 기능을 마비시켰고 일본 군경을 사살하였으며 또한 일제의 밀정을 색출 숙청하였다. 이들 독립군은 군영을 중심으로 한 남북 만주 일대에 국한하지 않고 압록강과 두만강 국경을 넘어 평안도·함경도 지역지역으로 진입하여 활동하였으며 때로는 황해도·경기도 등 중남부지역까지 깊숙히 진입하는 경우도 있었다. 또한 군자금 모금이나 국내와의 연락을 위해서 변장한 독립군이 경향 각지에 출동하여 공작을 전개함으로써 성과를 올리기도 하였다.

그 후 1928~1929년 삼부통합운동의 결과 성립된 남만주의 朝鮮革命軍과 북만주의 韓國獨立軍의 黨軍도 그와같은 항일전의 전통을 계승하여 1930년대 중엽까지 독립군의 掉尾의 항일전을 끈질기게 전개하였던 것이다. 특히 1932년말부터 시작된 韓國獨立軍과 中國救國軍의 연합군인 韓中聯合討日軍이 이룩한 여러 승첩 가운데서도 1933년 7월의 大甸子嶺戰鬪는 1920년 봉오동승첩, 그리고 청산리대첩과 함께 독립군사를 빛낸 3대첩 가운데 하나로 평가되고 있다.

그러나 이와 같은 독립군의 항일혈전이 결코 순탄하게 추진된 것은 아니었다. 그보다는 오히려 안팎으로 밀어닥친 역경과 도전을 극복하고 새로운 국면을 타개하는 과정에서 전개된 값진 민족운동이었다. 그러한 도전과 대응 중에서도 특히 滿洲國 성립으로 상징되는 일제의 만주침략정책, 自由市慘變 전후로부터 밀어닥친 공산주의세력의 대두에서 벌어진 새로운 국면의 타결이 컸던 것이다.

부 록 1

서북간도 항일독립운동사적 답사기

서북간도를 중심한 남북 만주지역의 항일독립운동 유적은 그동안 많이 파괴되어 원형을 찾기가 쉽지 않다. 압록・두만강 너머의 만주는 독립운동기 이후에도 오늘날까지 한인사회가 단절됨이 없이 지속되어온 지역이다. 이러한 측면에서는 본다면, 항일독립운동과 관련된 각지의 유물, 유적에 대해서는 그 지역 한인(조선족)사회에서 어느 정도 관심을 기울인 것도 인정된다. 현재 연변자치주처럼 조선족이 집중 거주하고, 특히 80년대 후반 이후 한국인의 출입으로 그 의미가 특히 부각되는 지역, 예컨대 연길, 용정, 명동 일대라든가 봉오동, 청산리승첩지 등지에서 유적 확인 혹은 보존을 위한 최소한의 노력이 경주되고 있는 것은 이런 측면에서 이해할 수 있다.

하지만, 현실적으로 보아 만주에 거주하는 한인들의 생활 자체가 유적에 대한 이해나 나아가 적극적인 보존 의지를 가질 수 있었던 상황이 아니었다고 생각된다. 그동안의 이국땅에서의 생활고와, 정치적 격변의 연속 속에서 삶 자체를 영위하기에도 너무나 힘든 생활이었기 대문이다. 그러므로 만주 한인사회에서는 삶의 새로운 터전을 찾기 위한 인구이동이 일반적인 현상이었던 듯하다. 대개의 경우 이주 한인은 동향의식과 혈연의식이 국내에 비해 상대적으로 미약하기 때문에 한 곳에서 세대를 이어가며 오랫동안 정착하지 못하고 정치, 사회적인 이유에서 새로운 삶을 찾아 계속 전전하였던 것이다. 경신참변시 대표적인 참변지였던 장암동의 경우, 현재 100여호 규모의 대규모 촌락이 형성되어 있으나 마을 주민 모두가 참변 이후 이주해 온 경우라 한다. 그러므로 현지 사정과 역사에 대해 상대적으로 이해와 집착이 부족할 수밖에 없는 것이다. 그보다도 서간도의 경우는 이와 같은 이주와 퇴거의 경향이 심하여 아예 주요한인 촌락이 없어진 곳이 허다하다. 예컨대 서간도지역에서의 독립운동의 요람이라 할 柳河縣 三源浦의 경우와 孤山子의 新興武官學校가 있던 곳에는 한인마을은 이미 오래전에 사라지고 겨우 한인戶를 몇 곳 찾을 수 있을 정도이다. 따라서 정확한 유적지를 확인하기조차 어려웠다.

(1) 鳳梧洞 勝捷地

'독립전쟁의 제1회전'이 된 봉오동승첩 유적지는 두만강변의 圖們에서 북쪽으로 불과 10여 ㎞밖에 떨어져 있지 않다. 延吉에서 圖們으로 향하는 포장도로를 50㎞ 정도 따라가면 연변의 4대 하천 가운데 하나인 가야허[嘎呀河]를 만나게 되며, 嘎呀河橋를 건너면 삼거리가 나온다. 이 곳에서 왕청 방면으로 2~3㎞를 북상하면 봉오골 입구에 도착하게 된다.

독립군사상 공전의 대첩을 거둔 1920년 6월 7일의 봉오동승첩의 현장은 관북 6진중에서도 최북단에 위치한 온성 柔遠鎭의 두만강 너머 지척간에 자리잡고 있다. 두만강 국경수비를 맡은 일제 제19사단은 독립군의 국내진입작전의 본영이 되었던 봉오동을 일거에 소탕하여 그 근원을 끊고자 특별히 '월강추격대대(越江追擊大隊)'를 편성하였다. 安川 소좌가 인솔한 이 추격대는 보병 2개 중대와 기관총소대 및 헌병 경찰대를 합친 혼성대대로 여기에 며칠전에 벌어진 삼둔자전투에 참여하였던 新美 중대가 가담한 신예무기로 무장한 대대병력으로 구성되었다. 이 '월강추격대대'는 그날 새벽

3시 30분 해란강이 두만강과 합류하는 온성 下灘洞 부근에서 두만강을 건너 무모하게도 봉오동을 향하여 安山·高麗嶺 서쪽을 거쳐 진군하여 들어왔다.

봉오동은 사면이 야산으로 둘러싸여 마치 길쭉한 삿갓을 뒤집어 놓은 것과 같은 지형으로 된 요새지이고, 남쪽 입구로부터 북쪽까지는 25리가 넘는 긴 골짜기로서 당시 입구로부터 하·중·상촌의 한인마을이 30~60 호씩 모여 있던 곳이었다. 봉오동전투를 지휘한 홍범도 사령관은 진입해 들어오는 일군을 맞이하여 먼저 주민을 산중으로 대피케 하여 空洞化시키고 사령관이 직접 지휘하는 2개 중대는 西山 남단에 자리잡고 그밖에 각 중대를 사방 고지에 배치, 매복시켰다.

날이 밝을 무렵 일제 추격대는 봉오동으로 들어오는 부근 촌락을 수색하면서 8시 30분경에는 그들 첨병이 봉오동 입구에 당도하였다. 그들은 입구 고지에서 봉오동 하촌을 정찰하였지만 별다른 기미를 발견하지 못하여 독립군이 겁을 먹고 북으로 패주한 것으로 간주, 하촌으로 진군하였다.

하촌을 유린한 추격대는 오후 1시경에는 중촌을 거쳐 그들 첨병을 선두로 기관총대를 앞세운 본대가 사방 고지로 둘러싸여 있는 상촌 입구에까지 진군하여 완전히 독립군 포위망으로 들어왔으나 독립군이 사방에 매복, 대기하고 있는 것을 알지 못하고 있었다. 이때 홍범도 사령관은 공격의 신호탄을 발사하였다. 그동안 은인자중하며 기다리고 있던 독립군은 삼면 고지에서 일제히 사격을 퍼부었다. 불시의 기습공격을 받은 일군은 주력부대인 神谷 중대와 中西 중대를 전방에 내세워 돌격을 시도하는 한편, 기관총대로 하여금 필사적으로 응전케 하였으나 독립군의 일제사격을 당해낼 수가 없어 사상자만 속출할 뿐이었다. 이와 같은 상잔응전이 몇시간을 두고 여러차례 반복되었으나, 일군 추격대는 이미 허를 찔린 작전이 되고 말아 더 견디지 못하고 패퇴하기 시작하였다. 결국 독립군의 본영을 일거에 분탕하려던 추격대는 전후 4시간여에 걸쳐 고전을 치르면서 줄잡아도 1백여명의 사상자를 내고 동남쪽 비파동을 거쳐 유원진으로 패주하였다. 이것이 유명한 봉오동승첩의 전말이다. 독립군은 이 승첩을 나라를 잃은지 10년 이래 숙원인 '독립전쟁의 개전'으로 간주, 보다 강인한 항일전을 지속적으로 전개하는 계기가 되었다.

도문시 관내에 있는 봉오골은 현재 '鳳梧水庫'(댐)가 건설되어 있기 때문에 도문의 상수원 보호구역으로 묶여 출입이 엄격히 통제되는 곳이다. 골짜기 왼편으로 난, 자동차 한대가 겨우 통행할 정도의 협로를 따라 저수지를 끼고 올라가면 戰跡地가 나온다. 봉오골은 삿갓을 거꾸로 뒤집어 놓은 듯한 형상의 깊은 골짜기로 20여리에 달하는 협곡이 계속되고 있다. 원래 1920년 봉오동승첩 당시 이 골짜기에는 아래로부터 하·중·상촌의 3개 한인마을이 수십호씩 3~4㎞의 간격을 두고 자리잡고 있었다.

하촌 마을자리는 현재의 저수지 북단 일대에 해당되며, 현재까지도 주거지 흔적이 역력히 남아 있다. 당시 일본군은 하촌 동남쪽(저수지 맞은편) 골짜기로 넘어와 먼저 하촌을 유린한 뒤 중·상촌으로 진군하였던 것이다.

하촌과 상촌의 중간에 자리잡았던 중촌은 현재의 봉오골 도로 왼쪽으로 연접해 있었다. 수풀이 우거진 관계로 그 위치를 확인하기가 쉽지는 않았지만, 마을 자리는 여전히 넓다란 평지로 남아 있어 마을 자리임을 분명히 확인할 수 있었다.

봉오동 격전지가 되었던 상촌 마을의 입구에 자리잡은 협착한 골짜기와 좌우측의 산세는 당시의 모습을 여전히 간직하고 있다. 당시 상촌은 북동과 남동의 2개 마을로 이루어져 있었다. 상촌 북동은 지금은 평지로 주거 흔적이 역력할 뿐만 아니라 밭이랑 흔적도 완연히 남아 있었다.

봉오골의 正北으로는 大坎子로 통하는 길이 있었으나 현재는 폐로로 변했다고 한다. 또한 봉오골의 서쪽 산을 넘으면 草帽頂子에 이르고, 이 곳에서 다시 서쪽으로 20여 ㎞를 더 가면 依蘭溝가 나온다.

한편, 봉오동으로 들어온 일본군의 침공 루트였던 安山과 後安山, 高麗村, 그리고 高麗嶺은 현재에도 남아 있다. 안산은 도문시내로 들어가는 초입에 있다. 곧 연길-도문 가도상의 河口村에서 가야허교를 건너 도문 방향으로 조금만 내려가면 琿春행 가도와의 갈림길이 나오는데, 이 일대의 마을이 安山村이다. 안산마을 뒷산에는 도문시내와 안산촌을 한 눈에 조망할 수 있는 소위 '골방령'이라는 작은 고개가 있다. 골방령으로 넘어가는 비포장길은 지금의 포장도로가 새로 건설되기 이전에 琿春으로 가던 구도로이다.

골방령에서 훈춘행 비포장 구도로를 따라 5분 정도 올라가면 도문시 後安山村이 나온다. 일제의 월강침입군은 이 길을 따라 후안산을 지나 5㎞ 떨어진 高麗村으로 올라간 뒤 서쪽의 봉오골로 넘어갔던 것이다.

후안산을 지나 10여분간 완만한 고개길을 오르다가 내리막길로 접어드는 지점에서 왼쪽 산속으로 뚫린 가파른 험로를 따라 잠시 올라가 고려령 정상부에 이르렀다. 현재 圖們嶺으로 불리는 고려령 정상부에는 텔레비젼 송신탑이 높이 솟아 있다. 그리고 이 고개 아래에 고려촌이 자리잡고 있었다. 고려촌은 오늘날 도문시 興進村으로 불린다. 봉오동승첩이 있기 직전인 당일(6월 7일) 새벽에 李化日이 인솔하던 독립군 소부대가 바로 이 곳 고려촌까지 넘어와 일본군을 유인하기 위한 소규모 전투를 벌이면서 봉오골로 이들을 끌어들였던 것이다.

현재 '鳳梧水庫'(댐)에서 상촌으로 가는, 왼편으로 난 좁은 도로 입구 옆에 도문시인민정부에서 1989년 6월 18일 이 일대를 도문시문화유물 중점보호지점으로 선정하여 한글로 '봉오동반일유적지'(중국어로는 '鳳梧洞反日戰迹地')라는 안내판을 세워 길손을 맞고 있다. 최소한도 격전지였던 상촌에 遺墟碑라도 세워 봉오동승첩의 사실과 의의를 밝히는 것이 바람직할 것으로 생각된다.

(2) 三屯子 戰跡地

6월 4일 새벽 봉오동에 본영을 둔 30명 가량으로 구성된 독립군의 한 부대는 그동안 흔히 전개하던 국내진입작전으로 삼둔자를 출발하여 강을 건너 鍾城 북방 5리 지점에 있는 江陽洞으로 진격, 그곳에서 福江이란 헌병 조장이 인솔하는 헌병순찰소대를 격파한 뒤 날이 저물어 강을 다시 건너 귀환, 일단 작전을 종료하였다. 그러나, 일제는 이 전투에서의 패배를 복수하겠다고 新美 중위가 인솔하는 남양수비대 병력 1개 중대와 헌병경찰중대로 하여금 두만강을 건너 독립군을 추격케 하였다. 이들 침략부대는 삼둔자에 이르러서도 독립군을 발견하지 못하자 분풀이로 무고한 양민만 살육하였다. 반면에 독립군은 삼둔자 서남방 요지에 잠복하였다가 이들을 공격하여 섬멸시켜 버렸다. 이것이 바로 봉오동승첩의 서전이 된 삼둔자전투로, 일군이 처음으로 두만강을 건너 중국 영토를 불법으로 침입해 독립군과 전투를 벌이다 참패를 당한 것이다.

도문시에서 강변도로를 따라 두만강을 거슬러 6, 7㎞ 정도 올라가면 강 대안으로 북한의 江陽驛이 보인다. 江陽은 삼둔자전투 전날 두만강을 건너 진격한 독립군이 일본군 수비대를 습격해 큰 타격을 가함으로써 삼둔자전투, 나아가 봉오동승첩의 전단을 열었던 곳이다. 현재는 십여호의 작은 마을에 불과하다. 망원경으로 역사를 자세히 보면, '남양 ← 강양 → 수구포'라고 쓴 역명 표지판도 선명히 판독할 수 있다.

강양을 지나 2, 3㎞를 더 올라가면 두만강변의 三屯子가 나온다. 1920년대에 삼둔자는 和龍縣 관내였고, 지명도 중국측에서 灰幕洞이라 하던 곳이다. 현재의 행정구역으로는 연변 제2의 도시인 圖們市 관내의 月晴鄉 間坪屯으로 불린다. 두만강 강변도로변의 삼둔자에는 일본군이 침투해온 경로와 독립군이 기습공격을 가한 현장이 그대로 남아 있다. 그리 높지는 않지만 가파른 산과 계곡으로 어우러진 곳이다. 이곳에서 3, 4km 가량 더 가면 馬牌란 마을이 나온다. 간평 대안 국내는 북쪽으로 南陽, 남쪽으로 鍾城이 위치하고 강을 따라 철도가 놓여 있다. 그 철도편에서는 온성군의 강양역과 수구포역 사이의 건너 대안이 삼둔자이다.

간평이 자리잡은 月晴鄉은 동서로 제법 높은 산이 솟았고 그 가운데 좁은 평지에 마을이 강변을 끼고 이루어졌다. 강 너머에는 철도길을 경계로 높은 산줄기가 앞을 가로질러 나라를 도로 찾으려는 의기높은 독립군이 당시 일제의 남양수비대와 종성수비대의 경계망을 뚫고 국내로 넘나들던 중요거점임을 실감케 한다. 이곳에는 최소한도 '봉오동반일전적지' 정도의 안내판이라도 세우는 것이 마땅할 것이다. 가능한 한 전적지 표지석을 건립하는 것이 좋을 것이다.

(3) 나자구의 大甸子嶺戰鬪 전적지와 大甸學校址

대전자령[太平嶺]은 왕청에서 나자구로 넘어가는 길목에 위치한 고개이다. 왕청에서 18㎞ 지점에 있는 大興溝鎭을 지나면 곧 東京城으로 북상하는 길과 羅子溝로 서행하는 갈림길이 나온다. 왕청에서 나자구에 이르는 길은 비포장의 '三分路'급이지만 도로 상태는 비교적 양호하다. 왕청현 鷄冠鄕을 지나고 한참을 가게 되면 大甸子嶺(계관에서 38㎞)이다.

이곳 대전자령은 1933년 池青天 장군이 인솔하는 韓國獨立軍이 중국 항일구국군과 연합하여 일본군을 상대로 큰 승리를 거둔 전적지이다. 이 곳은 사방 수림이 울창하고 인적이 드문 깊은 산중이었다. 고개 정상부의 노변에는 중국에서 세워주었다는 소련 홍군 전몰추념탑이 육중하게 서 있었다. 당시 전투가 벌어진 현장은, 정확하게 확인할 수 없지만, 정황으로 보아 나자구로 올라가는 고개 정상부 아래로 추측된다. 영안에서부터 추격해오던 일본군을 한·중 양군이 이 부근의 길 양편에 매복하고 있다가 큰 승첩을 거두었던 것이다. 독립군을 추격해오던 일본군은 나자구에 주둔해 있었고, 한국독립군은 下河에 주둔해 있었는데, 이 때가 1933년 7월 1일이었다. 당시 일본군은 지청천 부대 행선지를 모르고 왕청 대흥구 방면으로 진군한 것으로 알고 7월 3일 나자구에서 이 곳 태평령을 넘어 추격해 내려가던 중 매복 대기해 있던 한·중연합군을 만나 참패를 당하게 된 것이다. 그 정확한 지점을 좀더 탐구하여 그곳에 한국독립군의 전적 표지석을 세워

기념하는 것이 의의있는 일이라 생각된다.

또한 羅子溝鎭을 지나 북쪽 穆棱으로 통하는 길을 따라 7㎞ 정도 북상하면 下河에 도착한다. 下河는 과거 '老母猪河'로 불리던 곳으로 현재의 행정구역으로는 왕청현 나자구진 下河村이다. 50여 호 남짓한 규모의 이 곳 역시 광활한 벌판지대에 자리잡고 있다. 下河를 비롯한 나자구 일대에서도 역시 水田農業이 성행하고 있어 인상적이다. 下河에서는 1920년 경신참변 때 북정중이던 독립군이 여기까지 출동한 일제 침략군과 교전을 벌였던 곳이다. 또한 대전자령전투 직전에는 韓國獨立軍이 이곳에 주둔해 있기도 하였다.

한편, 최초의 독립군 사관 양성학교인 大甸學校는 현재의 太平溝에 있었다고 한다. 태평구는 羅子溝鎭에서 정남으로 12㎞를 내려가면 나타난다. 러시아 연해주로 흘러드는 綏芬河 상류를 거슬러 올라가는 길이었다. 2백여 호의 비교적 규모가 큰 태평구에는 과거 한인이 많이 거주하였으나 현재는 많지 않다고 한다. 이 마을 부근에 大甸學校가 있었다고 하지만 그 구체적인 위치와 내용은 확인할 수 없는 실정이다. 더욱 세밀한 현지 조사활동이 있게 되면 그 구체적인 위치를 확인할 수 있을 것으로 생각된다. 명실상부하게 1910년대 최초의 무관학교인 대전학교에는 한때 이동휘의 주선으로 연길 소영자의 광성학교 학생 일부가 옮아와 교련을 받기도 하였다. 현재 대전학교의 터만이라도 확실하게 위치를 밝히고, 그곳에 유허비를 세우는 문제를 생각할 때이다.

(4) 蛤蟆塘(하마탕)의 대한국민회 본부

왕청 북쪽의 大興溝에서 서북방으로 난 작은 도로를 따라 20㎞를 들어가면 북하마탕, 곧 後河가 나온다. 마을 뒤 조금 멀리 떨어진 곳에 정상부가 넓고도 평평한 '平頂' 산이 자리잡고 있어 마치 마을 '표석'과도 같은 느낌을 준다. 하마탕에는 현재 조선족보다 漢族이 더 많이 거주하고 있다고 한다. 1920년 무렵의 하마탕은 연길현의 春陽鄕 관내에 있었으며, 현재의 행정구역으로는 왕청현 하마탕鄕 後河村이다. 과거 하마탕이 속해 있던 춘양향은 왕청현에 더 가까운 입지적 조건을 가지고 있었지만 특별히 연길현 관할에 들어 있었다. 북하마탕으로 불리는 이곳에 具春先의 대한국민회 본부가 자리잡고 있었기 때문에, 남하마탕이라고 부르는 현재 하마탕향 향청 소재지는 대한국민회 본부와는 무관한 곳이다.

북간도 일대의 한인단체 가운데 가장 세력이 크고 조직이 잘 갖추어져 있던 대한국민회의 총본부는 이 곳 하마탕에 자리잡고 있었다. 그 아래에 연길 西溝의 중앙지방총회를 필두로 연길현 花蓮里(花嶺村)에 동부지방총회, 명월구에 서부지방총회, 장재촌에 남부지방총회, 그리고 合水坪에 북부지방총회 등 5개의 지방총회 조직을 갖추어 각기 관할지역안의 한인들을 통할하고 있었다. 이렇게 볼 때 대한국민회는 연길을 중심으로 지방조직이 갖추어져 있었지만, 동서남북 지방총회의 소재지 위치와 방위가 정확히 일치하지 않아 이해에 혼선을 초래하기도 한다. 이와 같은 현상은 국민회의 세력이 강하였던 지역을 따라 지방총회 본부를 설치하였기 때문에 나타난다고도 보여진다.

구춘선이 대한국민회 본부로 삼았던 교회 건물은 헐리고 그 자리에는 현재 信用社(신용금고와 비슷한 금융기관) 건물이 들어서 있다. 마을 중앙의 공회당 옆에 위치해 있었다. 이 자리에다 국민회 관련 사실을 알리는 표지석이라도 세우는 것이 바람직할 것이다.

(5) 大韓軍政署 總裁部 소재지 德源里〔楡樹川〕

왕청 일대의 독립운동 유적지 가운데 또 하나가 春明鄕 德源里이다. 당시 40~50여 호의 한인이 거주하던 덕원리에서는 1911년 3월 重光團이 창설되었을 뿐만 아니라, 1919년 10월 대한군정서가 건립되어 이 곳에 총재부가 들어섰고 徐一・金佐鎭이 여기에 유거하면서 대종교 동도본사 제2사를 두고 종교운동의 형태로 가장하면서 대한군정서를 지휘하였던 것이다. 곧 사관연성소가 있던 십리평과 함께 이곳은 대한군정서의 양대 거점 가운데 하나였던 셈이다.

德源里는 하마탕에서 내려와 大興溝에서 大肚川을 따라 내려오다가 왼쪽으로 柳樹河子로 들어가는 길목 언덕에 자리잡고 있던 마을이었다. 이런 연고로 자료에 따라서는 총재부 소재지를 '楡樹川'으로 기록해 놓기도 하였다.

이 마을은 경신참변 이래 1932년까지 수차에 걸쳐 일본군의 토벌을 당해 현재 완전히 폐허화되고 말았다. 마을이 있던 자리는 옥수수・콩 등을 심은 밭으로 변해 흔적조차 찾을 수 없다. 오직 멀리 마을 자리 외곽에 외딴집이 한채 들어서 있을 따름이며, 앞 들판에는 水田이 펼쳐져 있다. 그리고 마을터 뒤로는 산등성이가 병풍처럼 드리워져 있었다.

(6) 대한군정서 사관연성소 유적 西大坡와 十里坪

서대파는 왕청에서 동남쪽으로 뚫린 나자구행 도로를 따라서 20㎞ 정도 내려간 지점에 있다. 지금의 행정구역으로는 왕청현 東光鄕 西大坡村으로 30여 호 규모의 아담한 마을이다. 현재 한인호수는 6~7호에 불과하다고 한다. 마을 앞으로는 汪淸河가 흐르고 뒤로는 산봉우리가 드리워져 있으며, 이 일대는 삼림이 우거진 산간오지이다. 만주국 시절 일제가 이 일대의 산림자원 수탈을 위해 건설해 놓은, 復興鎭을 지나 흑룡강성 접경지대까지 연결된 협궤 철도가 왕청에서부터 서대파・십리평까지 나란히 지나고 있다.

그러나 대한군정서 군사령부, 곧 사관연성소가 들어서 있던 곳은 현재의 西大坡村이 아니다. 이 곳에서 20㎞(왕청에서 40㎞)를 더 들어간 현재의 十里坪鄕에 사관연성소가 건립되어 있었던 것이다. 이와 같은 사실은 노구를 이끌고 북간도 각지의 유적지를 안내해 준 연변대학의 黃龍國 교수가 재삼 확인해 주었다. 황교수에 따르면 1910년대에 십리평 일대는 무인지경이었기 때문에 서대파 구역에 들어 있었다는 것이다. 그러나 현재는 십리평과 서대파가 별개의 행정구역으로 나뉘어 있기 때문에 연성소 건립 당시와는 행정구역상 차이가 나는 셈이다. 또한 십리평 '本屯'도 원래는 현재의 十里坪鄕 長榮村이었으나, 1940년에 향청이 일본인 목재소 자리인 태평촌으로 옮아가 현재에 이르고 있는 것이다. 100여 호 규모의 장영촌은 십리평향에서 서대파 쪽으로 9㎞ 지점에 위치해 있다.

1920년 9월 17~18일 양일간에 대한군정서군은 백두산록을 향하여 이 곳 십리평 근거지를 떠나게 되었다. 그 뒤 10월 21일 이 곳에 들어온 일본군이 병영·사령부·사관연성소 등의 건물을 완전히 초토화시켜 버렸기 때문에 십리평 근거지는 폐허로 남게 되었다.

사관연성소 자리는 십리평 마을의 뒷쪽 산골짜기로 들어가는 입구에 위치해 있었다. 사관학교 당시는 마을이 없었으며, 경신참변 이후 현재의 마을이 건설되기 시작했다고 한다. 마을 뒤에 터만 남아있는 宿舍 자리는 콩·옥수수 밭으로 변했으며, 이 곳에서 2~3백m 떨어진 개울가 마을 일대에 연병장이 건설되어 있었다고 한다. 원래 사관학교는 마을 뒤산 골짜기 안에 들어섰으나, 그 곳이 너무 협소한 관계로 완만한 구릉지로 이전해 나왔다는 것이다. 이곳에 대한군정서 사관연성소의 유허비라도 건립하여 그 의의를 밝히는 작업이 필요할 것이다.

(7) 大韓光復團 본부 소재지 大坎子

大坎子는 왕청에서 남쪽 도문 가는 길의 新興과 三道溝의 사이 路邊에 자리잡고 있다. 왕청에서 15㎞ 정도 떨어진 거리이다. 왕청-도문간 도로 역시, 왕청-나자구, 왕청-십리평간 도로와 마찬가지로, 비포장이지만 관리

보수상태가 양호해 차량통행이 비교적 원활한 편이었다. 대감자는 현재의 행정구역상으로도 汪淸縣 新興鄕 大坎子村이다. 이 마을은 오래된 구옥이 10~20여 호, 비교적 최근에 들어선 신옥이 20~30호 정도의 규모로 이루어진 街村이었다. 이 마을에서 멀리 동북방으로 西大坡 부근의 磨盤山이 시야에 들어오고, 남쪽으로는 草帽頂子・鳳梧洞과 연결되고 있다.

이 곳에서 1919년에 大韓光復團이 창설되었고, 단장 李範允과 代辦 金聖倫 등의 핵심인물들이 여기에 주둔해 있으면서 인근의 항일단체들과 긴밀한 연계하에 활발한 항일활동을 벌였었다. 조선 왕조의 復辟的 입장을 견지하였던 광복단은 단내에 별도로 독립군 통솔을 위하여 軍務部를 설치하였고, 총 병력은 3~4백 명 정도였던 것으로 알려져 있다.

(8) 延吉 臥龍洞의 昌東學院址

延吉 외곽 동북방의 臥龍洞은 현재의 행정구역으로도 연길시 小營鄕 臥龍村이다. 이 마을은 19세기 말 한인의 북간도 이주 초기에 형성된 유서깊은 한인촌이다. 특히 1905년 을사오조약 전후부터 南性祐・李炳徽・吳祥根 등의 애국계몽운동자들이 와룡동에 정착, 항일민족운동에 앞장서기 시작하였다. 그들은 항일계몽활동을 펴 민족의식을 고취시키는 한편, 구국운동을 구현할 신교육을 주장하였다. 그 결과 온 마을 사람을 비롯한 원근 한인의 지지와 후원을 받아 1907년에 昌東講習所를 세워 민족주의교육을 실시하였다. 瑞甸書塾 開塾 이듬해이며 명동서숙 개숙을 전후한 시기였다. 그 뒤 3년 만인 1910년에는 창동중학으로 발전되었고 학생도 100여 명에 달하였다. 창동학교의 전교생은 기숙사에 수용되어 신학문을 바탕으로 한 민족주의교육을 받았으며, 특히 독립군 사관양성을 위해서 교내에 별도로 軍事科를 두기도 하였다. 군사과 생도는 이 곳을 수료한 뒤 羅子溝의 大甸學校로 옮아가 독립군 간부로 성장하였다.

창동학교의 師弟들은 이와 같은 민족주의교육을 기반으로 와룡동을 중심으로 원근의 한인을 규합하여 항일운동을 펼쳐 나갔다. 그 구체적 사례를 몇 가지 들면, 첫째, 1919년 3월 13일 용정의 瑞甸大野에서 열린 '조선독립축하회'와 그를 이은 '피의 항일시위'에 창동학교 전 師生은 물론 와룡동 주민의 대부분이 참가해서 항쟁하였다. 둘째, 3·13운동 이후 창동학원의 사제들은 서둘러 무장투쟁에 가담하였다. 4월 25일에는 와룡동에서 '대한국민회'를 조직하고 북간도 거주 한인의 민정과 군정을 아울러 수행하는 군정부로 발전시키며 강력한 대한국민군을 편성하였다. 특히 창동학교와 대전학교에서 수학한 林國楨과 崔鳳卨 등은 鐵血光復團을 조직하고 군자금 마련에 헌신하였다. 이들은 대한군정서의 특파대가 되어 일제의 조선은행권 15만 원을 1920년 1월 4일 東良於口에서 탈취하는 거사를 벌이기도 하였다.

창동학교의 校名은 東國(한국)의 창성을 희망한다는 의미이다. 1935년 吳相仁 등 12명의 창동 출신 인사들은 스승의 學恩을 기리는 師恩紀念碑를 모교에 세워 현존하고 있다. 그 비의 전문은 다음과 같다.

(前面) 師恩紀念碑

(後面) 私立昌東中學 院長 吳祥根 李炳徽 南性祐 師 辛鴻南 金鍾萬 洪祐晩 李鎭鎬 金履澤 宋昌禧 徐成權 文勁 昌東學院創立 西紀一九零七年 卽我族移住間島略四十經年 初臥龍有志諸氏 刱辦小學 是本院之濫觴乎 越三載 諸師協力 新設中學 傾注心血 教養吾輩 不辭勞苦 偉哉師恩 美哉昌東 凡由斯院出身二百餘名 不諼其功勞 勒石以誦焉

(左側面) 昌東學院院學會員一同謹立

(右側面) 西紀一九三五年九月十二日 臥龍有志 吳相仁 全星玉 崔宗煥 鄭元衡 池炳學 崔秉奎 羅時永 金允民 鄭宗鉉 崔秉均 吳官濬 韓永云"

(9) 小營子의 光成學校 자리

연길에서 동쪽 磨盤山으로 가는 도로를 따라 5㎞ 정도를 가면 小營子에 도착하게 된다. 명동학교와 더불어 북간도의 대표적인 한인학교였던 유명한 光成學校가 바로 이 곳에 있었다. 행정구역상 이 곳의 명칭도 연길시 小營鄕 小營村이다. 광성학교의 유명세로 인해 아직까지도 이 마을을 '학교마을'로 부른다고 한다. 하지만 마을 뒷산 언덕 아래에 있었다는 학교 건물은 경신참변 때 일본군에 의해 소각되어 버렸고 현재 그 터에는 민가가 들어서 당시 흔적은 찾을 수 없었다.

(10) 大荒溝의 北一學校 자리

琿春市 관내의 大荒溝에는 北一學校가 자리잡고 있었다. 대황구는 훈춘에서 復興으로 북상하는 길을 따라 87㎞ 떨어진 지점에 있으며, 현재의 행정구역으로는 英安鄕 大荒溝村이다. 훈춘에서 대황구로 이어지는 도로는 비포장이지만 도로상태가 양호하다. 그러나 密江에서 들어가는 지름길인 解放~中崗子~三安을 지나는 도로는 그야말로 산중험로로 차 한대가 겨우 통행할 정도였다. 길 옆에까지 산머루가 주렁주렁 매달려 심심한 산중오지임을 실감케 하였다. 밀강-대황구간 30㎞ 거리를 1시간 45분이나 걸려 겨우 당도할 수 있었는데, 그 동안 마주친 자동차가 불과 한두 대에 불과할 정도로 한적한 길이었다.

대황구는 1910년 국치 직후 한인이 이 곳에 들어와 개척한 마을로, 1911년 梁河龍과 金哲洙의 주도하에 신식교육기관 東昌學校를 건립함으로써 민족주의교육의 기틀을 다졌으며, 이를 바탕으로 1917년 1월경 李東輝가 이 곳에 들어와 현지 유지들과 상의한 끝에 北一中學을 건립하게 되었다. 학교 건물은 8칸 규모로 3개의 큰 교실로 나뉘어져 있었다. 이후 북일학교는 독립군 사관 양성을 위한 군사교육에 주력함으로써 나자구의 대전학교 이후 규모와 성격은 차이가 있으나 연길 小營子의 光成學校와 함께 북간도지역에서 문무쌍전 교육을 표방하였던 두드러진 민족학교였다. 한편, 1915년 羅子溝의 大甸學校가 폐교되자, 그 학생들은 이곳의 北一학교로 옮겼다. 이러한 사실을 통해서도 북일학교가 대전학교와 성격을 같이 하는 文武雙全의 교육목표를 지향하였음을 알 수 있는 것이다.

학교가 위치해 있던 곳은 마을 서쪽 개울 건너 약 7~8백 m 떨어진 산기슭 아래였다고 한다. 현재 그 주변으로는 넓은 밭이 개간되어 있다. 대황구에서는 학교가 있던 서편 산기슭 일대를 '북골'로 불렀다. 학교는 경신참변 이후 폐교되었으며, 교사는 1933년 일본군에 의해 철거되었다고 한다.

(11) 龍井의 瑞甸書塾 유적지

북간도 민족주의교육의 요람인 瑞甸書塾 유적지는 용정 시내의 중심지에 자리잡고 있다. 용정 시내의 북편에는 현재 용정시인민정부가 들어서 있는 구일본영사관 건물이 남아 있고, 이곳에서 멀지 않은 곳에 용정실험소학이 자리잡고 있다. 이 일대가 서전서숙의 遺址이다.

서전서숙은 북간도에 세워진 최초의 근대 교육기관으로서 항일구국을 위한 민족주의교육의 요람이 되었다. 1904~1905년의 러일전쟁과 뒤이은 을사오조약 전후로부터 국외에 항일민족운동의 기지경영이 추진되었다. 그러한 경영의 첫시도가 북간도였고, 그를 상징하는 것이 서전서숙의 개숙이었다. 그곳에서 한국청소년을 모아 근대적 文武雙全의 민족주의교육을 실시하여 '독립전쟁론'을 수행하는 민족의 군대인 독립군과 민족운동의 인재를 양성하려는 것이었다. 그리하여 국내에서 애국계몽운동을 주도하던 이상설을 비롯하여 李東寧·鄭淳萬·呂準·朴禎瑞·黃達泳·金禹鏞·洪昌燮 등 민족운동자들은 연해주 블라디보스톡을 경유, 1906년 8월경 용정촌에 자리잡고 서전서숙을 開塾하였다. 瑞甸이란 그곳 東盛涌지방을 총칭하는 지명에서 땄다.

서전서숙은 70평 규모의 교사에 처음에는 인근의 청소년 22명을 모아 개숙하였다. 곧 학생이 70명으로 늘어나 고등반인 甲班과 초중등반인 乙班으로 나누었다. 서전서숙의 교육내용 가운데 핵심은 신학문 과목과 함께 실시하는 철두철미한 항일민족교육에 있었다. 그러므로 이름이 서숙이었지 실상은 독립군 양성소와 다름이 없었다. 이 서숙에서 수학한 인재들은 서북간도를 비롯한 남북만주에서 항일독립운동 지도자로 부상하게 된다. 그러나 서전서숙은 불행히도 개숙 이듬해인 1907년 9~10월경 문을 닫고 말았다. 숙장 이상설이 그해 4월 초순경 헤이그 사행의 밀령을 받아 이동녕·정순만과 함께 블라디보스토크로 떠났기 때문이다. 그 후 서숙은 재정난도 닥치고 더욱이 통감부 간도파출소가 설치되어 일제의 감시와 방해가 심해지자 폐교하지 않을 수 없었던 것이다.

현재 용정실험소학 교정에는 1995년 용정항일역사연구회에서 세운, 이 곳이 서전서숙의 자리였음을 알려주는 '瑞甸書塾遺跡地'라고 새긴 기념비가 서 있다. 그 비문의 내용은 다음과 같다. "1906년 4월 反日志士 李相卨은 이 곳에 延邊 最初의 近代學校인 瑞甸書塾을 開塾하였다." 한편, 그 기념비 옆에는 내용과 성격을 달리하는 동북해방기념비·소년영웅상이 나란히 서 있어 어색함을 자아내었다. 이 일대가 시내 중심지로 변모한 현재로서는 이 표석을 제외하면 옛 서전서숙의 자취는 찾을 수 없다. 단지 교사 뒤편 운동장가의 몇그루 아름드리 고목만이 80여년간에 걸친 이 학교의 영락성쇠를 간직하고 있을 뿐이다. 지난 2000년 9월에 그곳 유지와 경주 이씨 중앙화수회의 주동으로 그곳에 얼마 떨어지지 않은 龍井中學 경내에 「李相卨先生 歷史展覽館」을 설립하고 유물·사진·문헌 등을 상설진시하고 있다.

(12) 3·13 反日義士陵

3·13반일의사릉은 1919년 국내외에서 전개된 3·1운동 가운데 단일

집회로는 가장 규모가 컸던 용정의 3·13운동 때 희생 순국한 13명 의사의 유해를 예장한 묘역이다. 용정 동남쪽 교외의 合成里, 곧 명동촌으로 내려가는 도로변 좌측의 언덕 밭가에 자리잡고 있다.

1919년 3월 13일, 용정시 북편의 瑞甸大野에서 개최된 '대한독립축하회'는 북간도 전역으로부터 한인이 來集하여 국내의 거족운동인 3·1독립선언에 호응해 일어난 것이다. 여기에 참가한 군중수는 정확히는 파악할 수 없지만 2, 3만 명으로 집계되고 있다.

정오에 시작된 조선독립축하회는 대회 부회장 裵亨湜 목사의 개회선언에 이어 대회장 金永學이 '간도거류 조선민족 일동' 명의로 된 독립선언문을 낭독하는 순서로 진행되었다. 독립선언 포고문 낭독이 끝난 뒤 군중의 대한독립만세 소리가 천지를 진동하였으며 태극기의 꽃바다를 이루었다. 서전대야에서 독립축하회를 마친 다음 군중은 '대한독립' '정의인도'라고 쓴 두 개의 5장기를 앞세우고 일본 영사관쪽을 향하여 용정 시내로 행진하였다.

그러나 일제의 간섭과 위협을 받은 중국 관헌은 군경을 동원하여 이 날의 독립축하회를 엄중히 경계하였다. 특히 연길에서 지원 급파된 孟富德의 중국군은 평화적인 시위대를 향하여 일제히 발포함으로써 순식간에 참극이 벌어지고 말았다. 최선두의 기수 孔德洽을 비롯하여 시위군중 다수가 쓰러졌다. 결국 이날의 참극으로 13명이 현장에서 희생 순국하였고, 30, 40명의 부상자가 발생하였다.

3·13운동 당시 집회장소였던 서전 벌판은 현재 용정시 북편의 시가지로 변해버려 옛 모습을 찾을 수 없다. 3·13운동과 관련해서는 순국자들을 합장한 의사릉이 유일하게 유적지로 남아 있을 따름이다. 1980년대까지만 하더라도 이들의 무덤은 돌보는 이 없이 잡초가 무성한 채 거의 방치되어 있었다. 1989년 필자가 그곳 유지 崔根甲 옹과 처음 답사하여 이 곳이 그해 3월 17일 제창병원에서부터 4천여 조문 회중에 싸여 당시 허청리에 안장하였던 3·13순국묘역임을 확인하였다. 그 뒤 1990년에 들어서야 용정 유지

들이 주축이 되어 “1919년 3월 13일 연변지구 조선족 인민 군중의 반일 대시위는 일본제국주의의 조선과 중국 침략정책에 저항하여 분개한 것으로 민족의 독립을 쟁취하려는 일차의 군중적 혁명투쟁”이었다. 같은달 17일 용정 合成里 공동묘지에 殉難者 안장식을 장중하게 거행, 이 의사릉을 세우고 일본제국주의와 지방 당국의 죄행을 항의한 것이다”는 문구를 새긴 木碑를 세우고 무덤 부근을 정화하기 시작하였다. 그리고 최근에는 기념 표석을 石碑로 교체하고 13의사의 봉분을 비롯해 묘역 주변을 새롭게 단장한 상태에서 참배객을 맞이하고 있다. 기념비를 중앙에 두고 새롭게 조성된 봉분은 前列에 9기, 後列에 4기를 배열해 놓았다. 묘역을 새로 조성한 직후여서인지 전 묘역이 초록 잔디없이 황토로만 조성되어 있다. 더욱이 지나치게 인공이 가해져 원형의 모습을 거의 찾을 수 없어 아쉬움이 남는다.

(13) 庚申慘變의 참화현장 獐巖洞

獐巖洞(노루바위)은 1920년 경신참변 때 대참화를 입었던 한인마을 가운데 한 곳이다. 이 마을은 현재의 행정구역으로 용정시 東盛湧鎭 東明村이다. 용정시에서 동쪽으로 난 도로를 따라 동성용에 이른 뒤 다시 남쪽으로 난 길을 따라 얼마를 내려가면 장암동이 나온다. 용정에서 장암동까지는 13～14㎞ 정도 떨어져 있다. 총 100여호 규모에 주민수도 500여 명에 달하는 비교적 큰 마을이다. 현재도 이 곳은 노루바위라 불리는데, 지명 유래가 된 ‘노루바위’는 이 곳에서 동남쪽으로 도보로 1시간 정도 내려가는 지점에 있다고 한다. 그렇지만 차량 통행이 불가능한 험로여서 노루바위를 확인하지는 못하였다. 이 곳 주민의 대부분은 조선족이었지만 경신참변 이후 이주해온 까닭에 참변과 직접 관계가 있는 주민은 없는 듯이 보였다. 다만 주민들은 이 곳이 참변지였다는 사실을 모두 傳聞으로 알고 있었다.

1920년 10월 말 일본군 제14사단 제15연대 제3대대장 大岡隆久가 인솔한 77명의 병력이 한인 기독교 마을인 獐巖洞으로 들이닥쳤다. 일본군은 전 주민을 교회당에 집결시킨 후 40대 이상의 남자 33명을 포박지어 꿇어앉힌 다음 조·짚단으로 채워 놓고 석유를 뿌리고 불을 질러 몰살시켰다. 가족들이 넋을 잃고 울부짖다가 일본군이 돌아간 뒤 숯덩이로 변한 아버지와 남편, 아들의 시체를 찾아 겨우 옷을 입혀서 장사지냈다. 그런데 유족들의 비통이 채 가시기도 전인 5~6일 후 일본군이 다시 마을로 들어와 유족들로 하여금 무덤을 파 시체를 한 곳에 모으라고 강요하였다. 그러자 일본군은 석유를 부어 불을 질러 시체를 뒤적거리며 숯이 되고 재가 되도록 태워 버렸던 것이다. 이와 같은 장암동참변의 일면을 목격한 미국인 선교사 푸우트는 이때의 참변을 '저주받을 인간사의 한 쪽'이라고 표현하였다. 일본제국주의의 참혹한 죄악을 영원히 씻을 수 없게 한 대표적인 상흔이다. 기념비라도 세워 순국 영혼의 명복을 비는 것이 당연할 것이다.

(14) 明東村과 長財村

북간도 한인 민족운동 유적지 가운데 가장 먼저 찾게 되고 그만큼 중요한 의미가 있는 상징적 마을이 명동촌 일대이다. 용정에서 육도하 기슭을 따라 약 20리를 올라가면 길가에 우뚝 솟은 선바위를 지나게 된다. 거기서 20리 떨어진 곳에 智新鄕의 소재지인 大砬子가 있다. 이 선바위와 대랍자(달라자) 사이의 육도하 북쪽편으로 성교촌·중영촌·명동촌·장재촌이 있고, 육도하 남쪽편으로는 소룡동·대룡동·풍락동·화전동(지금은 폐촌) 등의 마을이 자리잡고 있었다. 한때 이 곳을 통틀어 명동지구라고 불렀다.

명동촌은 이웃한 장재촌과 함께 한인 이주 초기에 건설된 한인촌으로 많은 유적을 남기고 있기 때문에 민족운동사상 중요한 의미를 가지고 있다. 명동촌 안에는 북간도 민족주의교육의 요람이라 할 수 있는 명동학교 자리를 비롯하여 명동교회, 김약연 기념비, 윤동주 생가 등의 유적들이 남아 있다.

현재 明東小學은 명동촌 앞을 흐르는 6도하 개울 건너편에 자리잡고 있다. 이 학교는 근래 새로 세운 건물로, 원래의 明東學校는 명동촌 마을 안에 건립되어 있었다.

용정 서전벌에 세웠던 서전서숙을 북간도의 항일민족주의 교육의 요람이라 한다면, 한인의 개척마을인 명동촌에 세운 명동학교는 북간도 근대 민족주의교육의 본산이라 할 수 있다. 서전서숙이 폐숙된 이듬해인 1908년 4월 명동촌 개척의 선도자였던 鐘城 출신의 한학자 金躍淵을 중심으로 서전서숙의 朴禎瑞 등은 한문서당이던 圭巖齋를 바탕으로 명동서숙을 세워 서전서숙의 창학정신을 구현하는 민족주의교육을 실시하기 시작하였다. 얼마후 명동서숙은 국내의 신민회에서 파견된 鄭載冕을 단장으로 하는 북간도교육단을 맞아들여 국내외를 통한 민족주의교육의 모범이 될 명동학교로 발전시켰다. 그리하여 학교를 기독교계 체제로 개편하고, 학교 인근에 명동교회를 설립, 선교활동도 벌여나갔다. 이에 따라 명동학교의 명성은 국내외에로 퍼져 입학생이 북간도 전역에서뿐만 아니라 러시아 연해주와 회령 등지의 국내에서도 몰려와 크게 융성하였다.

하지만 명동학교는 1920년 10월 庚申慘變 때 일제에 의해 교사가 소각되는 시련을 당하기도 하였다. 그러나 명동촌의 한인들은 그뒤 2년만인 1922~1923년 사이에 정성을 모아 교사를 새로 짓고 민족주의교육을 계속함으로써 수많은 애국인재를 배출할 수 있었다. 그 수가 공산주의 교육기관으로 변모되던 1925년 무렵까지만 해도 1천명을 넘었다고 한다.

명동학교 자리는 현재 명동촌 입구의 밭으로 변해 있다. 그 밭 가운데에는 1995년 최근갑 옹을 비롯한 용정항일역사연구회에서 건립한 기념비가 서 있으며, 그 비에는 다음과 같은 글이 명기되어 있다. “1908년 4월 27일 김약연을 비롯한 반일지사들이 창시한 근대교육학교로 이 곳에 설립되었다.” 그리고 윤동주생가는 현재 말끔히 개축 단장되어 참배객을 맞이하고 있다. 그러나 용정~삼합간에 진행중인 도로 개수 확장공사로 인하여 명동촌 마을 뒤 언덕으로 폭이 넓은 신도로가 뚫려 과거의 정취가 많이 가셔진 듯해 안타까웠다.

명동촌 유적 가운데서도 특기할 것은 최근까지 입구쪽에 일부 회손된 상태이지만 명동교회의 건물이 남아 있었다. 그리하여 필자는 김약연의 후손 金載洪과 그곳 유지 최근갑 옹 등에게 권하여, 문화혁명 때 뽑혀 현 명동소학 마당 한 구석에 방치되어 있던 '金躍淵牧師紀念碑'를 입구에 재건, 명동교회의 역사적 위상을 밝혔었다. 그러나 최근에 어떤 국내 관련단체에서 이 건물을 허물고 말끔히 개축 단장하였다. 얼핏 보기에 잘 한 일 같지만, 이는 크게 잘못된 것으로 생각된다. 왜냐하면 그 교회는 현재 북간도지역에 남아 있는 거의 유일한 독립운동 당시에 세워진 건물이었던 까닭이다. 그 건물을 원형 그대로 보수하여 북간도의 항일독립운동 기념관으로 활용하는 것이 바람직하였던 것이다.

한편, 명동촌에서 용정 방향의 북쪽으로 1, 2km 정도 떨어져 長財村이 자리잡고 있다. 50~60호 규모의 장재촌 역시 명동촌과 마찬가지로 순수 한인촌이며, 1921년 전반기에는 대한국민회 남부지방총회 본부가 이 곳에 소재해 있기도 하였다. 이 마을에는 특히 함경도 이주민이 많고 이들이 관북지방의 풍속과 관습을 잘 보전하고 있는 까닭에 민속학적으로도 중요한 의미가 있다고 한다.

장재촌의 뒷산에는 명동촌 일대의 개척과 이 지역 독립운동의 선구자인 金躍淵 목사 일가의 묘소가 단정하게 꾸려져 있다. 이 곳에는 그의 부인 安淵과 아들 楨謹이 나란히 잠들어 있다.

(15) 靑波湖의 大倧敎 유적지

靑波湖는 大倧敎 北道本司 소재지였다. 용정에서 서남 방면으로 난 길을 따라 내려가면 해란강의 여러 물줄기를 젖줄로 하는 '平崗平原'이 드넓게 펼쳐진 가운데 頭道鎭(頭道溝)이 나오며, 두도진을 지나 이 길을 계속 가면 西城鎭(二道溝)과 和龍(三道溝)에 이르게 된다. 용정~화룡간의 이 포장도로는 곧 청산리 전적지와 백두산으로 가는 길이다.

淸波湖는 서성진으로부터 화룡에 도착하기 5㎞ 정도 전에 평야지대에 자리잡은 마을이다. 현재의 행정구역으로는 화룡현 龍城鄕 淸湖村이다. 이 마을에는 1940년대까지만 해도 단군 영정을 봉안한 사당이 있었으며, 그 뒤 이 영정을 화룡경찰서 직원이 가져갔다고 한다.

청파호 마을 앞 도로 건너편 언덕 위에는 大倧敎 三宗師墓域이 있다. 羅喆·徐一·金敎獻 3인의 묘가 남향으로 나란히 조성되어 있는 것이다. 삼종사 묘역에 서면 청파호 전경도 조망할 수 있다.

(16) 靑山里大捷 전적지

한국독립운동사에서 가장 빛나는 대첩을 기록한 '靑山里戰役'은 1920년 10월 새로운 항전기지를 찾아 長征중이던 金佐鎭의 北路軍政署軍과 洪範圖의 大韓獨立軍 및 安武가 이끄는 國民會의 國民軍 등 2천명 내외의 여러 독립군단이 연합하여 두만강 상류 茂山 북방 40~50 km 지점에 위치한 和龍縣 二道溝와 三道溝 서북편의 靑山里 漁郎村·蜂蜜溝·古洞河 등지에서 5천여 병력에다 월등한 화력을 갖춘 일제의 독립군 토벌군과 벌인 일련의 대회전을 통칭하는 것이다.

ㄱ. 白雲坪 전적지 : 白雲坪 전적지는 청산리 마을에서 왼쪽 서북방으로 백운평 골짜기로 뚫린 산간협로를 따라 20여 분 올라가면 나온다. 청산리는 현재 행정구역상 화룡현 富興鄕 靑山村으로, 화룡에서 서남방 백두산 길목인 松江 가는 길로 20여 ㎞ 지점에 위치해 있다. 서쪽 松江과, 남쪽으로

두만강 상류인 崇善鄕으로 내려가는 길이 여기서 갈라진다.

수림이 울창한 백운평은 20여 리에 달하는 긴 계곡으로 청산촌 마을에서부터 입구가 시작되고 있다. 백운평으로 뚫린 도로는 산림도로로 길이 몹시 험하고 좁아 차량이 통행하기가 쉬운 길이 아니었다. 이 길을 따라 서북행을 계속하면 老爺嶺이 나온다. 얼마 전에 이 골짜기에서 곰을 잡았다는 현지인의 傳言으로도 수림이 우거진 정도를 짐작할 수 있을 것이다. 한편 靑山里에서 한 가지 특기할 사실은 이 일대가 유명한 玄武岩 산지라는 점이다. 백운평 골짜기 안의 전적지 부근에도 현무암 산지 기념 표석이 세워져 있어 이채를 띠었다.

백운평 전적지로 일컫는 '돌마당'은 마을 자리를 지나 차로 20여분 더 올라가야 나온다. 중간에 '직소택'이라는 폭포수 협곡이 있으며, 한때 이 곳이 전적지 현장으로 추정되기도 하였다. 이 곳에서 조금더 올라가면 노야령과 2도구 방면으로 갈라지는 갈림길이 나오는데 이 일대를 '돌마당'이라고 부른다는 것이다. 청산촌에 거주하는 漢族인 吳泓志씨도 이 곳 돌마당을 증언하였으며, 이 일대가 전적지임을 傳聞으로 알고 있었다.

백운평전투는 1920년 10월 21일 金佐鎭 장군이 지휘한 大韓軍政署軍이 단독으로 수행한 勝捷으로 청산리대첩의 전단을 열었던 전투이다. 그 전날 화룡현 삼도구로부터 일본군 山田 연대의 주력이 청산리 골짜기로 침입해 오자, 대한군정서군의 사령관 金佐鎭은 白雲坪 일대의 고지마다 독립군을 전투편제로 이중 매복시키고, 그들을 이 곳으로 유인하였다. 백운평 전적지 일대는 백운평 계곡 중에서도 폭이 가장 좁고 좌우 양편으로 깎아지른 듯한 절벽이 솟아 있으며 그 사이의 공지로 오솔길이 나 있었기 때문에 이 곳을 통과하게 되어 있었다.

이와 같이 청산리대첩의 첫 대전이 벌어졌던 격전장 백운평에 들어가는 십리 남짓 길목에 몇 년전 연변 조선족 유지들이 '靑山里抗日戰蹟地'라는 나무 표지판을 세우고 "일제의 경신년 토벌에 직면하여 우리 항일무장부대는 홍범도의 영도하에서 유동작전을 전개하였다. 1920년 10월 21~22일에 청산리 백운평 천수평 어랑촌 등지에서 적들을 호되게 타격함으로써 인민들의 반일투쟁 신심을 북돋우었다"라고 기록하였다. 그곳 사관에 의한 표현이므로 우리와 꼭 맞을 수는 없으나 청산리대첩을 다시 생각하는 것이다. 그러나 우리의 입장으로서는 아무래도 이것만으로는 만족할 수는 없다.

그리하여 지난 2001년 8월 31일 백두산 천지에서 동북쪽으로 180km 어간에 자리잡은 심산유곡의 산골마을, 현재 길림성 화룡시 용성면 청산촌 앞 구릉상에 높이 만도 17.6m의 화강암 큰비에 한글과 한문으로 '청산리 항일대첩기념비', '青山里抗日大捷紀念碑'라 병서하고 그 아래 소총과 기관총을 쏘며 일제 침략군을 격퇴한 한국독립군의 용감한 모습을 담은 화강암 부조물을 붙인 기념비의 제막식을 거행하였다. 한국 광복회에서 2억여원에 달하는 재정지원으로 연변 조선족 자치주 국제공공관계협회에서 맡아 건립하였다. 조국 독립을 위하여 산화한 전몰용사를 비롯한 참전 독립군 영령들의 명복을 빈다.

ㄴ. 泉水坪과 完樓溝 전적지 : 泉水坪과 完樓溝가 있는 화룡현 臥龍鄕은 용정-화룡간 도로의 중간에 있는 西城鎭에서 오른쪽으로 난 백두산 관광도로를 따라 14㎞를 들어가면 나타난다. 완루구는 와룡향에서 서북방으로 길게 뻗은 골짜기 안에 있으며 남, 북 완루구로 나뉘어 있다. 홍범도 부대가 수행한 완루구 전투는 남완루구 일대에서 치러진 것이다.

와룡향에서 다시 서남방의 백두산 관광도로를 따라 계속 나가면, 漁郎村(平新村)과 鷄南, 그리고 野鷄(예지고우)가 연달아 나오고, 이 곳에서 약 7㎞를 더 들어가면 泉水坪에 도착한다. 와룡향에서 천수평에 다다를 때까지 해란강의 한 지류인 二道河의 맑은 하천이 도로변으로 나란히 흐르고 있다. 현재 천수평은 20~30호의 소규모 마을로 '八家子林業局 泉水洞林産事業

局'이 들어선 곳이다. 이 곳 천수동에서 10월 22일 새벽 대한군정서군이 이도하변에서 야영중이던 일본군 기병소대를 기습, 이들을 전멸시키는 대승을 거두었던 것이다.

ㄷ. 漁郞村 전적지 : 어랑촌은 천수평에서 10여 ㎞ 떨어진 곳에 있다. 일본군 東支隊 본대는 이 곳 어랑촌 마을 뒤 이도하 건너편 평지에 천막을 치고 야영을 하고 있었다. 대한군정서와 홍범도 연합부대는 야계골 서북쪽, 어랑촌 서쪽 천리봉 서남쪽 산(일명 874고지)에서 일본군 추격대와 치열한 전투를 벌였던 것이다. 천수평에서 어랑촌, 와룡향에 이르는 2도구 골짜기는 좌우 양쪽으로 산 봉우리가 이어져 있고 이도하를 따라 협소한 평지가 계속되는 형세이다. 삼도구와 이도구 사이가 산악지대이기 때문에 두 계곡을 이어주는 도로가 없어 청산리 전적지 답사가 더욱 곤란한 실정이다.

(17) 大韓獨立軍 근거지 明月溝

명월구는 안도에서 서북쪽 三道灣(연길시 관내)을 거쳐 왕청으로 가는 비포장의 험로를 따라 4~5㎞ 정도만 올라가면 나온다. 곧 이 길을 따라 안도시 외곽을 벗어나면 新興坪(현 新興屯)이 나오고 이 곳에서 다시 조금만 올라가면 長興鄕 豊山村에 다다른다. 과거의 명월구는 바로 이 일대를 가리키는 지명이었던 것이다. 이 일대가 홍범도의 大韓獨立軍과 이범윤이 중심이 된 大韓義軍府의 활동 근거지였다. 현재 연길시와 접경지대에 해당되는 이 곳은 과거에 연길현 관내에 들어 있었기 때문에 지리적인 이해에 혼동을 초래할 수 있음을 유념해야 한다.

명월구는 원래 대, 소의 2개 마을로 이루어져 있었다고 한다. 현재의 豊山村은 과거 대명월구로 불렸다고 하며, 이 곳에서 안도방면으로 약간 떨어진 야산기슭에 소명월구가 자리잡고 있었다고 한다. 그러나 소명월구 마을은 현재 흔적조차 없어지고 야산과 밭으로 변하고 말았다. 풍산촌에서 동쪽으로 골짜기를 따라가면 廟嶺이 나온다.

(18) 大韓正義軍政司 본부 소재지 奶頭山

'백두산 아래 첫동네'로 불리는 내두산 마을은 백두산 아래로 펼쳐진 원시림 평원 속에 위치해 있어 찾기가 여간 어려운 곳이 아니다. 백두산에서 이도백하를 향하여 내려오다가 光明林場으로 통하는 오른쪽 林業道路로 들어간 뒤 몇번의 갈림길을 겨우 찾아 수림 터널을 뚫고 천신만고 끝에 당도할 수 있었다. 현재의 행정구역으로는 안도현 이도백하진 내두산촌이다. 항일의병들이 중심이 된 大韓正義軍政司가 바로 이 곳에 본부를 두고 있었던 것이다. 奶頭山이라는 지명은 여성의 두 乳頭를 닮은 산이 마을 입구에 솟아 있다는 데서 유래했다고 한다. 내두산 마을은 동내두와 서내두의 두 마을로 이루어져 있다. 이도백하에서 들어오게 되면 내두산 부근의 서내두 마을에 먼저 당도하게 되는데 이 마을은 20여호에 불과한 소규모에다 경제적으로도 다소 낙후되어 있는 듯한 인상을 주었다. 이 곳에서 낮은 고개를 올라서면 고개 너머로 드넓은 평원이 한 눈에 들어오고 동내두 마을의 전경을 조망할 수 있다. 동내두는 70여호에 달하는 비교적 큰 마을로 서내두보다는 경제적으로도 윤택한 것처럼 보였다.

(19) 寬甸縣 靑山溝 烈婦禹氏義烈碑

서간도지역의 관전현 靑山溝는 寬甸에서 북동쪽으로 74 km 정도 떨어져 있다. 관전에서부터 차례로 老道排, 錯草嶺, 鐵路子를 지나고, 고구려 주몽 시절의 고산성이 있는 小城子를 경유하면 곧 靑山溝이다. 烈婦禹氏의 「義烈碑」는 청산구 마을을 지나 小雅河를 따라 올라가다 靑山湖에 약 2 km 정도 못미친 지점의 차도 좌측의 가파른 야산 허리에 자리잡고 있다. 의열비는 그 오른편의 「有明朝鮮國烈婦孺人禹氏之墓」라 새겨진 우씨의 묘비와 병렬로 나란히 서 있다. 1m 정도의 높이에 30~40cm 넓이의 화강암으로 된 이 비는 우씨부인이 순절한 직후인 1919년 3월에 건립된 것이다.

1917년 5월 황해도 평산 출신의 의병장이며 유인석의 문인인 李鎭龍이 국망 전후 서간도로 넘어와 이곳 청산구 일대에서 항일활동을 벌이던 중 일경에 의해 체포되었다. 이진룡이 감옥으로 이송될 때, 그의 제자인 黃鳳仁·鳳信 형제는 그를 구출하려다가 실패하고 이들도 도리어 체포되어 이진룡과 함께 평양으로 이송된 뒤 다음해에 모두 사형을 당해 순국하였다. 남편의 순국소식을 들은 이진룡의 부인 단양우씨도 집 앞의 소나무에 목을 매 순절하였다. 그 뒤 인근의 중국인들이 정성을 모아 이와 같이 순절한 우씨부인의 '義烈'을 기리기 위해 이곳에다 비를 세웠던 것이다. 단양우씨의 친정 오빠는 이진룡의 의병 동지이며 유인석 문하의 동문인 禹炳烈이었다.

의열비가 있는 곳에서 청산호 쪽으로 500여 m를 올라가면 소아하 건너편에 넓다란 계곡인 高麗溝가 나온다. 이 고려구 계곡을 거슬러 7, 8리 떨어진 산속에는 황해도 의병장 출신의 李鎭龍과 禹炳烈, 白三圭 등 10여호의 한인 항일지사들이 거주하였다고 한다. 또한 평안도 의병장 출신인 趙秉準과 全德元 등도 이 일대에 거주하며 鄕約社, 保約社 등의 결사를 조직하며 상호 결속을 도모하였다. 그러므로 이 일대는 1910년대 초기의 서간도지역의 한인 독립운동에서 중요한 의미가 있는 유적지가 되는 것이다.

(20) 芳翠溝의 柳麟錫 守義處

유인석이 말년에 거주하였던 곳으로 전해지는 방취구는 현재 관전현의 경내(寬甸縣 步達遠鄕 高嶺地村 高麗溝)에 들어 있지만 환인현의 沙尖子에서 혼강을 건너야 들어갈 수 있다. 관전에서 동북쪽으로 70, 80 km 떨어진, 청산구 남쪽의 步達遠을 지나면 남쪽의 고마령으로 가는 길과, 동쪽의 혼강으로 가는 갈림길이 나온다. 여기에서 조금만 더 동진하면 혼강을 만나게 되고, 그 강의 대안에 桓仁縣 沙尖子鎭이 자리잡고 있다. 이곳이 1897년 호서의병장 柳麟錫이 219명의 의병을 거느리고 국외 항일기지를 건설하려고 압록강을 건너와 유진하다가 懷仁縣宰에게 강제로 무장해재를 당하는 비운을 겪은 곳이기도 하다.

사첨자 도선장에서 배를 타고 혼강을 건너면 사첨자로 들어가게 되고 이곳에서 다시 혼강을 거슬러 올라가면 다시 도선장이 나타난다. 이곳에서 다시 5분 정도 배를 타고 혼강을 건너가면 관전현의 고려구 방취동에 다다르게 된다. 강변의 작은 마을을 지나 방취구 계곡을 따라 30분 정도 올라가면 산 중턱에 흰 비석이 서 있다. '毅菴記碑'라 이름한 이 비석은 이곳이 유인석의 만년 수의처였음을 기리기 위해 관전현 당국에서 1994년 5월에 세운 것이다. 큰 자연석을 기단으로 삼아 그 위에 가로 90㎝, 세로 70㎝의 비석에 1백여 자를 새겨 유인석의 행적을 기렸다. 필자는 여기서 묵념하면서 이렇게 시조한수를 읊었다.

> 波猪江邊 呼哭소리 東明王은 들으셨나
> 大韓의 義將이며 儒林의 宗師어른
> 江邊深谷 芳翠溝에 自靖處를 삼았나니

파저강변에서 219명의 무장해제당한 의병들이 목놓아 울었다는 뜻이다. 또한 이곳은 동명성왕이 처음 도읍한 지역이다. 그리고 유인석은 의병장 중에서도 가장 저명한 義兵大將인 동시에 華西學派의 정통도맥을 받은 儒林의 큰 어른이었다. 이러한 그가 파저강변의 제일 깊은골짜기 방취구를 죽을 자리로 선택 종신하였다는 뜻이다. 「의암기비」의 전문은 다음과 같다.

李朝末期 朝鮮儒林宗匠 著名義兵將領柳麟錫 號毅菴 晩年隱居此地

公元1915年3月14日病逝 享年73歲 遺著『毅菴先生文集』在寬甸刊刻
公諸于世 實踐了 '守華終身' 寬甸滿族自治縣 民族事務委員會
史志辦公室 一九九四年五月 立

(21) 서간도지역 독립운동의 요람 三源浦

柳河縣 三源浦는 국망 직후 서간도지역에서 독립운동기지로 가장 주목받은 지역이다. 1910년 한일합병 전후 국내에서 의병활동을 하던 인사들과 애국계몽단체인 新民會의 민족운동자들, 그리고 일본의 무관학교에서 신식 군사교육을 받고 일본군에 소속해 있던 池青天·金擎天과 같은 인물들이 국외 독립군기지 건설을 계획하고 개척한 지역이었다. 이들 민족운동자들은 자신들의 재산을 팔아 돈을 마련한 뒤 망명하였다. 그와 함께 국내의 동포들도 이 지역으로 이주케 하여 불모지인 삼원포지역을 개발하였다. 그리고 1911년 4월에는 이주 한인들을 규합하고 한인대회를 개최하여 자치기관인 耕學社를 설립하고, 조국독립의 원대한 의지를 밝힌 경학사 취지서를 채택하였다. 경학사 초대 사장에는 石洲 李相龍이 임명되었다. 경학사는 이후 3·1운동 때까지 扶民團·韓族會로 확대 개편되면서 서간도 전지역의 이주 한인에 대한 자치와 항일운동을 주도하였다. 이러한 점에서 삼원포는 서간도지역의 독립운동 요람이라 하여도 과언이 아니다.

삼원포 독립운동기지 건설사업은 국치후인 1911년 2월 李會榮 집안 40여 명의 대식구를 비롯하여 李相龍 등 안동 유림이 잇달아 三源浦의 大孤山 아래 鄒家街 마을에 정착한 것을 계기로 본격적으로 추진되었다. 초기 이주지였던 鄒家街[주지갈]는 삼원포진에서 5㎞ 정도 서북쪽으로 떨어진 곳으로 현재는 柳河縣 三源浦鎮 二道溝鄉 明星村이 정식 마을 이름이다. 조선족들은 이곳을 서주지갈[西朱家村]로 부른다고 한다. 마을 북쪽으로는 경학사 취지서를 낭독하였던 大孤山이 솟아 있어 이 마을이 주지갈임을 한 눈에 알 수 있게 한다. 마을 중앙에 황토길이 넓직하게 나 있고 양편으로 초가집과 너와집이 이어져 있었다. 모두 100여호 규모의 마을 주민 가운데 30여호가 조선족이라고 한다. 그러나 이곳이 주지갈 마을이라는 사실만 확인할 수 있을 뿐 한인 독립운동과 관련된 더 이상의 구체적인 유적은 찾을 수 없어 안타까운 실정이다. 이 마을 어딘가에 柳河縣 三源浦의 독립운동 국외기지 설정을 기념하는 사적비라도 건립하는 것이 바람직한 일일 것이다.

(22) 大韓獨立團의 大花斜

대화사는 삼원포에서 서남쪽으로 25㎞ 정도 떨어진, 대한독립단 본부가 있었던 곳이다. 지금은 柳河縣 和平鄕 良種場村이라 하였다. 160여 규모의 비교적 큰 마을임에도 불구하고 현재 조선족은 살지 않는다고 한다. 마을에서 서북쪽으로는 신빈쪽인데 산으로 막혀 있었으며, 동쪽으로는 항일운동시 한인들이 땀흘려 개간하였을 넓은 수전 벌판이 펼쳐져 있다.

대한독립단은 1919년 4월 이곳 대화사에서 조직되었다. 총재에 朴長浩, 부총재에 白三圭, 총단장은 趙孟善, 군사부장에는 全德元이었다. 대한독립단은 멀리는 무송·안도·장백지역과 국내의 평안도 지역에까지 지단을 두고 거류동포 1백호 이상을 區로 하여 區管을 두고 10區에 단장을 두어 자치 행정을 실시하였다. 1920년 연호문제로 기원독립단과 대한독립단으로 분리되었으나, 1920년 7월 한족회·대한청년단연합회와 통합하여 임시정부 산하의 광복군총영으로 개편되어 항일독립투쟁을 계속한 남만주의 대표적인 독립운동 단체였다.

대화사에는 대한독립단 외에도 방기전목사가 단총리로 있던 扶民團 제2구가 자리잡았던 곳이며, 1913년 신흥학교 졸업생들을 주축으로 신흥학우단이 조직된 곳이기도 하다. 이 지역은 마을 뒤편으로는 산악지대가 형성되어 있고 산을 넘으면 봉천성 관내인 신빈현이다. 이 일대는 지형적으로 비밀활동을 하기에 유리했던 지역이었다.

(23) 孤山子의 新興武官學校 터

柳河에서 동쪽으로 40여 km 떨어진 곳에 孤山子鎭의 大肚子가 자리잡고 있다. 유하에서 남쪽 通化로 가는 포장도로를 따라 六道溝까지 30분 정도 내려간 뒤, 이곳에서 동쪽으로 난 길을 따라 13㎞ 가까이 가면 全勝鄕 孤山子鎭이 나오고, 여기서 다시 9㎞ 정도 더 가야 大肚子 마을에 당도할 수 있다. 독립군의 핵심간부들을 양성해 낸 신흥무관학교가 바로 이 마을에 자리잡고 있었다.

신흥무관학교 자리는 현재 마을 뒤(남쪽)의 밭으로 변해 있다. 마을 동쪽 아래로 난 도로에서부터 논길을 따라 밭으로 올라갈 수 있다. 밭 언덕에는 슬라브 집이 몇 채 있고 전봇대가 서 있다. 이 일대가 모두 신흥무관학교 자리였다고 한다. 연병장이 되기에도 충분히 넓은 장소였으며, 멀리 앞쪽에는 산으로 둘러싸여 있어 군사훈련을 하기에도 유리한 지형같았다.

한인 청소년들의 민족교육과 군사훈련을 담당하던 신흥학교가 1919년 3·1운동 후에 신흥무관학교로 개편하면서, 哈泥河에서부터 孤山子 河東의 大肚子 마을의 언덕으로 이전하였던 것이다. 이곳에다 40여칸의 兵舍와 연병장을 부설하여 사관 양성에 주력하였다. 무관학교의 교장에는 李世永(이명 李天民)이 재임하였으며, 교성대장에 지청천 장군을 비롯하여 이범석·신팔균·오광선 등이 교관으로 청년들을 무장 훈련하였던 것이다. 이 마을 어구에 신흥무관학교 기념비를 세워 그 뜻을 기리는 것이 바람직하다.

한편, 이곳 고산자 일대에서는 부민단의 뒤를 이은 韓族會가 설치되어 서간도 한인의 자치를 맡았으며, 1919년 11월에는 신흥무관학교 교관과 학생들을 중심으로 서로군정서가 조직되어 안도현 산림지대로 이전, 청산리전투에 참가하였던 것이다.

(24) 쏘배차의 白西農庄 터

혼강에서 다시 쏘배차를 향해 들어갔다. 택시가 들어갈 수 있는 길이 아니었다. 차 밑부분이 덜컥덜컥 걸리고 물이 차있어 시동이 꺼질까 걱정하면서 건너고 하여 '빨리초'까지 갔다. 이제 쏘배차까지 가야만 백서농장 자리인데 도저히 택시가 들어갈 수 없었다. 길은 나 있었지만 완전히 진흙탕 길이어서 경운기도 푹 파졌다가 쾅쾅거리면서 나오기를 1시간이나 반복하고 나서야 조용한 산속의 마을에 도착하였다.

白西農庄은 1914년 통화현 八里哨 쏘배차[小北岔](현재는 유하현에 속함)에서 신흥학교 출신 군인들을 주축으로 설립된 독립군단이다. '농장'이란 이름을 붙인 이유는 일반인의 이목을 피하기 위해서였으며, 金東三이 백서농장 독립군을 총지휘하고 있었다. 그리하여 이곳 쏘배차에서는 4백명에 이르는 독립군 요원들에게 실전을 방불케 하는 훈련을 실시하였다. 『白西農庄史』에 기록에 따르면 "이곳은 백두산맥 인적 미답의 大樹海 지대로서 산곰·산돼지·오소리 등 산짐승들이 득실거리는 험한 유곡이었다"라고 되어 있다. 이러한 기록과 같이 실제로 쏘배차는 백두산록의 고원지대에 자리잡고 있는 마을이었다. 동서로 산이 줄지어 있고 남북으로 길게 마을이 형성되어 있었는데 어림잡아 50여 호는 되어 보였다. 마을 입구쪽으로 강물이 넘실대며 흘러가고 있었다. 이 강이 합니하 상류지역이라 하였다. 20여 m는 됨직한 나무 다리를 건너 마을로 들어가니 역시 옥수수밭이 많았다. 반가운 벼도 보였다. 마을의 중앙부에 그리 넓지는 않았지만 수전이 일구어져 있었다. 벼는 비록 작았지만 벌써 이삭이 일부 나와 있었다. 고지대이기 때문에 조생종을 심은 듯하였다. 이전에는 수전이 많았다는데 이제 별로 보이지 않았다.

마을의 동쪽 산밑으로 가니 산을 약간 깎은듯한 지대가 있었다. 이 일대에 길이로 2~300 m로 백서농장이 자리했었다 한다. 지금은 옥수수밭이 되어 옛날 흔적은 알 수 없이 변해 있었다. 이 백서농장 터는 더 학술적인 조사를 거쳐 확정할 필요가 있는 곳이다.

(25) 고마령참변 유적지

만주 독립군사상 가장 비극적인 참변의 현장이 古馬嶺慘變의 현장이다. 현재의 행정구역으로는 集安市 大路鄕 古馬嶺村이다. 길림, 요녕성의 경계지대에 자리잡은 고마령 일대는 험한 산악지대이다. 환인현 沙尖子에서 압록강을 향해 50여 km를 내려오면 大路鄕이 나온다. 이곳에서 오른쪽으로 난 험로를 따라 7km를 더 가면 大陽岔이며, 여기서 다시 20여 km를 더 가야 古馬嶺에 도착할 수 있다. 이 마을은 사방이 산으로 둘러싸여 있으며, 두만강에서 직선거리로 치면 20여 km 정도 떨어진 지척간이다.

고마령에서는 1925년 3월 16일 국내진입작전을 전개하기 위해 참의부 참의장 崔錫淳을 비롯한 간부들이 군사회의를 열고 있었다. 일제 초산경찰서에서는 이 사실을 탐지하고 65명의 경찰대를 이곳으로 급파, 회의장소를 기습토록 하였다. 뜻밖의 습격으로 임전태세를 갖추지 못한 독립군은 전원 피체되거나 죽음을 각오하고 항전하는 두 갈래의 선택 밖에는 없었다. 죽음을 각오한 독립군들은 결사 항전을 벌였다. 결국 4시간에 걸친 항전 끝에 독립군은 崔碩淳 이하 중대장 田昌禧 등 22명이 전사하고 3명이 피체되는 참변을 당하고 말았다.

현재 고마령촌은 20～30호의 소규모 마을이고, 주민 전부가 한족으로 조선족은 살지 않는다. 고마령참변의 현장을 직접 확인하기는 곤란했으며, 나아가 당시 상황을 증언해 줄 주민도 없었다. 이 유적지는 시베리아의 자유시참변 유적지와 아울러 독립군의 특수한 유적지이다. 탐방자는 고개 숙여 그들의 명복을 빌었다.

古馬嶺이 어디메뇨 輯安현 두메산골
조국을 찾으려던 英烈들이 산화한 곳
大韓 后人 고개숙여 광복50주년 고합니다.

(26) 扶民團의 유적지 哈泥河

통화현 관내의 한국 독립운동유적지 가운데 중요한 유적지 가운데 한 곳이 哈泥河이다. 耕學社에 이어 서간도 제2의 자치기관으로 조직된 扶民團의 본부가 이곳에 자리잡고 있었던 것이다. 1911년 유하현 삼원포에 조직되었던 서간도 최초의 한인 결사인 耕學社는 그 해 가을 대흉과 풍토병의 만연으로 유지가 어려워 자연 해체되고 말았다. 그 뒤 1912년 가을 경학사의 사업을 계승한 부민단을 삼원포에서 남쪽으로 90여 리 떨어진 이 곳 통화현 합니하에서 조직하였던 것이다. 한편, 민족운동자들은 1913년 哈泥河에 무관교육기관인 新興學校를 건립하여 독립군을 양성하였으며, 이 학교의 졸업생과 교직원으로 新興學友團을 조직케 하여 독립운동의 기반을 다지는 사업에 종사토록 하였다.

부민단은 본부에 서무·법무·검무·학무·재무 등의 부서를 두고, 지방조직으로는 이주 한인의 규모에 따라 千家·百家·十家 등을 두어 한인사회를 효과적으로 체계화시켰다. 이같이 체계화된 부민단은 이주 한인사회의 자치를 담당하는 한편 민족학교를 설립, 한인 자제들에게 민족교육을 실시하였다. 그리고 한인사회에서 발생하는 일체의 사고를 재결하고 중국인 또는 중국관헌과의 분쟁사건을 맡아서 처리해주는 구실도 하였다.

합니하는 유하현에서 통화현으로 흘러 내려오는 강 이름이다. 그러나 부민단이 조직된 합니하는 강 이름이 아닌 地名이다. 합니하는 通化市에서 동북으로 32㎞ 정도 떨어진 합니하 강변의 넓은 분지에 위치해 있다. 1910년대 당시에는 합니하로 불렀지만 지금은 高麗館子란 지명으로 바뀌었다. 합니하 양 옆으로 넓은 들이 형성되어 있고, 강과 거의 붙어 마을이 형성되어 있었다. 그리고 합니하를 사이에 두고 마을 반대편에는 그리 높지 않은 작은 산들이 이어져 있었다. 밭으로 일구어진 넓은 들 한가운데 약 5, 60호의 마을이 형성되어 있었다. 50대의 중국인을 만나 조선족이 살고 있느냐고 물었더니 1960년대초까지는 마을 주민의 대부분이 조선족이었으나 1960년대가뭄으로 흉년이 들자 조선족을 비롯한 주민 모두가 떠나 마을은 폐촌이 되다시피 하였다고 한다. 현재로서는 부민단 본부나 신흥학교 자리를 구체적으로 확인할 수는 없다. 앞으로 더욱 세밀한 조사가 진행된다면, 그 유적지 현장을 찾을 수 있을 것으로 기대한다.

(27) 하얼빈의 안중근의거 유적지

하얼빈역두의 안중근의거 현장은 그 흔적을 찾을 수 있다. 대합실을 비롯한 驛舍는 그동안 개축되어 원형을 찾을 수 없지만, 대합실을 나오면 바로 지척간에 의거 현장인 1번선 플랫폼이 나타난다. 그동안 오랜 세월이 흘렀지만 1번선 승강장은 변함이 없었다. 특히 수년전까지는 안의사의 총탄에 伊藤博文이 쓰러졌던 자리에 둥근 흔적이 남아 있어 그 현장을 더욱 생생히 확인시켜 주었다. 그동안 현지에서 여러 가지로 조사한 사람들의 증언에 의하면, 일제는 위성국인 만주국 시절까지 의거 현장에 伊藤의 '凶擧' 기념물을 만들어 놓고 그들대로 '추념'을 표했으며, 2차대전 후 그 흉물이 철거되고 난 뒤 그 자리에 남았던 흔적이라는 것이다. 안중근 의사는 이곳에서 驛舍쪽으로 2칸 반, 즉 10여보 거리에서 伊藤을 사살, 한민족의 의기를 천하에 떨쳤던 것이다. 그러나 현재는 의거 현장에 둥근 화단이 조성되어 있기 때문에 이등이 쓰러졌던 그 지점은 짐작으로만 가늠해 볼 뿐이다.

1909년 10월 26일 오전 9시를 조금 지날 무렵 기적을 울리며 이등이 탄 특별열차가 플랫폼에 들어와 멎었다. 마중 나온 러시아의 대장대신 고고프체프가 차내에 들어가 이등을 영접, 얼마후 그의 안내에 따라 이등은 수행원을 거느리고 하차하여 앞에 군악을 울리고 도열한 러시아 의장대를 사열하고 이어 각국 영사단 앞으로 다가가 악수를 나누었다. 안의사는 이때 러시아군대의 뒤에서 거사 기회를 노리고 있었다. 10보 떨어진 거리에 이르렀을 때 안의사는 권총을 꺼내들고 이등을 향하여 4발을 연거푸 쏘았다. 첫발이 伊藤의 가슴을 명중시켜 허파를 뚫었고, 제2발이 옆갈비를 맞혔다. 또한 제3발이 복부를 관통시켜 이등은 말도 제대로 못하고 그 자리에 쓰러졌다. 안의사는 본시 이등의 얼굴을 모르기 때문에 여기서 한번 잘못 쏜다면 대사가 낭패라고 생각, 만전을 기하여 일본인중에 의젓해 보이는 앞서가는 자들을 향하여 새로 세 발을 더 쏘았다. 이등을 뒤따르던 하얼빈 일본영사 川上, 비서관 森泰, 滿鐵이사 田中 등이 차례로 쓰러졌다. 안의사는 이때 현장에서 이등이 쓰러진 것을 확인하고 '대한독립만세'를 세번 부르고 태연자약하게 한발 남은 권총을 거꾸로 잡고 러시아 헌병에게 내어주고 체포되었다. 이때가 안의사의 기억으로는 9시 30분경이라 하였다.

안의사는 그곳에서 300 m 쯤 떨어진 동청철도국 건물로 압송되어 러시아 군헌으로부터 첫 심문을 받았다. 그 건물은 지금도 대로상에 그대로 남아있어 육중한 느낌을 주고 있다. 동청철도국 건물은 그 무렵 만주의 동철을 관리하던 러시아의 소유로, 중국영토 안의 치외법권지역이었다. 안의사는 그들에게 "나는 대한의병 중장으로서 조국의 독립과 동양의 평화를 위하여 적장을 총살 응징한 것"이라고 밝혔다. 그리고 당일 저녁 9시경 러시아 헌병에게 끌려가 지금도 흉한 모습으로 남아 있는 일본 영사관 지하감방으로 인계되었던 것이다. 안의사의 하얼빈의거를 기리는 기념물 건립을 진지하게 검토해야 할 때라 생각된다. 안의사는 하얼빈 의거 후 여순 감옥에서 임형 순국에 즈음하여 「國家安危勞心焦思恩」(나라의 안위를 걱정하고 애태운다) 등 憂國유묵을 남긴 것이다.

부 록 2

독립군 명부*

ㄱ

· 강경여	姜京汝	대한국민회	158
· 강구우	姜九禹	대한국민회	171
· 강국모	姜國謨	대한국민회	89
· 강국보	姜國甫	대한국민회	117
· 강군현	姜君賢	대한국민회	105

* 총 2,328명을 헤아리는 이 「독립군명부」는 이 책 6. 북간도 독립군단과 '독립군명부'에서 논급하는 독립군 인명을 구체적으로 참조하기 위하여 국가보훈처에서 간행한 『북간도지역 독립군단명부』에 수록된 북간도지역 독립군단 소속 독립군명부를 가나다순으로 종합한 것이다.

작성시기는 1921년 4월로 되어있으나 내용은 1919년 3 · 1운동 이후 1920년 봉오동승첩과 청산리대첩을 거쳐 북간도 독립군단의 '대한독립군단'이란 단일군단으로 북만주 밀산과 연해주 이만등지로 북상하던 1921년 3월경까지 활동한 중요 17개 군단의 것을 다룬 것이다.

인명 소속군단 다음 숫자는 국가보훈처간행 『북간도지역 독립군단명부』(1997)의 쪽수를 표시한 것이다(원제 『間島지역에서의 不逞鮮人團의 組織 및 役員調査表』 필자 해제 참조)

· 강근주	姜勤周	대한군정서	39
· 강덕현	姜德賢	대한국민회	143
· 강도규	姜道奎	대한의군부	202
· 강도천	姜道薦	대한국민회	153
· 강도천	姜道薦	대한의군부	217
· 강두황	姜斗璜	대한의군부	205
· 강 립	姜 立	대한국민회	134
· 강문주	姜文周	대한의군부	210
· 강문홍	姜文弘	대한의군부	219
· 강백규	姜伯奎	대한국민회	81
· 강백규	姜百奎	청 년 단	307
· 강병훈	姜秉勳	대한국민회	134
· 강봉거	姜鳳擧	대한의군부	200
· 강봉거	姜鳳擧	대한의군부	206
· 강봉서	姜鳳瑞	대한국민회	158
· 강봉선	姜鳳善	대한국민회	155
· 강봉준	姜鳳俊	대한국민회	159
· 강 빈	姜 彬	대한총군부	320
· 강상룡	姜尙龍	대한국민회	175
· 강상모	姜尙模	대한북로독군부	263
· 강상세	姜相世	대한국민회	99
· 강상운	姜尙雲	대한국민회	99
· 강상주	姜相周	대한의군부	209
· 강서봉	姜瑞鳳	대한국민회	109
· 강석우	姜錫禹	대한군정서	56
· 강석우	姜錫禹	대한국민회	113
· 강석준	姜石俊	대한국민회	174

·강성황	姜聖璜	대한국민회	105
·강세중	姜世仲	대한국민회	107
·강 순	姜 純	대한국민회	172
·강승경	姜承慶	대한군정서	30
·강승범	姜承範	청 년 단	307
·강승조	姜承祚	대한군정서	48
·강시범	姜時範	대한북로독군부	262
·강영구	姜泳龜	대한국민회	134
·강영삼	姜永三	대한국민회	103
·강우현	姜祐賢	대한의군부	218
·강운서	姜雲瑞	대한국민회	88
·강웅세	姜雄世	대한국민회	99
·강위옥	姜渭玉	대한군정서	47
·강위포	姜渭浦	대한군정서	55
·강인용	姜仁容	대한국민회	107
·강인호	姜仁鎬	대한군정서	48
·강재규	姜載奎	대한국민회	147
·강재형	姜在亨	야 단	302
·강정호	姜正浩	대한군정서	31
·강주항	姜周恒	대한의군부	218
·강중보	姜仲甫	대한국민회	162
·강진우	姜震宇	대한국민회	175
·강창규	姜昌奎	대한국민회	177
·강창대	康昌大	대한의군부	204
·강창태	姜昌太	대한의군부	234
·강 철	姜 哲	대한국민회	134
·강추오	姜秋五	대한국민회	143

· 강치봉	姜致鳳	대한국민회	75
· 강태동	姜泰東	대한국민회	100
· 강태인	姜太仁	대한국민회	110
· 강풍만	姜豊滿	대한국민회	164
· 강해범	姜海範	대한국민회	99
· 강홍제	康洪濟	대한의군부	209
· 강홍해	姜弘海	대한국민회	150
· 강화린	姜華麟	대한군정서	28
· 강화린	姜華麟	대한군정서	30
· 강 훈	姜 勳	대한군정서	51
· 강희웅	姜熙雄	대한국민회	98
· 강희헌	姜羲軒	대한국민회	105
· 계봉우	桂奉瑀	대한민국임시정부	333
· 계 화	桂 和	대한군정서	23
· 계 화	桂 和	대한총군부	318
· 계 활	桂 活	대한총군부	318
· 고경은	高景殷	대한국민회	83
· 고덕수	高德洙	대한국민회	88
· 고동순	高東順	대한군정서	57
· 고동환	高東煥	대한국민회	80
· 고동환	高東煥	대한국민회	98
· 고봉길	高鳳吉	대한국민회	106
· 고성환	高聖瑍	구 국 단	298
· 고원국	高元國	신 민 단	283
· 고일청	高一淸	대한민국임시정부	328
· 고종화	高宗和	대한국민회	124
· 고 준	高 峻	대한총군부	320

·고진호	高辰昊	독립신문	361
·고 평	高 平	대한북로독군부	261
·곽영극	郭永極	대한국민회	174
·구자익	具滋益	대한국민회	75
·구자익	具滋益	대한북로독군부	265
·구자일	具自一	대한총군부	317
·구춘선	具春先	대한국민회	74
·구춘선	具春先	대한국민회	76
·구춘선	具春先	대한국민회	80
·구회겸	具會謙	대한군정서	51
·권두영	權斗英	대한군정서	47
·권명언	權明彥	대한국민회	113
·권성준	權成俊	대한국민회	126
·권세범	權世範	대한국민회	153
·권시남	權時男	대한군정서	51
·권중설	權重禼	대한국민회	129
·권중행	權重行	대한군정서	32
·김가언	金佳彥	대한국민회	96
·김가진	金嘉鎭	대한군정서	22
·김가회	金嘉會	대한의군부	204
·김 강	金 剛	대한국민회	87
·김 강	金 剛	대한북로독군부	265
·김 견	金 甄	대한의군부	214
·김경도	金京道	훈춘한민회	312
·김경순	金京順	대한군정서	40
·김경오	金京五	대한군정서	40
·김경준	金京俊	대한군정서	23

· 김경지	金京芝	대한군정서	45
· 김경충	金敬忠	대한광복단	272
· 김경화	金京化	대한군정서	41
· 김경화	金景華	대한민국의민단	278
· 김경환	金景煥	대한의군부	217
· 김계훈	金繼勛	대한군정서	35
· 김관철	金觀鐵	대한국민회	111
· 김관희	金寬禧	대한국민회	112
· 김광숙	金光淑	대한군정서	23
· 김광숙	金光淑	야 단	302
· 김 구	金 龜	대한민국임시정부	325
· 김국영	金國英	대한군정서	37
· 김국현	金國鉉	대한군정서	24
· 김국현	金國鉉	대한국민회	90
· 김군평	金君平	대한군정서	46
· 김규면	金奎冕	신 민 단	280
· 김규면	金奎冕	신 민 단	281
· 김규식	金奎植	대한군정서	29
· 김규식	金奎植	대한민국임시정부	329
· 김규식	金圭植	대한총군부	319
· 김규찬	金奎燦	대한국민회	74
· 김규찬	金奎燦	대한국민회	76
· 김규찬	金奎燦	대한국민회	82
· 김근하	金根河	대한민국임시정부	327
· 김근학	金近學	대한국민회	182
· 김기덕	金基德	대한국민회	115
· 김기련	金基鍊	대한국민회	116

· 김기보	金基甫	대한국민회	130
· 김기봉	金基鳳	대한군정서	47
· 김기선	金基善	신 민 단	283
· 김기원	金基園	대한군정서	40
· 김기율	金基律	대한국민회	103
· 김기정	金磯禎	대한국민회	98
· 김기정	金基正	대한의사부	291
· 김기천	金基天	대한국민회	179
· 김기훈	金基勳	대한의군부	217
· 김길수	金吉洙	대한의군부	234
· 김낙서	金洛瑞	대한의군부	234
· 김낙용	金洛用	대한국민회	83
· 김낙준	金樂俊	대한의군부	219
· 김남서	金南瑞	대한국민회	138
· 김남선	金南善	대한군정서	47
· 김남선	金南善	대한국민회	119
· 김남철	金南轍	대한국민회	166
· 김남철	金南徹	학생광복단	304
· 김내범	金迺範	대한국민회	84
· 김내범	金迺範	대한국민회	97
· 김내범	金迺範	청 년 단	306
· 김내범	金乃凡	대한국민회	116
· 김대우	金大禹	대한국민회	102
· 김대홍	金大弘	대한국민회	122
· 김덕룡	金德龍	대한군정서	40
· 김덕상	金德尙	대한국민회	90
· 김덕선	金德善	대한군정서	31

이름	한자	단체	쪽
· 김덕연	金德淵	대한국민회	138
· 김덕현	金德賢	대한군정서	23
· 김도현	金道鉉	대한의군부	215
· 김동규	金東奎	대한국민회	166
· 김동삼	金東三	대한군정서	34
· 김동섭	金東燮	대한군정서	31
· 김동악	金東岳	대한국민회	88
· 김동억	金東億	신 민 단	284
· 김동우	金東愚	대한광복단	271
· 김동우	金東宇	대한광복단	271
· 김동욱	金東旭	대한국민회	127
· 김동준	金東俊	대한북로독군부	261
· 김동진	金東鎭	대한군정서	34
· 김동철	金東哲	청 년 단	308
· 김동철	金東哲	청 년 단	309
· 김동형	金東瀅	대한민국임시정부	332
· 김동화	金東華	대한국민회	132
· 김동환	金東煥	대한의군부	216
· 김동훈	金東勳	대한군정서	43
· 김동훈	金東勛	대한국민회	96
· 김동희	金東曦	대한군정서	38
· 김동희	金東熙	대한국민회	75
· 김동희	金東熙	대한국민회	83
· 김동희	金東熙	청 년 단	309
· 김두만	金斗萬	대한민국임시정부	326
· 김두성	金斗星	대한국민회	180
· 김두용	金斗用	대한국민회	149

· 김문익	金文釴	훈춘한민회	313
· 김문학	金文學	대한의군부	213
· 김방언	金邦彦	대한국민회	101
· 김백우	金伯禹	대한광복단	272
· 김병건	金丙乾	대한의군부	224
· 김병규	金秉奎	대한국민회	163
· 김병극	金炳極	대한국민회	176
· 김병남	金炳南	대한의군부	224
· 김병덕	金秉德	대한군정서	24
· 김병덕	金秉德	대한군정서	35
· 김병두	金炳斗	대한국민회	105
· 김병두	金秉斗	대한국민회	182
· 김병렬	金炳烈	대한민국의민단	277
· 김병묵	金秉默	대한군정서	43
· 김병묵	金秉默	대한국민회	164
· 김병묵	金秉默	대한국민회	179
· 김병민	金秉旼	대한국민회	168
· 김병민	金秉旼	대한국민회	169
· 김병설	金秉卨	대한군정서	52
· 김병식	金秉植	구 국 단	298
· 김병언	金炳彥	대한국민회	160
· 김병운	金秉雲	대한군정서	47
· 김병운	金秉運	대한국민회	119
· 김병전	金秉典	대한군정서	47
· 김병조	金秉祚	대한민국임시정부	333
· 김병주	金秉周	대한국민회	180
· 김병학	金秉鶴	대한국민회	129

· 김승조	金承祚	대한의군부	218
· 김승조	金承祚	대한의군부	219
· 김승학	金承學	대한국민회	121
· 김승학	金承學	대한국민회	148
· 김승현	金承鉉	대한국민회	167
· 김승화	金昇和	대한국민회	137
· 김시점	金時漸	대한청년단연합회	335
· 김식홍	金植洪	대한군정서	55
· 김 신	金 信	대한총군부	317
· 김약연	金躍淵	청 년 단	306
· 김 양	金 陽	대한국민회	122
· 김양관	金羕官	대한의군부	202
· 김양국	金良國	대한민국의민단	278
· 김양수	金良洙	대한국민회	137
· 김억만	金億萬	대한국민회	87
· 김억신	金億信	대한군정서	57
· 김언극	金彦極	대한의군부	220
· 김여산	金如山	대한의군부	222
· 김여성	金如聲	대한민국임시정부	326
· 김여수	金麗水	대한군정서	45
· 김여수	金麗壽	대한국민회	125
· 김여수	金汝洙	대한의군부	205
· 김여술	金麗述	대한국민회	118
· 김여일	金如一	대한국민회	111
· 김여환	金礪煥	대한군정서	35
· 김연군	金演君	대한민국의민단	276
· 김 영	金 英	대한국민회	75

· 김 영 金 英 대한국민회 172
· 김영국 金永國 대한군정서 45
· 김영규 金榮奎 대한군정서 51
· 김영범 金永範 대한의군부 200
· 김영범 金永範 대한의군부 207
· 김영선 金營善 대한의군부 200
· 김영언 金永彥 대한국민회 135
· 김영옥 金永玉 대한국민회 152
· 김영조 金永祚 대한국민회 131
· 김영철 金永哲 대한국민회 132
· 김영청 金永晴 대한국민회 147
· 김영택 金永澤 대한광복단 272
· 김영하 金英河 대한국민회 128
· 김영하 金永夏 대한국민회 176
· 김영희 金永熙 대한군무도독부 239
· 김영희 金永熙 대한민국임시정부 325
· 김옥정 金玉亭 청 년 단 308
· 김옥현 金玉玄 대한군정서 30
· 김완익 金玩翼 대한의군부 214
· 김완준 金完俊 야 단 302
· 김왕련 金旺鍊 대한군정서 42
· 김 용 金 溶 대한국민회 110
· 김 용 金 勇 대한의군부 214
· 김용관 金龍官 대한국민회 182
· 김용달 金容達 대한국민회 82
· 김용성 金容星 대한국민회 177
· 김용숙 金龍淑 대한국민회 87

· 김용욱	金龍郁	대한국민회	128
· 김용정	金用貞	대한민국임시정부	329
· 김용한	金龍漢	구 국 단	299
· 김용흡	金庸洽	대한국민회	160
· 김우건	金禹鍵	대한군정서	36
· 김우룡	金雨龍	대한국민회	114
· 김우종	金禹鐘	대한군정서	23
· 김우홍	金雨洪	대한국민회	113
· 김 운	金 云	대한의군부	201
· 김운룡	金雲龍	대한의군부	221
· 김운종	金雲鍾	학생광복단	304
· 김원경	金元慶	대한애국부인회	337
· 김원수	金元壽	대한의군부	215
· 김원우	金源祐	대한국민회	166
· 김원준	金元俊	대한국민회	85
· 김유언	金有彦	대한의군부	217
· 김유홍	金有弘	대한군정서	43
· 김 윤	金 允	대한군정서	39
· 김윤강	金允强	대한군정서	31
· 김윤규	金允珪	대한군정서	37
· 김윤덕	金允德	대한국민회	72
· 김윤덕	金允德	대한국민회	78
· 김윤덕	金允德	대한국민회	81
· 김윤덕	金允德	대한국민회	98
· 김윤덕	金允德	대한국민회	155
· 김윤서	金允瑞	대한국민회	163
· 김윤옥	金允玉	대한국민회	165

· 김윤홍　金允弘　대한군정서　50
· 김은산　金銀山　대한국민회　100
· 김을룡　金乙龍　대한의군부　221
· 김응묵　金應默　신 민 단　283
· 김응지　金應芝　대한국민회　180
· 김응철　金應喆　대한국민회　153
· 김의근　金儀根　대한군정서　50
· 김의동　金義東　대한의군부　214
· 김의필　金義弼　대한의군부　203
· 김이언　金利彦　대한국민회　184
· 김이현　金理鉉　대한국민회　105
· 김　익　金　翼　대한국민회　132
· 김인국　金仁國　대한국민회　151
· 김인묵　金燐默　대한의군부　225
· 김인봉　金仁奉　대한군정서　59
· 김인수　金仁洙　대한의군부　217
· 김인수　金仁洙　대한의군부　233
· 김인순　金仁淳　대한국민회　142
· 김인식　金仁植　대한국민회　74
· 김인화　金仁化　대한의군부　209
· 김인화　金仁華　신 민 단　284
· 김인활　金寅活　대한군정서　54
· 김　일　金　一　대한의군부　233
· 김　일　金　鎰　청 년 단　307
· 김일경　金日京　구 국 단　298
· 김일제　金一濟　대한국민회　151
· 김일창　金鎰昌　대한군정서　50

· 김자경	金自京	대한국민회	98
· 김자성	金子聖	대한국민회	137
· 김자언	金自彦	대한국민회	180
· 김자용	金子用	대한국민회	104
· 김자천	金自千	대한국민회	102
· 김재균	金在均	대한국민회	153
· 김재범	金載範	대한국민회	103
· 김 정	金 貞	대한군정서	24
· 김 정	金 貞	대한국민회	166
· 김 정	金 鼎	대한군정서	33
· 김 정	金 鼎	대한의군부	223
· 김 정	金 精	대한국민회	80
· 김 정	金 精	청 년 단	307
· 김정구	金鼎九	대한군정서	49
· 김정규	金定奎	대한국민회	135
· 김정근	金正根	청 년 단	308
· 김정률	金鼎律	대한의군부	224
· 김정리	金貞利	대한군정서	57
· 김정묵	金正默	대한민국임시정부	331
· 김정방	金正芳	대한국민회	116
· 김정봉	金正鳳	대한광복단	272
· 김정식	金廷植	대한국민회	140
· 김정여	金正汝	대한국민회	92
· 김정일	金定一	대한국민회	182
· 김정칠	金定七	대한국민회	172
· 김정칠	金定七	대한국민회	184
· 김정하	金禎河	대한국민회	108

· 김정호	金鼎鎬	대한군정서	32
· 김제민	金濟敏	대한국민회	127
· 김제욱	金濟郁	대한군정서	45
· 김종담	金宗淡	대한의군부	213
· 김종담	金宗淡	대한민국의민단	277
· 김종면	金鍾冕	대한국민회	86
· 김종면	金鍾冕	대한북로독군부	264
· 김종섭	金宗燮	대한군정서	39
· 김종섭	金鍾燮	대한의군부	210
· 김종업	金宗業	대한의군부	217
· 김종윤	金鍾允	대한국민회	119
· 김종철	金鍾哲	대한국민회	88
· 김종필	金鍾弼	대한국민회	115
· 김종헌	金鍾憲	대한의군부	202
· 김종헌	金鍾憲	대한의군부	206
· 김종환	金鍾煥	대한의군부	234
· 김좌진	金佐鎭	대한군정서	26
· 김좌진	金佐鎭	대한군정서	27
· 김좌진	金佐鎭	대한총군부	320
· 김주봉	金柱鳳	대한국민회	132
· 김주빈	金周斌	대한군정서	32
· 김주빈	金周斌	대한국민회	78
· 김주현	金周鉉	대한군정서	57
· 김주호	金注昊	대한군정서	41
· 김 준	金 俊	대한군정서	27
· 김 준	金 俊	대한국민회	90
· 김준근	金準根	신 민 단	282

· 김준섭	金俊燮	대한군정서	22
· 김준섭	金俊燮	대한군정서	27
· 김준학	金俊學	대한군정서	44
· 김중묵	金重默	대한국민회	124
· 김중삼	金仲三	대한국민회	164
· 김진국	金鎭國	대한국민회	174
· 김진규	金晋奎	대한의군부	203
· 김진규	金晋奎	대한의군부	210
· 김진무	金振武	대한민국임시정부	326
· 김진순	金振淳	대한국민회	142
· 김진열	金振烈	대한국민회	177
· 김진용	金振用	대한의군부	215
· 김진학	金進學	대한군정서	42
· 김차룡	金次龍	독립신문	361
· 김찬성	金燦星	대한청년단연합회	335
· 김찬수	金燦洙	대한군정서	29
· 김찬수	金燦洙	대한군정서	30
· 김창권	金昌權	대한군정서	57
· 김창규	金昌奎	대한국민회	156
· 김창규	金昌奎	대한국민회	169
· 김창락	金昌洛	대한국민회	156
· 김창룡	金昌龍	대한군정서	60
· 김창률	金昌律	대한국민회	119
· 김창성	金昌星	대한의군부	215
· 김창숙	金昌淑	대한민국임시정부	332
· 김창순	金昌順	대한의군부	212
· 김창식	金昌植	대한군정서	55

· 김 탁　金 鐸　대한국민회　131
· 김태규　金泰奎　대한군정서　45
· 김태성　金兌星　대한의군부　210
· 김태연　金泰淵　대한민국임시정부　330
· 김태연　金泰淵　대한민국임시정부　332
· 김태연　金泰淵　대한적십자회　336
· 김태영　金泰英　대한국민회　106
· 김태우　金泰禹　대한군정서　24
· 김태윤　金泰允　대한국민회　107
· 김태일　金太日　대한국민회　99
· 김태현　金泰鉉　대한국민회　115
· 김태환　金台桓　대한국민회　93
· 김태환　金泰煥　대한국민회　164
· 김 택　金 澤　대한군정서　24
· 김택규　金宅奎　대한국민회　176
· 김택환　金澤煥　대한국민회　122
· 김표형　金杓瀅　대한국민회　172
· 김하경　金夏卿　대한국민회　78
· 김하락　金河洛　대한의군부　224
· 김하룡　金河龍　대한국민회　152
· 김하룡　金河龍　대한국민회　166
· 김하룡　金河龍　대한국민회　181
· 김하석　金河錫　대한국민회　88
· 김하섭　金河燮　대한의군부　211
· 김하영　金河榮　대한군정서　36
· 김하준　金河俊　대한국민회　78
· 김학범　金學範　대한군정서　50

· 김학범	金學範	대한군정서	56
· 김학보	金學甫	대한국민회	163
· 김학성	金學聲	대한국민회	96
· 김학수	金學洙	대한국민회	90
· 김 한	金 翰	대한민국임시정부	329
· 김한영	金漢榮	대한국민회	102
· 김한주	金漢柱	대한의군부	217
· 김항규	金恒奎	대한의군부	217
· 김해룡	金海龍	대한의군부	204
· 김해룡	金海龍	대한의군부	233
· 김 헌	金 憲	대한광복단	271
· 김 혁	金 嚇	대한군정서	25
· 김 혁	金 爀	대한군정서	46
· 김현규	金賢奎	대한국민회	150
· 김현필	金鉉弼	대한국민회	117
· 김형권	金衡權	대한국민회	83
· 김형균	金亨均	대한민국임시정부	323
· 김혜민	金惠敏	대한국민회	148
· 김호석	金浩錫	대한북로독군부	263
· 김호순	金浩順	대한국민회	181
· 김호여	金浩汝	대한국민회	96
· 김호일	金浩一	대한국민회	181
· 김홍국	金洪國	대한총군부	320
· 김홍규	金鴻奎	구 국 단	298
· 김홍극	金洪極	대한의군부	206
· 김홍서	金弘敍	대한민국임시정부	323
· 김홍서	金弘敍	대한민국임시정부	333

· 남송렬	南宋烈	대한국민회	99
· 남순명	南順明	대한의군부	212
· 남양준	南良俊	야　　단	302
· 남영화	南永化	신 민 단	282
· 남운학	南雲鶴	대한국민회	158
· 남　원	南　遠	대한국민회	124
· 남윤화	南潤和	대한군정서	48
· 남　익	南　益	대한군정서	28
· 남인상	南仁相	대한국민회	94
· 남일권	南一權	대한국민회	178
· 남주붕	南周鵬	대한국민회	99
· 남진형	南縉亨	대한군정서	43
· 남진호	南鎭浩	대한군정서	25
· 남철국	南喆國	대한의군부	234
· 남치옥	南致玉	대한국민회	92
· 남홍승	南弘昇	대한군정서	55
· 남홍윤	南洪允	대한국민회	153
· 남화심	南化心	대한군정서	36
· 노규현	盧奎現	대한군정서	52
· 노두헌	盧斗憲	대한군정서	36
· 노백린	盧伯麟	대한민국임시정부	326
· 노운학	盧雲鶴	대한국민회	79
· 노운학	盧雲鶴	대한국민회	90
· 노일성	盧逸星	대한의군부	214

ㄷ

ㅁ

· 박내현 朴來鉉 대한군정서 56
· 박대근 朴大根 대한국민회 159
· 박대식 朴大植 대한의군부 201
· 박대식 朴大植 대한의군부 206
· 박대영 朴大英 대한국민회 152
· 박덕수 朴德洙 신 민 단 284
· 박도월 朴道月 대한국민회 94
· 박동철 朴東哲 대한국민회 166
· 박동화 朴東華 대한국민회 128
· 박동훈 朴東薰 대한국민회 167
· 박동훈 朴東薰 대한국민회 169
· 박동훈 朴東勳 대한국민회 168
· 박동희 朴東禧 대한국민회 155
· 박동희 朴東熙 대한국민회 162
· 박두화 朴斗和 대한국민회 78
· 박만진 朴萬振 대한군정서 45
· 박만홍 朴萬弘 대한의군부 204
· 박만홍 朴萬弘 대한의군부 234
· 박면우 朴冕禹 대한의군부 232
· 박명규 朴明奎 대한광복단 272
· 박문순 朴文淳 대한국민회 86
· 박문언 朴文彦 대한군정서 48
· 박문언 朴文彦 대한군정서 58
· 박문창 朴文昌 대한국민회 94
· 박문혁 朴文赫 대한의군부 213
· 박민섭 朴敏涉 대한의군부 225
· 박민수 朴敏秀 대한국민회 129

이름	한자	단체	쪽
· 박시원	朴施源	대한북로독군부	266
· 박시홍	朴時弘	대한국민회	140
· 박신재	朴信齋	대한총군부	320
· 박양화	朴陽和	대한국민회	78
· 박언성	朴彦星	대한군정서	51
· 박　영	朴　英	대한군무도독부	238
· 박　영	朴　英	대한북로독군부	266
· 박　영	朴　泳	대한북로독군부	261
· 박영근	朴永根	대한국민회	156
· 박영두	朴英斗	대한군정서	59
· 박영복	朴英馥	대한군정서	53
· 박영수	朴永守	대한국민회	185
· 박영준	朴永俊	대한국민회	141
· 박영춘	朴英春	대한국민회	168
· 박영희	朴寧熙	대한군정서	26
· 박영희	朴寧熙	대한군정서	27
· 박용각	朴容珏	대한민국임시정부	332
· 박용건	朴龍健	대한군무도독부	239
· 박용극	朴容極	대한국민회	72
· 박용극	朴容極	대한국민회	74
· 박용극	朴容極	대한국민회	77
· 박용극	朴容極	대한국민회	78
· 박용극	朴容極	대한국민회	82
· 박용만	朴容萬	대한민국임시정부	326
· 박용완	朴龍玩	대한국민회	146
· 박우용	朴禹英	대한의군부	224
· 박운봉	朴雲鳳	대한국민회	84

· 박준재	朴俊載	대한북로독군부	266
· 박중범	朴重範	대한의군부	209
· 박중삼	朴重三	대한국민회	184
· 박증권	朴曾權	대한군정서	58
· 박진언	朴鎭彦	대한군정서	35
· 박창극	朴昌極	대한의군부	232
· 박창근	朴昌根	대한군정서	57
· 박창래	朴昌來	대한민국의민단	277
· 박창서	朴昌瑞	대한국민회	101
· 박창송	朴蒼松	대한국민회	152
· 박창순	朴昌順	대한의군부	215
· 박창익	朴昌翊	대한국민회	74
· 박창익	朴昌翊	대한국민회	77
· 박창익	朴昌翊	대한국민회	131
· 박창준	朴昌俊	대한의사부	291
· 박창준	朴昌俊	학생광복단	304
· 박창하	朴昌河	대한군정서	37
· 박철순	朴喆順	대한국민회	101
· 벅춘근	朴春根	대한민국임시정부	330
· 박춘식	朴春植	대한군정서	57
· 박치군	朴致君	대한의군부	216
· 박태근	朴泰根	대한국민회	162
· 박태림	朴台林	대한국민회	169
· 박태호	朴泰豪	대한군정서	48
· 박혁춘	朴赫春	대한국민회	167
· 박현환	朴賢煥	독립신문	361
· 박형국	朴亨國	대한민국임시정부	326

· 박형도	朴亨道	대한국민회	169
· 박형식	朴亨植	대한군정서	33
· 박화근	朴化根	대한국민회	159
· 박희수	朴希洙	대한국민회	139
· 박낙규	方洛奎	대한국민회	171
· 방대윤	方大允	대한국민회	119
· 방동권	方東權	대한국민회	176
· 방동률	方東律	대한국민회	171
· 방동률	方東律	대한국민회	176
· 방병화	方丙化	대한국민회	144
· 방석준	方錫俊	대한북로독군부	263
· 방성구	方聖球	대한군정서	59
· 방수련	方壽連	대한군정서	53
· 방수련	方守連	대한국민회	119
· 방신여	方信汝	대한국민회	184
· 방영규	方永奎	대한의군부	221
· 방유룡	方雨龍	대한민국의민단	276
· 방원규	方遠奎	대한국민회	127
· 방원길	方元吉	대한의군부	211
· 방원세	方元世	대한국민회	180
· 방원주	方元周	대한국민회	98
· 방정환	方正圜	대한의군부	218
· 방지언	方智彥	대한의군부	225
· 방창규	方昌奎	대한국민회	131
· 방창규	方昌奎	대한의군부	212
· 방 환	方 環	대한의군부	218
· 방희철	方希喆	대한의군부	221

ㅅ

· 서기학	徐虁學	대한군정서	22
· 서대일	徐大一	대한국민회	154
· 서덕인	徐德仁	대한군정서	47
· 서병덕	徐秉德	대한군정서	41
· 서병원	徐秉源	대한국민회	125
· 서병철	徐丙喆	대한적십자회	336
· 서상용	徐相庸	대한국민회	72
· 서상용	徐相庸	대한국민회	76
· 서상용	徐相庸	대한국민회	80
· 서성권	徐成權	대한국민회	81
· 서성권	徐成權	청 년 단	307
· 서승묵	徐昇默	대한국민회	125
· 서 일	徐 一	대한군정서	22
· 서 일	徐 一	대한총군부	317
· 서자화	徐子化	대한의군부	222
· 서정렬	徐正烈	대한국민회	122
· 서종식	徐鐘植	대한군정서	46
· 서 청	徐 青	대한군정서	26
· 서 헌	徐 憲	대한의군부	204
· 석문섭	石文燮	대한국민회	130
· 석병익	石秉翼	대한의군부	209
· 석영군	石英君	대한국민회	82
· 석영환	石英煥	대한국민회	126
· 석자관	石自官	대한군정서	40
· 석주규	石周奎	대한군정서	56
· 석해일	石海一	대한민국의민단	276
· 석형준	石衡俊	대한국민회	156

ㅇ

· 연태혁	延泰赫	대한북로독군부	265
· 염 의	廉 義	대한국민회	94
· 오경석	吳景錫	신 민 단	282
· 오경준	吳京俊	대한총군부	319
· 오국백	吳國伯	대한의군부	220
· 오군칠	吳君七	대한국민회	163
· 오권선	吳權善	대한국민회	125
· 오규희	吳奎熙	대한국민회	166
· 오기걸	吳基傑	청 년 단	308
· 오기순	吳璣順	신 민 단	283
· 오기연	吳璣淵	대한의사부	292
· 오도현	吳道鉉	대한북로독군부	265
· 오문옥	吳文玉	대한국민회	144
· 오민영	吳敏泳	대한국민회	183
· 오백정	吳伯政	대한의사부	291
· 오범조	吳範祚	대한청년단연합회	335
· 오상세	吳祥世	대한군정서	27
· 오상세	吳祥世	대한군정서	29
· 오상세	吳祥世	대한군정서	30
· 오상학	吳相鶴	대한국민회	144
· 오성관	吳成官	대한국민회	103
· 오성륙	吳成陸	대한군정서	41
· 오성준	吳成俊	대한군정서	41
· 오세용	吳世鏞	대한국민회	166
· 오세환	吳世煥	대한국민회	174
· 오수언	吳秀彦	대한국민회	112
· 오영선	吳永善	대한국민회	84

- 유찬희 柳纘熙 대한국민회 81
- 유 철 兪 喆 대한국민회 101
- 유춘원 兪春元 대한국민회 133
- 유치형 兪治亨 대한국민회 111
- 유태화 柳泰和 대한국민회 86
- 유한풍 兪漢豊 대한국민회 97
- 유호진 劉鎬鎭 대한의군부 218
- 유홍락 劉興樂 대한군정서 55
- 유홍환 柳興煥 대한민국임시정부 328
- 윤광오 尹廣五 대한북로독군부 265
- 윤광해 尹光海 대한민국의민단 276
- 윤기호 尹琪鎬 대한총군부 319
- 윤남일 尹南一 대한국민회 96
- 윤내언 尹乃彦 대한의군부 220
- 윤동순 尹東舜 대한국민회 127
- 윤동철 尹東喆 훈춘한민회 312
- 윤명준 尹明俊 대한국민회 128
- 윤병도 尹秉道 대한의군부 233
- 윤병준 尹秉俊 대한국민회 123
- 윤성순 尹成順 대한국민회 96
- 윤세보 尹世甫 대한국민회 116
- 윤승주 尹承周 대한국민회 182
- 윤여천 尹汝天 대한국민회 91
- 윤영석 尹永錫 대한국민회 130
- 윤영석 尹永錫 대한국민회 131
- 윤영석 尹永錫 대한국민회 135
- 윤영식 尹永植 대한국민회 105

· 이기양 李起陽 대한국민회 184
· 이기율 李基律 대한군정서 32
· 이기준 李基俊 대한광복단 271
· 이기춘 李基春 대한국민회 181
· 이 길 李 吉 대한광복단 272
· 이길언 李吉彦 대한군정서 57
· 이남규 李南奎 대한국민회 118
· 이남극 李南極 대한의군부 211
· 이남수 李南洙 대한국민회 183
· 이남숙 李南淑 대한군정서 43
· 이남준 李南俊 대한국민회 82
· 이달춘 李達春 대한국민회 83
· 이덕순 李德順 대한국민회 157
· 이덕언 李德彦 대한국민회 163
· 이덕재 李德在 대한국민회 161
· 이덕천 李德天 대한민국의민단 276
· 이덕춘 李德春 대한군정서 35
· 이도윤 李道允 대한국민회 184
· 이도현 李道賢 대한국민회 113
· 이동근 李東根 대한국민회 109
· 이동녕 李東寧 대한민국임시정부 324
· 이동빈 李東彬 대한국민회 85
· 이동빈 李東斌 대한국민회 112
· 이동욱 李東郁 대한국민회 104
· 이동윤 李東允 신 민 단 284
· 이동춘 李同春 대한국민회 83
· 이동춘 李東春 대한군무도독부 239

· 임기학	林起鶴	대한총군부	318
· 임기호	林起虎	대한군정서	26
· 임남수	林南洙	신 민 단	281
· 임덕성	林德星	대한군정서	54
· 임덕우	任德禹	대한국민회	153
· 임도준	任度準	대한군정서	22
· 임도춘	林道春	대한국민회	134
· 임득삼	林得三	대한민국임시정부	328
· 임배근	林培根	대한국민회	145
· 임병극	林炳極	대한국민회	73
· 임병극	林炳極	대한국민회	80
· 임병극	林炳極	대한국민회	173
· 임병극	林炳極	대한국민회	175
· 임병극	林炳極	대한북로독군부	268
· 임병하	林丙夏	대한의군부	223
· 임병하	林秉河	대한의군부	223
· 임봉성	林鳳成	대한민국임시정부	332
· 임상운	林尙雲	대한국민회	182
· 임서관	任瑞官	대한국민회	148
· 임석화	林錫和	대한국민회	97
· 임성렬	林聖烈	대한국민회	177
· 임신혁	任臣爀	대한군정서	54
· 임은범	林殷範	대한국민회	124
· 임전혁	任全爀	대한군정서	56
· 임창세	林昌世	대한군정서	22
· 임창세	林昌世	야 단	302
· 임춘빈	任春彬	대한국민회	90

· 장주헌 張周憲 대한국민회 107
· 장지호 張智鎬 대한광복단 273
· 장진벽 張晋璧 대한군정서 53
· 장차옥 張車玉 대한국민회 106
· 장춘서 張春瑞 대한총군부 318
· 장태권 張泰權 대한국민회 173
· 장태권 張泰權 대한국민회 184
· 장학년 張學年 훈춘한민회 312
· 장한경 張漢卿 대한의군부 216
· 장형근 張亨根 대한군정서 46
· 장홍국 張鴻國 대한군정서 48
· 장화익 張化翼 대한의군부 213
· 장효승 張孝勝 대한의군부 221
· 장홍화 張興化 대한국민회 88
· 전계림 全桂林 대한의군부 210
· 전국□ 全國□ 대한북로독군부 266
· 전기성 田基性 대한의군부 213
· 전내근 全來根 대한국민회 102
· 전도귀 全道貴 대한국민회 128
· 전동훈 全東勛 구 국 단 298
· 전무진 全武震 대한북로독군부 263
· 전 문 田 文 대한군정서 39
· 전문오 全文五 대한의사부 291
· 전병률 全秉律 대한북로독군부 263
· 전보신 全輔臣 대한국민회 111
· 전석기 全碩基 대한국민회 135
· 전석보 全錫甫 대한북로독군부 266

· 전화선 田化善 대한국민회 157
· 전희극 田希極 대한국민회 145
· 정공수 鄭公壽 대한국민회 112
· 정국현 鄭國鉉 대한국민회 98
· 정규응 鄭奎應 대한군정서 56
· 정기선 鄭基善 대한국민회 142
· 정남순 鄭南順 대한의군부 212
· 정남윤 鄭南允 대한국민회 167
· 정남윤 鄭南允 대한북로독군부 265
· 정동락 鄭東洛 대한국민회 100
· 정동빈 鄭東彬 대한군정서 37
· 정동빈 鄭東彬 대한의군부 215
· 정동빈 鄭東彬 청 년 단 308
· 정동호 鄭東浩 대한국민회 72
· 정동호 鄭東浩 대한국민회 76
· 정두룡 鄭斗龍 대한의군부 221
· 정두북 鄭斗北 대한의군부 221
· 정득윤 鄭得允 대한국민회 150
· 정 룡 鄭 龍 대한의군부 235
· 정면수 鄭冕洙 대한군정서 30
· 정명순 鄭明順 대한국민회 88
· 정명주 鄭明周 대한국민회 109
· 정명주 鄭明周 대한국민회 118
· 정문극 鄭文極 대한광복단 272
· 정문주 鄭文周 대한국민회 129
· 정민흥 鄭珉興 대한군정서 43
· 정사선 鄭仕善 대한민국의민단 277

ㅊ

· 최관오 崔官五 대한국민회 92
· 최광륜 崔光侖 대한국민회 72
· 최광륜 崔光侖 대한국민회 74
· 최광륜 崔光侖 대한국민회 76
· 최광륜 崔光侖 대한국민회 156
· 최광륜 崔光崙 대한국민회 80
· 최광범 崔光範 대한국민회 160
· 최국보 崔國甫 대한국민회 175
· 최국정 崔國政 대한군정서 58
· 최규남 崔奎南 대한민국의민단 277
· 최규남 崔奎南 신 민 단 282
· 최규묵 崔奎默 대한군정서 46
· 최규오 崔奎五 대한군정서 39
· 최극선 崔極善 대한의군부 213
· 최근우 崔謹愚 대한민국임시정부 331
· 최근우 崔謹愚 독립신문 361
· 최기만 崔基萬 대한국민회 103
· 최기만 崔起萬 대한국민회 133
· 최기업 崔基業 신 민 단 282
· 최기열 崔基烈 대한국민회 183
· 최기율 崔基律 대한국민회 162
· 최기풍 崔基豊 대한북로독군부 264
· 최기학 崔起鶴 대한국민회 74
· 최기학 崔起鶴 대한국민회 77
· 최기학 崔起鶴 대한국민회 84
· 최기형 崔基衡 대한국민회 179
· 최남식 崔南植 대한군정서 39

· 최남한	崔南翰	대한국민회	91
· 최달선	崔達善	대한의군부	213
· 최대산	崔大山	대한국민회	160
· 최덕삼	崔德三	대한의군부	233
· 최덕준	崔德俊	훈춘한민회	312
· 최덕호	崔德浩	대한의군부	201
· 최도경	崔道京	대한국민회	175
· 최도근	崔道根	대한국민회	177
· 최도여	崔道汝	대한국민회	171
· 최도현	崔道賢	대한국민회	132
· 최동근	崔東根	대한국민회	93
· 최동빈	崔東彬	대한국민회	100
· 최동오	崔東旿	대한민국임시정부	324
· 최동욱	崔東旭	대한국민회	133
· 최동준	崔東俊	대한국민회	116
· 최동호	崔東灝	대한국민회	89
· 최두만	崔斗萬	대한의군부	201
· 최두원	崔斗源	대한국민회	100
· 최두필	崔斗弼	신 민 단	283
· 최두환	崔斗煥	대한의군부	212
· 최득진	崔得鎭	대한의군부	224
· 최 륜	崔 崙	대한국민회	74
· 최 륜	崔 崙	대한국민회	77
· 최 륜	崔 侖	대한국민회	171
· 최 린	崔 麟	대한국민회	82
· 최명권	崔明權	대한국민회	109
· 최명덕	崔明德	대한국민회	156

· 최운학	崔云學	대한국민회	172
· 최운학	崔雲學	대한국민회	185
· 최웅걸	崔雄傑	대한국민회	159
· 최원일	崔元一	대한국민회	82
· 최원협	崔元協	대한군정서	44
· 최 윤	崔 允	대한의군부	208
· 최윤권	崔允權	대한국민회	165
· 최윤극	崔允極	대한의군부	225
· 최윤세	崔允世	대한군정서	43
· 최윤수	崔潤壽	대한국민회	130
· 최익룡	崔翊龍	대한국민회	73
· 최익룡	崔翊龍	대한국민회	79
· 최익룡	崔翊龍	대한국민회	109
· 최익항	崔益恒	대한군정서	26
· 최인걸	崔麟杰	대한군정서	31
· 최인권	崔仁權	대한북로독군부	267
· 최인보	崔仁保	대한국민회	143
· 최인선	崔仁先	대한국민회	132
· 최일형	崔一衡	대한군정서	45
· 최일홍	崔一弘	대한국민회	114
· 최자익	崔子益	대한국민회	86
· 최자익	崔子益	대한국민회	87
· 최재형	崔在亨	대한군정서	22
· 최정국	崔正國	대한국민회	84
· 최정국	崔正國	대한의사부	291
· 최정극	崔正極	대한국민회	152
· 최정욱	崔貞郁	신 민 단	284

· 최정익 崔正益 대한의군부 216
· 최정일 崔正日 대한의군부 217
· 최정현 崔庭鉉 대한군정서 41
· 최정현 崔廷鉉 대한의군부 215
· 최정하 崔精化 대한군무도독부 238
· 최제고 崔濟稿 대한의군부 217
· 최제일 崔濟一 대한의군부 217
· 최종하 崔鍾夏 대한군무도독부 238
· 최종하 崔鍾夏 대한북로독군부 265
· 최 주 崔 柱 대한의군부 223
· 최주극 崔周極 대한군정서 59
· 최준길 崔準吉 대한국민회 159
· 최준녕 崔駿寧 대한군정서 27
· 최준명 崔俊明 대한국민회 93
· 최준선 崔俊宣 대한북로독군부 267
· 최준여 崔俊汝 대한군정서 50
· 최준영 崔俊榮 대한군정서 27
· 최준형 崔峻衡 대한군정서 28
· 최중보 崔仲甫 대한군정서 44
· 최중지 崔仲之 대한군정서 52
· 최증원 崔增元 대한국민회 181
· 최지화 崔志化 대한청년단연합회 335
· 최직용 崔直鏞 대한국민회 180
· 최 진 崔 震 대한총군부 318
· 최진동 崔振東 대한군무도독부 238
· 최진동 崔振東 대한북로독군부 256
· 최진동 崔振東 대한북로독군부 257

ㅌ

ㅍ

ㅎ

· 허일진	許一鎭	대한국민회	89
· 허재강	許在康	대한군정서	51
· 허재규	許在奎	대한군정서	54
· 허종률	許鍾律	대한국민회	175
· 허중권	許中權	대한군정서	26
· 허진용	許振用	대한군정서	37
· 허충근	許忠根	대한국민회	110
· 허태열	許泰烈	대한의군부	213
· 허필한	許弼漢	대한국민회	127
· 허해산	許海山	대한국민회	159
· 허 활	許 活	대한군정서	25
· 허 활	許 活	대한군정서	28
· 허 활	許 活	대한군정서	29
· 현 갑	玄 甲	대한군정서	24
· 현 갑	玄 甲	대한총군부	317
· 현기항	玄機恒	대한군정서	54
· 현도원	玄道元	대한군정서	24
· 현병문	玄秉文	대한민국의민단	277
· 현병순	玄柄順	구 국 단	298
· 현성인	玄星仁	대한국민회	88
· 현승필	玄升弼	대한국민회	166
· 현주일	玄周一	대한민국의민단	276
· 현창욱	玄昌郁	대한군정서	58
· 현천묵	玄天默	대한군정서	22
· 현천묵	玄天默	대한군정서	24
· 현 철	玄 喆	대한의군부	210
· 현 철	玄 喆	대한민국의민단	278

참고문헌

1. 資 料

『間島地域 韓國民族鬪爭史』(일본외무성 및 육해군성 문서), 영인본, 高麗書林, 1989.

姜德相 編, 『現代史資料』25-29, 東京 みすず 書房, 1965-1976.

『江北日記』(장서각 소장)

郭延以 編, 『中華民國史事日誌』第三册, 臺灣 中央硏究院 近代史硏究所, 1984.

京城日報・每日申報社 編, 『朝鮮年鑑』1935年版.

桂奉瑀, 『꿈속의 꿈』, 독립기념관 독립운동사연구소, 영인본, 1997.

國家報勳處 編, 『間島地域 獨立軍團 名簿』, 1997.

國家報勳處 編, 『雙公鄭伊衡回顧錄』, 1996.

國史編纂委員會 編, 『韓國獨立運動史資料 6-18』, 1969-1990.

國史編纂委員會 編, 『日帝侵略下韓國36年史』 7, 1972.

國會圖書館, 『間島領有權關係拔萃文書』, 1975.

國會圖書館, 『韓國民族運動史料』 1-3, 1977.

吉林省 文物志編纂會, 『集安縣文物志』, 長春, 1983.

金九 著・尹炳奭 直解, 『白凡逸誌』, 集文堂, 1995.

金敎獻, 『神檀實記』, 大倧敎靑年會, 1914.

金三民,『在滿朝鮮人の窮狀と其の解決策』, 新大陸社, 1931.

金承學,『韓國獨立史』, 獨立文化社, 1965.

金俊燁・金昌順,『韓國共産主義運動史資料編(1・2)』, 고려대 아세아문제연구소, 1980.

金鼎奎,『龍淵金鼎奎日記』(上・中・下), 영인본, 독립기념관 한국독립운동사연구소, 1995.

金正明 編,『朝鮮獨立運動』3-5, 原書房, 1967-1968.

金正柱 編,『朝鮮統治史料』8-10, 東京 韓國史料硏究所, 1970.

金中建,『笑來集』(上・中・下)

丹東市民族事務委員會 民族志編纂辨公室,『丹東滿族志』, 遼寧民族出版社, 1992.

『大正11年朝鮮治安狀況』, 영인본, 高麗書林, 1989.

독립기념관 독립운동사연구소 編,『島山安昌浩資料集』1-3, 1990-1992.

독립운동사편찬위원회 편,『독립운동사자료집』1-10, 1970-1973.

「豆滿江對岸移住鮮人の狀態」(일본 외무성 사료관 문서)

리영일,『리동휘 성재선생』;『한국학연구』5(별집), 인하대 한국학연구소, 1993.

朴慶植 編,『朝鮮問題資料叢書』5・11, アシア問題硏究所, 1983.

朴殷植,『朴殷植全書』(上・中・下), 단국대 동양학연구소, 1975.

朴泰遠,『若山과 義烈團』, 白楊堂, 1947.

三均學會,『素昻先生文集』, 횃불사, 1979.

新賓滿族自治縣民委 朝鮮族志編纂組,『新賓朝鮮族志』, 遼寧民族出版社, 1994.

『新興學友報』제2권 2호(독립기념관 소장)

「安岳事件判決文」,『韓國學報』8, 一志社, 1977.

「安川追擊隊ノ鳳梧洞附近戰鬪詳報」(독립기념관 소장)

牛丸潤亮,『最近間島事情』, 朝鮮及朝鮮人社, 1928.

「梁起鐸等保安法違反事件判決文」,『韓國學報』8, 一志社, 1977.

楊昭全・李鐵環 編,『東北地域朝鮮人革命鬪爭資料匯編』, 遼寧民族出版社, 1992.

鈴木隆史,『日本帝國主義と滿洲』, 士高書房, 1992.

柳光烈,『間島小史』, 太華書館, 1933.

柳麟錫,『毅菴集』.

柳寅植,『東山全集』.

柳河縣五道溝鄕志編纂小組,『五道溝鄕志』, 1984.

尹政熙,『間島開拓史』附『永新學校 沿革』,『한국학연구』 3, 인하대 한국학연구소, 1991.

李建昇,『海耕堂收艸』 草蒿本

李觀稙,『友堂李會榮先生實記』, 草藁本

李九榮 編譯,『湖西義兵事蹟』, 修書院, 1993.

李相龍,『石州遺稿』, 高麗大出版部, 1973.

李承熙,『韓溪遺稿』, 國史編纂委員會.

李乙奎,『是也金宗鎭先生傳』, 韓興印刷所, 1963.

李正奎,『恒齋集』.

『日本外交年表竝主要文書』, 原書房, 1965.

『日本의 韓國侵略史料叢書』(日本外務省・陸, 海軍省 文書), 영인본, 韓國出版文化院, 1990.

日本國際問題研究所中國部會 編,『中國共產黨史資料集』6, 勁草書房, 1973.

張道政,「高麗共產黨の沿革」(필사본, 1921)

齋藤實文書(『民族運動』 1-3), 영인본, 高麗書林, 1990.

在上海日本總領事館 編,『朝鮮民族運動年鑑』, 1932.

鄭元澤 著・洪淳鈺 編,『志山外遊日誌』, 探究堂, 1983.

정협연변조선족자치주위원회 문사자료연구위원회 편,『연변문서자료』 1-6, 1984-1988.

朝鮮人組合 編,『滿洲に於ける移住鮮人の狀況』, 安東縣, 1916.

朝鮮總督府 警務局,『高等警察關係年表』, 1930.

朝鮮總督府 警務局,『在滿不逞團・社會主義團體ノ狀況』, 1928.

朝鮮總督府 警務局,『在外不逞鮮人ノ概況』.

朝鮮總督府 警務局,『最近に於おげる朝鮮治安狀況』(1933・1938).

朝鮮總督府 警務局,『北滿地方思想運動概況』, 1929.

朝鮮總督府 警務局,『朝鮮の治安狀況』1927・1930.
朝鮮總督府 高等法院 檢查局,『朝鮮思想運動調查資料』1・2, 1932・1933.
朝鮮總督府 慶尙北道警察部,『高等警察要史』, 1934.
『宗教調查資料』 제1집, 1940.
『駐韓日本公使館記錄』, 국사편찬위원회소장.
滄海老紡室, 朴殷植,『安重根傳』, 上海 大同編輯局, 1914 ;『한국학연구』 4, 별집(인하대 한국학연구소, 1992)에 所收
韓國光復軍總司令部政訓處 編,『光復』, 영인본, 독립기념관 한국독립운동사연구소, 1987.
韓國歷史研究會 編,『日帝下 社會運動史料叢書』1-12, 高麗書林, 1992.
韓國精神文化研究院 編,『韓國獨立運動史資料集-洪範圖篇-』, 1995.
桓仁縣民族事務委員會 朝鮮族志編纂小組,『桓仁縣朝鮮族志』, 1988.
洪相杓,『間島獨立運動史』, 평택 한광중학교, 1966.
黃學秀,『夢乎 回顧錄』, 필사본.
獨立新聞 大韓每日申報
勸業新聞 大東共報
東亞日報 朝鮮日報
基督新報 時代日報

2. 著 書

姜德相,『朝鮮獨立運動の群像』, 青木書店, 1984.
강용권・김택,『홍범도장군』, 1996.
강용권,『죽은자의 숨결 산자의 발길』(상・하), 장산, 1996.
高承濟,『韓國移民史研究』, 章文閣, 1973.
國史編纂委員會 編,『韓國獨立運動史』3-5, 1968-1970.
국사편찬위원회 편,『한민족독립운동사』2・4, 1987.
『길림조선족』, 연변인민출판사, 1995.

金東和,『中國朝鮮族獨立運動史』, 느티나무, 1991.
김동화 · 이철수 · 리창역 · 오기송 편저,『연변당사 사건과 인물』.
金祥起,『韓末義兵硏究』, 一潮閣, 1997.
金俊燁, 金昌順,『韓國共産主義運動史』 1-5, 고려대 출판부, 1974 ; 청계연구소, 1988.
金昌洙,『韓國民族運動史硏究』, 범우사, 1995.
金喜坤,『中國關內 韓國獨立運動團體 硏究』, 지식산업사, 1995.
『나의 길』, 송산출판사, 1984.
南坡朴贊翊傳記刊行委員會 編,『南坡朴贊翊傳記』, 乙酉文化史, 1989.
님웨일즈 저, 조우화 역,『아리랑』, 동녘, 1984.
大倧敎總本司,『大倧敎重光60年史』, 1971.
독립기념관 한국독립운동사연구소,『한국독립운동사사전 1』(총론편), 1996.
독립운동사편찬위원회 편,『독립운동사』 1-5, 1970-1973.
『東北抗日聯軍 第五軍』, 哈爾濱, 黑龍江人民出版社, 1986.
東巖 · 徐紘一 編,『間島史新論』(上 · 下), 1993.
滿洲國國史編纂委員會,『滿洲國史各論』, 東京, 1971.
棋本捨三,『大關東軍史』, 日本 圖書刊行會, 1984.
민경배,『한국기독교 사회운동사』, 대한기독교출판사, 1987.
無政府主義運動史編纂委員會 編,『韓國아나키즘運動史』, 螢雪出版社, 1989.
박계주,『대지의 성좌』, 삼영출판사, 1975.
朴成壽,『獨立運動史硏究』, 창작과 비평사, 1970.
박성수,『한국독립운동사적』(중국편), 국가보훈처, 1992.
朴永錫,『日帝下獨立運動史硏究』, 一潮閣, 1984.
朴永錫,『在滿韓人獨立運動史硏究』, 一潮閣, 1988.
朴永錫,『韓民族獨立運動史硏究』, 一潮閣, 1991.
박 환,『滿洲韓人民族運動史硏究』, 一潮閣, 1991.
박 환,『러시아한인민족운동사』, 탐구당, 1995.
報勳硏修院,『中國 東北地域의 獨立運動史 硏究』, 1995.

尙振生 編,『寬甸抗日遊擊根據地』, 寬甸滿族自治縣史志辨公室, 1995.
西村成雄,『中國近代東北地域史硏究』, 法律文化社.
蘇在英 編,『間島流浪40年』, 朝鮮日報社, 1989.
殉國先烈笑來金中建先生紀念事業會,『改革의 理論과 獨立運動』, 1995.
스칼라피노・이정식 공저, 한홍구 옮김,『한국공산주의운동사 1』, 돌베개, 1986.
申 肅,『나의 一生』, 日新社, 1963.
愼鏞廈,『韓國民族獨立運動史硏究』, 乙酉文化史, 1985.
愛國同志援護會,『韓國獨立運動史』, 1956.
楊昭全,『中國에 있어서의 韓國獨立運動史』韓國精神文化硏究院, 1996.
梁泰鎭,『韓國國境史硏究』, 法經出版社, 1992.
易顯石・張德良・陳崇橋・李鴻鈞,『'九一八' 事變史』, 瀋陽, 遼寧人民出版社, 1981.
『연변조선족자치주개황』, 연변인민출판사, 1984.
吳在植,『抗日殉國義烈士傳』, 愛國精神宣揚會, 1958.
외솔회,『나라사랑』24・41(김중건・김좌진 특집호)
元仁山,『東北義勇軍』, 哈爾濱, 黑龍江人民出版社, 1982.
尹慶老,『105인 사건과 新民會硏究』, 一志社, 1990.
尹炳奭,『의병과 독립군』, 세종대왕기념사업회, 1977.
尹炳奭,『韓國近代史料論』, 一潮閣, 1979.
尹炳奭,『李相卨傳』, 一潮閣, 1984.
尹炳奭,『國外韓人社會와 民族運動』, 一潮閣, 1990.
尹炳奭,『近代韓國民族運動의 思潮』, 集文堂, 1996.
尹炳奭,『한국독립운동의 해외사적 탐방기』, 지식산업사, 1994.
尹炳奭・金昌順,『再發掘 韓國獨立運動史 1』, 한국일보사, 1987.
李康勳,『抗日獨立運動史』, 正音社, 1974.
李觀稙,『友堂李會榮實記』, 乙酉文化社, 1985.
李光奎,『在中韓人』, 一潮閣, 1994.
李克魯,『苦鬪四十年』, 乙酉文化社, 1946.
李萬烈,『韓國基督教와 民族意識』, 지식산업사, 1991.

李明鎔, 『말못하는 領土權 變數』, 보문사, 1990.
李範奭, 『우둥불』, 사상계사, 1971; 三育出版社, 1986.
李源台 著·姜天奉 譯, 『倍達族疆域形勢圖』, 서울대 출판부, 1972.
李恩淑, 『民族運動家 아내의 日記』, 正音社, 1975.
李正奎, 『友堂李會榮略傳』, 乙酉文化社, 1985.
李庭植 면담, 金學俊 편집·해설, 『혁명가들의 항일회상-金星淑·張建相·鄭華岩·李康勳-』, 민음사, 1988.
이정식 지음·허원 옮김, 『만주혁명운동과 통일전선』, 사계절, 1989.
이정희, 『아버님 추정이갑』, 인물연구소, 1981.
李鍾範, 『義烈團副團長 李鍾岩傳』, 광복회, 1970.
이종현, 『근대조선역사』, 일송정, 1988.
李海東, 『滿州生活七十七年』, 明志出版社, 1990.
李鉉淙 編著, 『近代民族意識의 脈絡』, 亞細亞文化社, 1979.
李炫熙, 『石吾李東寧評傳』, 東方圖書, 1992.
李炫熙 編, 『韓國獨立運動證言資料集』, 한국정신문화연구원, 1986.
李勳求, 『滿洲와 朝鮮人』, 平壤崇實專門學校, 1933.
임희준 편저, 『중국조선민족항일투쟁유적지』, 연변대학출판사, 1996.
장석홍, 『안중근의 생애와 구국운동』, 독립기념관 한국독립운동사연구소, 1992.
장세윤, 『홍범도』, 독립기념관 한국독립운동사연구소, 1994.
鄭華岩, 『이 조국 어디로 갈 것인가; 나의 回顧錄』, 자유문고, 1982.
趙擎韓, 『白岡回顧錄』, 韓國宗敎協議會, 1985.
趙東杰, 『韓國近代史의 試鍊과 反省』, 지식산업사, 1989.
趙東杰, 『韓國民族主義의 成立과 獨立運動史硏究』, 지식산업사, 1989.
趙東杰, 『韓國民族主義의 발전과 獨立運動史硏究』, 지식산업사, 1989.
조동걸, 『독립군의 길따라 대륙을 가다』, 지식산업사, 1989.
조선족간사편찬조, 『조선족간사』, 1986.
조선족략사편찬조, 『조선족략사』, 연길, 연변인민출판사, 1986.
『조선족백년사화』, 요녕인민출판사, 1981.

趙芝薰,『한국민족운동사』, 나남신서, 1993.
주요한 편,『安島山全書』, 三中堂, 1963(재판, 1971).
중국조선족교육사편찬조,『중국조선족교육사』, 동북조선민족교육출판사, 1991.
지복영,『역사의 수레를 끌고 밀며』, 문학과 지성사, 1995.
池憲模,『靑天將軍의 革命鬪爭史』, 三星出版社, 1949.
陳彬龢 編,『東北義勇軍』, 1932.
蔡根植,『武裝獨立運動秘史』, 大韓民國公報處, 1948.
崔衡宇,『海外朝鮮革命運動小史』 1・2, 東方文化史, 1945.
崔洪奎,『丹齋 申采浩』, 태극출판사, 1980.
坪江山二,『朝鮮民族獨立運動秘史』, 東京, 巖南堂書店, 1966(改訂增補版, 1982).
한국독립유공자협회 엮음,『러시아지역의 韓人社會와 民族運動史』, 教文社, 1994.
韓相禱,『韓國獨立運動과 中國軍官學校』, 문학과 지성사, 1994.
河岐洛,『奪還』, 螢雪出版社, 1985.
한중광・권오근・남대명 편저,『주보중문선』, 연변인민출판사, 1987.
許東燦,『金日成評傳』, 北韓硏究所, 1987.
許東燦,『續 金日成評傳』, 북한연구소, 1988.
허은 저・변창애 기록,『아직도 내 귀엔 서간도 바람소리가』, 正宇社, 1995.
玄圭煥,『韓國流移民史』 上, 語文閣, 1967.
和田春樹 著, 이종석 역,『김일성과 만주항일전쟁』, 창작과 비평사, 1992.

3. 論 文

姜德相,「海外おける朝鮮獨立運動の發展」,『朝鮮民族運動史硏究』 2, 靑丘文庫, 1985.
姜龍權,「民族獨立運動과 徐一」,『韓民族獨立運動史論叢』, 朴永錫教授 華甲紀念, 1992.
강용권,「洪範圖硏究」,『국학연구』3, 국학연구소, 1990.

姜在彦, 「南滿 韓人의 抗日武裝鬪爭」, 『韓民族獨立運動史論叢』, 朴永錫敎授華甲紀念, 1992.

姜在彦, 「朝鮮獨立運動の根據地問題」, 『朝鮮民族運動史硏究』 1, 靑丘文庫, 1984.

桂基華, 「三府・國民府・朝鮮革命軍의 獨立運動 回顧」, 『한국독립운동사연구』 1, 독립기념관 한국독립운동사연구소, 1987.

高永一, 「延邊 移民史와 朝鮮族自治州」, 『世界속의 韓國文化』, 제1회 세계한민족학술회의 논문집, 한국정신문화연구원, 1992.

高永一, 「중국 朝鮮族 敎育史의 序幕을 論함」, 『한국학연구』 2, 인하대한국학연구소, 1990.

堀內稔, 「韓族總聯合會について」, 『朝鮮民族運動史硏究』 9, 靑丘文庫, 1993.

權大雄, 「大韓獨立團 國內支團의 組織과 活動」, 『嶠南史學』 5, 영남대학교 국사학회, 1990.

權 立, 「광복이전 중국거주 韓民族의 법적 지위에 대하여」, 『汕耘史學』 4, 1990.

權 立, 「滿洲 '近代水田'의 開發과 우리 民族」, 『韓國民族獨立運動史의 諸問題』, 金昌洙敎 授華甲紀念 史學論叢, 1992.

金東和, 「3・13 抗日獨立示威運動에 대하여」, 『韓國民族獨立運動史의 諸問題』, 金昌洙敎授華甲紀念 史學論叢, 1992.

金東和, 「中國 東北朝鮮과 '琿春事件'」, 청산리대첩 70주년 및 독립기념관 개관 3주년기념 학술회의, 세종문화회관, 1990.

金斗燦, 「논픽션 吳光鮮將軍」, 『新東亞』, 1971년 2월호.

金春善, 「笑來先生의 反日活動遺蹟地를 찾아서」, 『改革의 理論과 獨立運動』, 殉國先烈笑來金中建先生紀念事業會, 1995.

김보민, 「요녕 흑룡강 조선족의 전통문화의 계승과 보존」, 한국정신문화연구원, 세계한민족체전위원회 학술회의 발표문, 1991.

김상기, 「安昌浩의 獨立運動方略論」, 『竹山李炫熙敎授華甲紀念論叢』, 1997.

金成俊, 「3・1運動以前 北間島地域에서의 敎育運動」, 『3・1運動 50周年紀念論文集』, 東亞日報社, 1969.

金素眞, 「1910년대의 獨立宣言書 硏究」, 숙명여대 대학원 박사학위논문, 1995.

金淑子, 「新民會 硏究-思想分析을 중심으로-」, 『國史館論叢』 32, 國史編纂委員會, 1992.

김양선, 「Ross Version과 한국 protestantism」, 『白山學報』 3, 1967.

김영범, 「朝鮮義勇隊 硏究」, 『한국독립운동사연구』 2, 독립기념관 한국독립운동사연구소, 1988.

金靜美, 「朝鮮獨立運動史上に於おける 1920年10月-靑山里戰鬪の歷史的意味お求ぬてー」, 『朝鮮民族運動史硏究』 3, 靑丘文庫, 1986.

金鍾植, 「滿洲의 3·1萬歲運動의 첫 봉화-三源浦 3·1운동-」(필사원고).

金昌道, 「아아 40년-독립군과 나의 수기」, 『충청일보』, 1964년 8월 9일자.

金昌順, 「滿洲 抗日聯軍의 活動」, 『國史館論叢』 11, 國史編纂委員會, 1990.

金哲洙, 「홍범도장군의 전략전술사상에 대하여」, 『韓民族獨立運動史論叢』, 朴永錫敎授華甲紀念, 1992.

金春善, 「笑來先生의 反日活動遺蹟地를 찾아서」, 『改革의 理論과 獨立運動』, 殉國先烈笑 來金中建先生紀念事業會, 1995.

金春善, 「1920年代 韓民族反日武裝闘爭硏究에 관한 再照明-鳳梧洞·靑山里戰役을 中心으로-」, 『韓民族獨立運動史論叢』, 朴永錫敎授 華甲紀念, 1992.

金泰國, 「中國 東北地區 朝鮮族反日民族運動이 反帝國反封建運動에로의 轉換」, 『韓民族獨立運動史論叢』, 朴永錫敎授 華甲紀念, 1992.

金 澤, 「왜곡된 청산리전투사의 진상을 논함-홍범도장군의 주도적인 역할을 중심으로-」, 『韓民族獨立運動史論』, 朴永錫敎授 華甲紀念, 1992.

金學奎, 「白坡自敍傳」, 『韓國獨立運動史연구』 2, 독립기념관 한국독립운동사연구소, 1988.

金熙泰, 「武裝抗日獨立運動에 대한 延邊史學界의 視角」, 제 4회 한국민족운동사 국제학술심포지움, 1991.

譚 譯, 「萬寶山事件的原因近因與敎訓」, 『韓民族獨立運動史論叢』, 朴永錫敎授 華甲紀念, 1992.

譚 譯, 「中國에서의 항일민족독립운동」, 제73주년 대한민국임시정부 수립기

념 국제학술회의 발표논문, 한국민족운동사연구회, 1992.
東尾和子,「琿春事變と間島出兵」,『朝鮮史硏究會論文集』14, 朝鮮史硏究會, 1977.
리광인,「경신년 대토벌과 연변 조선족 군중의 반토벌투쟁」,『한국학연구』 4, 인하대 한국학연구소, 1990.
朴杰淳,「大韓統義府 硏究」,『한국독립운동사연구』4, 독립기념관 한국독립운동사연구소, 1990.
朴文一,「1906년-19019년 기간 중국 東北 朝鮮族 人民들의 私立學校 교육운동과 그의 역사적 역할」,『國史館論叢』15, 국사편찬위원회, 1990.
朴敏泳,「1908-1909년 鏡城義兵의 抗戰과 北上渡江」,『仁荷史學』3, 仁荷歷史學會, 1996.
朴敏泳,「舊韓末 西北 邊境地方의 義兵硏究」, 韓國學大學院 博士學位論文, 1996.
朴永錫,「日帝下 在滿韓人의 獨立運動과 民族意識」,『史學硏究』33, 1981.
朴永錫,「大倧敎의 民族意識과 抗日民族 獨立運動」(상・하),『韓國學報』31・32, 一志社, 1983.
朴永錫,「일제하 滿洲 露嶺지역에서의 抗日民族運動에 관한 연구」,『韓國史學』6, 한국사학회, 1983.
朴永錫,「日帝下 在滿韓人의 法的地位」,『韓國近代史論叢』, 尹炳奭敎授華甲紀念, 1990.
朴英姬,「長白縣에서 劉一憂의 反日募金活動,『韓民族獨立運動史論叢』, 朴永錫敎授 華甲紀念, 1992.
박창욱,「김좌진장군의 신화를 깬다」,『역사비평』24호, 1994년 봄호.
朴昌昱,「國民會를 論함」,『국사관논총』15, 국사편찬위원회, 1990.
박창욱,「조선족의 중국 이주사 연구」,『역사비평』15, 역사비평사, 1991.
박창립,「朝鮮革命軍과 遼寧民衆抗日自衛軍의 聯合作戰」,『韓民族獨立運動史論叢』, 朴永錫敎授 華甲紀念, 1992.
박 환,「大韓獨立團의 組織과 活動」,『한국민족운동사연구』3, 한국민족운동사연구회, 1989.

박 환, 「北間島 大韓國民會의 成立과 活動」, 『韓國近代史論叢』, 尹炳奭敎授華甲紀念, 知識産業社, 1990.

박 환, 「新民府에 관한 일고찰」, 『歷史學報』 108, 歷史學會, 1985.

박 환, 「韓族總聯合會의 結成과 活動」, 『韓國史硏究』 52, 韓國史硏究會, 1986.

徐紘一, 「중국・만주의 3・1운동」, 『한민족독립운동사』 3, 국사편찬위원회, 1988.

서굉일, 「北間島 基督敎 民族運動家 鄭載冕」, 『韓民族獨立運動史論叢』, 朴永錫敎授 華甲紀念, 1992.

서굉일, 「일제하 북간도 기독교인들의 역사적 상황과 민족이념의 실천」, 『韓民族共榮體』 3, 海外韓民族硏究所, 1995.

서굉일, 「日帝下 北間島 韓人들의 民族主義 敎育運動 硏究(1906-1919)」, 『仁荷史學』 3, 인하역사학회, 1995.

孫春日, 「淸代 江北의 開拓과 韓人에 대한 土地政策」, 『淸溪史學』 13, 청계사학회, 1997.

孫春日, 「中國 延邊朝鮮族 聚居區의 형성에 대하여」, 『韓民族獨立運動史論叢』, 朴永錫敎授 華甲紀念, 1992.

宋友惠, 「'대한독립선언서'의 실체」, 『역사비평』, 1988년 여름호.

송우혜, 「獨立運動家 安定根의 生涯」, 『韓民族獨立運動史論叢』, 朴永錫敎授華甲紀念, 1992.

송우혜, 「北間島 大韓國民會의 組織形態에 관한 硏究」, 『한국민족운동사연구』 1, 한국민족운동사연구회, 1986.

송우혜, 「靑山里戰鬪와 洪範圖將軍」, 『新東亞』, 1984년 8월호.

송우혜, 「新民府의 略史」, 『自由公論』, 1982년 7월호.

愼鏞廈, 「大韓(北路)軍政署 獨立軍의 硏究」, 『한국독립운동사연구』 2, 독립기념관 한국독립운동사연구소, 1988.

신용하, 「獨立軍의 靑山里獨立戰爭의 전투들의 구성」, 『史學硏究』 38, 한국사학회, 1984.

신용하, 「新民會의 독립군기지 창건운동」, 『한국문화』 4, 1983.

신용하, 「新民會의 창건과 그 국권회복운동」(상・하), 『한국학보』 8・9, 一志社, 1977.

신용하, 「洪範圖의 大韓獨立軍의 항일무장투쟁」, 『韓國學報』 42, 一志社, 1986.

申一澈, 「중국의 조선족 항일열사전 연구」, 『한국독립운동사연구』 2, 독립기념관 한국독립운동사연구소, 1988.

申載洪, 「北間島에서의 武裝抗日運動-北路軍政署를 중심으로-」, 『韓國史學』 3, 한국정신문화연구원, 1980.

신재홍, 「自由市慘變에 대하여」, 『白山學報』 14, 白山學會, 1973.

辛珠柏, 「滿洲地域 韓人의 民族運動 硏究(1925-1940)」, 성균관대 대학원 박사학위논문, 1995.

沈東劍, 「3・13運動의 性格을 論함」, 『韓民族獨立運動史論叢』, 朴永錫敎授 華甲紀念, 1992.

吳世昌, 「在滿韓人의 社會的 實態」, 『白山學報』 9, 白山學會, 1970.

오세창, 「滿洲 韓國獨立軍의 編成과 活動」, 『韓國民族獨立運動史의 諸問題』, 金昌洙敎授 華甲紀念 史學論叢, 1992.

오세창, 「滿洲 韓人의 3・1獨立運動」 『韓民族獨立運動史論叢』, 朴永錫敎授 華甲紀念, 1992.

오세창, 「在滿 朝鮮人民會 硏究」, 『白山學報』 25, 白山學會, 1979.

劉秉虎, 「1920년대 중기 남만지역의 反日民族運動에 대한 硏究-參議府와 正義府의 反日根據地를 中心으로-」, 『民族獨立運動史論叢』, 朴永錫敎授 華甲紀念, 1992.

유병호, 「1920년대 중기 남만주에서의 '자치'와 '공화정체'」, 『역사비평』, 1992년 5월호.

柳承宙, 「朝鮮後期 西間島移住民에 대한 考察」, 『亞細亞硏究』 21-1, 1978.

유준기, 「참의부」, 『한민족독립운동사』 4, 국사편찬위원회, 1988.

유준기, 「韓溪 李承熙의 民族意識과 獨立運動-독립운동기지 韓興洞 건설을 중심으로」, 『韓國近代史論叢』, 尹炳奭教授 華甲紀念, 知識産業社, 1990.

柳漢喆, 「柳麟錫義兵研究」, 國民大學校 博士學位論文, 1997.

尹慶老, 「新民會 活動의 經濟的 基盤」, 『韓民族獨立運動史論叢』, 朴永錫教授 華甲紀念, 1992.

尹炳奭, 「1910년대 韓國獨立運動試論」, 『史學研究』 27, 韓國史學會, 1977.

尹炳奭, 「1910년대 獨立軍基地의 建設」, 『軍史』 6, 국방부 전사편찬위원회, 1983.

尹炳奭, 「1928, 9년의 正義, 新民, 參議府의 統合運動」, 『史學研究』 21, 한국사학회, 1969.

尹炳奭, 「西間島 白西農庄과 大韓光復軍政府」, 『한국학연구』 3, 인하대 한국학연구소, 1991.

尹炳奭, 「參議, 正義, 新民府의 成立過程」, 『白山學報』 7, 白山學會, 1969.

尹炳奭, 「韓人(韓民族)의 間島開拓과 民族運動」, 『韓國民族獨立運動史의 諸問題』, 金昌洙教授 華甲紀念 史學論叢, 1992.

伊藤一彦, 「日本の在滿朝鮮人政策」, 『東京女子大學 比較文化研究所 紀要』 53, 東京女子大學校 比較文化研究所, 1992.

李萬烈, 「1880년대 西間島 韓人村 基督教共同體에 관한 研究」, 『崇實史學』 6, 숭실대 사학회, 1990.

李明花, 「1920년대 滿洲地方에서의 民族教育運動」, 『한국독립운동사연구』 2, 독립기념관 한국독립운동사 연구소, 1988.

李明花, 「北間島지방에서의 民族主義教育과 植民主義教育」, 『實學思想研究』 1, 연세대 毋岳實學會, 1990.

李範奭, 「屍山血河의 青山里戰役」, 『新東亞』, 1969년 3월호.

李元赫, 「一松 金東三先生 略傳」 『獨立血史』 2, 1949.

이종석, 「김일성과 항일유격대」, 『역사비평』 계간 14호, 역사문제연구소, 1991년 7월호.

林堈(基松), 「北滿新民府」, 『自由公論』, 1982년 5월호.

林京錫, 「高麗共産黨 研究」 성균관대 대학원 박사학위논문, 1993.

임계순, 「 주, 노령 동포사회」『한민족독립운동사』 2, 국사편찬위원회, 1987.

張世胤, 「1930년 중국 延邊(間島) 5・30蜂起의 性格」, 성균관대 대학원 석사학위논문, 1988.

張世胤, 「홍범도 일지를 통해 본 洪範圖의 生涯와 抗日武裝鬪爭」, 『한국독립운동사연구』 5, 독립기념관 한국독립운동사연구소, 1991.

張世胤, 「在滿 朝鮮革命黨의 成立과 主要 構成員의 性格」, 『한국독립운동사연구』 10, 독립기념관 한국독립운동사연구소 1996.

張世胤, 「朝鮮革命軍 硏究」, 『한국독립운동사연구』 4, 독립기념관 한국독립운동사연구소, 1990.

張世胤, 「韓國獨立軍의 抗日武裝鬪爭 硏究」, 『한국독립운동사연구』 3, 독립기념관 한국독립운동사연구소, 1989.

金海宗・李承旭・金翰奎, 「延邊의 韓族에 대한 基礎硏究」, 『東亞硏究』 24, 서강대 東亞硏究所, 1992.

鄭原鈺, 「大韓光復軍統營의 조직과 독립전투」, 『韓國近代史論叢』, 尹炳奭敎授華甲紀念, 知識產業사, 1990.

鄭原鈺, 「北間島 獨立軍의 編成과 獨立鬪爭」, 『李載龔博士 還曆紀念 韓國史論叢』, 한울, 1990.

鄭原鈺, 「在滿 大韓統義府의 抗日獨立運動」, 『韓國學報』 36, 一志社, 1984.

鄭原鈺, 「在滿 獨立軍의 抗日運動」, 『史學硏究』 38, 韓國史學會, 1984.

鄭原鈺, 「在滿 正義府의 抗日獨立運動」, 『韓國史硏究』 34, 1981.

鄭原鈺, 「在滿 抗日獨立運動團體의 全民族唯一黨運動」, 『白山學報』 19, 1975.

鄭原鈺, 「韓末獨立軍의 組織과 獨立戰鬪」, 『史學硏究』 43・44, 韓國史學會, 1992.

鄭濟愚, 「李鎭龍義兵將의 抗日武裝鬪爭」, 『한국독립운동사연구』 8, 독립기념관 한국독립운동사연구소, 1994.

趙擎韓, 「大甸子大捷」, 『軍史』 1, 국방부 전사편찬위원회, 1980.

趙擎韓, 「池靑天將軍과 光復軍(하)」, 『世代』, 1970년 11월호.

趙東杰, 「安東儒林의 渡滿經緯와 獨立運動上의 性向」, 『大丘史學』15・16, 1978.

趙凡來, 「國民府의 結成과 活動」 『한국독립운동사연구』 2, 독립기념관 한국독립운동사연구소, 1988.

趙恒來, 「戊午大韓獨立宣言書의 發表經緯와 그 意義에 관한 檢討」, 『韓國近代史論叢』, 尹炳奭教授 華甲紀念, 知識產業社, 1990.

車成琶, 「獐岩洞慘案에 관한 研究」, 『韓國民族獨立運動史의 諸問題』, 金昌洙教授 華甲紀念 史學論叢, 1992.

蔡永國, 「1920년대 중반 南滿地域 獨立軍團의 整備와 活動」, 『한국독립운동사연구』 8, 독립기념관 한국독립운동사연구소, 1994.

蔡永國, 「1920년 琿春事件 전후 獨立軍의 動向」, 『한국독립운동사연구』 5, 독립기념관 한국독립운동사연구소, 1991.

蔡永國, 「3·1운동 이후 西間島地域 獨立軍團 研究」, 『韓國近代史論叢』, 尹炳奭教授 華甲紀念, 知識產業社, 1990.

蔡永國, 「庚申慘變(1920년)후 獨立軍의 再起와 抗戰」, 『한국독립운동사연구』 7, 독립기념관 한국독립운동사연구소, 1993.

蔡永國, 「正義府의 成立과 中央組織」, 『한국독립운동사연구』 10, 독립기념관 한국독립운동사연구소, 1995.

蔡永國, 「正義府의 地方組織과 對民政策」, 『한국독립운동사연구』 9, 독립기념관 한국독립운동사연구소, 1995.

천경화, 「교육을 통한 만주, 노령지역 독립운동」, 『한민족독립운동사』 8, 국사편찬위원회, 1990.

崔峰龍, 「在滿 朝鮮人 反日民族獨立運動에서의 宗教의 歷史的 地位에 對하여」, 『韓民族獨 立運動史論叢』, 朴永錫教授 華甲紀念, 1992.

崔洪彬, 「20세기초 중국동북지방에서의 反日民族獨立運動」, 『國史館論叢』 15, 국사편찬위원회, 1990.

崔洪彬, 「長白에서의 民族獨立運動과 劉一憂」, 『韓民族獨立運動史論叢』, 朴永錫教授 華甲紀念, 1992.

秋憲樹, 「1920년대 在韓人에 대한 中·日의 政策」, 『3·1運動 50周年紀念集』, 東亞日報社, 1969.

韓洪九, 「무정과 화북조선독립연맹」, 『역사비평』 14, 1991년 8월호.

韓洪九,「朝鮮獨立同盟의 活動과 組織에 대하여」,『國史館論叢』23, 國史編纂委員會, 1991.

許東粲,「在滿韓人 祖國光復會宣言과 綱領의 成立經緯」,『韓民族獨立運動史論叢』, 朴永錫敎授 華甲紀念, 1992.

황민호,「만주지역 민족유일당운동에 관한 연구」,『崇實史學』5, 1988.

황민호,「만주지역 민족유일당운동과 3부 통합운동」,『爭點 韓國近現代史』4, 한국근대사 연구소, 1994.

黃龍國,「朝鮮革命軍 歷史에 대하여」,『國史館論叢』15, 國史編纂委員會, 1990.

황용국,「朝鮮獨立軍의 武裝抗爭(1931～1937)」,『韓國獨立運動史의 認識』, 朴成壽敎授 華甲紀念論叢, 1991.

황용국,「朝鮮革命軍의 根據地問題에 관하여」,『韓民族獨立運動史論叢』, 朴永錫敎授 華甲紀念, 1992.

황유복,「正義府 硏究(上)」,『國史館論叢』15, 國史編纂委員會, 1990.

찾아보기

ㄱ

ㄴ

ㄷ

ㄹ

ㅁ

ㅂ

ㅅ

ㅇ

ㅈ

ㅊ

ㅌ

ㅍ

ㅎ

중판본을 내면서

『간도역사의 연구』는 저자가 한·중 국교수립 이전부터 작성하기 시작한 압록강과 두만강 너머의 서북간도에서 한인의 이주개척을 비롯한 민족운동에 관계된 글들을 모은 것이다. 서문에서도 언급한 바와 같이 간도한인의 이주개척과 한인사회의 성립을 비롯하여 그들의 민족주의 교육, 그곳에서의 3·1운동과 그를 이은 독립군의 봉오동승첩·청산리대첩 등을 해명, 그 의의를 밝히려는 것이다. 아울러 봉오동승첩과 청산리대첩에 관련된 북간도 독립군의 중요 명부를 추적하여 해설하려 한 것이다. 또한 북간도에서의 민족독립운동의 대표적 중요인물인 이동휘와 계봉우, 김정규 등의 민족운동과 저술 등을 규명, 평론하려한 것이다.

이 글들은 이미 지난 90년도 말에 편집과 타이핑까지 마치고 간행만을 망설여 왔다. 그 이유는 무엇보다 오래된 글일수록 작성 당시의 자료부족으로 보완해야 될 점이 생겼기 때문이다. 게다가 세월이 지남에 따라 현 학계 연구성과가 제대로 반영되지 않은 점도 없지 않다. 또한 간도연구에서 중요한 한·청·일간의 간도 감계문제를 그동안 자료수집에 시간만 보내다가 아직도 결과물을 작성하지 못한 것이다. 그리고 9·18만주사변과 '만주국'성립 후의 격변하던 간도 한인의 법적지위를 비롯한 사회경제상의 제반문제를 해명하지 못한 숙제로 남기고 있다. 더욱이 자료수집의 '어려움'이라는 변명은 있지만, 1920년대 이래의 민족운동사상에 밀려온 공산주의 사조의 팽배와 관련된 간도한인의 제 변화를 거의 공백으로 남겨놓고 있는 것이다.

그러나 저자의 현재 처지로는 이와 같은 여러 과제를 단시일내에 수행하기 어렵게 되었다. 한편 생각하면 역사연구는 중단은 있어도 완성되지 못한 종결은 있을 수 없다는 생각이 든다. 이렇게 생각하면 후일에 보완을 기약하면서 현재 이루어놓은 상태대로 간행할 수도 있을 것같다. 더구나 두만강·압록강너머 서북간도 한인역사는 한국근현대사에서 결코 빼놓을 수 없는 역사의 한 조류인 것이다. 특히 일제에 의한 민족수난을 극복하려는 민족운동의 견지에서 보면, 서북간도에서 한인들의 활동은 항일독립운동의 큰 줄기의 하나인 것이다. 경제적 빈곤과 전통질서의 모순, 그 보다도 제국주의 외압의 질곡에서 벗어나려는 한국 근대 민족주의의 성장이 뚜렷이 부각된 측면인 것이다

부연하면, 고대 이래 민족고토(民族故土)인 두만강·압록강 너머의 서북간도(西北間島)는 17세기 중엽 중원을 차지한 여진족의 청이 1658년 일방적으로 봉금지대(封禁地帶)로 획정함으로써 한인(조선인)의 발길을 차단시키고 말았다. 그럼에도 불구하고 변경지대 한인들은 봉건압제와 기아 등의 생활고로 인해 새로운 삶을 개척하기 위해서 국금을 무릅쓰고 도강을 계속하게 되었다. 이와같은 배경이 조선과 청간에 국경문제를 필연적으로 야기시켰다. 결국 1712년에는 청이 백두산정계비(白頭山定界碑)를 세워 '서쪽으로는 압록강으로 동쪽으로는 토문강으로 한다(西爲鴨綠 東爲土門)'이라는 명문을 기준으로 국경을 삼았다.

한편 이와 같은 봉금지대나 정계비와는 크게 상관하지 않고도 한인(조선인)의 '신천지(新天地)'로 부상되었던 서북간도 일대에는 19세기 후반이래

로 대규모의 한인(조선인) 사회가 점차 형성되어 갔다. 특히 그 중심지인 백두산 동서쪽의 봉금지역을 개척한 '신천지'를 그들은 간도(間島), 또는 그 연장개념으로 북간도(北間島)・서간도(西間島) 또는 동간도(東間島)・서간도(西間島) 혹은 서북간도로 호칭하며 새로운 민족사의 한 지역으로 만들어 갔다. 나아가 그곳을 조국독립 운동의 중요한 터전으로 가꾸며 '독립전쟁론'을 구현시켜 '민족수난'을 극복해 갔던 것이다. 그들은 그곳이 남의나라 땅으로만 여기지 않고 민족고토 라는 역사적 관념을 되새기며 한민족의 새로운 '역사영역'으로 간주하고 그곳에 새로운 '한인(조선인)사회'를 건설하며 정치 경제 문화 등 여러면의 발전을 기약하고 있었다. 따라서 간도 한인은 그들의 역사를 '간도한인(조선인)의 역사'라고 하기보다도 그들이 개척하고 건설한 신천지인 '간도의 역사(間島史)'라고 하는 것이 보다 사실성과 친밀감을 나타내는 개념으로 여겨지게 되었다.

간도는 비록 국제적 현실로는 일제의 침략주의와 중국의 대국주의의 야합으로 1909년 「일청 간도에 관한 협약」의 체결을 계기로 중국영토로의 귀속이 굳어져 이제는 '연변 조선족 자치주'・'장백현 조선족 자치현' 등으로 바꾸어 부르지만 간도는 의연히 한인(조선족)과 분리될 수 없는 깊은 인연의 '간도(間島)'의 이름을 역사에 드리우고 있다. 이와같은 우리 민족의 정체성과 민족문화를 견지한 '간도의 역사'는 한국 근대사의 체계속에서 보다 올바로 이해되고 해석되어야 마땅할 것이다.

그러나 『간도역사의 연구』는 이와같은 명제의 중요성과 타당성을 제기하였을 뿐 보다 풍부한 자료의 보충과 세계사적 관점에서 명쾌하게 해명하지 못한 미비한 작품으로 머문 것 같다. 그중에도 을사오조약 전후 국권을 침탈당한 한국이 백두산 정계비에도 명기된 '토문강(土門江)'이 '두만강'을 지칭하는 같은 강이라 내세우던 청의 억지 주장을 역사적 문헌자료와 객관적이고 과학적인 방법에 의하여 명확하게 입증하지도 못한 상황에서 고대 이래 민족사의 고지(故地)이고, 더욱이 근대에 들어와 간도 이주 동포들의 지혜를 모아 땀과 피로 개간한 옥토를 「간도 협약」이란 명칭의 제국주의의 희생물을 삼고 말았던 점의 해명이다. 앞으로 3년 후인 2009년이면 국제법상으로도 다시 문제 제기 조차 어려운 간도 협약 100주년을 맞이하지 않는가.

최근 『간도의 역사』는 초판이 매진되어 출판사에서 중판 간행이 추진될 무렵인 지난(2006년) 8월 11일 '독립기념관 학술상'을 수상하게 되었다. 분외의 영예로 생각된다. 그 보다도 본서는 원고 작성에서부터 중판 간행에 이르도록 많은 분의 성원과 도움을 받았다. 고마운 분들에게 경의와 사의를 드린다. 한편 근년이래 유위 역강한 여러 학자들이 간도사(間島史)에 대한 관심과 연구가 두드러진다. 저자의 부실한 부분도 시정되어 갈 것으로 기대하여 마지 않는다. 독자여러분의 질정(叱正)을 바라마지 않는다.

2006년 8월 15일

우면산밑 서초서실에서 윤 병 석

지은이: 윤병석(尹炳奭)

서울대학교 사학과를 졸업하고 숭실대학교에서 명예문학박사를 받았다. 국사편찬위원회 조사·편사실장을 거쳐 인하대학교와 한국정신문화연구원 교수를 역임하고 정년하였다. 현재 인하대학교 명예교수로 매헌연구원 원장, 백암학회 회장 등을 맡고 있다.

주요저서

『증보 三一運動史』, 정음사/ 『신증 李相卨傳』, 일조각/ 『의병과 독립군』, 세종대왕기념사업회/ 『韓國近代史料論』, 일조각/ 『韓國獨立運動史』(공저), 한국일보사/ 『韓國史와 歷史意識』, 인하대학교출판부/ 『國外韓人社會와 民族運動』, 일조각/ 『獨立軍史』, 지식산업사/ 『러사아지역 韓人社會와 民族運動史』(공저), 교문사/ 『구한말 의병장 열전』, 독립기념관/ 『한국독립운동의 해외사적 탐방기』, 지식산업사/ 『직해 백범일지』, 집문당/ 『安重根傳記全集』(편저), 국가보훈처/ 『근대한국 民族運動史의 思潮』, 집문당/ 『誠齋李東輝全書』(편저), 독립기념관/ 『中國東北지역 韓國獨立運動史』(공저), 집문당/ 『大韓國人安重根, 사진과 유묵』(편저), 안의사기념관/ 『간도역사의 연구』, 국학자료원/ 『해외동포의 원류』, 집문당

간도역사의 연구

KOOKHAK

인쇄일 초판1쇄 2003년 3월 12일 / 중판1쇄 2006년 9월 15일
발행일 초판1쇄 2003년 3월 22일 / 중판1쇄 2006년 9월 20일
지은이 윤병석 / 발행인 정진이 / 발행처 국학자료원
등록일 2005. 3. 15 제17-423호 / 총무 한선희, 손화영 / 영업 정구형
편집 이선미, 김은희, 이초희, 이혜선 / 인터넷 권종현, 이재호, 김종효 / 물류 박지연, 박홍주

서울시 강동구 암사동 463-25 2층 / Tel : 442-4623~4 Fax : 442-4625
www.kookhak.co.kr / E-mail : kookhak2001@hanmail.net
ISBN 89-541-0019-8 *93900 / 가 격 26,000원

새미는 국학자료원의 자회사입니다.